보세사

최종모의고사

시대에듀

머리말 PREFACE

편저자의 말

보세사(Bonded Goods Caretaker)는 보세구역에서 관세 공무원을 대신하여 수출입 관리 업무를 수행하는 국가공인 전문자격사입니다. 보세사는 국제 보세물류 전문가로서 2021년 관세법 개정을 통해 그 지위와 위상이 한층 강화되었을 뿐만 아니라, 특허보세구역운영인(보세창고, 보세공장, 보세판매장 등)이 보세구역을 운영하기 위해서는 반드시 채용해야 하는 수출입통관 핵심 업무를 수행하고 있습니다.

이에 출판문화를 선도하는 시대에듀에서는 보세사 전문자격시험을 완벽하게 대비하기 위해서 새롭게 〈보세사 최종모의고사〉를 출간하게 되었습니다. 본서의 특징은 다음과 같습니다.

첫 째 매해 어려워지는 최신 출제경향을 분석하여 총 5회분의 최종모의고사를 구성하였습니다.

최근 보세사 기출문제는 단순한 법령 암기에서 벗어나 사례를 응용하는 방식 등 그 난도가 날로 높아지고 있습니다. 본서에서는 이러한 출제경향을 면밀히 분석하여 실제 시험에 출제될 만한 이론들을 엄선하고, 실제 시험에 맞게 과목별 25문제로 총 5회분 최종모의고사를 구성하였습니다. 시험 전 실전처럼 최종모의고사를 풀어보면서 자신의 실력을 최종 점검해 볼 수 있습니다.

둘 째 관세법 등 최신 개정법령을 반영하여 문제와 상세한 해설을 수록하였습니다.

보세사 시험은 전과목이 법령에 기반한 시험으로 기존의 기출문제를 그대로 풀면 바뀐 법령을 파악하기 어렵습니다. 따라서 최신 개정법령을 기준으로 문제를 구성하고, 학습하는 데 일일이 법령을 대조하며 확인하는 수고로움을 덜 수 있도록 해설에 그 근거를 명확히 들었습니다. 참고한 법령의 반영기준일은 본서의 433쪽에서 확인하실 수 있습니다.

사람의 인연은 길에서 우연하게 만나거나 함께 살아가는 것만을 의미하지는 않습니다. 책을 펴내는 출판사와 그 책을 읽는 독자의 만남도 소중한 인연입니다. 세계를 무대로 대한민국 무역 일선에서 활약하게 될 예비 보세사 여러분의 건승을 빕니다.

끝으로 시대에듀는 항상 독자의 마음을 헤아리기 위해 노력하고 있습니다. 늘 독자와 함께 하겠습니다.

편저자 올림

이 책의 구성과 특징 STRUCTURE

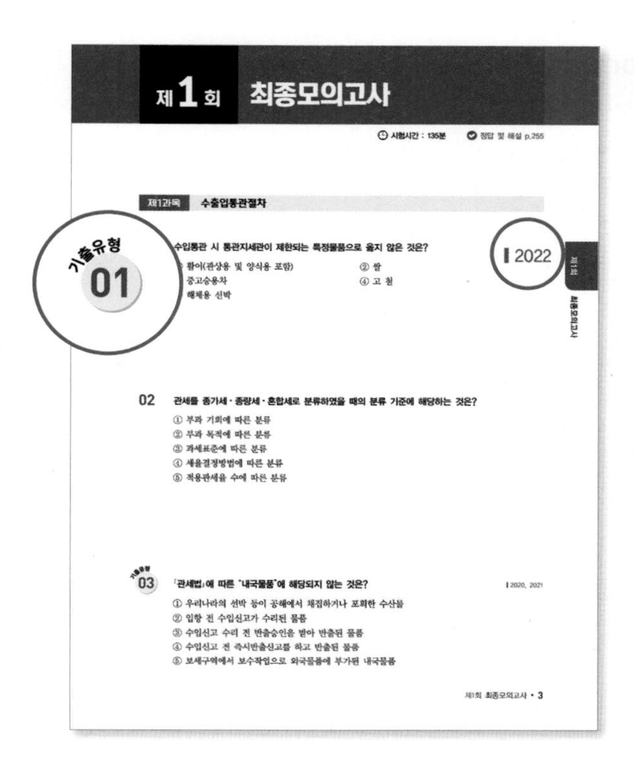

최종모의고사

시험 직전 실전처럼 시험시간에 맞춰서 최종 마무리를 해볼 수 있도록 실제 시험과 동일한 구성의 5회분 최종모의고사를 수록하였습니다. 최신 7개년(2018~2024년) '기출유형'이 표시된 문제를 통해 빈출유형에 대비하고, 최신 출제경향을 쉽게 파악할 수 있도록 도왔습니다.

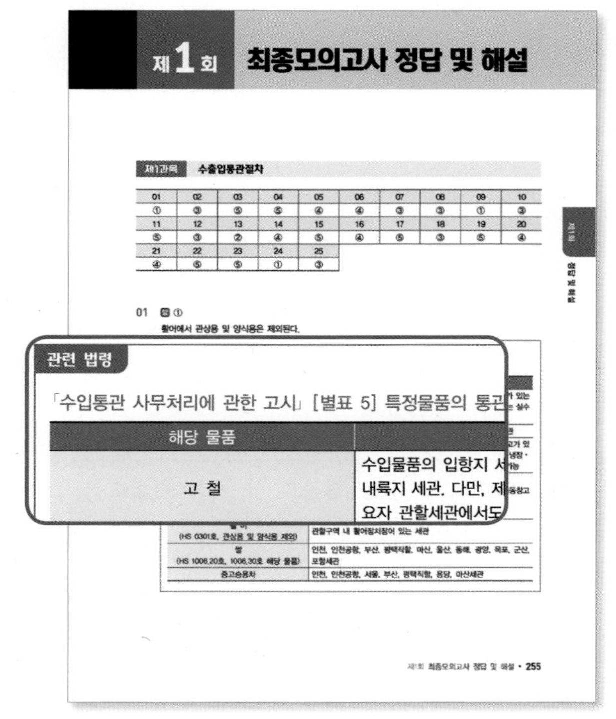

정답 및 해설

문제와 해설을 분리하여 학습 중 해설에 눈길이 가는 것을 방지하고, 실제 시험처럼 대비할 수 있도록 구성하였습니다. 해설은 관세법 등 최신 개정법령에 기반을 두고 오답해설까지 기술하였으며, 그 근거는 '관련 법령'을 통해 법령주소를 명확하게 확인할 수 있습니다.

시험정보 INFORMATION

◇ 수출입통관 업무의 핵심, 보세사(Bonded Goods Caretaker)

보세사는 보세화물관리에 전문적인 지식을 지니고 보세화물관리에 대한 세관공무원의 업무 중 일부를 위탁받아 수행하고 있으며, 특허보세구역 운영인이 반드시 채용하여야 하는 보세화물 전문관리자입니다. 또한 지정보세구역의 화물관리인이나 특허보세구역 운영인이 자신의 보세구역을 세관으로부터 자율관리보세구역으로 지정받기 위해서도 보세사 채용이 의무화되어 있습니다.

◇ 수행직무

보세사는 「관세법 시행령」과 관세청장이 정하는 보세화물관리를 수행하여야 하는데, 그에 대한 직무내용은 다음과 같습니다(「관세법 시행령」 제185조 제1항, 「보세사제도 운영에 관한 고시」 제10조).

보세화물 확인 시
입회 및 감독

각종 대장 등
비치대장 작성 및 확인

보세구역 출입
관리 · 감독

견본품의
반출 및 회수

◇ 시험일정

원서접수기간	시험시행일	가답안 공개 및 의견제시	최종정답 공고	합격자 발표
24.04.08 ~ 24.04.19 빈자리 추가접수 기간 24.06.24 ~ 24.06.25	24.07.06	24.07.08 ~ 24.07.12	24.08.01	24.08.13

※ 2025년 시험 일정이 아직 발표되지 않은 관계로 2024년 자료를 수록하였습니다. 정확한 시험 일정의 확인을 위하여 반드시 시행처 사이트(www.kcla.kr)를 확인하시기 바랍니다.

◇ 시험과목

구 분	세부내용	문항수
수출입통관절차	관세법 일반, 수출입통관절차 전반	25문항
보세구역관리	보세구역관리 전반	25문항
화물관리	보세화물관리 전반, 수출입환적화물관리, 보세운송제도 전반, 관세법상 운송수단, 화물운송주선업자 포함	25문항
수출입안전관리	관세국경감시제도, AEO제도	25문항
자율관리 및 관세벌칙	자율관리보세구역제도 전반, 보세사제도, 자유무역지역제도, 관세법상 벌칙 및 조사와 처분	25문항

◇ 최근 5개년 합격률

구 분	2020년	2021년	2022년	2023년	2024년
응시자(명)	2,841	3,017	2,695	3,177	3,097
합격자(명)	680	1,034	695	1,213	532
합격률(%)	23.9	34.3	25.8	38.2	17.2

※ 위 통계는 관세청 보도자료에 따른 사항이며, 일부 수치에 오차가 있을 수 있습니다.

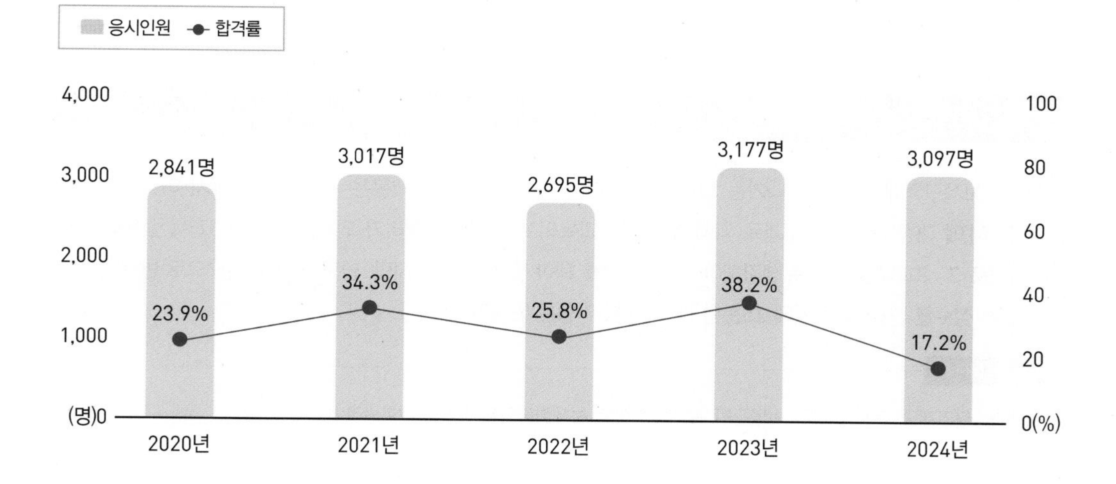

학습전략 LEARNING STRATEGY

제1과목 수출입통관절차

보세사 자격증 시험에 가장 기본적인 과목이자 가장 쉬운 과목이다. 여기서 관세법의 전반적인 내용을 학습하니, 수험의 기틀을 닦는 마음으로 자세히 공부해 학습의 토대와 합격의 기틀을 마련하자. 가장 중요한 과목이기 때문에 전략과목으로 설정해 25문항 중 19문항 이상은 맞혀야 한다.

학습내용

관세법 총론, 납세, 관세, 통관, 수출입통관절차 등

제2과목 보세구역관리

가장 실무적인 과목이므로 출제 난도가 높고, 학습할 양도 가장 많은 과목이다. 또한 주로 출제되는 고시만 해도 7개가 넘는다. 보세공장, 보세창고, 보세전시장, 보세판매장과 관련된 내용들의 출제율이 높고, 숫자도 자세히 봐야 한다. 보세화물의 반입과 반출까지의 상황과 요건을 잘 정리해야 한다. 전반적인 학습폭이 넓고, 세세한 부분에서 출제되기 때문에 25문항 중 13문항 이상은 맞혀야 한다.

학습내용

보세구역, 보세공장, 보세전시장, 보세건설장, 보세판매장, 종합보세구역 등

제3과목 화물관리

2과목이 '보세구역에 들어오고 나가는 보세화물'에 대한 내용이었다면, 3과목은 '보세구역 안에서 어떻게 보세화물이 관리되는지'에 대한 내용이다. 3과목 역시 실무적인 과목이고, 2과목이 정리가 되지 않았다면 3과목은 학습이 어려운 과목이므로 2 · 3과목을 하나로 생각해야 한다. 암기를 해야 할 부분은 많지만, 난도가 높지 않으므로 반복학습으로 충분히 좋은 점수를 받을 수 있기에 25문항 중 13문항 이상은 맞혀야 한다.

학습내용

보세화물관리제도, 수출입 · 환적화물관리, 보세운송제도, 보세화물장치기간 및 체화관리 등

제4과목 수출입안전관리

가장 많이 출제되는 부분은 AEO 관련 내용이다. 그 외의 내용은 1~4과목을 착실히 학습했다면 연장선에 있는 부분이라 학습에 어려움은 없다. 수출입안전관리우수업체(AEO인증업체)에 관한 내용이 가장 많이 출제되므로 이 부분만 정확한 학습이 되었다면 15문항은 충분히 맞힐 수 있다. 그러니 AEO 관련 내용을 꼼꼼하고 자세하게 학습해 25문항 중 15문항 이상은 맞혀야 한다.

학습내용

관세국경감시제도, AEO제도

제5과목 자율관리 및 관세벌칙

자율관리보세구역과 자유무역지역에 대한 내용이 시험에 출제된다. 상대적으로 학습량이 적고 난도도 낮으며, 기존에 시험에 출제된 부분이 반복적으로 출제되고 있으니 중요부분을 확실히 학습한다면 고득점도 가능하다. 특히 관세벌칙은 정확히 암기를 하고 있어야 한다. 출제범위도 좁고, 출제되는 부분도 한정적이기에 25문항 중 15문항 이상은 맞혀야 한다.

학습내용

자율관리보세구역, 자유무역지역, 관세 관련 법규 위반 및 처분, 보세사제도

이 책의 목차 CONTENTS

최종모의고사

정답 및 해설

PART 1
최종모의고사

관련법령은 수시로 개정될 수 있으니 관세법령정보포털(http://unipass.customs.co.kr/clip/index.do)의 내용을 필수적으로 참고하시어 학습하시기를 권유합니다.

※ 추록(최신 개정법령) : 도서출간 이후 법령개정사항은 도서의 내용에 맞게 수정하여 도서업데이트 게시판에 업로드합니다 (시대에듀 : 홈 ▶학습자료실 ▶도서업데이트).

교육은 우리 자신의 무지를 점차 발견해 가는 과정이다.

– 윌 듀란트 –

제 1 회 최종모의고사

시험시간 : 135분 정답 및 해설 p.255

제1과목 수출입통관절차

01 수입통관 시 통관지세관이 제한되는 특정물품으로 옳지 않은 것은? ❙ 2022

① 활어(관상용 및 양식용 포함)
② 쌀
③ 중고승용차
④ 고 철
⑤ 해체용 선박

02 관세를 종가세 · 종량세 · 혼합세로 분류하였을 때의 분류 기준에 해당하는 것은?

① 부과 기회에 따른 분류
② 부과 목적에 따른 분류
③ 과세표준에 따른 분류
④ 세율결정방법에 따른 분류
⑤ 적용관세율 수에 따른 분류

03 「관세법」에 따른 "내국물품"에 해당되지 않는 것은? ❙ 2020, 2021

① 우리나라의 선박 등이 공해에서 채집하거나 포획한 수산물
② 입항 전 수입신고가 수리된 물품
③ 수입신고 수리 전 반출승인을 받아 반출된 물품
④ 수입신고 전 즉시반출신고를 하고 반출된 물품
⑤ 보세구역에서 보수작업으로 외국물품에 부가된 내국물품

04 납세의무자의 월별납부 승인 신청을 받은 세관장이 이를 2021년 6월 3일에 승인한 경우, 승인의 유효기간으로 옳은 것은?

① 2022년 6월 3일
② 2022년 6월 30일
③ 2022년 12월 31일
④ 2023년 6월 3일
⑤ 2023년 6월 30일

05 관세의 4대 과세요건에 속하지 않는 것은?

① 과세물건
② 과세표준
③ 관세율
④ 관세행정
⑤ 납세의무자

「관세법」에 따른 특별납세의무자로 옳지 않은 것은? ❙ 2019

① 보세구역 밖에서의 보수작업 승인을 받은 물품을 지정된 기간 내에 반입하지 아니하여 관세를 징수하는 물품 – 보세구역 외 보수작업을 승인받은 자
② 보세구역에 장치된 외국물품이 멸실되거나 폐기되어 관세를 징수하는 물품 – 운영인 또는 보관인
③ 보세운송 신고를 하거나 승인을 받아 보세운송하는 외국물품이 지정된 기간 내에 목적지에 도착하지 아니하여 관세를 징수하는 물품 – 보세운송을 신고하였거나 승인을 받은 자
④ 수입신고가 수리되기 전에 소비하거나 사용하는 물품 – 수입신고를 한 자
⑤ 수입신고 전 즉시반출신고를 하고 반출한 물품 – 해당 물품을 즉시반출한 자

07 납세의무에 대한 내용으로 옳지 않은 것은?

① 현행 「관세법」은 신고납부 방식을 원칙으로 한다.
② 물품을 수입하려는 자는 수입신고를 할 때에 세관장에게 납세신고를 하여야 한다.
③ 세액심사는 수입신고 수리 전에 하는 것이 원칙이다.
④ 감면 또는 분할납부의 적정 여부에 대한 심사는 수입신고 수리 전에 한다.
⑤ 세관장은 납세실적과 수입규모 등을 고려하여 관세청장이 정하는 요건을 갖춘 자가 신청할 때에는 납세신고한 세액을 자체적으로 심사하게 할 수 있다.

08 「관세법」상 기간 및 기한에 대한 설명으로 맞는 것은? ▌2024

① 「관세법」에 따른 기간을 계산할 때 「관세법」 제252조에 따른 수입신고 수리 전 반출승인을 받은 경우에는 그 반출일을 수입신고의 수리일로 본다.
② 「관세법」에 따른 기간의 계산은 이 법에 특별한 규정이 있는 것을 제외하고는 「국세기본법」에 따른다.
③ 「관세법」에 따른 기한이 토요일 및 일요일, 「공휴일에 관한 법률」에 따른 공휴일 및 대체공휴일에 해당하는 경우에는 그 다음 날을 기한으로 한다.
④ 국가관세종합정보시스템이 장애로 가동이 정지되어 「관세법」에 따른 기한까지 신고, 신청, 승인, 납부 등을 할 수 없게 되는 경우에는 그 장애가 복구된 날을 기한으로 한다.
⑤ 「관세법」 제38조 제1항에 따른 납세신고를 한 경우 관세의 납부기한은 납부고지를 받은 날부터 15일 이내이다.

09 「관세법」상 관세부과의 제척기간에 대한 내용으로 옳지 않은 것은? ▌2018

① 과다환급의 사유로 관세를 징수하는 경우에는 환급한 날이 제척기간의 기산일이다.
② 관세는 해당 관세를 부과할 수 있는 날부터 5년이 지나면 부과할 수 없다.
③ 부정한 방법으로 관세를 포탈하였거나 환급 또는 감면받은 경우에는 관세를 부과할 수 있는 날부터 10년이 지나면 부과할 수 없다.
④ 관세부과의 제척기간을 산정할 때에는 수입신고한 날의 다음 날을 관세를 부과할 수 있는 날로 한다.
⑤ 원칙상의 규정에도 불구하고 경정이나 그 밖에 필요한 처분을 할 수 있는 예외가 있다.

10 다음 밑줄 친 부분에 해당하지 않는 것은?

> **「관세법」 제42조(가산세) 제2항**
> 제1항에도 불구하고 납세자가 부정한 행위(납세자가 관세의 과세표준 또는 세액계산의 기초가 되는 사실의 전부 또는 일부를 은폐하거나 가장하는 것에 기초하여 관세의 과세표준 또는 세액의 신고의무를 위반하는 것으로서 <u>대통령령으로 정하는 행위</u>)로 과소신고한 경우에는 세관장은 부족세액의 100분의 40에 상당하는 금액과 제1항 제2호의 금액을 합한 금액을 가산세로 징수한다.

① 이중송품장의 작성
② 이중계약서의 수취
③ 세액심사에 필요한 자료의 분실
④ 관세부과의 근거가 되는 행위나 거래의 은폐
⑤ 관세를 포탈하거나 환급 또는 감면을 받기 위한 부정한 행위

11 「관세법」 제94조에 따른 소액물품 등의 면세 대상에 해당하지 않는 것은? ▌2021

① 우리나라의 거주자에게 수여된 훈장 · 기장(紀章) 또는 이에 준하는 표창장 및 상패
② 기록문서 또는 그 밖의 서류
③ 판매 또는 임대를 위한 물품의 상품목록 · 가격표 및 교역안내서 등
④ 과세가격이 미화 250달러 이하인 물품으로서 견본품으로 사용될 것으로 인정되는 물품
⑤ 박람회 기타 이에 준하는 행사에 참가하는 자가 행사장 안에서 관람자에게 무상으로 제공하기 위하여 수입하는 물품으로, 관람자 1인당 제공량의 정상도착가격이 미화 50달러 상당액 이하의 것으로서 세관장이 타당하다고 인정하는 물품

12 관세징수권 소멸시효의 중단사유로 옳은 것은?

① 관세의 분할납부기간
② 징수유예기간
③ 통고처분기간
④ 압류 · 매각의 유예기간
⑤ 사해행위 취소소송기간

13 다음 빈칸에 들어갈 내용으로 옳은 것은?

> **「관세법」 제115조(관세조사의 결과 통지)**
> 세관공무원은 제110조 제2항 각 호의 어느 하나에 해당하는 조사를 종료하였을 때에는 종료 후 (ⓐ) 이내에 그 조사 결과를 (ⓑ)(으)로 납세자에게 통지하여야 한다. 다만, 납세자가 폐업한 경우 등 대통령령으로 정하는 경우에는 그러하지 아니하다.

① ⓐ – 10일, ⓑ – 서면
② ⓐ – 20일, ⓑ – 서면
③ ⓐ – 30일, ⓑ – 서면
④ ⓐ – 10일, ⓑ – 서면 또는 전자문서
⑤ ⓐ – 20일, ⓑ – 서면 또는 전자문서

14 「관세법」상 불복청구의 대리인에 대한 내용으로 옳지 않은 것은?

① 이의신청인, 심사청구인 또는 심판청구인은 변호사나 관세사를 대리인으로 선임할 수 있다.
② 이의신청인, 심사청구인 또는 심판청구인은 신청 또는 청구의 대상이 3천만 원 미만인 소액사건의 경우에는 배우자, 4촌 이내의 혈족 또는 배우자의 4촌 이내의 혈족을 대리인으로 선임할 수 있다.
③ 대리인의 권한은 서면으로 증명하여야 한다.
④ 대리인은 본인을 위하여 청구의 취하 등 청구에 관한 모든 행위를 할 수 있다.
⑤ 대리인을 해임하였을 때에는 그 뜻을 서면으로 해당 재결청에 신고하여야 한다.

15 「관세법」상 다음 정의에 해당하는 용어로 옳은 것은?

❙2018, 2020

> 입국 또는 입항하는 운송수단의 물품을 다른 세관의 관할구역으로 운송하여 출국 또는 출항하는 운송수단으로 옮겨 싣는 것

① 통 관
② 환 적
③ 수 출
④ 선박용품
⑤ 복합환적

16 「관세법」상 납세의무자에 대한 내용으로 옳지 않은 것은?

❙2018, 2019, 2021, 2022

① 수입신고를 한 물품인 경우에는 그 물품을 수입신고하는 때의 화주가 관세의 납세의무자가 된다.
② 수입을 위탁받아 수입업체가 대행수입한 물품인 경우 화주가 불분명할 때에는 그 물품의 수입을 위탁한 자가 관세의 납세의무자가 된다.
③ 수입을 위탁받아 수입업체가 대행수입한 물품이 아닌 경우 화주가 불분명할 때에는 대통령령으로 정하는 상업서류(송품장, 선하증권, 항공화물운송장)에 적힌 물품수신인이 관세의 납세의무자가 된다.
④ 수입물품을 수입신고 전에 양도한 경우 그 양도인이 관세의 납세의무자가 된다.
⑤ 원칙적 납세의무자인 화주 또는 연대납세의무자인 신고인과 특별납세의무자가 경합되는 경우에는 특별납세의무자를 납세의무자로 한다.

17 납세의무의 소멸사유로 옳지 않은 것은?

① 관세를 납부한 경우
② 관세에 충당한 때
③ 관세부과가 취소된 때
④ 관세를 부과할 수 있는 기간에 관세가 부과되지 아니하고 그 기간이 만료된 때
⑤ 관세징수권의 소멸시효가 정지된 때

18 다음은 관세법령상 잠정가격신고에 대한 설명이다. 빈칸에 들어갈 내용을 순서대로 나열한 것은?

▎2022

> 잠정가격으로 가격신고를 한 자는 (ⓐ)의 범위 안에서 구매자와 판매자 간의 거래계약의 내용 등을 고려하여 세관장이 지정하는 기간 내에 확정가격을 신고하여야 한다. 이 경우 잠정가격으로 가격신고를 한 자는 관세청장이 정하는 바에 따라 전단에 따른 신고기간이 끝나기 (ⓑ) 전까지 확정가격의 계산을 위한 가산율을 산정해 줄 것을 요청할 수 있다.

① ⓐ – 1년, ⓑ – 30일
② ⓐ – 1년, ⓑ – 60일
③ ⓐ – 2년, ⓑ – 30일
④ ⓐ – 2년, ⓑ – 60일
⑤ ⓐ – 3년, ⓑ – 30일

19 「관세법」 제234조에 따라 수출입이 금지되는 물품에 해당하지 않는 것은? ▎2018, 2020, 2022

① 헌법질서를 문란하게 하는 서적
② 공공의 안녕질서 또는 풍속을 해치는 영화
③ 정부의 기밀을 누설하거나 첩보활동에 사용되는 물품
④ 화폐・채권이나 그 밖의 유가증권의 위조품・변조품
⑤ 총포・도검・화약류・분사기・전자충격기 및 석궁

통관 보류나 유치를 요청하려는 자와 통관 또는 유치 해제를 요청하려는 자는 세관장에게 해당 물품의 과세가격의 100분의 120에 상당하는 금액의 담보를 제공해야 한다. 이때 제공할 수 있는 담보에 해당하지 않는 것은? ▌2019

① 금 전
② 국채 또는 지방채
③ 세관장이 인정하는 유가증권
④ 납세보증보험증권
⑤ 세관장이 인정하는 보증인의 납세보증서

21 **수출 · 수입 또는 반송신고 시 가산세에 대한 내용으로 옳지 않은 것은?**

① 물품을 수출 · 수입 또는 반송하려면 해당 물품의 품명 · 규격 · 수량 및 가격과 그 밖에 대통령령으로 정하는 사항을 세관장에게 신고해야 한다.
② 수입하거나 반송하려는 물품을 지정장치장 또는 보세창고에 반입하거나 보세구역이 아닌 장소에 장치한 자는 그 반입일 또는 장치일부터 30일 이내에 신고를 해야 한다.
③ 세관장은 대통령령으로 정하는 물품을 수입하거나 반송하는 자가 법에서 정한 신고기간 내에 수입 또는 반송의 신고를 하지 아니한 경우에는 해당 물품 과세가격의 100분의 2에 상당하는 금액의 범위에서 대통령령으로 정하는 금액을 가산세로 징수한다.
④ 세관장은 여행자나 승무원이 휴대품을 신고하지 아니하여 과세하는 경우 해당 물품에 대하여 징수할 가산세를 납부할 세액(관세 및 내국세 포함)의 100분의 20으로 하되, 반복적으로 자진신고를 하지 아니하는 경우에는 100분의 40에 상당하는 금액을 가산세로 징수한다.
⑤ 세관장은 우리나라로 거주를 이전하기 위하여 입국하는 자가 입국할 때에 수입하는 이사물품을 신고하지 아니하여 과세하는 경우 해당 물품에 대하여 납부할 세액(관세 및 내국세 포함)의 100분의 20에 상당하는 금액을 가산세로 징수한다.

수입신고에 대한 내용으로 옳지 않은 것은? ▌2024

① 수입하려는 자는 출항 전 신고, 입항 전 신고, 보세구역 도착 전 신고, 보세구역 장치 후 신고 중에서 필요에 따라 신고방법을 선택하여 수입신고할 수 있다.
② 출항 전 신고나 입항 전 신고는 수입물품을 적재한 선박 등의 입항예정지를 관할하는 세관장에게 하여야 한다.
③ 보세구역 도착 전 신고는 해당 물품이 도착할 보세구역을 관할하는 세관장에게 신고하여야 한다.
④ 보세구역 장치 후 신고는 해당 물품이 장치된 보세구역을 관할하는 세관장에게 신고하여야 한다.
⑤ 수입신고는 화주 또는 관세사, 완제품공급자 등이 할 수 있다.

23 **수입신고 시 제출서류 중 전자제출서류에 해당하지 않는 것은?** | 2020

① 선하증권(B/L) 사본이나 항공화물운송장(AWB) 사본
② 관세감면(분납)/용도세율적용신청서
③ 합의에 의한 세율적용 승인(신청)서
④ 「지방세법 시행령」 제71조에 따른 담배소비세 납세담보확인서
⑤ 일시수입통관증서(A.T.A Carnet) 원본

24 **수입신고의 취하 대상에 해당하지 않는 것은?**

① 출항 전 신고나 입항 전 신고한 화물이 도착하지 아니한 경우
② 수입계약 내용과 상이한 물품, 오송물품, 변질·손상물품 등을 해외공급자 등에게 반송하기로 한 경우
③ 재해 그 밖의 부득이한 사유로 수입물품이 멸실되거나 세관의 승인을 얻어 폐기하려는 경우
④ 통관보류, 통관요건 불합격의 사유로 반송하는 경우
⑤ 수입금지물품 등의 사유로 폐기하려는 경우

25 **수입신고의 생략대상 물품에 해당하지 않는 것은?**

① 여행자 휴대품 및 이사물품 등의 감면세 규정에 따른 여행자 휴대품
② 여행자 휴대품 및 이사물품 등의 감면세 규정에 따른 승무원 휴대품
③ 「대외무역법」에 따른 수출입의 승인을 받은 우편물
④ 국제운송을 위한 컨테이너(「관세법」 별표 관세율표 중 기본세율이 무세인 것에 한함)
⑤ 기타 서류·소액면세물품 등 신속한 통관을 위하여 필요하다고 인정하여 관세청장이 정하는 탁송품 또는 별송품

제2과목 보세구역관리

01 **보세구역의 통칙에 관한 내용으로 옳지 않은 것은?** ▌2020, 2021

① 보세구역은 일반적으로 일정 구역의 토지 또는 건축물이어야 한다.
② 수면·선박·차량과 같이 정착성이 없는 것은 원칙적으로 보세구역으로 할 수 없다.
③ 보세구역은 외국물품의 장치·검사·제조 등을 할 수 있는 장소이다.
④ 보세구역은 관세청장 또는 세관장이 지정하거나 특허한 장소이다.
⑤ 지정보세구역은 지정장치장 및 보세창고로 구분한다.

02 **지정보세구역에 대한 내용으로 옳지 않은 것은?** ▌2020

① 지정보세구역의 지정 주체는 세관장이다.
② 지정보세구역은 지정장치장과 세관검사장으로 구분된다.
③ 국가나 지방자치단체가 소유하거나 관리하는 토지·건물 또는 그 밖의 시설을 지정보세구역으로 지정할 수 있다.
④ 수출입물량이 감소하거나 그 밖의 사유로 지정보세구역의 전부 또는 일부를 보세구역으로 존속시킬 필요가 없어졌다고 인정될 때에는 그 지정을 취소해야 한다.
⑤ 지정보세구역의 지정을 받은 토지 등의 소유자나 관리자는 해당 건물 또는 그 밖의 시설의 개축·이전·철거나 그 밖의 공사를 하려면 세관장의 승인을 얻어야 한다.

03 **지정장치장의 장치기간에 대한 내용으로 옳은 것은?**

① 지정장치장 반입물품의 장치기간은 1년의 범위에서 지정한다.
② 장치기간은 「관세법」에 정해진 기간 내에서 세관장이 지정한다.
③ 부산항·인천항 항역 내의 지정장치장으로 반입된 물품의 장치기간은 3개월이다.
④ 인천공항·김해공항 항역 내의 지정장치장으로 반입된 물품의 장치기간은 2개월이다.
⑤ 지정장치장 반입물품의 장치기간은 연장할 수 없다.

04 세관장이 화물관리인을 지정할 때에는 관세청장이 정하는 심사기준에 따라 평가한 결과를 반영해야 한다. 여기서 심사기준에 해당하지 않는 것은?

① 보세화물 취급경력 및 화물관리시스템 구비 사항
② 관세사의 보유에 관한 사항
③ 자본금, 부채비율 및 신용평가등급 등 재무건전성에 관한 사항
④ 지게차, 크레인 등 화물관리에 필요한 시설장비 구비 현황
⑤ 수출입 안전관리 우수업체로 공인을 받았는지 여부

05 특허보세구역에 대한 내용으로 옳은 것은?

① 특허보세구역을 설치・운영하려는 자는 관세청장의 특허를 받아야 한다.
② 기존의 특허를 갱신하려는 경우에는 관세청장의 승인을 받아야 한다.
③ 특허보세구역의 설치・운영에 관한 특허를 받으려는 자, 특허보세구역을 설치・운영하는 자는 수수료를 납부해야 하며, 이미 받은 특허를 갱신하려는 자는 수수료를 납부하지 않는다.
④ 특허수수료는 분기 단위로 매분기 말까지 다음 분기분을 납부하되, 특허보세구역의 설치・운영에 관한 특허가 있은 날이 속하는 분기분의 수수료는 이를 면제하며, 이 경우 운영인이 원하는 때에는 1년 단위로 일괄하여 미리 납부할 수 있다.
⑤ 특허보세구역의 설치・운영에 관한 특허를 받으려는 자가 납부해야 하는 특허신청의 수수료는 7만 2천 원이다.

보세창고를 설치・운영하려는 자가 갖추어야 할 요건에 해당하지 않는 것은? ❙ 2024

① 「관세법」상 운영인의 결격사유에 해당하지 아니할 것
② 체납된 관세 및 내국세가 없을 것
③ 자본금 2억 원 이상의 법인이거나 특허를 받으려는 토지 및 건물(2억 원 이상)을 소유하고 있는 개인
④ 신청인이 관세사 자격증을 취득했거나 1명 이상의 관세사를 관리자로 채용할 것
⑤ 특허갱신의 경우에는 해당 보세창고의 갱신신청 직전 특허기간 동안 법규수행능력평가 점수가 평균 80점(평균등급 B등급) 이상일 것

07 다음 중 특허의 취소 여부에 대하여 세관장의 재량이 가능한 경우는?

> ⓐ 거짓이나 그 밖의 부정한 방법으로 특허를 받은 경우
> ⓑ 제175조(운영인의 결격사유) 각 호의 어느 하나에 해당하게 된 경우
> ⓒ 1년 이내에 3회 이상 물품반입 등의 정지처분(과징금 부과처분을 포함)을 받은 경우
> ⓓ 2년 이상 물품의 반입실적이 없어서 세관장이 특허보세구역의 설치 목적을 달성하기 곤란하다 고 인정하는 경우
> ⓔ 제177조의2(특허보세구역 운영인의 명의대여 금지)를 위반하여 명의를 대여한 경우

① ⓐ, ⓑ
② ⓐ, ⓔ
③ ⓑ, ⓓ
④ ⓒ, ⓓ
⑤ ⓓ, ⓔ

08 특허보세구역의 운영인이 세관장에게 승인을 받아야 하는 사유가 아닌 것은? ❙ 2022

① 장치물품의 종류를 변경하고자 하는 때
② 특허작업의 종류를 변경하고자 하는 때
③ 작업의 원재료를 변경하고자 하는 때
④ 특허보세구역의 운영인이 법인인 경우에 그 등기사항을 변경한 때
⑤ 장치물품의 수용능력을 증감하고자 하는 때

09 보세창고 운영인이 장치화물에 관한 각종 장부와 보고서류(전산자료 포함)를 보관해야 하는 기간으로 옳은 것은?

① 6개월
② 1년
③ 2년
④ 3년
⑤ 5년

기출유형

10 **보세창고에 대한 내용으로 옳은 것은?** ❙ 2018, 2021

① 보세창고에는 내국물품이나 통관을 하려는 물품을 장치한다.
② 보세창고는 그 운영 주체에 따라 위험물전용 보세창고, 야적전용 보세창고, 컨테이너전용 보세창고, 액체화물전용 보세창고, 복합물류보세창고로 구분할 수 있다.
③ 운영인은 동일한 보세창고에 장치되어 있는 동안 수입신고가 수리된 물품은 미리 세관장에게 신고를 하고 계속하여 보세창고에 장치할 수 있다.
④ 운영인은 보세창고에 1년(동일한 보세창고에 장치되어 있는 동안 수입신고가 수리된 물품은 6개월) 이상 계속하여 내국물품을 장치하려면 세관장의 승인을 받아야 한다.
⑤ 운영인이 신고를 하고 보세창고에 장치한 내국물품으로서 장치기간이 지난 물품은 그 기간이 지난 후 10일 내에 세관장의 책임으로 반출해야 한다.

11 **보세창고 운영인의 물품반입 정지처분 사유가 아닌 것은?**

① 해당 시설의 미비 등으로 보세창고 설치 목적을 달성하기 곤란하다고 인정되는 경우
② 운영인 또는 그 종업원이 합법가장 밀수를 인지하고도 세관장에게 보고하지 않고 보관 또는 반출한 때
③ 세관장의 시설구비 명령을 미이행하거나 보관화물에 대한 중대한 관리소홀로 보세화물의 도난, 분실이 발생한 때
④ 보관화물에 대한 멸실이 발생한 때
⑤ 운영인 또는 그 종업원의 관리소홀로 해당 보세창고에서 밀수행위가 발생한 때

기출유형

12 **보세공장원재료의 범위에 대한 내용으로 옳지 않은 것은?** ❙ 2018, 2023

① 기계·기구 등의 작동 및 유지를 위한 연료, 윤활유 등 제품의 생산·수리·조립·검사·포장 및 이와 유사한 작업에 간접적으로 투입되어 소모되는 물품은 보세공장원재료이다.
② 당해 보세공장에서 생산하는 제품에 물리적 또는 화학적으로 결합되는 물품은 보세공장원재료이다.
③ 해당 보세공장에서 생산하는 제품을 제조·가공하거나 이와 비슷한 공정에 투입되어 소모되는 물품은 보세공장원재료이다.
④ 해당 보세공장에서 수리·조립·검사·포장 및 이와 유사한 작업에 직접적으로 투입되는 물품은 보세공장원재료이다.
⑤ 보세공장원재료는 당해 보세공장에서 생산하는 제품에 소요되는 수량(원자재소요량)을 객관적으로 계산할 수 있는 물품이어야 한다.

13 보세공장의 특허요건 중 관리요건이 아닌 것은?

① 보세화물 관리를 위하여 1명 이상의 보세사를 채용할 것
② 원자재의 반출입, 제품 제조・가공, 제품 반출 및 잉여물품의 처리 등과 관련한 물품관리체계가 확립되어 있고, 물품관리를 위한 시스템[기업자원관리(ERP) 시스템 등]을 구비할 것
③ 원자재 등의 부정유출 우려가 없으며, 보세작업의 감시・감독에 지장이 없을 것
④ 제조・가공 그 밖의 보세작업에 필요한 기계시설 및 기구를 비치할 것
⑤ 특허갱신의 경우에는 갱신신청 전의 특허기간 동안 해당 보세공장의 법규수행능력 평가 평균등급이 B등급 이상일 것

「보세공장 운영에 관한 고시」에 따른 물품의 반출입에 대한 내용으로 옳지 않은 것은? ▌2020

① 보세공장에 물품을 반입, 반출하려는 자는 세관장에게 보세공장물품 반출(입)신고(승인)서로 신고해야 하며, 세관장은 보세공장 반입대상 물품인지를 심사하여 반입대상이 아닌 경우에는 다른 보세구역으로 반출을 명해야 한다.
② 보세운송절차에 따라 반입되는 물품은 보세운송 도착보고 후 15일 내에 반입신고를 해야 한다.
③ 수출 또는 수입의 신고가 수리되어 반출되는 물품의 반출신고는 동 신고의 수리로 갈음하며, 운영인은 보세공장에 반입된 물품에 이상(계약내용과 상이 포함)이 있는 경우에는 관할세관장에게 물품이상신고를 해야 한다.
④ 이 고시에서 반출입신고를 규정하지 아니한 내국물품에 대한 반출입신고는 생략할 수 있으나, 제품의 제조・가공 등에 소요되는 원재료를 반출입하려는 때에는 그 사실을 기록・관리해야 한다.
⑤ 세관장은 운영인이 수출입 안전관리 우수업체 또는 법규수행능력 우수업체에 해당하는 경우에는 화물관리번호의 신청수리를 전산에서 자동수리하게 할 수 있다.

15 보세공장 외 일시 물품장치에 대한 내용으로 옳지 않은 것은?

① 운영인은 해당 보세공장에서 생산된 재공품 및 제품 중 거대 중량의 물품으로서 다른 보세작업의 수행에 지장이 있는 경우에는 세관장의 허가를 받아 해당 물품을 보세공장 외의 장소에 장치할 수 있다.
② 보세공장 외 일시 물품장치 허가(정정)신청서를 제출받은 세관장은 신청물품이 다른 보세작업의 수행에 지장을 초래하는지 여부와 보세화물의 감시감독에 지장이 있는지 여부를 심사하여 1년 6개월의 범위에서 이를 허가할 수 있으며, 장치장소의 변경 또는 장치기간을 연장할 수 없다.
③ 장외일시장치 물품은 장외일시장치장소에 장치한 상태에서 수출입신고, 양수도 또는 폐기처분 등을 할 수 있다.
④ 운영인은 장외일시장치 허가를 받은 물품을 허가일부터 30일 이내에 허가받은 장소에 반입해야 하며, 이 경우 해당 물품의 반출신고 및 보세운송신고는 장외일시장치 허가서로 갈음한다.
⑤ 장외일시장치장소에 반입된 물품은 허가기간이 종료될 때까지 보세공장에 있는 것으로 본다.

16 「보세공장 운영에 관한 고시」에 따른 보수작업에 대한 내용으로 옳지 않은 것은?

① 보수작업을 하고자 하는 경우에는 세관장으로부터 보수작업 승인을 받아야 한다.
② 보수작업 후 즉시 재수출하고자 하는 경우에는 사용신고서에 보수작업물품임을 표시하여 사용신고를 할 수 있으며, 사용신고가 수리되는 경우에는 해당 물품에 대한 보수작업이 승인된 것으로 갈음한다.
③ 보수작업을 완료한 경우에는 세관장에게 완료보고를 하여 그 확인을 받아야 한다.
④ 완료보고와 동시에 수출하고자 하는 경우에는 수출신고서에 보수작업 완료물품임을 기재하여 수출신고를 할 수 있으며, 이 경우 수출신고가 수리되면 보수작업 완료보고를 하여 확인받은 것으로 본다.
⑤ 수출 후 재반입된 물품이 보수작업이 곤란한 경우에는 관세청장의 승인을 받아 이를 잉여물품으로 처리하고 대체품을 수출할 수 있다.

「보세공장 운영에 관한 고시」에 따라 자율관리 보세공장으로 지정받은 자가 받는 특례로 옳지 않은 것은?

❙ 2023

① 보세공장에 반입된 물품을 공휴일, 야간 등 개청시간 외에 사용하는 경우 사용 전 사용신고를 공휴일 또는 야간 종료일 다음 날까지 사용신고할 수 있다.
② 다른 보세공장 일시 보세작업 장소가 자율관리 보세공장인 경우 보세운송절차를 생략할 수 있다.
③ 물품의 반출입을 할 때 동일법인이 아닌 자율관리 보세공장 간에도 보세운송절차를 생략할 수 있다.
④ 해당 보세공장에서 생산된 수출물품이 무상으로 반출하는 상품의 견품 및 광고용품에 해당되고, 물품 가격이 미화 1만불(FOB기준) 이하인 경우 보세운송절차를 생략할 수 있다.
⑤ 사용신고 특례적용을 위한 품목번호(HSK) 등록절차를 생략할 수 있다.

18 「보세공장 운영에 관한 고시」에 따른 운영인 및 보세사의 의무에 해당하지 않는 것은?

① 보세운송의 도착 및 화물의 이상 유무 확인
② 보세공장의 원재료보관 · 보세작업 · 제품보관 등 각 단계별 반입과 반출
③ 장외작업물품의 반입과 반출
④ 수입신고 대상물품의 수입신고 여부의 확인
⑤ 보세공장 물품의 장치와 보관

19 「보세전시장 운영에 관한 고시」에 따른 폐회 후의 물품처리에 대한 내용으로 옳지 않은 것은?

❙ 2023

① 박람회 등의 회기가 종료되면 해당 보세전시장에 있는 외국물품은 이를 수입하는 것을 원칙으로 한다.
② 기증 · 매각됨으로써 보세전시장에 있는 외국물품을 국내로 반입하려는 자는 수입신고를 해야 한다.
③ 보세전시장에 있는 외국물품을 폐기하려는 때에는 미리 세관장의 승인을 받아야 한다.
④ 폐기 후의 잔존물이 가치가 있는 때에는 폐기 후의 성질과 수량에 따라 관세를 부과한다.
⑤ 회기가 종료되고 반송, 수입 또는 폐기처리되지 아니한 외국물품은 해당 보세전시장의 특허기간에 지체 없이 다른 보세구역으로 반출해야 한다.

20 「보세판매장 특허에 관한 고시」에 따른 용어의 정의로 옳지 않은 것은? ❙ 2019

① "출국장면세점"이란 출국장에서 출국인 및 통과여객기(선)에 의한 임시체류인에게 판매하는 보세판매장을 말한다.
② "시내면세점"이란 공항 및 항만의 보세구역 이외의 장소에서 출국인 및 통과여객기(선)에 의한 임시체류인에게 판매하는 보세판매장을 말한다.
③ "중소 · 중견기업 제품 매장"이란 「중소기업기본법」 제2조에 따른 중소기업, 「중견기업 성장촉진 및 경쟁력 강화에 관한 특별법」 제2조 제1호에 따른 중견기업 및 외국의 법령에 따라 중소기업 또는 중견기업으로 확인받은 업체가 제조 · 가공한 물품을 판매하는 장소를 말한다.
④ "판매장"이란 계단 · 에스컬레이터 · 화장실 · 사무실 등 물품판매와 직접 관련이 있는 공용시설을 말한다.
⑤ "출국장"이란 공항 · 항만 보세구역 내에서 출국인 또는 통과여객기(선)에 의한 임시체류인이 항공기 또는 선박을 탑승하기 위하여 대기하는 장소를 말한다.

「보세판매장 운영에 관한 고시」에 따른 운영인의 의무에 대한 내용이다. 빈칸에 들어갈 숫자로 옳은 것은?

▌2023

> 운영인은 보세판매장에 근무하는 소속직원과 판촉사원 등이 보세판매장 협의단체에서 주관하는 교육을 연 (　　)회 이상(사전에 협의단체장이 교육계획을 관세청장에게 보고한 경우에는 그 계획 범위 내) 이수하도록 하여야 한다.

① 1
② 2
③ 3
④ 5
⑤ 10

22

「보세판매장 운영에 관한 고시」에 따라 운영인은 대장을 판매장에 비치하고 구매자 인적사항 및 판매사항을 전산관리해야 한다. 다음 중 외교관면세점에 비치해야 하는 대장으로 옳은 것은?

① 면세통관의뢰서 관리대장
② 잔량확인대장
③ 수입신고대장
④ 구매자 관리대장
⑤ 미인도 물품대장

23

종합보세구역에 대한 내용으로 옳지 않은 것은?

① 종합보세구역에서 종합보세기능을 수행하려는 자는 그 기능을 정하여 관세청장에게 종합보세사업장의 설치・운영에 관한 신고를 하여야 한다.
② 종합보세사업장의 운영인은 그가 수행하는 종합보세기능을 변경하려면 세관장에게 이를 신고하여야 한다.
③ 종합보세구역에 물품을 반입하거나 반출하려는 자는 대통령령으로 정하는 바에 따라 세관장에게 신고하여야 한다.
④ 세관장은 관세청장 직권으로 종합보세구역을 지정받은 업체가 종합보세사업장 설치・운영신고를 할 때에는 첨부서류의 제출을 생략하게 할 수 있다.
⑤ 운영인이 종합보세사업장을 폐업하거나 30일 이상 계속하여 휴업하고자 할 때에는 운영인 또는 그 상속인(법인인 경우에는 청산법인 또는 합병 후 존속하거나 합병으로 인하여 설립된 법인)은 세관장에게 즉시 그 사실을 신고하여야 하며, 다시 개업하고자 할 때에는 서면으로 그 요지를 통지하여야 한다.

24 「종합보세구역의 지정 및 운영에 관한 고시」에 따른 장외 보세작업에 대한 내용으로 옳지 않은 것은?

① 운영인이 다른 종합보세사업장・보세공장 및 기타 해당 종합보세사업장 이외의 장소(장외작업장소)에서 보세작업을 하고자 하는 때에는 6월의 범위 내에서 그 기간 및 장소를 지정하여 장외작업신고서에 임가공계약서 사본 1부를 첨부하여 세관장에게 신고하여야 한다.

② 세관장은 임가공계약서에 의하여 전체 장외작업의 내용(장외작업장소, 작업종류, 예상작업기간)을 미리 알 수 있는 경우에는 운영인에게 1년의 기간 내에서 작업기간을 정하여 여러 건의 장외작업을 일괄하여 신고하게 할 수 있다.

③ 장외작업신고를 하고 종합보세사업장에서 작업장으로 반출되는 물품에 대하여는 장외작업신고로 물품반출신고 및 보세운송신고를 갈음한다.

④ 신고한 장외작업기간이 경과한 경우 그 신고된 장외작업장소에 외국물품 또는 그 제품이 있을 때에는 세관장은 즉시 해당 물품의 장외작업신고를 한 운영인으로부터 그 관세를 징수하기 위한 조치를 취해야 한다.

⑤ 장외작업 신고물품은 장외작업장소 관할세관장이 관리한다.

「수입활어 관리에 관한 특례고시」에 따른 검량에 대한 내용으로 옳지 않은 것은? ▌2019

① 세관장은 수입활어의 검량방법 및 절차에 관한 표준을 제정할 수 있으며, 검량과정에서 필요하다고 판단되는 경우에는 운영인 등에게 이동식 CCTV의 배치를 요구할 수 있다.

② 세관장은 화주 또는 운영인이 해당 고시에서 정하는 방법과 절차에 따르지 아니하는 경우 다시 검량할 것을 요구할 수 있다.

③ 세관장은 검량과정에서 CCTV 영상 전송이 단절된 경우 다시 검량할 것을 요구할 수 있다.

④ 세관장은 활어의 수량과 중량에서 과부족이 현저하다고 의심되는 경우 다시 검량할 것을 요구할 수 있다.

⑤ 세관장은 불합격품을 폐기 또는 반송하는 때에는 검량을 실시할 수 있다.

01 「보세화물관리에 관한 고시」에 따른 용어의 정의로 옳지 않은 것은?

① "세관지정장치장"이란 세관장이 관리하는 시설 또는 세관장이 시설 관리인으로부터 무상사용의 승인을 받은 시설 중 지정장치장으로 지정한 시설을 말한다.
② "운영인"이란 특허보세구역 운영인, 지정보세구역 화물관리인, 보세구역 외 장치의 허가를 받은 자, 검역물품의 관리인을 말한다.
③ "선박회사"란 물품을 운송한 선박회사와 항공사를 말한다.
④ "세관화물정보시스템"이란 적재화물목록, 적재 · 하선(기), 보세운송신고, 보세구역 반출입 등의 자료를 관리하는 세관운영시스템을 말한다.
⑤ "전자문서"란 컴퓨터 간에 전송 등이 될 수 있도록 하기 위하여 세관장이 정한 실행지침서에 따라 작성된 전자자료를 말한다.

02 관세법령상 물품취급시간 외에 물품의 취급을 하려는 자가 통보서를 세관장에게 제출해야 하는 경우는?

① 우편물(수입신고를 해야 하는 것은 제외)을 취급하는 경우
② 통보한 시간 내에 당해 물품의 취급을 하는 경우
③ 보세공장에서 보세작업을 하는 경우
④ 보세전시장 또는 보세건설장에서 전시 · 사용 또는 건설공사를 하는 경우
⑤ 수출신고 수리 시 세관의 검사를 받아야 하는 수출물품을 취급하는 경우

기출유형

03 「보세화물관리에 관한 고시」에 따른 물품의 반입에 대한 내용으로 옳지 않은 것은? ▎2022

① 화물분류기준에 따라 장치장소가 결정된 물품은 하선(기)절차가 완료된 후 해당 보세구역(동물검역소 구내계류장 포함)에 물품을 반입하여야 한다.
② 운영인은 반입된 물품이 반입예정 정보와 품명 · 수량이 상이하거나 안보위해물품의 반입, 포장파손, 누출, 오염 등으로 이상이 있는 경우에는 즉시 반입물품 이상보고서에 해당 고시에서 정한 서류를 첨부하여 전자문서로 세관장에게 제출하여야 한다.
③ 반입물품 이상보고를 받은 세관장은 사고발생 경위를 확인하여 자체조사 후 통고처분 등 필요한 조치를 하거나 적재화물목록 정정이 필요한 경우에는 규정에 따른 조치를 해야 한다.
④ 위험물 장치허가를 받지 아니한 특허보세구역 운영인 및 지정보세구역 관리인은 화물 반입 시에 위험물인지를 확인해야 하며, 위험물을 발견하였을 때에는 즉시 폐기해야 한다.
⑤ 세관장은 관리대상화물을 세관지정장치장에 장치한다.

04 보세구역 외 장치를 하려는 자는 보세구역 외 장치 허가신청서를 전자문서로 법에서 정한 서류와 함께 세관장에게 제출하여 허가를 받아야 하는데, 이때 동일화주가 동일장소에 반복적으로 신청하는 경우 생략할 수 있는 문서에 해당하는 것은?

① 송품장
② 물품매도확약서(Offer Sheet)
③ B/L 사본
④ B/L 사본을 갈음하는 서류
⑤ 물품을 장치하려는 장소의 도면 및 약도

05 보세화물관리에 관한 내용 중 옳지 않은 것은?

① 크기 또는 무게의 과다나 그 밖의 사유로 보세구역에 장치하기 곤란하거나 부적당한 물품에 해당하여 물품을 보세구역이 아닌 장소에 장치하려는 자는 세관장의 허가를 받아야 한다.
② 세관장은 보세구역 외 장치 허가신청을 받은 경우 보세구역 외 장치 허가기간에 1개월을 연장한 기간을 담보기간으로 하여 담보제공을 명할 수 있다.
③ 보세구역 외 장치의 허가기간은 6개월의 범위 내에서 세관장이 필요하다고 인정하는 기간으로 정하며, 허가기간이 종료한 때에는 보세구역에 반입하여야 한다.
④ 보세구역 외 장치 허가수수료는 허가건수 단위로 징수하며, 동일모선으로 수입된 2인 이상 화주의 화물을 동일장소에 반입하는 때에는 1건의 보세구역 외 장치로 허가할 수 있다.
⑤ 위험물의 보세구역 외 장치는 당해구역이 「위험물안전관리법」 등 관계법령에 따라 허가 등을 받은 장소로서 인근주민에게 피해를 주지 아니하고 주위환경을 오염시키지 아니하는 장소이어야 한다.

06 보세구역 외 장치의 허가수수료에 해당하는 금액은?

① 1만 원
② 1만 8천 원
③ 2만 3천 원
④ 3만 원
⑤ 4만 5천 원

「보세화물관리에 관한 고시」에 따른 보세화물의 반출입에 대한 내용으로 옳지 않은 것은?

▎2019

① 운영인은 하선신고서에 의한 보세화물을 반입 시 세관화물정보시스템의 반입예정정보와 대조확인하고 반입 즉시 반입신고서를 세관장에게 전자문서로 제출하여야 한다.
② 반입신고는 Master B/L 단위로 제출해야 한다. 다만, 하선장소 보세구역에 컨테이너 상태로 반입하는 경우에는 House B/L 단위로 할 수 있다.
③ 동일사업장 내 보세구역 간 장치물품의 이동은 물품반출입신고로 보세운송신고를 갈음할 수 있다.
④ 운영인은 보세운송물품이 도착한 때에는 컨테이너 봉인이 파손되었는지 등의 사항을 확인하여 이상이 없는 경우에만 물품을 인수하고, 반입 즉시 반입신고서를 전자문서로 제출하여야 한다.
⑤ 운영인이 보세화물의 실시간 반출입정보를 자동으로 세관화물정보시스템으로 전송하는 경우 이를 반입신고로 갈음하게 할 수 있다.

내국물품의 보세창고 장치기간 등에 대한 내용으로 옳지 않은 것은?

▎2021

① 내국물품의 장치기간은 1년으로 한다.
② 동일한 보세창고에 장치되어 있는 동안 수입신고가 수리된 물품의 장치기간은 6개월로 한다.
③ 동일한 보세창고에 장치되어 있는 동안 수입신고가 수리된 물품의 경우 세관장이 필요하다고 인정한 때에는 수입신고 수리일부터 6개월의 범위에서 세관장의 승인을 받아 그 장치기간을 연장할 수 있다.
④ 정부비축용물품의 장치기간은 비축에 필요한 기간으로 한다.
⑤ 국제물류의 촉진을 위하여 관세청장이 정하는 물품의 장치기간은 비축에 필요한 기간으로 한다.

09 「보세화물관리에 관한 고시」에 따라 화물관리 세관공무원이 확인 감독해야 하는 것으로 옳지 않은 것은?

① 보세화물의 반출입에 관한 사항
② 보세운송 발착확인에 관한 사항
③ 전자문서중계사업자
④ 체화처리 통보 여부 등
⑤ 각종 업무보고 및 통제에 관한 사항

10 「보세화물관리에 관한 고시」에 따른 반송 또는 수입신고 지연가산세의 범위로 옳은 것은?

① 과세가격의 100분의 1
② 과세가격의 100분의 2
③ 과세가격의 100분의 3
④ 부족세액의 100분의 1
⑤ 부족세액의 100분의 2

11 「보세화물관리에 관한 고시」에 따른 반송 또는 수입신고 지연가산세를 징수하지 않는 사유로 옳지 않은 것은?

① 정부 또는 지방자치단체가 직접 수입하는 물품
② 정부 또는 지방자치단체에 기증되는 물품
③ 수출용 원재료(관련서류에 의하여 확인되지 않는 경우 포함)
④ 외교관 면세물품
⑤ 여행자 휴대품

12 보세구역에 장치된 물품의 폐기에 관한 설명으로 옳지 않은 것은?

① 품명미상의 물품으로서 1년이 경과된 물품은 그 장치기간에도 불구하고 화주, 반입자 또는 그 위임을 받은 자에게 1개월의 기간을 정하여 폐기 또는 반송을 명할 수 있다.
② 폐기 또는 반송명령을 받은 화주, 반입자 또는 그 위임을 받은 자는 동 물품을 폐기 또는 반송하고 해당 비용을 세관에 청구할 수 있다.
③ 폐기명령을 받은 자가 기간이 경과하여도 이를 폐기 또는 반송하지 아니한 물품 중 폐기하지 않고 방치할 경우 공익을 해할 것으로 인정된 물품은 세관장이 보세구역 운영인 또는 화물관리인 등에게 폐기하게 할 수 있다.
④ 세관장은 폐기대상 물품이 부정유출될 우려가 있거나 감시단속이 필요하다고 판단되는 경우에는 세관공무원으로 하여금 이를 감독하게 할 수 있다.
⑤ 폐기를 명할 때 화주나 반입자 또는 그 위임을 받은 자가 불분명하고, 그 물품의 폐기가 급박할 경우에는 세관장은 공고한 후 이를 폐기할 수 있다.

13 다음은 보세화물의 장치기간에 대한 내용이다. 빈칸에 들어갈 기간으로 옳은 것은? ❙2018

> 지정장치장 반입물품의 장치기간은 (ⓐ)로 한다. 다만, 부산항・인천항・인천공항・김해공항 항역 내의 지정장치장으로 반입된 물품과 특송물품의 장치기간은 (ⓑ)로 하며, 세관장이 필요하다고 인정할 때에는 (ⓒ)의 범위에서 그 기간을 연장할 수 있다.

① ⓐ – 3개월, ⓑ – 1개월, ⓒ – 1개월
② ⓐ – 3개월, ⓑ – 1개월, ⓒ – 2개월
③ ⓐ – 6개월, ⓑ – 2개월, ⓒ – 2개월
④ ⓐ – 6개월, ⓑ – 2개월, ⓒ – 3개월
⑤ ⓐ – 6개월, ⓑ – 6개월, ⓒ – 3개월

14 보세구역 반입물품의 장치기간에 대한 내용으로 옳지 않은 것은?

① 보세구역에 반입된 물품의 장치기간은 해당 보세구역 반입일을 기준으로 장치기간을 기산한다.
② 「여행자 및 승무원 휴대품 통관에 관한 고시」에서 반송방법이 제한되는 물품은 반송신고를 할 수 있는 날을 기준으로 장치기간을 기산한다.
③ 장치장소의 특허변경으로 장치기간을 다시 기산하여야 하는 물품은 종전에 산정한 장치기간을 합산한다.
④ 보세운송 승인을 받아 다른 보세구역에 반입함으로써 장치기간을 다시 기산하여야 하는 경우 중 장치기간이 이미 경과된 물품은 다른 보세구역으로의 반입일을 기준으로 장치기간을 기산한다.
⑤ 동일 B/L물품이 수차에 걸쳐 반입되는 경우에는 그 B/L물품의 반입이 완료된 날부터 장치기간을 기산한다.

15 보세구역에 반입한 외국물품이 장치기간을 경과한 때에 세관장이 매각처분을 보류할 수 있는 사유가 아닌 것은?

▌2018

① 「관세법」 위반으로 조사 중인 경우
② 이의신청, 심판청구, 소송 등 쟁송이 계류 중인 경우
③ 화주의 의무는 다하였으나 통관지연의 귀책사유가 화주에게 있는 경우
④ 외자에 의한 도입물자로서 「공공차관의 도입 및 관리에 관한 법률 시행령」 제14조 및 「외국인투자 촉진법 시행령」 제37조에 따라 기획재정부장관 및 산업통상자원부장관의 매각처분 보류요청이 있는 경우
⑤ 화주의 매각처분 보류요청이 있는 경우

16 「보세화물장치기간 및 체화관리에 관한 고시」에 따른 낙찰자의 결정방법으로 옳지 않은 것은?

① 낙찰자가 낙찰을 포기하거나 절차이행을 하지 않는 경우에 해당 입찰에서 예정가격보다 높은 응찰자가 있는 때에는 차점자 순위에 따라 매각할 수 있다.
② 낙찰가격과 차순위의 응찰가격에 현저한 차이가 있는 때에는 매각하지 아니할 수 있다.
③ 동일가격 입찰자가 2명 이상 있을 때에는 즉시 재입찰을 실시하여 낙찰자를 결정한다.
④ 세관장은 낙찰자가 지정된 기일까지 대금잔액을 납입하지 않는 경우 해당 낙찰을 취소할 수 있다.
⑤ 낙찰자가 특별한 사유 없이 공매조건을 이행하지 않아 낙찰이 취소된 경우 해당 물품에 대한 입찰보증금은 환불하지 아니한다.

17 「보세화물 입출항 하선 하기 및 적재에 관한 고시」에 따른 해상입항화물 하선장소 물품반입에 대한 내용으로 옳지 않은 것은?

① 하선장소를 관리하는 보세구역 운영인은 해당 보세구역을 하선장소로 지정한 물품에 대해 해당 물품의 반입 즉시 House B/L 단위로 세관장에게 물품반입신고를 해야 하며, 창고 내에 물품이 입고되는 과정에서 실물이 적재화물목록상의 내역과 상이함을 발견하였을 때에는 해당 물품을 즉시 반송해야 한다.
② Master B/L 단위의 FCL화물 또는 LCL화물로서 해당 하선장소 내의 CFS 내에서 컨테이너 적출 및 반입작업하지 아니하는 물품은 Master B/L 단위로 반입신고를 할 수 있다.
③ 입항 전 수입신고 수리 또는 하선 전 보세운송신고 수리가 된 물품을 하선과 동시에 차상반출하는 경우에는 반출입신고를 생략할 수 있다.
④ 하선장소 보세구역 운영인(화물관리인)은 하선기한 내 공컨테이너가 반입되지 않은 경우 세관장에게 즉시 보고해야 한다.
⑤ 화물관리 세관공무원은 하선장소 보세구역 운영인으로부터 반입신고가 있을 때에는 하선신고물품의 전량반입완료 및 반입사고 여부를 확인하고 지정기한까지 반입되지 아니한 물품이 있거나 반입사고가 있는 물품에 대하여는 그 사유를 조사한 후 그 결과에 따라 처리한다.

18 다음은 「보세화물 입출항 하선 하기 및 적재에 관한 고시」에 따른 적재화물목록 제출시기에 대한 규정이다. 빈칸에 들어갈 숫자로 옳은 것은?

▌2020

> 「관세법」 제135조 제2항에 따라 적재화물목록 제출의무자는 적재항에서 화물이 선박에 적재되기 (ⓐ)시간 전까지 제9조에 따른 적재화물목록을 선박 입항예정지 세관장에게 전자문서로 제출해야 한다. 다만, 중국・일본・대만・홍콩・러시아 극동지역 등(근거리 지역)의 경우에는 적재항에서 선박이 출항하기 전까지, 벌크화물의 경우에는 선박이 입항하기 (ⓑ)시간 전까지 제출해야 한다.

① ⓐ – 12, ⓑ – 2
② ⓐ – 12, ⓑ – 4
③ ⓐ – 24, ⓑ – 2
④ ⓐ – 24, ⓑ – 4
⑤ ⓐ – 48, ⓑ – 4

다음 빈칸에 들어갈 기간으로 옳은 것은? ❙ 2020, 2022

> 「보세화물 입출항 하선 하기 및 적재에 관한 고시」 제19조(하선장소 물품반입) 제1항
> 제15조에 따라 하선신고를 한 자는 입항일(외항에서 입항수속을 한 경우 접안일)로부터 다음 각 호의 어느 하나에 해당하는 기간 내에 해당 물품을 하선장소에 반입해야 한다. 다만, 부득이한 사유로 지정기한 이내에 반입이 곤란할 때에는 반입지연사유, 반입예정일자 등을 기재한 별지 제20호 서식의 하선장소 반입기간 연장승인(신청)서를 세관장에게 제출하여 승인을 받아야 한다.
> 1. 컨테이너화물 – (ⓐ)
> 2. 원목, 곡물, 원유 등 벌크화물 – (ⓑ)

① ⓐ – 3일, ⓑ – 5일
② ⓐ – 3일, ⓑ – 10일
③ ⓐ – 5일, ⓑ – 10일
④ ⓐ – 5일, ⓑ – 20일
⑤ ⓐ – 5일, ⓑ – 30일

20 「보세화물 입출항 하선 하기 및 적재에 관한 고시」에 따른 항공입항화물의 입항 시 적재화물목록 정정신청에 대한 내용으로 옳지 않은 것은?

① 적재화물목록 제출이 완료된 이후에 적재화물목록 작성책임자가 그 기재내용의 일부를 정정하려는 때에는 적재화물목록 정정신청서를 정정사유를 증명할 수 있는 자료를 첨부하여 서류 또는 전자문서로 제출해야 한다.
② 하기결과보고서 및 반입물품 이상보고서가 제출된 물품의 경우에는 보고서 제출일로부터 15일 이내에 적재화물목록 정정신청을 할 수 있다.
③ 기타의 사유로 적재화물목록을 정정하고자 하는 경우에는 항공기 입항일부터 60일 이내에 적재화물목록 정정신청을 할 수 있다.
④ 적재화물목록 정정신청서를 접수한 화물관리 세관공무원은 심사 결과 정정하려는 내역이 관련 증명서류에 근거하여 하기결과보고 내역 또는 반입물품 이상보고 내역 등과 일치하고 그 정정사유가 타당하다고 인정할 때에는 적재화물목록 정정신청 사항을 승인해야 한다.
⑤ 세관장은 적재화물목록 정정신청한 물품에 대하여 필요하다고 인정할 때에는 화주에게 현품확인을 하게 할 수 있다.

21 「보세화물 입출항 하선 하기 및 적재에 관한 고시」에 따른 수출화물관리에 대한 내용으로 옳지 않은 것은?

① 보세구역 운영인은 수출하려는 물품이 반입된 경우에는 그 내역을 확인할 수 있는 서류(수출신고필증, 송품장, B/L 등)를 받아 화물반출입대장(전산설비를 이용한 기록관리 포함)에 그 내역을 기록관리해야 하며, 전산으로 수출신고 수리내역을 확인한 경우에는 수출신고필증을 받지 아니할 수 있다.
② 수출신고 수리물품 또는 수출신고 수리를 받으려는 물품의 반입신고는 화물반출입대장(전산설비를 이용한 기록관리 포함)에 기록관리하는 것으로 갈음한다.
③ 반송물품을 보세구역에 반입하려는 보세구역 운영인은 세관장에게 반입신고를 해야 하며, 이 경우 반입신고는 보세운송 도착보고를 갈음할 수 있다.
④ 적재지 보세구역(보세구역 외 장치의 허가를 받은 장소 포함)에 반입한 수출물품을 재포장, 분할, 병합, 교체 등 보수작업하려는 자는 관할세관장에게 수출물품 보수작업승인신청서를 제출하여 승인을 받아야 한다.
⑤ 보수작업 결과 포장개수의 변동 등 당초의 수출신고 수리사항이 변경되는 경우에는 해당 보수작업 승인을 한 세관장이 그 내역을 관세청장에게 통보해야 한다.

22 「환적화물 처리절차에 관한 특례고시」에 따른 반출입신고에 대한 내용으로 옳은 것은?

① 보세구역 운영인은 환적화물을 반출입할 때 반입예정정보 또는 반출승인정보와 물품의 상이 여부를 확인한 후 관세청장에게 반입 즉시 반입신고를 하고, 반출 전에 반출신고를 해야 한다.
② 보세구역 운영인이 반출입신고를 하려는 때에는 Master B/L 단위의 전자문서로 해야 한다.
③ 컨테이너보세창고에서 컨테이너 단위로 반출입되는 환적화물은 House B/L 단위의 전자문서로 반출입신고를 해야 한다.
④ 공항 내 화물터미널에서 Master B/L 단위로 반출입되는 환적화물은 House B/L 단위의 전자문서로 반출입신고를 해야 한다.
⑤ 보세구역 운영인은 장치기간이 경과한 환적화물에 대해 「보세화물장치기간 및 체화관리에 관한 고시」에서 정한 규정에 따라 통고해야 한다.

「화물운송주선업자의 등록 및 관리에 관한 고시」에 따라 통관지 세관장에게 화물운송주선업을 등록하려는 자가 갖추어야 할 요건으로 옳지 않은 것은?
▮2020, 2023

① 「관세법」 제175조(운영인의 결격사유)의 어느 하나에 해당하지 않을 것
② 「물류정책기본법」 제43조에 따른 국제물류주선업의 등록을 하였을 것
③ 화물운송주선업자 등록이 취소된 후 2년이 지났을 것
④ 자본금 3억 원 이상을 보유한 법인(법인이 아닌 경우에는 자산평가액이 1억 원 이상)일 것
⑤ 하우스적재화물목록 제출 등을 위한 전산설비를 갖추고 있을 것

24 「보세운송에 관한 고시」에 따라 보세운송하려는 수입화물 중 세관장에게 신고해야 하는 물품에 해당하지 않는 것은?

① 「관세법 시행령」 제226조 제3항의 보세운송 승인대상에 해당되지 않는 물품
② 특정물품 간이보세운송업자가 「관리대상화물 관리에 관한 고시」에 따른 검사대상 화물을 하선(기)장소에서 최초 보세운송하려는 물품
③ 항공사가 국제항 간 입항적재화물목록 단위로 일괄하여 항공기로 보세운송하려는 물품
④ 간이보세운송업자가 「관세법 시행령」 제226조 제3항(보세운송의 승인을 얻어야 하는 물품) 제1호부터 제5호까지, 제7호, 제11호의 물품을 운송하는 경우로서 별도의 서류제출이 필요 없다고 인정되는 물품
⑤ 「관세 등에 대한 담보제도 운영에 관한 고시」에 따른 신용담보업체 또는 포괄담보제공업체인 화주가 타인의 명의로 보세운송신고하는 물품

25 「보세운송에 관한 고시」에 따른 보세운송물품의 도착에 대한 내용으로 옳지 않은 것은?

① 보세운송인은 물품을 보세운송기간 내에 도착지에 도착시켜야 한다.
② 보세운송인은 물품이 도착지에 도착한 때 지체 없이 B/L번호 및 컨테이너번호(컨테이너화물인 경우)를 보세구역 운영인 또는 화물관리인에게 제시하고 물품을 인계해야 한다.
③ 도착지 보세구역 운영인 또는 화물관리인은 보세운송된 물품을 인수하였을 때에는 즉시 세관화물정보시스템에 반입신고를 해야 한다.
④ 보세운송 도착과 동시에 수입신고가 수리된 물품은 보세구역에 입고시키지 않은 상태에서 물품을 화주에게 즉시 인도할 수 있으며, 반출입신고는 그 인도로 갈음한다.
⑤ 보세운송물품 도착보고는 보세구역 운영인의 반입신고로 갈음한다.

01 「관세법」에 따라 국제항으로 지정된 공항으로 옳지 않은 것은?

① 인천공항
② 광주공항
③ 김해공항
④ 무안공항
⑤ 양양공항

02 「관세법」에 따른 "선박용품"에 해당되지 않는 것은? ▎2023

① 해당 선박에서 사용되는 연료
② 해당 선박에서 사용되는 집기
③ 해당 선박에서 사용되는 수리용 부속품
④ 선박용품에 준하는 차량용품
⑤ 해당 선박에서 사용하는 밧줄

03 다음은 「관세법」에 따른 간이 입출항절차에 대한 내용이다. 빈칸에 들어갈 기간으로 옳은 것은?

> 국제무역선이나 국제무역기가 국제항에 입항하여 물품(선박용품 또는 항공기용품과 승무원의 휴대품 제외)을 하역하지 아니하고 입항한 때부터 (　　) 이내에 출항하는 경우 세관장은 제135조에 따른 적재화물목록, 선박용품 또는 항공기용품의 목록, 여객명부, 승무원명부, 승무원 휴대품목록 또는 제136조에 따른 적재화물목록의 제출을 생략하게 할 수 있다.

① 6시간
② 12시간
③ 24시간
④ 3일
⑤ 7일

04 국제항이 아닌 지역의 출입에 대한 내용으로 옳지 않은 것은?

① 국제무역선이나 국제무역기는 원칙적으로 국제항에 한정하여 운항할 수 있다.
② 국제항이 아닌 지역에 대한 출입의 허가를 받으려면 허가수수료를 납부해야 한다.
③ 수수료의 총액은 50만 원을 초과하지 못한다.
④ 세관장은 법령의 규정에 의하여 강제로 입항하는 경우에는 출입허가수수료를 징수하지 않는다.
⑤ 세관장은 국제항이 아닌 지역에 대한 출입허가 신청서에 기재된 당해 지역에 머무는 기간 내에 해당 출입허가를 취소한 경우에는 징수한 수수료를 반환한다.

05 선박용품 및 항공기용품의 하역 등에 대한 내용으로 옳지 않은 것은?

① 세관장은 선박용품 및 항공기용품 등의 하역에 따른 허가의 신청을 받은 날부터 10일 이내에 허가 여부를 신청인에게 통지하여야 한다.
② 선박용품 또는 항공기용품을 국제무역선 또는 국제무역기에 하역하거나 환적하려면 세관장의 허가를 받아야 한다.
③ 선박용품 또는 항공기용품이 외국으로부터 우리나라에 도착한 외국물품일 때에는 보세구역으로부터 국제무역선·국제무역기 또는 원양어선에 적재하는 경우에만 그 외국물품을 그대로 적재할 수 있다.
④ 외국물품이 하역 또는 환적허가의 내용대로 운송수단에 적재되지 아니한 경우에는 해당 허가를 받은 자로부터 7일 이내에 그 관세를 징수한다.
⑤ 외국물품인 선박용품 또는 항공기용품과 국제무역선 또는 국제무역기 안에서 판매할 물품이 하역 또는 환적허가의 내용대로 운송수단에 적재되지 아니한 경우의 과세물건 확정의 시기는 하역을 허가 받은 때이다.

06 **국경출입차량의 도착절차에 대한 내용으로 옳지 않은 것은?**

① 국경출입차량이 통관역이나 통관장에 도착하면 통관역장이나 도로차량의 운전자는 차량용품목록 · 여객명부 · 승무원명부 및 승무원 휴대품목록과 관세청장이 정하는 적재화물목록을 첨부하여 지체 없이 세관장에게 도착보고를 하여야 한다.

② 세관장은 감시 · 단속에 지장이 없다고 인정될 때에는 차량용품목록이나 승무원 휴대품목록의 첨부를 생략하게 할 수 있다.

③ 세관장은 신속한 입국 및 통관절차의 이행과 효율적인 감시 · 단속을 위하여 필요한 경우에는 관세청장이 정하는 바에 따라 도착하는 해당 차량이 소속된 회사로 하여금 여객명부 · 적재화물목록 등을 도착하기 전에 제출하게 할 수 있다.

④ 모래 · 자갈 등 골재 또는 석탄 · 흑연 등 광물을 일정 기간에 일정량으로 나누어 반복적으로 운송하는 데에 사용되는 도로차량의 운전자는 사증(査證)을 받는 것으로 도착보고를 대신할 수 있으나, 최종 도착보고의 경우는 제외한다.

⑤ 사증을 받는 것으로 도착보고를 대신하는 도로차량의 운전자는 관련서류 제출의무가 생략된다.

07 **「관리대상화물 관리에 관한 고시」에 따라 세관장이 즉시검사화물로 선별하여 검사하는 화물이 아닌 것은?**

① 실제와 다른 품명으로 수입할 가능성이 있는 화물로서 「컨테이너 관리에 관한 고시」에서 정한 LCL 컨테이너화물 등 검색기검사로 우범성 판단이 곤란한 화물

② 반송 후 재수입되는 컨테이너화물로 밀수입 등이 의심되는 화물

③ 세관장에 검색기가 설치되지 않은 경우 총기류 · 도검류 등 위해물품을 은닉할 가능성이 있는 화물

④ 수(중)량 차이의 가능성이 있는 화물

⑤ 물품 특성상 내부에 밀수품을 은닉할 가능성이 있는 화물

08 **「관리대상화물 관리에 관한 고시」에 따른 검사대상화물 중 우범성이 없거나 검사 또는 감시의 실익이 적다고 판단되는 경우 세관장이 검사대상화물 지정을 직권으로 해제할 수 있는 물품이 아닌 것은?**

① 등록사유(검사착안사항)와 관련 없는 물품

② 수출입 안전관리 우수업체(수입업체)가 수입하는 물품

③ 국가(지방자치단체)가 수입하는 물품

④ SOFA 관련 물품

⑤ 일시수입통관증서에 의한 일시수입물품

09 **보세운송업자 등에 대한 행정제재로서 6개월 범위에서의 업무정지 사유가 아닌 것은?**

① 명의대여금지 규정을 위반한 경우
② 거짓이나 그 밖의 부정한 방법으로 등록을 한 경우
③ 「항만운송사업법」 등 관련 법령에 따라 사업정지처분을 받은 경우
④ 「항만운송사업법」 등 관련 법령에 따라 면허・허가・지정・등록 등이 취소된 경우
⑤ 보세운송업자 등이 보세운송업자 등의 업무와 관련하여 「관세법」이나 같은 법에 따른 명령을 위반한 경우

10 **AEO 공인의 혜택으로 옳지 않은 것은?**

① 각종 관세조사의 원칙적 면제
② 담보생략으로 인한 자금부담 완화
③ 물품의 검사비율 및 서류제출 강화
④ MRA를 통한 상대국 수입통관 시 검사생략
⑤ 신속통관

11 **AEO 상호인정협정 체결추진 절차로 옳은 것은?**

① 양국 간 AEO 공인기준 비교 – 혜택 및 공인업체 정보공유 등 운영절차 협의 – 상호방문 합동심사 – 최고정책결정자(양국 관세청장) 간 서명
② 양국 간 AEO 공인기준 비교 – 상호방문 합동심사 – 혜택 및 공인업체 정보공유 등 운영절차 협의 – 최고정책결정자(양국 관세청장) 간 서명
③ 양국 간 AEO 공인기준 비교 – 상호방문 합동심사 – 최고정책결정자(양국 관세청장) 간 서명 – 혜택 및 공인업체 정보공유 등 운영절차 협의
④ 상호방문 합동심사 – 양국 간 AEO 공인기준 비교 – 혜택 및 공인업체 정보공유 등 운영절차 협의 – 최고정책결정자(양국 관세청장) 간 서명
⑤ 상호방문 합동심사 – 양국 간 AEO 공인기준 비교 – 최고정책결정자(양국 관세청장) 간 서명 – 혜택 및 공인업체 정보공유 등 운영절차 협의

12 「관세법」에서 정한 보세운송업자 등의 등록 및 보고에 관한 내용으로 옳은 것은?

① 국제항 안에 있는 보세구역에서 물품이나 용역을 제공하는 것을 업으로 하는 자는 등록 대상이다.
② 구매대행업자 중 통신판매업자로 신고한 자로서 직전 연도 구매대행한 수입물품의 총 물품가격이 5억 원 이상인 자는 등록 대상이다.
③ 하역업 등록을 한 자는 등록사항에 변동이 생긴 때에는 1개월 이내에 등록지를 관할하는 세관장에게 신고해야 한다.
④ 등록의 유효기간은 2년으로 하며, 대통령령으로 정하는 바에 따라 갱신할 수 있다.
⑤ 세관장은 하역업 등록을 한 자에게 갱신절차를 등록의 유효기간이 끝나는 날의 1개월 전까지 휴대폰에 의한 문자전송, 전자메일, 팩스, 전화, 문서 등으로 미리 알려야 한다.

13 대한민국과 AEO 상호인정약정(MRA)을 체결한 국가가 아닌 것은? ▌2018

① 일 본
② 스웨덴
③ 캐나다
④ 인 도
⑤ 싱가포르

14 수출입 안전관리 우수업체로 공인을 신청할 수 있는 자로 옳지 않은 것은? ▌2020

① 수출자・수입자
② 관세사・보세사
③ 보세구역 운영인・보세운송업자
④ 하역업자
⑤ 선박회사・항공사

「수출입 안전관리 우수업체 공인 및 운영에 관한 고시」에 따라 관세청장이 신청업체의 공인신청을 각하하는 사유가 아닌 것은?

▎2020

① 법인 단위 법규준수도가 70점 미만인 경우
② 중소 수출기업의 법규준수도가 60점 미만인 경우
③ 공인신청 관련서류를 제출하지 않은 경우
④ 공인부문별 공인기준 중에서 재무건전성 기준을 충족하지 못한 경우
⑤ 관세조사로 법규준수도 점수가 하락한 경우

16 다음은 수출입 안전관리 우수업체 공인절차 중 현장심사에 대한 내용이다. 빈칸에 들어갈 기간으로 옳은 것은?

> 관세청장은 서류심사를 마친 날로부터 (ⓐ) 이내에 현장심사 계획 통지서를 신청업체에게 송부하여야 한다. 관세청장은 현장심사를 시작한 날부터 (ⓑ) 이내에 그 심사를 마쳐야 한다.

① ⓐ – 10일, ⓑ – 20일
② ⓐ – 20일, ⓑ – 40일
③ ⓐ – 30일, ⓑ – 60일
④ ⓐ – 30일, ⓑ – 80일
⑤ ⓐ – 20일, ⓑ – 60일

17 「수출입 안전관리 우수업체 공인 및 운영에 관한 고시」에 따라 관세청장이 신청업체의 공인신청을 기각할 수 있는 사유가 아닌 것은?

① 천재지변 등 특별한 사유 없이 보완 요구기간 내에 보완하지 않거나(통관적법성 심사와 관련한 자료 제출 및 보완 요구도 포함) 보완하였음에도 불구하고 공인기준을 충족하지 못한 경우
② 서류심사 또는 현장심사 결과, 공인기준을 충족하지 못하였으며 보완 요구의 실익이 없는 경우
③ 공인유보업체를 재심사한 결과, 공인기준을 충족하지 못한 것으로 확인된 경우
④ 공인심사를 할 때 제출한 자료가 거짓으로 작성된 경우
⑤ 수출입 관리현황 설명서와 그 증빙서류를 제출하지 않은 경우

18 **다음은 수출입 안전관리 우수업체 공인의 갱신에 대한 내용이다. 빈칸에 들어갈 기간으로 옳은 것은?**

> 관세청장은 공인을 받은 자에게 공인을 갱신하려면 공인의 유효기간이 끝나는 날의 (ⓐ) 전까지 갱신을 신청하여야 한다는 사실을 해당 공인의 유효기간이 끝나는 날의 (ⓑ) 전까지 휴대폰에 의한 문자전송, 전자메일, 팩스, 전화, 문서 등으로 미리 알려야 한다.

① ⓐ – 3개월, ⓑ – 5개월
② ⓐ – 3개월, ⓑ – 7개월
③ ⓐ – 5개월, ⓑ – 6개월
④ ⓐ – 5개월, ⓑ – 5개월
⑤ ⓐ – 6개월, ⓑ – 7개월

19 **「수출입 안전관리 우수업체 공인 및 운영에 관한 고시」에 따른 보세구역운영인부문의 수출입관리책임자 자격에 해당하는 요건은?**

① 수출입 관련 업무에 3년(중소 수출기업은 1년) 이상 근무한 사람 또는 보세사 자격이 있는 사람
② 수출입 관련 업무에 5년(중소 수출기업은 3년) 이상 근무한 사람 또는 보세사 자격이 있는 사람
③ 수출입 통관업무에 3년(중소 수출기업은 1년) 이상 근무한 사람 또는 관세사 자격이 있는 사람
④ 수출입 통관업무에 5년(중소 수출기업은 3년) 이상 근무한 사람 또는 관세사 자격이 있는 사람
⑤ 수출입 통관업무에 1년(중소 수출기업은 6개월) 이상 근무한 사람

20 **다음은 수출입 안전관리 우수업체의 정기 자율 평가 실시에 대한 설명이다. 빈칸에 들어갈 내용을 순서대로 나열한 것은?**

> 수출입 안전관리 우수업체는 매년 공인일자가 (ⓐ)에 별지 제11호 서식의 정기 자율 평가서에 따라 공인기준을 충족하는지를 자율적으로 점검하고 다음 달 (ⓑ)까지 (ⓒ)에게 그 결과를 제출하여야 한다.

① ⓐ – 속하는 달, ⓑ – 5일, ⓒ – 세관장
② ⓐ – 속하는 다음 달, ⓑ – 10일, ⓒ – 세관장
③ ⓐ – 속하는 달, ⓑ – 15일, ⓒ – 관세청장
④ ⓐ – 속하는 다음 달, ⓑ – 15일, ⓒ – 세관장
⑤ ⓐ – 속하는 다음 달, ⓑ – 20일, ⓒ – 관세청장

21 **「관세법」상 수출입 안전관리 우수업체의 공인을 무조건 취소해야 하는 경우로 옳은 것은?**

① 안전관리 기준을 충족하지 못하는 경우
② 거짓이나 그 밖의 부정한 방법으로 공인을 받거나 공인을 갱신받은 경우
③ 정지 처분을 공인의 유효기간 동안 5회 이상 받은 경우
④ 시정명령을 정당한 사유 없이 이행하지 아니한 경우
⑤ 수출입 안전관리 우수업체가 양도, 양수, 분할 또는 합병 등으로 공인 당시의 업체와 동일하지 아니하다고 관세청장이 판단하는 경우

22 **「수출입 안전관리 우수업체 공인 및 운영에 관한 고시」에 따른 수출입 안전관리 우수업체 심의위원회의 심의사항으로 옳지 않은 것은?**

① 수출입 안전관리 우수업체의 공인 및 갱신
② 수출입 안전관리 우수업체의 공인등급 조정
③ 수출입 안전관리 우수업체의 특례의 정지
④ 공인과 갱신을 유보한 업체의 공인심사 및 갱신심사의 신청 기각
⑤ 수출입 안전관리 우수업체 공인의 취소

23 **보세구역 운영인의 가이드라인에 따른 공인기준별 평가방법 중, 문서화와 실행을 평가하는 경우에 대한 내용으로 옳은 것은?**

① 적용되지 않는 기준이거나, 다른 기준에서 이미 평가된 기준인 경우의 평가점수는 0점이다.
② 문서화되지 않았거나(문서화의 형식적 요건을 갖추지 않은 경우 포함), 실행되지 않은 경우의 평가점수는 1점이다.
③ 문서화가 체계적이지 않으나, 실행이 문서화보다 높은 수준으로 이루어지고 있는 경우의 평가점수는 2점이다.
④ 문서화가 체계적이나, 실행이 문서화보다 낮은 수준으로 이루어지고 있는 경우의 평가점수는 3점이다.
⑤ 문서화가 체계적이고, 실행이 문서화대로 이루어지고 있는 경우의 평가점수는 5점이다.

24 **다음은 위험관리 절차 중 어느 단계에 대한 설명인가?**

> 위험분석 결과를 토대로 위험의 수준 및 순위를 결정하여 허용할 수 있는 위험과 관리가 필요한 위험 등으로 구분해야 한다.

① 계획수립
② 위험식별
③ 위험평가
④ 관리대책 수립 및 실행
⑤ 관리대책 평가

25 **다음은 수출입 안전관리 우수업체 공인절차 중 어느 단계에 대한 설명인가?**

> 관세청장이 수출입 안전관리 우수업체로 공인을 받고자 신청한 업체가 공인기준을 충족하는지 등(수입부문은 통관적법성 적정 여부 포함)을 심사하는 것을 말한다.

① 예비심사
② 갱신심사
③ 공인심사
④ 서류심사
⑤ 현장심사

제5과목 자율관리 및 관세벌칙

자율관리 보세구역에 대한 내용으로 옳지 않은 것은? ▌2022, 2024

① 자율관리 보세구역이란 보세구역 중 물품의 관리 및 세관감시에 지장이 없다고 인정하여 관세청장이 정하는 바에 따라 세관장이 지정하는 보세구역이다.
② 보세구역의 화물관리인이나 운영인은 자율관리 보세구역의 지정을 받으려면 세관장에게 지정을 신청해야 한다.
③ 자율관리 보세구역의 지정을 신청하려는 자는 해당 보세구역에 관세사를 채용해야 한다.
④ 세관장은 지정신청을 받은 경우 해당 보세구역의 위치와 시설상태 등을 확인하여 자율관리 보세구역으로 적합하다고 인정될 때에는 해당 보세구역을 자율관리 보세구역으로 지정할 수 있다.
⑤ 자율관리 보세구역의 지정을 받은 자는 「관세법」 제164조(보세구역의 자율관리) 제1항에 따라 생략하는 절차에 대하여 기록하고 관리하여야 한다.

02 세관장은 자율관리 보세구역 운영인 등에게 갱신절차 등의 사항을 지정기간 만료 얼마 전까지 미리 알려야 하는가?

① 5일 전까지
② 10일 전까지
③ 15일 전까지
④ 1개월 전까지
⑤ 2개월 전까지

03 자율관리 보세구역의 지정 취소 시 의견청취에 대한 내용으로 옳지 않은 것은?

① 세관장은 자율관리 보세구역의 지정을 취소하려는 때에는 미리 해당 운영인 등의 의견을 청취하는 등 기회를 주어야 한다.
② 세관장이 의견청취를 할 때에는 의견청취 예정일 30일 전까지 의견청취 예정일 등을 지정하여 당해 보세구역의 운영인 등에게 문서, 전자메일, 전화, 휴대폰 문자전송 방법 등으로 통지해야 한다.
③ 통지서에는 정당한 사유 없이 의견청취에 응하지 아니할 때에는 의견진술의 기회를 포기하는 것으로 본다는 뜻을 명시하여야 한다.
④ 통지를 받은 해당 운영인 등 또는 그 대리인은 지정된 날에 출석하여 의견을 진술하거나 지정된 날까지 서면으로 의견을 제출할 수 있다.
⑤ 해당 보세구역의 운영인 등 또는 그 대리인이 출석하여 의견을 진술한 때에는 세관공무원은 그 요지를 서면으로 작성하여 출석자 본인으로 하여금 이를 확인하게 한 후 서명날인하게 하여야 한다.

04 **다음은 자율관리 보세구역의 혜택 적용의 정지에 대한 내용이다. 빈칸에 들어갈 내용으로 옳은 것은?**

▍2022

> 운영인 등이 경고처분을 1년에 (ⓐ) 이상 받은 경우 세관장은 「자율관리 보세구역 운영에 관한 고시」 제7조에 따른 절차생략 등을 정지할 수 있으며, 그 기간은 (ⓑ) 이내의 기간으로 한다.

① ⓐ – 3회, ⓑ – 1개월
② ⓐ – 3회, ⓑ – 2개월
③ ⓐ – 4회, ⓑ – 3개월
④ ⓐ – 5회, ⓑ – 6개월
⑤ ⓐ – 5회, ⓑ – 1년

05 **「보세사제도 운영에 관한 고시」에 따른 보세사 시험에 대한 내용으로 옳지 않은 것은?**

① 보세사 시험업무를 위탁하는 기관은 국가자격검정 관련 전문기관 또는 사단법인 한국관세물류협회를 말하며(이하 "시험수행기관"), 시험수행기관장은 관세청장의 승인을 받아 보세사 시험을 실시한다.
② 시험수행기관장은 보세사에 대한 시험을 매년 실시해야 한다. 다만, 보세구역 및 보세사의 수급상황을 고려하여 필요하다고 인정하면 관세청장의 승인을 받아 격년제로 실시할 수 있다.
③ 시험의 공고는 관세청 및 시험수행기관 홈페이지에 공고하되 필요하다고 인정될 경우에는 세관관서, 시험수행기관 본회 및 지역협회 게시판에 공고할 수 있다.
④ 보세사 시험의 출제와 평가 등 보세사 시험에 필요한 사항을 심의・결정하기 위하여 시험수행기관에 보세사시험위원회(이하 "위원회")를 둔다.
⑤ 위원회의 위원장은 관세청장이 위촉하는 사람으로 하고 위원회는 위원장을 포함한 10명 이내의 위원으로 구성한다.

「보세사제도 운영에 관한 고시」에 따른 보세사의 징계에 대한 내용으로 옳지 않은 것은?

| 2018, 2020, 2022, 2023

① 보세사 징계의 종류로는 견책, 6개월 이내의 업무정지, 등록취소가 있다.
② 관세청장은 보세사가 「관세법」에 따른 명령을 위반한 경우 보세사징계위원회의 의결에 따라 징계처분을 한다.
③ 보세사의 의무를 이행하지 아니하는 경우 보세사징계위원회의 의결에 따라 징계처분을 한다.
④ 경고처분을 받은 보세사가 1년 내에 다시 경고 처분을 받는 경우 보세사징계위원회의 의결에 따라 징계처분을 한다.
⑤ 연간 6월의 범위 내 업무정지를 2회 받으면 등록취소하여야 한다.

07 수출입물류업체에 대한 법규수행능력 측정 및 평가업무의 범위에 해당하지 않는 것은?

① 보세화물취급에 관한 사항
② 관세청장이 정하는 적재화물목록 작성 및 제출
③ 관리대상화물의 선별과 검사
④ 반출입신고
⑤ 과세가격의 결정에 관한 사항

08 법규수행능력 측정에 따라 부여된 업체별 등급을 구분한 것으로 옳지 않은 것은?

① A등급인 업체 – 법규수행능력 우수업체
② B등급인 업체 – 법규수행능력 우수업체
③ C등급인 업체 – 법규수행능력 양호업체
④ D등급인 업체 – 법규수행능력 개선이행업체
⑤ E등급인 업체 – 법규수행능력 평가미이행업체

「자유무역지역의 지정 및 운영에 관한 법률」과 다른 법률과의 관계에 대한 내용으로 옳지 않은 것은?

▎2021, 2022, 2024

① 자유무역지역에서는 「자유무역지역의 지정 및 운영에 관한 법률」에 규정된 사항을 제외하고는 「관세법」을 적용하지 아니한다.
② 자유무역지역에 통제시설이 설치되어 있지 아니한 경우에는 「관세법」을 적용한다.
③ 입주기업체 중 외국인투자기업에 대하여는 「고용상 연령차별금지 및 고령자고용촉진에 관한 법률」에 따른 사업주의 고령자 고용 노력의무 규정을 적용하지 아니한다.
④ 입주기업체 중 외국인투자기업에 대하여는 「장애인고용촉진 및 직업재활법」에 따른 사업주의 장애인 고용 의무 규정을 적용하지 아니한다.
⑤ 자유무역지역의 지정 및 운영에 관하여 「경제자유구역의 지정 및 운영에 관한 특별법」에 이 법과 다른 규정이 있는 경우에는 타 법을 우선하여 적용한다.

10 자유무역지역의 지정 및 변경 등에 대한 내용으로 옳지 않은 것은?

① 자유무역지역의 지정을 요청한 중앙행정기관의 장 또는 시・도지사는 자유무역지역의 운영을 위하여 필요한 경우에는 산업통상자원부장관에게 그 자유무역지역의 위치・경계 또는 면적의 변경을 요청할 수 있다.
② 산업통상자원부장관은 자유무역지역의 지정사유가 없어졌다고 인정하거나 관계 중앙행정기관의 장 또는 시・도지사로부터 지정해제 요청을 받은 경우에는 자유무역지역의 지정을 해제할 수 있다.
③ 산업통상자원부장관은 지정이 요청된 지역의 실정과 지정의 필요성 및 지정 요건을 검토한 후 기획재정부장관, 국토교통부장관 등 대통령령으로 정하는 관계 중앙행정기관의 장과 협의하여 자유무역지역을 지정한다.
④ 산업통상자원부장관은 자유무역지역을 지정하였을 때에는 그 지역의 위치・경계・면적과 그 밖에 대통령령으로 정하는 사항을 고시하고, 그 내용을 지체 없이 관계 중앙행정기관의 장 및 시・도지사에게 통지해야 한다.
⑤ 자유무역지역을 변경하는 경우로서 면적의 일부 변경 등 대통령령으로 정하는 경미한 사항을 변경하는 경우 관계 중앙행정기관의 장과 협의를 거쳐야 한다.

11 **자유무역지역에 입주할 수 있는 자에 해당하지 않는 것은?**

① 수출을 주목적으로 하는 제조업종의 사업을 하려는 자로서 입주계약 신청일부터 과거 3년의 기간 중 총매출액 대비 수출액이 100분의 50 이상인 기간이 연속하여 1년 이상인 자
② 신성장동력산업에 속하는 사업을 하려는 외국인투자기업으로서 대통령령으로 정하는 수출비중 요건을 갖추지는 못하였으나 외국인투자금액이 미화 50만 달러 이상인 자
③ 지식서비스산업에 해당하는 업종의 사업을 하려는 자로서 입주계약 신청일부터 과거 3년의 기간 중 총매출액 대비 수출액이 100분의 5 이상인 기간이 연속하여 1년 이상인 자
④ 수출입거래를 주목적으로 하는 도매업종의 사업을 하려는 자로서 입주계약 신청일부터 과거 3년의 기간 중 총매출액 대비 수출입거래 비중이 100분의 50(중소기업의 경우 100분의 30, 중견기업의 경우 100분의 40) 이상인 기간이 연속하여 1년 이상인 자
⑤ 물품의 하역・운송・보관・전시 또는 그 밖에 물류시설 관련 개발업 및 임대업 등의 사업을 하려는 자

12 **「자유무역지역의 지정 및 운영에 관한 법률」에 따른 자유무역지역의 입주계약 결격사유 기준에 해당하지 않는 것은?**

① 관세 또는 내국세를 체납한 자
② 「관세법」을 위반하여 징역형의 집행유예를 선고받고 그 유예기간 중에 있는 사람
③ 벌금형 또는 통고처분을 받은 자로서 그 벌금형 또는 통고처분을 이행한 후 2년이 지나지 아니한 자
④ 결격사유에 해당하는 사람을 임원(해당 법인의 자유무역지역의 운영업무를 직접 담당하거나 이를 감독하는 사람으로 한정)으로 하는 법인
⑤ 입주계약이 해지(피성년후견인에 해당하여 입주계약이 해지된 경우는 제외)된 후 3년이 지나지 아니한 자

13 다음은 「자유무역지역의 지정 및 운영에 관한 법률 시행령」에 따른 역외작업의 신고 등에 대한 내용이다. 빈칸에 들어갈 기간으로 옳은 것은?

> • 원자재 – (ⓐ) 이내
> • 시설재 – 같은 품목에 대하여 입주기업체와 역외작업 수탁업체 간에 체결된 계약기간의 범위로 하되, 그 기간은 (ⓑ)을 초과할 수 없다. 다만, 세관장은 역외작업이 계약기간 내에 끝나지 아니하는 등 부득이한 사유로 반출기간을 연장할 필요가 있다고 인정할 때에는 (ⓒ)의 범위에서 그 기간을 연장할 수 있다.

① ⓐ – 1년, ⓑ – 2년, ⓒ – 2년
② ⓐ – 1년, ⓑ – 2년, ⓒ – 3년
③ ⓐ – 1년, ⓑ – 3년, ⓒ – 3년
④ ⓐ – 3년, ⓑ – 3년, ⓒ – 3년
⑤ ⓐ – 3년, ⓑ – 5년, ⓒ – 3년

14 「자유무역지역의 지정 및 운영에 관한 법률」에 따른 재고기록 관리 생략 물품에 해당하는 것은?

① 자유무역지역 안으로 반입한 물품
② 자유무역지역에서 사용・소비한 물품
③ 자유무역지역에서 생산한 물품
④ 자유무역지역으로부터 반출한 물품
⑤ 외국물품 등을 폐기한 후에 남는 경제적 가치가 없는 물품

15 「자유무역지역의 지정 및 운영에 관한 법률」에 따른 관세 등의 부과 및 감면 등에 대한 내용으로 옳지 않은 것은?

① 자유무역지역에서 외국물품 등의 전부 또는 일부를 원재료로 하여 제조・가공・조립・보수 등의 과정을 거친 후 관세영역으로 반출되는 물품은 외국으로부터 우리나라에 도착된 외국물품으로 보아 관세 등을 부과한다.
② 자유무역지역에서 입주기업체 간에 공급하거나 제공하는 외국물품 등과 용역에 대하여는 부가가치세가 면제된다.
③ 외국인투자기업인 입주기업체에 대하여는 「조세특례제한법」에서 정하는 바에 따라 법인세, 소득세, 취득세, 등록면허세, 재산세, 종합토지세 등의 조세를 감면할 수 있다.
④ 입주기업체의 공장 등에 대하여는 「도시교통정비 촉진법」 제36조에 따른 교통유발부담금을 면제한다.
⑤ 국가나 지방자치단체는 자유무역지역에 있는 입주기업체의 기술개발활동 및 인력양성을 촉진하기 위하여 필요한 자금을 지원할 수 있다.

16 국가관세종합정보시스템 또는 전자문서중계사업자의 전산처리설비에 기록된 전자문서 등 관련 정보를 훼손하거나 그 비밀을 침해한 자에 대한 벌칙으로 옳은 것은?

① 3년 이하의 징역 또는 물품원가 이하에 상당하는 벌금
② 5년 이하의 징역 또는 물품원가 이하에 상당하는 벌금
③ 5년 이하의 징역 또는 5천만 원 이하의 벌금
④ 7년 이하의 징역 또는 7천만 원 이하의 벌금
⑤ 1년 이상 10년 이하의 징역 또는 1억 원 이하의 벌금

17 「관세법」 제234조(수출입의 금지) 규정을 위반하여 헌법질서를 문란하게 하는 등의 물품을 수입 또는 수출한 자에 대한 벌칙으로 옳은 것은?

① 3년 이하의 징역 또는 3천만 원 이하의 벌금
② 4년 이하의 징역 또는 4천만 원 이하의 벌금
③ 5년 이하의 징역 또는 5천만 원 이하의 벌금
④ 6년 이하의 징역 또는 6천만 원 이하의 벌금
⑤ 7년 이하의 징역 또는 7천만 원 이하의 벌금

18 **화주가 수출 또는 반송신고를 하였으나 해당 수출물품 또는 반송물품과 다른 물품으로 신고하여 수출하거나 반송한 자에게 처하는 벌칙은?**

① 7년 이상의 징역 또는 7천만 원 이하의 벌금
② 5년 이하의 징역 또는 관세액의 10배와 물품원가 중 높은 금액 이하에 상당하는 벌금
③ 5년 이하의 징역 또는 물품원가 이하에 상당하는 벌금
④ 3년 이하의 징역 또는 관세액의 10배와 물품원가 중 높은 금액 이하에 상당하는 벌금
⑤ 3년 이하의 징역 또는 물품원가 이하에 상당하는 벌금

19 **「관세법」상 가격조작죄에 해당하지 않는 것은?**

① 재물이나 재산상 이득을 취하려고 물품 가격을 낮춘 보정신청
② 부당한 세금에 대한 조정을 요청한 경정청구
③ 제3자로 하여금 이득을 취하게 할 목적으로 물품 가격을 조정한 수정신고
④ 재산상 이득을 취할 목적으로 물품 가격을 높인 입항 전 수입신고
⑤ 부당하게 이득을 취하기 위하여 물품 가격을 낮춘 반송신고

「관세법」 제282조(몰수 · 추징)에 대한 설명으로 옳지 않은 것은? I 2020

① 금지품 밀수출입죄의 경우에는 그 물품을 몰수한다.
② 밀수입한 외국물품을 세관장의 허가를 받아 보세구역이 아닌 장소에 장치한 경우에는 몰수를 하지 않을 수 있다.
③ 밀수입한 외국물품을 보세구역에 반입신고를 한 후 반입한 경우에는 몰수를 하지 않을 수 있다.
④ 밀수품 중 몰수의 실익이 없는 물품으로서 대통령령으로 정하는 물품은 몰수를 하지 않을 수 있다.
⑤ 밀수출죄의 경우에는 범인이 소유하거나 점유하는 그 물품을 몰수해야 하나 예비범은 몰수를 하지 않을 수 있다.

21 강제징수면탈죄 등에 대한 내용으로 옳지 않은 것은?

① 납세의무자가 강제징수를 면탈할 목적 또는 면탈하게 할 목적으로 그 재산을 은닉·탈루하거나 거짓 계약을 하였을 때에는 3년 이하의 징역 또는 3천만 원 이하의 벌금에 처한다.
② 납세의무자의 재산을 점유하는 자는 강제징수면탈죄 규정의 적용 대상이 아니다.
③ 압수물건의 보관자 또는 압류물건의 보관자가 그 보관한 물건을 은닉·탈루 또는 손괴하였을 때에는 3년 이하의 징역 또는 3천만 원 이하의 벌금에 처한다.
④ 압수물건의 보관자 또는 압류물건의 보관자가 그 보관한 물건을 소비하였을 때에도 3년 이하의 징역 또는 3천만 원 이하의 벌금에 처한다.
⑤ 강제징수면탈죄의 요건에 해당한다는 사정을 알고도 이를 방조하거나 거짓 계약을 승낙한 자는 2년 이하의 징역 또는 2천만 원 이하의 벌금에 처한다.

22 허위신고죄 등에 대한 벌칙이 나머지와 다른 것은?

① 종합보세사업장의 설치·운영에 관한 신고를 하지 아니하고 종합보세기능을 수행한 자
② 특허보세구역의 설치·운영에 관한 특허를 받지 아니하고 특허보세구역을 운영한 자
③ 세관장의 종합보세기능의 수행 중지 조치를 위반하여 종합보세기능을 수행한 자
④ 보세구역 반입명령에 대하여 반입대상 물품의 전부 또는 일부를 반입하지 아니한 자
⑤ 보정신청 또는 수정신고를 할 때 해당 물품의 품명·규격·수량 및 가격 등을 허위로 신청하거나 신고한 자

23 「관세법」에 따른 과태료의 내용으로 옳지 않은 것은?

① 수입물품 과세가격결정자료 제출을 요구받은 특수관계자로서 정당한 사유 없이 법에서 정한 기한 내에 자료를 제출하지 아니하거나 거짓의 자료를 제출하는 자에게는 허위신고죄 등 규정에 따른 처벌 또는 1억 원 이하의 과태료를 부과한다.
② 운영인이 종합보세구역에 반입된 물품을 종합보세기능별로 구분하여 관리하지 않은 경우 1천만 원 이하의 과태료를 부과한다.
③ 보세공장 외 작업 허가를 받지 아니하고 보세공장 외의 장소에서 작업을 한 자에게는 1천만 원 이하의 과태료를 부과한다.
④ 보세건설장 외 작업 허가를 받지 아니하고 보세건설장 외의 장소에서 작업을 한 자에게는 1천만 원 이하의 과태료를 부과한다.
⑤ 통관 후 유통이력을 신고하지 아니하거나 거짓으로 신고한 자에게는 500만 원 이하의 과태료를 부과한다.

「관세법」상 양벌규정의 적용대상이 되는 개인이 아닌 자는? ▮2020, 2023

① 지정장치장 화물관리인
② 관세사
③ 국제항 안에서 물품 및 용역의 공급을 업으로 하는 사람
④ 수출을 업으로 하는 사람
⑤ 운송을 업으로 하는 사람

25 **다음 중 부과되는 과태료의 액수가 나머지와 다른 것은?**

① 내국물품 반입증명서류를 제출하지 아니하거나 거짓 내국물품 반입증명서류를 제출하여 내국물품을 관세영역으로 반출한 자
② 공장 등의 양도・임대 또는 사용에 대하여 신고를 하지 아니한 자
③ 관계 자료를 제출하지 아니하거나 신고사항을 보완하지 아니한 자
④ 수입신고 수리물품을 자유무역지역 밖으로 반출하지 아니한 자
⑤ 세관장의 국외 반출명령 또는 폐기명령을 이행하지 아니한 자

제 2 회 최종모의고사

시험시간 : 135분 / 정답 및 해설 p.291

정답 및 해설 p.291

제1과목 수출입통관절차

관세에 대한 설명으로 옳지 않은 것은? ▌2019, 2020

① 관세징수권의 주체는 국가이다.
② 관세는 반대급부 없이 법률 또는 조약에 의해 부과되는 성질을 갖는다.
③ 관세를 납부해야 하는 물품에 대하여는 다른 조세, 그 밖의 공과금 및 채권에 우선하여 그 관세를 징수한다.
④ 국가가 일정한 과세기간에 따라 일정시점에 조세를 부과하는 정기세에 해당한다.
⑤ 관세는 자유무역의 장벽이 되며, 재정수입 조달을 목적으로 한다.

「관세법」상 서류의 송달 등에 관한 설명으로 옳지 않은 것은? ▌2019

① 관세 납부고지서의 송달은 납세의무자에게 직접 발급하는 경우를 제외하고는 우편으로만 해야 한다.
② 납부고지서를 송달받아야 할 자가 주소 또는 사무소가 분명하지 아니한 경우 납부고지사항을 공고한 날부터 14일이 지나면 납부고지서의 송달이 된 것으로 본다.
③ 가격신고, 납세신고, 수출입신고, 반송신고, 보세화물 반출입신고, 보세운송신고를 한 자는 해당 신고자료를 신고 또는 제출한 날부터 5년의 범위에서 대통령령으로 정하는 기간 동안 보관해야 한다.
④ 적재화물목록을 제출한 자는 해당 제출 자료를 신고 또는 제출한 날부터 5년의 범위에서 대통령령으로 정하는 기간 동안 보관해야 한다.
⑤ 납부고지서의 송달에 따른 공고의 경우 국가관세종합정보시스템에 게시하는 방법에 따라 공시송달을 하는 경우에는 다른 공시송달 방법과 함께 하여야 한다.

03 다음 중 「관세법」상 외국물품이 아닌 것은?

① 외국으로부터 우리나라에 도착한 물품
② 외국의 선박 등이 공해에서 채집하거나 포획한 수산물 등으로서 수입신고가 수리된 것
③ 수출신고가 수리된 물품
④ 보세구역에서 보수작업으로 외국물품에 부가된 내국물품
⑤ 보세공장에서 외국물품과 내국물품을 원재료로 하여 제조한 물품 중 수입신고가 수리되기 전의 것

04 「관세법」의 총칙에 따른 내용으로 옳은 것은?

① 「관세법」의 해석이나 관세행정의 관행이 일반적으로 납세자에게 받아들여진 후에 새로운 관행이 생기면 이에 따라 소급하여 과세할 수 있다.
② 「관세법」에 따른 기간을 계산할 때 수입신고 수리 전 반출승인을 받은 경우에는 수입신고일을 수입신고의 수리일로 본다.
③ 「관세법」상 기한이 공휴일에 해당하는 경우에는 그 전날을 기한으로 한다.
④ 국가관세종합정보시스템이 장애로 가동이 정지되어 「관세법」에 따른 기한까지 신고, 신청 등을 할 수 없게 되는 경우에는 그 장애가 복구된 날의 다음 날을 기한으로 한다.
⑤ 납세의무자는 수입신고가 수리되기 전에는 세액을 납부할 수 없다.

05 과세물건 확정의 시기에 대한 내용으로 옳지 않은 것은? ❙ 2020, 2021, 2022

① 원칙적으로 관세는 수입신고(입항 전 수입신고 포함)를 하는 때의 물품의 성질과 그 수량에 따라 부과한다.
② 보세구역 밖에서 보수작업을 하는 물품이 지정된 기간 내에 반입되지 아니하는 경우의 과세물건 확정시기는 보수작업 승인을 받은 때이다.
③ 보세구역에 장치된 외국물품이 멸실 또는 폐기된 경우의 과세물건 확정시기는 멸실되거나 폐기된 때이다.
④ 보세운송기간이 경과된 경우의 과세물건 확정시기는 보세운송을 신고하거나 승인받은 때이다.
⑤ 수입신고 전 즉시반출신고를 하고 반출한 물품의 과세물건 확정시기는 수입신고를 한 때이다.

06 납세의무자와 관련된 내용으로 옳지 않은 것은?

① 원칙적 납세의무자인 화주 또는 연대납세의무자인 신고인과 특별납세의무자가 경합되는 경우에는 특별납세의무자를 납세의무자로 한다.
② 「관세법」 등에 따라 관세의 납부를 보증한 자는 관세액 전액의 범위에서 납세의무를 진다.
③ 법인이 합병하거나 상속이 개시된 경우에는 「국세기본법」 규정을 준용하여 관세·가산세 및 강제징수비의 납세의무를 승계한다.
④ 수입신고물품이 공유물이거나 공동사업에 속하는 물품인 경우 이에 관계되는 관세·가산세 및 강제징수비에 대해서는 그 공유자 또는 공동사업자인 납세의무자가 연대하여 납부할 의무를 진다.
⑤ 제2차 납세의무자는 관세의 담보로 제공된 것이 없고 납세의무자와 관세의 납부를 보증한 자가 납세의무를 이행하지 아니하는 경우에 납세의무를 진다.

제2회

최종모의고사

07 세액의 변경에 대한 내용으로 옳지 않은 것은? ▌2019, 2022

① 납세의무자는 납세신고한 세액을 납부하기 전에 그 세액이 과부족(過不足)하다는 것을 알게 되었을 때에는 납세신고한 세액을 정정할 수 있으며, 이 경우 납부기한은 당초의 납부기한으로 한다.
② 세액을 정정하고자 하는 자는 당해 납세신고와 관련된 서류를 세관장으로부터 교부받아 과세표준 및 세액 등을 정정하고, 그 정정한 부분에 서명 또는 날인하여 세관장에게 제출해야 한다.
③ 납세의무자는 신고납부한 세액의 부족하다는 것을 알게 되거나 세액산출의 기초가 되는 과세가격 또는 품목분류 등에 오류가 있는 것을 알게 되었을 때에는 신고납부한 날부터 6개월 이내(보정기간)에 해당 세액을 보정하여 줄 것을 세관장에게 신청할 수 있다.
④ 납세의무자가 부족한 세액에 대한 세액의 보정을 신청한 경우에는 해당 보정신청을 한 날부터 15일 이내에 해당 관세를 납부해야 한다.
⑤ 국가나 지방자치단체가 직접 수입하는 물품 등 대통령령으로 정하는 물품에 대하여는 보정이자가 면제된다.

08 다음 밑줄 친 부분에 해당하는 금액으로 옳은 것은?

> 「관세법」 제40조(징수금액의 최저한)
> 세관장은 납세의무자가 납부해야 하는 세액이 <u>대통령령으로 정하는 금액</u> 미만인 경우에는 이를 징수하지 아니한다.

① 1만 원
② 10만 원
③ 50만 원
④ 100만 원
⑤ 1천만 원

09 관세부과의 제척기간과 기산일의 연결이 옳지 않은 것은?

▌2019

① 과세물건 확정시기의 예외에 해당하는 경우 – 그 사실이 발생한 날의 다음 날
② 의무불이행 등의 사유로 감면된 관세를 징수하는 경우 – 그 사유가 발생한 날의 다음 날
③ 보세건설장에 반입된 외국물품의 경우 – 해당 물품이 반입된 날의 다음 날
④ 과다환급 또는 부정환급 등의 사유로 관세를 징수하는 경우 – 환급한 날의 다음 날
⑤ 잠정가격을 신고한 후 확정된 가격을 신고한 경우 – 확정된 가격을 신고한 날의 다음 날

10 다음은 관세감면신청서의 제출기한에 대한 내용이다. 빈칸에 들어갈 내용을 순서대로 나열한 것은?

▌2019

> • 법 기타 관세에 관한 법률 또는 조약에 따라 관세를 감면받으려는 자는 해당 물품의 (ⓐ)에 관세감면신청서를 세관장에게 제출해야 한다.
> • 법 제39조 제2항에 따라 관세를 징수하는 경우 해당 납부고지를 받은 날부터 (ⓑ)에 감면신청서를 제출할 수 있다.
> • 수입신고 수리 전까지 감면신청서를 제출하지 못한 경우 해당 수입신고 수리일부터 (ⓒ)에 감면신청서 제출이 가능하다(해당 물품이 보세구역에서 반출되지 아니한 경우로 한정).

① ⓐ – 수입신고 수리 전, ⓑ – 2일 이내, ⓒ – 5일 이내
② ⓐ – 수입신고 수리 시, ⓑ – 3일 이내, ⓒ – 15일 이내
③ ⓐ – 수입신고 수리 전, ⓑ – 3일 이내, ⓒ – 10일 이내
④ ⓐ – 수입신고 수리 시, ⓑ – 5일 이내, ⓒ – 10일 이내
⑤ ⓐ – 수입신고 수리 전, ⓑ – 5일 이내, ⓒ – 15일 이내

11 **종교용품, 자선용품, 장애인용품 등의 면세 대상에 해당되지 않는 것은?**

① 교회, 사원 등 종교단체의 의식에 사용되는 물품으로서 외국으로부터 기증되는 물품
② 자선 또는 구호의 목적으로 구매한 물품 및 기획재정부령으로 정하는 자선시설・구호시설 또는 사회복지시설에서 수입한 물품으로서 해당 용도로 직접 사용하는 물품
③ 국제적십자사・외국적십자사 및 기획재정부령으로 정하는 국제기구가 국제평화봉사활동 또는 국제친선활동을 위하여 기증하는 물품
④ 시각장애인, 청각장애인, 언어장애인, 지체장애인, 만성신부전증환자, 희귀난치성질환자 등을 위한 용도로 특수하게 제작되거나 제조된 물품 중 기획재정부령으로 정하는 물품
⑤ 「장애인복지법」 제58조에 따른 장애인복지시설 및 장애인의 재활의료를 목적으로 국가・지방자치단체 또는 사회복지법인이 운영하는 재활 병원・의원에서 장애인을 진단하고 치료하기 위하여 사용하는 의료용구

12 **관세징수권의 소멸시효 중단 사유로 틀린 것은?** ❙ 2024

① 조사의뢰
② 납부독촉
③ 압 류
④ 고 발
⑤ 통고처분

13 **과세 전 적부심사에 대한 내용으로 옳지 않은 것은?** ❙ 2019

① 세관장은 납부세액이나 납부해야 하는 세액에 미치지 못한 금액을 징수하려는 경우에는 미리 납세의무자에게 그 내용을 서면으로 통지해야 한다.
② 납세의무자는 과세 전 통지를 받았을 때에는 그 통지를 받은 날부터 30일 이내에 세관장에게 통지내용이 적법한지에 대한 심사(과세 전 적부심사)를 청구할 수 있다.
③ 과세 전 적부심사를 청구받은 세관장이나 관세청장은 그 청구를 받은 날부터 30일 이내에 관세심사위원회의 심사를 거쳐 결정을 하고, 그 결과를 청구인에게 통지해야 한다.
④ 관세청장은 심사청구의 내용이나 절차가 규정에 적합하지 아니하지만 보정할 수 있다고 인정되는 경우에는 직권으로 보정할 수 있으며, 보정할 사항이 경미한 경우에는 20일 이내의 기간을 정하여 해당 사항을 보정할 것을 요구할 수 있다.
⑤ 과세 전 적부심사를 청구받은 세관장이나 관세청장은 과세 전 적부심사 청구기간이 지난 후 과세 전 적부심사청구가 제기된 경우에는 관세심사위원회의 심사를 거치지 아니하고 결정할 수 있다.

「관세법」 제232조 제1항 단서 규정에 의한 원산지증명서 제출의 예외대상 물품이 아닌 것은?

▌2022

① 세관장이 물품의 종류·성질·형상 또는 그 상표·생산국명·제조자 등에 의하여 원산지를 확인할 수 있는 물품
② 우편물(수입신고대상 우편물 포함)
③ 과세가격(종량세의 경우에는 이를 과세표준 규정에 준하여 산출한 가격)이 15만 원 이하인 물품
④ 개인에게 무상으로 송부된 탁송품
⑤ 여행자의 휴대품

15 다음 빈칸에 들어갈 내용으로 옳은 것은?

> 「관세법」 제5조(법 해석의 기준과 소급과세의 금지) 제1항
> 이 법을 해석하고 적용할 때에는 과세의 (ⓐ)와/과 해당 조항의 (ⓑ)에 비추어 납세자의 재산권을 부당하게 침해하지 아니하도록 하여야 한다.

① ⓐ – 부과, ⓑ – 취지
② ⓐ – 적용, ⓑ – 해석
③ ⓐ – 목적, ⓑ – 근거
④ ⓐ – 형평, ⓑ – 합목적성
⑤ ⓐ – 징수, ⓑ – 법적안정성

16 「관세법」상 납세담보에 관한 내용으로 옳지 않은 것은?

① 세관장은 담보를 제공한 납세의무자가 그 납부기한까지 해당 관세를 납부하지 않으면 그 담보를 해당 관세에 충당할 수 있으며, 이 경우 담보로 제공된 금전을 해당 관세에 충당할 때에는 납부기한이 지난 후에 충당하는 경우 가산세 규정을 적용한다.
② 세관장은 담보를 관세에 충당하고 남은 금액이 있을 때에는 담보를 제공한 자에게 이를 돌려주어야 하며, 돌려줄 수 없는 경우에는 이를 공탁할 수 있다.
③ 세관장은 관세의 납세의무자가 아닌 자가 관세의 납부를 보증한 경우 그 담보로 관세에 충당하고 남은 금액이 있을 때에는 그 보증인에게 이를 직접 돌려주어야 한다.
④ 세관장은 관세의 강제징수를 할 때에는 재산의 압류, 보관, 운반 및 공매에 드는 비용에 상당하는 강제징수비를 징수할 수 있다.
⑤ 세관장은 납세담보의 제공을 받은 관세 및 강제징수비가 납부되었을 때에는 지체 없이 담보해제의 절차를 밟아야 한다.

17 다음은 외교관용 물품 등의 면세를 적용받는 물품이다. 이 중 양수제한물품에 해당하는 것은 모두 몇 개인가?

- 자동차(이륜자동차 및 삼륜자동차 포함)
- 선 박
- 피아노
- 전자오르간 및 파이프오르간
- 엽 총

① 1개
② 2개
③ 3개
④ 4개
⑤ 5개

원산지표시제도에 대한 내용으로 옳지 않은 것은? ❙ 2018

① 해당 물품의 전부를 생산·가공·제조한 나라가 원산지이다.
② 해당 물품이 2개국 이상에 걸쳐 생산·가공 또는 제조된 경우에는 그 물품의 본질적 특성을 부여하기에 충분한 정도의 실질적인 생산·가공·제조 과정이 최종적으로 수행된 나라가 원산지이다.
③ 당해 국가에서의 제조·가공의 공정 중에 발생한 부스러기는 당해 국가를 원산지로 인정한다.
④ 원산지를 결정할 때 해당 물품이 원산지가 아닌 국가를 경유하지 아니하고 직접 우리나라에 운송·반입된 물품의 경우에만 그 원산지로 인정하는 것이 원칙이다.
⑤ 세관장은 법령에 따라 원산지를 표시해야 하는 물품이 법령에서 정하는 기준과 방법에 부합되지 아니하게 표시된 경우에는 그 위반사항이 경미하다면 직권으로 보완한 후 통관을 허용할 수 있다.

관세법령상 지식재산권 보호 규정에 따라 수출하거나 수입할 수 없는 물품이 아닌 것은? ❙ 2018, 2022

① 「상표법」에 따라 설정등록된 상표권을 침해하는 물품
② 「저작권법」에 따른 저작권과 저작인접권을 침해하는 물품
③ 「식물신품종 보호법」에 따라 설정등록된 품종보호권을 침해하는 물품
④ 「농수산물 품질관리법」에 따라 등록되거나 조약·협정 등에 따라 보호대상으로 지정된 지리적표시권 또는 지리적표시를 침해하는 물품
⑤ 「디자인보호법」에 따라 설정등록된 디자인권을 침해하는 물품 중 개인용도에 사용하기 위해 소량으로 수출입되는 여행자 휴대품

통관의 보류사유에 해당하지 않는 것은? ❙ 2019, 2020

① 수출·수입(입항 전 수입신고 포함) 또는 반송에 관한 신고서의 기재사항에 보완이 필요한 경우
② 수출·수입(입항 전 수입신고 포함) 또는 반송 신고 시의 제출서류 등이 갖추어지지 아니하여 보완이 필요한 경우
③ 「관세법」에 따른 의무사항(대한민국이 체결한 조약 및 일반적으로 승인된 국제법규에 따른 의무 포함)을 위반하거나 국민보건 등을 해칠 우려가 있는 경우
④ 법령에 따라 원산지를 표시해야 하는 물품의 원산지 표시가 부정한 방법으로 사실과 다르게 표시된 경우
⑤ 「국세징수법」 제30조 및 「지방세징수법」 제39조의2에 따라 세관장에게 강제징수 또는 체납처분이 위탁된 해당 체납자가 수입하는 경우

21 수출 · 수입 및 반송신고에 대한 내용으로 옳지 않은 것은?

① 수출 · 수입 · 반송 등의 신고는 화주 또는 관세사 등의 명의로 해야 한다.
② 수입신고는 화주에게 해당 수입물품을 제조하여 공급한 자의 명의로 할 수 있다.
③ 수입신고는 해당 물품을 적재한 선박이나 항공기가 입항된 후에만 할 수 있는 것이 원칙이다.
④ 반송신고는 해당 물품이 이 법에 따른 장치장소에 있는 경우에만 할 수 있는 것이 원칙이다.
⑤ 밀수출 등 불법행위가 발생할 우려가 높거나 감시단속상 필요하다고 인정하여 대통령령으로 정하는 물품은 관세청장이 정하는 장소에 반입한 후 수출의 신고를 하게 할 수 있다.

22 다음은 수입 · 반송신고의 기한에 대한 내용이다. 빈칸에 들어갈 내용으로 옳은 것은?

> 수입하거나 반송하려는 물품을 지정장치장 또는 보세창고에 반입하거나 보세구역이 아닌 장소에 장치한 자는 그 반입일 또는 장치일부터 (ⓐ) 이내[관세청장이 정하는 바에 따라 반송신고를 할 수 있는 날부터 (ⓑ) 이내]에 수입 또는 반송신고를 하여야 한다.

① ⓐ – 15일, ⓑ – 15일
② ⓐ – 30일, ⓑ – 30일
③ ⓐ – 15일, ⓑ – 30일
④ ⓐ – 30일, ⓑ – 15일
⑤ ⓐ – 50일, ⓑ – 50일

23 수입신고 시 제출서류 중 신고인의 의사에 따라 전자문서로 제출할 수 있는 경우는? ❙2020

① 킴벌리프로세스증명서 제출대상물품(원본)
② 일시수입통관증서(A.T.A Carnet)에 의한 일시수입물품(원본)
③ SOFA 협정 적용대상물품(원본)
④ 신고수리 전 반출대상물품
⑤ 첨부서류가 20매를 초과하는 경우

24 수입신고의 각하 대상에 해당하지 않는 것은?

① 거짓이나 그 밖의 기타 부정한 방법으로 신고한 경우
② 폐기, 공매・경매낙찰, 몰수확정, 국고귀속이 결정된 경우
③ 재해 그 밖의 부득이한 사유로 수입물품이 멸실되거나 세관의 승인을 얻어 폐기하려는 경우
④ 출항 전 신고나 입항 전 신고한 화물이 도착하지 아니한 경우
⑤ 수입신고의 형식적 요건을 갖추지 못한 경우

25 「대외무역법 시행령」 제19조에 따른 수출입승인 면제물품에 해당함에도 불구하고 「관세법」 제226조 제2항에 따라 세관장이 수출입요건 구비 여부를 확인하는 물품이 아닌 것은? ❙2023

① 「생물다양성 보전 및 이용에 관한 법률」 해당 물품
② 「어린이제품 안전 특별법」 해당 물품
③ 「야생생물 보호 및 관리에 관한 법률」 해당 물품
④ 「가축전염병 예방법」 해당 물품
⑤ 「폐기물의 국가 간 이동 및 그 처리에 관한 법률」 해당 물품

제2과목 보세구역관리

01 **보세구역의 지정 또는 특허의 주체가 나머지와 다른 것은?**

① 보세창고
② 보세건설장
③ 보세판매장
④ 지정보세구역
⑤ 종합보세구역

02 **지정보세구역의 지정 및 취소에 대한 내용으로 옳지 않은 것은?**

① 세관장은 국가 또는 지방자치단체가 소유하거나 관리하는 토지·건물 또는 그 밖의 시설을 지정보세구역으로 지정할 수 있다.
② 공항시설 또는 항만시설을 관리하는 법인이 소유하거나 관리하는 토지·건물 또는 그 밖의 시설은 지정보세구역으로 지정될 수 있다.
③ 세관장은 해당 세관장이 관리하지 아니하는 토지·건물 그 밖의 시설을 지정보세구역으로 지정하려면 해당 토지·건물 그 밖의 시설의 소유자나 관리자의 동의를 받아야 한다.
④ 세관장은 수출입물량이 감소하거나 그 밖의 사유로 지정보세구역의 일부를 보세구역으로 존속시킬 필요가 없어졌다고 인정될 때에는 그 지정을 취소할 수 있다.
⑤ 지정보세구역의 지정을 받은 토지 등의 소유자나 관리자는 해당 토지 등의 양도, 교환, 임대 또는 그 밖의 처분이나 그 용도의 변경을 하려면 미리 세관장과 협의해야 한다.

03 **반입물품 장치기간을 달리 정하는 지정장치장이 아닌 것은?**

① 인천항 항역 내 지정장치장
② 부산항 항역 내 지정장치장
③ 인천공항 항역 내 지정장치장
④ 울산공항 항역 내 지정장치장
⑤ 김해공항 항역 내 지정장치장

04 다음 중 특허보세구역으로 구분되지 않는 장소는?

① 보세창고
② 보세공장
③ 보세건설장
④ 지정장치장
⑤ 보세판매장

05 「보세창고 특허 및 운영에 관한 고시」에 따른 용어의 정의로 옳지 않은 것은?

① "영업용 보세창고"란 수출입화물을 보관하는 것을 업(業)으로 하는 특허보세구역을 말한다.
② "자가용 보세창고"란 운영인이 소유하거나 사용하는 자가화물을 보관하기 위한 특허보세구역을 말한다.
③ "위험물품"이란 「위험물안전관리법」에 따른 위험물 또는 「화학물질관리법」에 따른 유해화학물질 등 관련 법령에서 위험물품으로 분류되어 취급이나 관리에 관하여 별도로 정한 물품을 말한다.
④ "컨테이너전용 보세창고"란 컨테이너를 보관하고, 컨테이너에 화물을 적입 또는 적출하여 통관절차를 이행할 수 있는 특허보세구역을 말한다.
⑤ "야적전용 보세창고"란 국제물류 촉진기능을 수행하기 위하여 외국물품 등을 보관하는 시설과 「관세법」에 따른 보수작업(재포장, 분할・합병 작업 등)을 상시적으로 수행하는 데 필요한 시설을 갖춘 특허보세구역을 말한다.

06 「관세법」에 따른 특허보세구역의 특허기간으로 옳은 것은?

I 2022

① 1년 이내
② 3년 이내
③ 5년 이내
④ 10년 이내
⑤ 15년 이내

07 다음 빈칸에 들어갈 값으로 옳은 것은?

> 세관장은 물품반입 등의 정지처분이 그 이용자에게 심한 불편을 주거나 공익을 해칠 우려가 있는 경우에는 특허보세구역의 운영인에게 물품반입 등의 정지처분을 갈음하여 해당 특허보세구역 운영에 따른 매출액의 (   ) 이하의 과징금을 부과할 수 있다.

① 100분의 1
② 100분의 3
③ 100분의 5
④ 100분의 20
⑤ 1000분의 12

08 특허보세구역 승계신고에 대한 세관장의 심사기간으로 옳은 것은?

① 3일 이내
② 5일 이내
③ 7일 이내
④ 10일 이내
⑤ 15일 이내

기출유형

09 다음은 「보세창고 특허 및 운영에 관한 고시」에 따른 집단화지역의 기준완화 등에 대한 내용이다. 빈칸에 들어갈 값으로 옳은 것은?

▍2018

> 세관장은 특정보세창고의 위치 또는 규모가 특허의 요건을 갖추지는 못하였으나 그 위치가 세관 또는 다른 보세창고에 근접[직선거리 (ⓐ) 이내]한 경우에는 다음 각 호의 면적기준을 적용한다.
> 1. 영업용 보세창고의 경우에는 창고면적이 (ⓑ) 이상
> 2. 컨테이너전용 보세창고의 경우에는 부지면적이 (ⓒ) 이상

① ⓐ – 200m, ⓑ – 300m^2, ⓒ – 2,000m^2
② ⓐ – 300m, ⓑ – 500m^2, ⓒ – 3,000m^2
③ ⓐ – 200m, ⓑ – 300m^2, ⓒ – 3,000m^2
④ ⓐ – 300m, ⓑ – 500m^2, ⓒ – 1,000m^2
⑤ ⓐ – 500m, ⓑ – 500m^2, ⓒ – 3,000m^2

보세창고의 운영인은 보세창고 내 일정한 장소에 특허장을 게시해야 한다. 다음 중 자가용 보세창고의 게시사항에 해당되지 않는 것은?

| 2023

ⓐ 특허장	ⓑ 보관요율
ⓒ 보관규칙	ⓓ 화재보험요율

① ⓐ ② ⓑ
③ ⓒ ④ ⓓ
⑤ ⓑ, ⓓ

11

특허취소 시 의견청취 절차에 대한 내용으로 옳지 않은 것은?

① 세관장은 특허를 취소하려는 때에는 사전에 해당 보세창고의 운영인에게 통보하여 의견을 청취하는 등 해명할 기회를 주어야 한다.
② 의견청취를 하려는 때에는 의견청취 예정일 10일 전까지 의견청취 예정일 등을 지정하여 해당 보세창고의 운영인에게 서면으로 통지하여야 한다.
③ 의견청취에 대한 통지 시 정당한 사유 없이 의견청취에 응하지 않을 때에는 의견진술의 기회를 포기한 것으로 본다는 뜻을 명시하여야 한다.
④ 통지를 받은 해당 보세창고의 운영인 또는 그 대리인은 지정된 날에 출석하여 의견을 진술할 수 있으며, 서면으로 의견을 제출하는 것은 허용되지 않는다.
⑤ 해당 보세창고의 운영인 또는 그 대리인이 출석하여 의견을 진술한 때에는 세관공무원은 그 요지를 서면으로 작성하여 출석자 본인으로 하여금 이를 확인하게 한 후 서명날인하게 하여야 한다.

12 다음 빈칸에 들어갈 내용으로 옳은 것은?

보세공장 설치・운영의 특허기간은 (ⓐ)의 범위 내에서 해당 보세공장의 설치・운영 특허 신청기간으로 하되 갱신할 수 있다. 다만, 타인의 시설을 임차하여 설치・운영 특허를 신청하는 경우의 특허기간은 (ⓑ)으로 한다.

① ⓐ – 5년, ⓑ – 5년
② ⓐ – 5년, ⓑ – 임차계약기간
③ ⓐ – 10년, ⓑ – 10년
④ ⓐ – 10년, ⓑ – 임차계약기간
⑤ ⓐ – 20년, ⓑ – 10년

13 「보세공장 운영에 관한 고시」에 따른 보세공장 설치・운영의 특허에 대한 내용으로 옳지 않은 것은?

① 보세공장 설치・운영 특허를 받으려는 자는 보세공장 설치・운영 특허신청서에 사업계획서 등을 첨부하여 세관장에게 신청하고 보세공장 설치・운영 특허장을 받아야 한다.
② 세관장은 보세공장 설치・운영 특허신청서를 접수한 후 특허대상, 특허요건 및 특허제한 사유 등 검토의견을 첨부하여 보세공장 특허심사위원회에 심의를 요청하여야 한다.
③ 세관장은 특허심사위원회의 심의결과를 반영하여 보세공장으로 특허하는 것이 타당하다고 인정될 경우에는 특허할 수 있다.
④ 세관장은 신규 보세공장 설치・운영 특허 신청업체가 물품관리체계를 갖추지 못한 것으로 인정되는 경우 1년 이내의 기간을 정하여 물품관리체계를 갖추는 조건으로 설치・운영 특허할 수 있다.
⑤ 세관장은 제조・가공 등 작업의 성질상 부득이 보세공장 외에서 일부의 작업(장외작업)을 해야 하는 경우에도 보세작업의 원재료의 손모율이 안정되어 있어 감독에 지장이 없다고 인정될 때에는 보세공장으로 특허할 수 있다.

14 「보세공장 운영에 관한 고시」에 따른 물품반입의 정지사유로 옳지 않은 것은?

① 제조·가공 등에 소요되는 내국물품 원재료의 반출입 사실을 기록·관리하지 않은 경우
② 반입물품에 대한 관세를 납부할 능력이 없다고 인정되는 경우
③ 해당 시설의 미비 등으로 보세공장 설치·운영의 목적을 달성하기 곤란하다고 인정되는 경우
④ 1년 이상 장기간 계속하여 물품 반출입 실적이 없거나, 6개월 이상 보세작업을 아니하거나, 업체가 부도 또는 극심한 경영난으로 인하여 정상적인 영업활동이 불가능하여 보세공장 설치·운영 목적을 달성하기 곤란하다고 인정되는 경우
⑤ 운영인이 최근 1년 내에 3회 이상 경고처분을 받은 경우

15 보세공장 외 일시 물품장치에 대한 내용으로 옳지 않은 것은?

① 장외일시장치 물품은 장외일시장치장소에 장치한 상태에서 수출입신고, 양수도 또는 폐기처분 등을 할 수 있다.
② 장외일시장치장소에 반입된 물품은 허가기간이 종료될 때까지 보세공장에 있는 것으로 본다.
③ 운영인은 장외일시장치 물품을 보세공장에 반입하는 때에는 세관장에게 보세공장물품 반출(입)신고(승인)서를 제출해야 한다.
④ 세관장은 허가기간이 경과한 물품이 장외일시장치장소에 장치되어 있는 경우에는 해당 물품의 허가받은 운영인으로부터 허가기간 만료일로부터 6개월 이내에 그 관세를 징수해야 한다.
⑤ 동일한 장외장치장소에서 반복적으로 허가를 받고자 하는 운영인은 사전에 장외일시장치장소를 관할하는 세관장에게 장외일시장치장소를 등록(변경하는 경우 포함) 할 수 있다.

16 「보세공장 운영에 관한 고시」에 따른 내국작업에 대한 내용으로 옳지 않은 것은?

① 운영인은 보세공장에서 내국작업을 하고자 하는 경우 보세공장 내 내국작업 허가신청서를 세관장에게 제출해야 한다.
② 신청서를 제출받은 세관장은 보세공장의 조업상태 및 보세화물 감시단속상 문제 등을 고려하여 타당하다고 인정되는 경우 내국작업을 허가할 수 있으며, 이때 보세공장의 운영실태, 작업의 성질 및 기간 등을 고려하여 작업기간에 소요될 것으로 예상되는 물품의 품명과 수량을 일괄하여 신고하게 할 수 있다.
③ 허가받은 내국작업 원재료로 반입하는 내국물품의 반입신고는 내국작업 허가서로 갈음하며, 이 경우 내국작업으로 제조·가공하여 생산된 물품은 내국물품이 된다.
④ 운영인은 내국작업을 종료한 경우에는 세관장에게 내국작업 종료신고를 하고 내국작업의 허가를 받아 제조·가공된 물품과 잉여물품을 지체 없이 보세공장 외로 반출 후 반출신고를 해야 한다.
⑤ 내국작업 일괄 허가를 받은 경우 내국작업이 끝나기 전에도 내국작업으로 제조·가공한 물품의 일부를 보세공장 외로 반출할 수 있다.

17 「보세공장 운영에 관한 고시」에 따른 재고조사에 관한 내용으로 옳지 않은 것은?

① 보세공장에 대한 재고조사는 서면심사 및 실지조사의 방법으로 회계연도 종료 3개월 이후 연 1회 실시를 원칙으로 한다. 다만, 부정유출의 혐의가 있거나, 설치・운영 특허가 상실되는 등 세관장이 필요하다고 인정하는 경우에는 수시로 재고조사할 수 있다.

② 운영인은 회계연도 종료 3개월이 지난 후 15일 이내에 보세공장 반입 원재료 및 제품 등의 관리에 대한 적정 여부를 자체 점검하고, 자율점검표를 작성하여 전산시스템으로 전송하거나 관할 세관장에게 서류로 제출해야 한다.

③ 세관장은 수출입 안전관리 우수업체, 법규수행능력평가 우수업체 등에 대해서는 제출받은 자율점검표 등을 심사하여 그 결과로 재고조사를 갈음할 수 있으며, 그 밖의 보세공장에 대하여는 재고조사의 방법을 정하여야 한다.

④ 세관장은 재고조사 대상으로 정하여진 보세공장에 대하여 재고조사 개시일부터 10일 이전에 물품의 반출입사항, 잉여물품의 처리사항 등 보세공장 물품관리에 필요한 사항이 포함된 제출서류명, 서류제출기한, 재고조사대상기간, 재고조사기간 등을 기재한 통지서를 운영인에게 송부해야 하며, 재고조사 개시일부터 서면심사의 경우는 7일 이내, 실지조사의 경우는 10일 내에 완료해야 한다.

⑤ 부득이하게 재고조사기간을 연장하려는 경우에는 7일 이내의 범위에서 연장할 수 있으며, 이미 재고조사가 완료된 "물품의 반출입사항"에 대해서는 부정유출혐의 등의 경우를 제외하고는 반복조사할 수 없다.

18 「보세전시장 운영에 관한 고시」에 따른 보세전시장 설치・운영의 특허에 대한 내용으로 옳지 않은 것은?

▎2021, 2023

① 보세전시장의 특허대상이 될 박람회 등은 주최자, 목적, 회기, 장소, 참가국의 범위, 전시 또는 사용될 외국물품의 종류와 수량, 회장에서 개최될 각종 행사의 성질 등 그 규모와 내용으로 보아 해당 박람회 등의 회장을 보세구역으로 하는 것이 타당하다고 세관장이 인정하는 경우에 한정한다.

② 외국물품의 판매를 주목적으로 점포 또는 영업장소에서 개인영리 목적으로 이루어지는 전시장은 특허대상이 아니다.

③ 보세전시장으로 특허받을 수 있는 장소는 해당 박람회 등의 전시장에 한정하며, 세관장은 그 박람회 등의 내용에 따라 전시장의 일정지역을 한정하거나 전시장의 전부를 보세구역으로 특허할 수 있다.

④ 보세전시장의 특허기간은 해당 박람회 등의 회기와 그 회기의 전후에 박람회 등의 운영을 위한 외국물품의 반입과 반출 등에 필요하다고 인정되는 기간을 고려해서 세관장이 정하며, 특허기간은 연장할 수 없다.

⑤ 보세전시장 설치・운영의 특허를 받으려는 사람은 보세전시장 특허신청서에 보세전시장에서 개최될 박람회 등의 명칭, 소재지, 면적 및 건조물의 구조, 동수, 회장에서 전시 사용될 외국물품의 종류를 기재하여 관할 세관장에게 제출해야 한다.

19 「보세건설장 관리에 관한 고시」에 따른 내용으로 옳은 것은?

▌2019, 2023

① 운영인은 보세건설장에서 건설된 시설의 전부 또는 일부를 가동한 날로부터 일주일 이내에 해당 시설에 대한 수입신고를 신청해야 한다.
② 보세건설장의 특허를 갱신하려는 자는 특허기간 만료 30일 전까지 보세건설장 설치・운영 특허(갱신) 신청서 등의 서류를 세관장에게 제출하여야 한다.
③ 운영인은 보세건설장에 외국물품을 반입하였을 때에는 사용 전에 해당 물품에 대하여 수입신고를 하고 관세청장의 승인을 받아야 한다.
④ 보세건설장의 운영인은 수입신고를 한 물품을 사용한 건설공사가 완료된 후 30일 이내에 세관장에게 보고하여야 한다.
⑤ 세관장은 보세건설장에 반입하는 외국물품에 대하여는 해당 사항을 확인할 수 있는 반출입신고서, 수입신고필증 등을 비치하고 반입물품을 관리해야 한다.

20 관세법령상 보세판매장에 대한 내용으로 옳지 않은 것은?

▌2021

① 보세판매장에서는 해당 물품을 외국으로 반출하거나 외교관용 물품 등의 면세를 적용받을 수 있는 자가 사용하는 것을 조건으로 물품을 판매할 수 있다.
② 공항 및 항만 등의 입국경로에 설치된 보세판매장에서는 외국에서 국내로 입국하는 자에게 물품을 판매할 수 있다.
③ 세관장은 보세판매장에서 판매할 수 있는 물품의 종류, 수량, 장치장소 등을 제한할 수 있다.
④ 보세판매장의 운영인은 보세판매장에서 물품을 판매하는 때에는 판매사항・구매자인적사항 기타 필요한 사항을 기록・유지하여야 한다.
⑤ 세관장은 연 2회 이상 보세화물의 반출입량・판매량・외국반출현황・재고량 등을 파악하기 위하여 보세판매장에 대한 조사를 실시할 수 있다.

21 보세판매장의 특허요건 중 시설요건에 대한 내용으로 옳지 않은 것은?

① 출국장면세점 중 판매장은 출국장의 사정에 따라 사전 협의된 장소의 범위 내에서 세관장이 인정하는 면적일 것
② 출국장면세점 중 보관창고는 판매장과 동일출국장 내에 위치할 것(다만, 세관장이 보세화물의 감시감독에 지장이 없다고 인정하는 경우 공항・항만 보안구역에 위치 가능)
③ 서울지역 시내면세점의 판매장은 496m^2 이상, 보관창고는 165m^2 이상일 것
④ 부산지역 시내면세점의 판매장은 331m^2 이상, 보관창고는 66m^2 이상일 것
⑤ 시내면세점의 중소・중견기업 제품매장은 매장 면적의 100분의 20 이상 또는 864m^2 이상일 것(다만, 중소기업 및 중견기업이 운영하는 시내면세점은 매장 면적의 100분의 10 이상 또는 288m^2 이상)

22 다음은 「보세판매장 운영에 관한 고시」에 따른 보세사의 임무이다. 이 중 보세판매장이 자율관리 보세구역으로 지정되지 않은 경우 운영인이 해야 하는 것은 모두 몇 개인가?

- 반입물품의 보관창고 장치 및 보관
- 보세판매장 물품 반출입 및 미인도 관련 대장의 작성
- 보세운송 물품의 확인 및 이상보고 및 도착확인 등록
- 보관창고와 매장 간 반출입물품의 입회 및 확인
- 보세운송 행낭의 잠금·봉인과 이상 유무 확인과 이상보고
- 세관봉인대의 잠금·봉인 및 관리
- 그 밖에 보세화물의 관리와 관련하여 세관장이 지시하는 사항

① 1개
② 2개
③ 3개
④ 4개
⑤ 5개

23 종합보세구역에서의 물품의 반출입에 대한 내용으로 옳지 않은 것은? ❙2023

① 종합보세사업장에 물품을 반출입하고자 하는 운영인은 세관장에게 반출입신고를 해야 한다.
② 화주, 보세운송업자 등으로부터 물품반출요청을 받은 운영인은 세관화물정보시스템의 반출예정정보 또는 반송신고 수리필증을 확인한 후 이상이 없는 경우 반출 전에 전자문서로 반출신고를 해야 한다.
③ 종합보세구역에 반입된 외국물품이 사용신고되어 수리된 경우에는 반출신고를 하지 아니하며, 동일 종합보세구역 내의 종합보세사업장 간의 물품의 이동에는 보세운송신고를 해야 한다.
④ 종합보세구역에 반입된 외국물품이 사용신고 또는 수입신고되어 수리된 경우에는 반출신고를 생략한다.
⑤ 운영인은 반입된 물품이 반입예정 정보와 품명·수량이 상이하거나 안보위해물품의 반입, 포장파손, 누출·오염 등 물품에 이상이 있는 경우에는 즉시 세관장에게 보고해야 한다.

24 「수입활어 관리에 관한 특례고시」에 따른 활어장치장의 시설요건으로 옳지 않은 것은?

❙ 2020, 2021, 2022

① 수조외벽 – 각각의 수조가 물리적·영구적으로 분리되는 구조와 재질로 이루어져야 하며, 수조 사이에 활어가 이동할 수 없도록 충분한 높이와 넓이를 갖추어야 한다.
② CCTV – 각각의 출입구와 2개의 수조당 1대 이상 설치해야 하며, 활어의 검량 감시용으로 사용할 수 있는 이동식 CCTV를 1대 이상 보유해야 한다.
③ 조명시설 – 세관장이 CCTV 영상을 통해 수조의 현황을 용이하게 식별할 수 있을 정도의 조명시설을 갖춰야 하며, 암실에 보관해야 하는 어종을 장치하는 경우에는 CCTV 2대를 설치해야 한다.
④ 영상녹화시설 – CCTV 영상을 상시 녹화할 수 있고 녹화된 영상을 30일 이상 보관할 수 있는 감시장비를 보유해야 한다.
⑤ 냉동·냉장시설 – 폐사어를 장치할 수 있는 냉동·냉장 보관시설을 보유해야 한다.

25 「수입활어 관리에 관한 특례고시」에 따른 내용으로 옳지 않은 것은?

❙ 2023

① 운영인 등은 통관되지 않은 활어가 장치되어 있는 수조에는 이미 통관된 활어와 명확히 구분할 수 있도록 표식을 해야 한다.
② 미통관 표식은 거친 날씨 또는 야간에도 CCTV 영상으로 쉽게 식별이 가능한 재질(예 야광판 등)로 해야 한다.
③ 운영인 등은 장치 중인 활어의 전부 또는 일부가 폐사한 경우에는 그 발생사유와 발생량 등을 지체 없이 세관장에게 통보하고, 폐사어 관리대장에 기록·유지해야 한다.
④ 운영인 등은 폐사어를 별도의 냉동·냉장시설에 폐사 시기별로 구분하여 보관해야 한다.
⑤ 세관장은 불합격품이 발생한 경우 해당 화주에게 불합격 사실을 통보를 받은 날부터 15일 이내에 반송 또는 폐기하도록 명령해야 한다.

01 **외국물품 또는 내국운송의 신고를 하려는 내국물품으로서 보세구역이 아닌 장소에 장치할 수 있는 물품에 해당하지 않는 것은?**

① 수출신고가 수리된 물품
② 재해나 그 밖의 부득이한 사유로 임시로 장치한 물품
③ 환적물품
④ 압수물품
⑤ 우편물품

02 **다음은 보세화물의 장치장소 결정을 위한 화물분류기준에 대한 설명이다. 빈칸에 들어갈 내용으로 옳은 것은?**

> 화주 또는 그 위임을 받은 자가 장치장소에 대한 별도의 의사표시가 없는 경우에는 Master B/L 화물은 (ⓐ)이/가 선량한 관리자로서 장치장소를 결정하며, House B/L 화물은 (ⓑ)이/가 선량한 관리자로서 선사 및 보세구역 운영인과 협의하여 장치장소를 결정한다.

① ⓐ – 선사, ⓑ – 세관장
② ⓐ – 선사, ⓑ – 화물운송주선업자
③ ⓐ – 화물운송주선업자, ⓑ – 보세구역 운영인
④ ⓐ – 화물운송주선업자, ⓑ – 세관장
⑤ ⓐ – 세관장, ⓑ – 화물운송주선업자

03 「보세화물관리에 관한 고시」에 따른 반출명령에 대한 내용으로 옳지 않은 것은?

① 세관장은 보세구역에 반입된 물품이 보세구역의 수용능력을 초과하여 추가로 물품반입이 곤란하거나, 태풍 등 재해로 인하여 보세화물에 피해의 우려가 있다고 인정될 때 해당 물품을 다른 보세구역으로 반출하도록 명령할 수 있다.
② 위험물 장치허가를 받지 아니한 특허보세구역 운영인이 화물 반입 시에 위험물을 발견하였다는 보고를 받은 세관장은 위험물을 장치할 수 있는 장소로 즉시반출을 명령해야 한다.
③ 반출명령을 받은 해당 물품의 운송인, 보세구역 운영인 또는 화물관리인은 세관장이 지정한 기간 내에 해당 물품을 다른 보세구역으로 반출하고 그 결과를 세관장에게 보고해야 한다.
④ 화물반입량의 감소 등 일시적인 사정으로 보세구역의 수용능력이 충분하여 반출이 불필요한 경우 세관장은 이전 연도 및 해당 연도의 월별, 보세구역별 반입물량의 증가추이와 수용능력 실태 등을 심사하여 월별, 보세구역별로 일정기준을 정하여 반출 또는 반출유예를 조치할 수 있다.
⑤ 세관장은 보세구역 운영인이 반출명령을 이행하지 않은 경우에는 징역과 벌금을 병과한다.

04 다음은 보세구역 외 장치의 허가기간에 대한 내용이다. 빈칸에 들어갈 내용으로 옳은 것은?

> 보세구역 외 장치의 허가기간은 6개월의 범위 내에서 세관장이 필요하다고 인정하는 기간으로 정하며, 허가기간이 종료한 때에는 보세구역에 반입해야 한다. 다만, 해당 사유가 있는 때에는 세관장은 허가기간을 연장할 수 있으나, 그 기간은 (　　)을 초과할 수 없다.

① 최초의 허가일로부터 6개월
② 최초의 허가일로부터 1년
③ 허가기간 종료일로부터 6개월
④ 허가기간 종료일로부터 1년
⑤ 허가기간 종료일로부터 2년

05 보세구역 외 장치의 허가 시 담보를 생략할 수 있는 물품으로 옳지 않은 것은? ▌2020

① 제조업체가 수입하는 수출용 원자재(농·축·수산물 포함)
② 무세물품(부가가치세 등 부과대상은 제외)
③ 방위산업용 물품
④ 정부용품
⑤ 재수입물품 중 관세가 면제될 것이 확실하다고 세관장이 인정하는 물품

06 보세구역 외 장치 허가수수료가 징수되는 단위로 옳은 것은?

① 허가건수 ② 허가기간
③ 연면적 ④ 물품액
⑤ 관세액

07 다음 빈칸에 들어갈 내용으로 옳은 것은?

> **「보세화물관리에 관한 고시」 제10조(반출확인 및 반출신고) 제1항**
> 운영인은 수입신고 수리 또는 반송신고 수리된 물품의 반출요청을 받은 때에는 세관화물정보시스템의 반출승인정보를 확인한 후 이상이 없는 경우 반출 전에 별지 제7호 서식의 반출신고서를 전자문서로 제출해야 한다. 다만, (   )에 반입되어 수입신고 수리된 화물은 반출신고를 생략한다.

① 자가용 보세창고
② 영업용 보세창고
③ 보세건설장
④ 세관검사장
⑤ 수입활어장치장

08 「보세화물관리에 관한 고시」에 따른 반출 관련 규정으로 옳지 않은 것은?

① B/L제시 인도물품을 반출하려는 자는 화물관리공무원에게 B/L 원본을 제시하여 반출승인을 받아야 한다.
② B/L을 제시받은 화물관리 세관공무원은 B/L제시 인도대상 물품인지를 확인하고, 세관화물정보시스템에 반출승인사항을 등록한 후 승인번호를 B/L에 기재하여 화주에게 교부해야 한다.
③ 운영인은 세관화물정보시스템의 반출승인정보와 B/L을 확인한 후 물품에 이상이 없는 경우 반출 전에 반출신고서를 전자문서로 제출해야 한다.
④ 통관우체국장은 국제우편물을 보세구역(컨테이너터미널 등)에서 반출하고자 하는 경우에는 국제우편물 보세구역 반출승인(신청)서를 해당 보세구역 관할 세관장에게 제출해야 한다.
⑤ LCL 컨테이너화물로 통관우체국까지 운송하는 국제우편물의 경우에는 반출승인신청을 생략할 수 있다.

09 다음 빈칸에 들어갈 기간으로 옳은 것은?

> 「보세화물관리에 관한 고시」 제19조(수입신고 수리물품의 반출의무)
> 화물분류기준에 따른 장치장소 중 수입신고 수리물품 반출의무 및 신고지연가산세 적용대상 보세구역에 반입된 물품이 수입신고가 수리된 때에는 그 수리일로부터 (　　　) 이내에 해당 보세구역에서 반출해야 하며, 이를 위반한 경우에는 법 제277조에 따라 해당 수입화주를 조사한 후 과태료를 부과한다.

① 10일
② 15일
③ 20일
④ 30일
⑤ 3개월

10 「보세화물관리에 관한 고시」에 따른 부산항의 부두 내 지정장치장 및 보세창고의 물품 수입 또는 반송신고의 기간으로 옳은 것은?

① 반입일 당일
② 반입일로부터 일주일 이내
③ 반입일로부터 15일 이내
④ 반입일로부터 30일 이내
⑤ 반입일로부터 6개월 이내

11 「보세화물관리에 관한 고시」에 따른 반송 · 수입신고 지연가산세를 징수하지 않는 사유로 옳지 않은 것은?

① 정부 또는 지방자치단체에 기증되는 물품
② 수출용 원재료(신용장 등 관련서류에 의하여 수출용 원재료로 확인되는 경우에만 해당)
③ SOFA 적용 대상물품
④ 환적화물
⑤ 환경오염방지물품 등에 대한 감면세 적용 대상물품

「보세화물장치기간 및 체화관리에 관한 고시」에 따른 매각처분으로 옳은 것은? ▌2020, 2021

① 세관장은 외자목록 제출일부터 1년간 매각 및 그 밖의 처분을 보류한다.
② 세관장은 보세구역에 반입한 외국물품이 장치기간을 경과한 때에는 이를 매각해야 한다.
③ 세관장은 보세구역 운영인의 매각처분 보류요청이 있는 경우 매각처분을 보류할 수 있다.
④ 외자에 의한 도입물자로서 기획재정부장관 및 산업통상자원부장관의 매각처분 보류요청으로 인하여 매각처분을 보류한 경우에는 보류사유의 해소 여부를 수시로 확인하여 그 사유가 해제된 때에는 즉시 매각처분을 해야 한다.
⑤ 세관장은 공공차관에 의해 도입된 물품 중 체화된 것에 대하여는 그 목록을 관세청장을 경유하여 기획재정부장관 및 산업통상자원부장관에게 제출해야 한다.

「보세화물관리에 관한 고시」에 따른 보수작업의 허용범위에 해당되지 않는 것은? ▌2018

① 물품의 상품성 향상을 위한 개수작업(포장개선, 라벨표시, 단순절단 등)
② 수출입허가(승인)한 규격과 세번을 합치시키기 위한 모든 작업
③ 물품의 보존을 위해 필요한 작업(부패, 손상 등을 방지하기 위한 보존작업 등)
④ 단순한 조립작업(간단한 세팅, 완제품의 특성을 가진 구성요소의 조립 등)
⑤ 선적을 위한 준비작업(선별, 분류, 용기변경 등)

14 세관의 업무시간 및 물품취급시간에 대한 내용으로 옳지 않은 것은?

① 세관의 개청시간은 「국가공무원 복무규정」에 의한 공무원의 근무시간이다.
② 항공기・선박 등이 상시 입・출항하는 등 세관의 업무특성상 필요한 경우에 세관장은 직권으로 부서별로 근무시간을 달리 정할 수 있다.
③ 보세구역의 물품취급시간은 24시간이며, 다만 감시・단속을 위하여 필요한 경우 세관장은 그 시간을 제한할 수 있다.
④ 개청시간 외에 통관절차・보세운송절차 또는 입출항절차를 밟고자 하는 자는 사무의 종류 및 시간과 사유를 기재한 통보서를 세관장에게 제출해야 한다.
⑤ 재해 기타 불가피한 사유로 인하여 물품취급시간 외에 당해 물품을 취급하는 경우에는 세관장에게 통보서를 제출하지 않아도 되지만, 사후에 세관장에게 경위서를 제출하여 그 확인을 받아야 한다.

15 화물적체 해소 및 물류신속화를 위해 주요 공・항만 항역 내의 지정장치장에 반입된 물품의 장치기간은 2개월로 단축하여 운영하고 있는데, 이에 해당하지 않는 공・항만은?

① 인천항
② 울산항
③ 부산항
④ 김해공항
⑤ 인천공항

16 다음 중 반입물품에 대한 반출통고의 시기가 나머지와 다른 것은?

① 지정장치장
② 보세공장
③ 보세판매장
④ 보세건설장
⑤ 보세구역 외 장치장

17 「보세화물장치기간 및 체화관리에 관한 고시」에 따라 세관장이 장치기간 경과 전이라도 공고한 후 매각할 수 있는 물품(긴급공매 물품)이 아닌 것은?

① 살아있는 동식물
② 부패하거나 부패할 우려가 있는 것
③ 창고나 다른 외국물품을 해할 우려가 있는 것
④ 기간 경과로 실용가치가 현격히 높아질 우려가 있는 것
⑤ 지정장치장・보세창고・보세구역 외 장치장에 반입되어 반입일부터 30일 이내에 수입신고되지 못한 물품으로서 화주의 요청이 있는 물품

18 「보세화물장치기간 및 체화관리에 관한 고시」에 따른 매각절차 중 세관장이 수의계약을 할 수 있는 경우가 아닌 것은?

❙ 2019, 2020

① 2회 이상 경쟁입찰에 부쳐도 매각되지 아니한 경우(단독 응찰한 경우 포함)로서 다음 회의 입찰에 체감될 예정가격 이상의 응찰자가 있을 때
② 공매절차가 종료된 물품을 국고귀속 예정통고 전에 최종예정가격 이상의 가격으로 매수하려는 자가 있을 때
③ 부패, 손상, 변질 등의 우려가 있는 물품으로서 즉시 매각되지 아니하면 상품가치가 저하될 우려가 있을 때
④ 1회 공매의 매각예정가격이 50만 원 미만인 때
⑤ 경쟁입찰 방법으로 매각함이 화주의 이익에 반하는 때

19 「보세화물관리에 관한 고시」에 따른 보세구역 수입식품류 보관기준에 대한 내용으로 옳지 않은 것은?

① 식품류는 공산품과 분리, 구획하여 보관해야 한다.
② 창고 내부의 바닥은 콘크리트 등으로 내수처리를 해야 하고, 물이 고이거나 습기가 차지 않도록 해야 한다.
③ 창고 내부에는 방충・방서 시설을 갖추어야 한다.
④ 바닥, 벽면 및 천장과 최대한 밀착하여 보관해야 한다.
⑤ 냉동보관은 영하 18℃ 이하, 냉장보관은 영상 10℃ 이하의 온도유지 및 습도조절을 위한 시설을 갖추어야 한다.

20 「보세화물 입출항 하선 하기 및 적재에 관한 고시」에 따른 해상입항화물 입항 시 적재화물목록 제출 및 심사에 대한 내용으로 옳지 않은 것은?

① 적재화물목록 제출의무자는 적재항에서 화물이 선박에 적재되기 24시간 전까지 적재화물목록을 선박 입항예정지 세관장에게 전자문서로 제출해야 한다.
② 중국・일본・대만・홍콩・러시아 극동지역 등(근거리 지역)의 경우에는 적재항에서 선박이 출항하기 전까지, 벌크화물의 경우에는 선박이 입항하기 4시간 전까지 제출해야 한다.
③ 공동배선의 경우에는 선복을 용선한 선박회사(용선선사)가 전자문서로 작성하여 제공한 적재화물목록 자료를 운항선사가 취합하여 세관장에게 제출해야 한다.
④ House B/L 내역이 있는 경우에는 운항선사가 하우스적재화물목록 작성책임자로부터 하우스적재화물목록을 제출받아 최종적으로 이를 취합하여 세관장에게 제출해야 한다.
⑤ 화물관리 세관공무원이 적재화물목록을 제출받은 때에는 적재화물목록 심사를 해야 하며, 이 경우 적재화물목록 접수단계에서는 실질적인 요건에 해당하는 기재사항의 오류 여부까지 심사한다.

21 「보세화물 입출항 하선 하기 및 적재에 관한 고시」에 따른 해상입항화물 하선장소 물품반입에 대한 내용으로 옳지 않은 것은?

▌2018, 2020, 2021

① 하선장소를 관리하는 보세구역 운영인은 해당 보세구역을 하선장소로 지정한 물품에 대해 해당 물품의 반입 즉시 House B/L 단위로 세관장에게 물품반입신고를 해야 한다.
② Master B/L 단위의 FCL화물은 Master B/L 단위로 반입신고를 할 수 있다.
③ LCL화물로서 해당 하선장소 내의 CFS 내에서 컨테이너 적출 및 반입작업하지 아니하는 물품은 Master B/L 단위로 반입신고를 할 수 있다.
④ 입항 전 수입신고 수리 또는 하선 전 보세운송신고 수리가 된 물품을 하선과 동시에 차상반출하는 경우에는 반출입신고를 해야 한다.
⑤ 하선장소 보세구역 운영인(화물관리인)은 하선기한 내 공컨테이너가 반입되지 않은 경우 세관장에게 즉시 보고해야 한다.

22 **항공입항화물의 적재화물목록 정정절차 생략 대상이 아닌 것은?**

① 포장파손이 용이한 물품으로서 과부족이 5% 이내인 경우
② 중량으로 거래되는 물품 중 건습에 따라 중량의 변동이 심한 물품으로서 그 중량의 과부족이 10% 이내인 경우
③ 항공기 운항 사정상 동일 AWB의 물품이 분할기적된 경우로서 별도관리물품 해제 승인을 받은 후 반입신고하는 물품
④ 적재화물목록에 등재되지 아니한 화물로서 해당 항공기 도착 15일 이내에 선착화물이 있어 병합관리가 가능한 경우
⑤ 포장 단위 물품으로서 중량의 과부족이 10% 이내이고 포장상태에 이상이 없는 경우

23 **「보세화물 입출항 하선 하기 및 적재에 관한 고시」에 따라 적재지 보세구역에 반입된 수출물품을 적재지 보세구역으로부터 반출할 수 있는 경우가 아닌 것은?**

① 적재예정 선박 또는 항공기에 적재하고자 하는 경우
② 적재예정 선박 또는 항공기가 변경되거나 해상 또는 항공수송의 상호연계를 위하여 다른 적재지 세관의 보세구역으로 수출물품을 운송(보세운송 제외)하려는 경우
③ 동일 적재지 세관 내에서 혼재작업을 위해 다른 보세구역으로 수출물품을 운송하려는 경우
④ 보수작업과 폐기처리 등을 해당 적재지 보세구역 내에서 수행하기가 곤란하여 다른 장소로 수출물품을 운송하고자 하는 경우
⑤ 세관장이 적재지 보세구역에서 반출하는 사유가 타당하다고 인정하는 경우

「환적화물 처리절차에 관한 특례고시」에 따른 보세운송에 대한 내용으로 옳지 않은 것은? ▌2019

① 환적화물을 보세운송하려는 자는 입항 선박 또는 항공기의 House B/L 단위로 세관장에게 보세운송 신고를 해야 한다.

② 선박을 통해 입항지에 반입된 화물을 공항으로 운송한 후 외국으로 반출하려는 환적화물(보세운송목적지가 공항항역 내 1개 이상인 경우 포함)은 모선 단위 1건으로 일괄하여 신고할 수 있다.

③ 보세운송의 목적지는 물품을 적재하려는 항만이나 공항의 하선 또는 하기장소로 한정하되, 컨테이너 적출입작업 및 보수작업이 필요한 경우 등 세관장이 필요하다고 인정하는 경우에는 그러하지 아니하다.

④ 보세운송 물품이 컨테이너화물(LCL화물 포함)인 경우에는 세관장의 확인을 받아 컨테이너를 개장해야 한다.

⑤ 세관장은 규정된 관할 내 보세구역 중 환적 물동량, 감시단속상 문제점 등을 종합적으로 검토하여 환적화물 보세운송 특례 보세구역을 지정할 수 있다.

「화물운송주선업자의 등록 및 관리에 관한 고시」에 따른 화물운송주선업자의 등록, 갱신 및 변동에 대한 내용으로 옳지 않은 것은? ▌2021, 2022, 2023

① 화물운송주선업자의 등록을 하려는 자는 화물운송주선업자 등록(갱신) 신청서를 통관지 세관장에게 제출해야 하며, 신청서는 우편 및 전자우편으로 제출할 수 있다.

② 세관장은 화물운송주선업자 등록신청서를 접수받은 때에는 등록요건을 충족하는지와 화물운송주선업자부호가 중복되는지 등을 확인하여, 접수일부터 1개월 이내에 처리해야 한다.

③ 화물운송주선업자의 등록기간은 3년으로 하며, 갱신할 수 있다.

④ 화물운송주선업자의 등록을 갱신하려는 자는 기간만료 1개월 전까지 화물운송주선업자 등록(갱신) 신청서와 신청인 첨부서류를 통관지 세관장에게 제출해야 한다.

⑤ 화물운송주선업자의 등록을 한 자는 등록사항에 변동이 생긴 때에는 그 변동사유가 발생한 날부터 60일 이내에 화물운송주선업 등록사항 변동신고서와 신청인 제출서류를 통관지 세관장에게 제출하여야 한다.

제4과목 수출입안전관리

01 **국제항에 대한 설명으로 옳지 않은 것은?**

① 원칙적으로 국제무역선(기)은 국제항에 한정하여 운항할 수 있다.
② 공항의 경우 여객기로 입국하는 여객수가 연간 4만 명 이상이어야 국제항으로 지정받을 수 있다.
③ 국제항의 시설기준 등에 관하여 필요한 사항은 기획재정부령으로 정한다.
④ 국제항의 운영자는 국제항이 시설기준 등에 미치지 못하게 된 경우 그 시설 등을 신속하게 개선하여야 한다.
⑤ 국제무역선의 선장이 국제항이 아닌 지역에 대한 출입의 허가를 받으려면 허가수수료를 납부하여야 한다.

02 **수출입 안전관리 우수업체 공인부문에 해당하지 않는 것은?** ▌2021

① 수출부문
② 수입부문
③ 화물운송주선업부문
④ 보세구역운영인부문
⑤ 구매대행업부문

03 **국제무역선(기)의 입출항절차에 대한 내용으로 옳지 않은 것은?**

① 국제무역선(기)이 국제항을 출항하려면 선장이나 기장은 출항하기 전에 세관장에게 출항허가를 받아야 한다.
② 선장이나 기장은 출항허가를 받으려면 그 국제항에서 적재화물목록을 제출해야 한다.
③ 세관장이 출항절차를 신속하게 진행하기 위하여 필요하다고 인정하여 출항허가 후 7일의 범위에서 따로 기간을 정하는 경우에는 그 기간 내에 그 목록을 제출할 수 있다.
④ 국제무역선(기)이 국제항에 입항하여 물품(선박용품 또는 항공기용품과 승무원의 휴대품 제외)을 하역하지 아니하고 입항한 때부터 48시간 이내에 출항하는 경우 세관장은 적재화물목록, 선박용품 또는 항공기용품의 목록, 여객명부, 승무원명부, 승무원 휴대품목록 또는 적재화물목록의 제출을 생략하게 할 수 있다.
⑤ 세관장은 국제무역선(기)이 국제항에 입항하여 입항절차를 마친 후 다시 우리나라의 다른 국제항에 입항할 때에는 서류제출의 생략 등 간소한 절차로 입출항하게 할 수 있다.

「관세법」상 물품의 하역에 대한 내용으로 옳지 않은 것은? ❙ 2019

① 국제무역선이나 국제무역기는 세관장에게 신고한 경우 입항절차를 마치기 전에도 물품을 하역하거나 환적할 수 있다.
② 국제무역선이나 국제무역기에 물품을 하역하려면 세관장에게 신고하고 현장에서 세관공무원의 확인을 받아야 한다.
③ 세관장은 감시·단속을 위하여 필요할 때에는 물품을 하역하는 장소 및 통로(하역통로)와 기간을 제한할 수 있다.
④ 국제무역선이나 국제무역기에는 내국물품을 적재할 수 없다.
⑤ 국내운항선이나 국내운항기에는 외국물품을 적재할 수 없다.

05 「국제무역기의 입출항절차 등에 관한 고시」에 따른 입항보고 및 출항허가 신청에 관한 설명으로 옳지 않은 것은?

① 국제무역기의 기장 등이 국제무역기의 출항허가를 받으려면 항공기 출항허가(신청)서와 적재화물목록을 전자문서로 세관장에게 제출해야 한다.
② 국제무역기의 기장 등이 입항보고하려는 경우 항공기 입항보고서와 항공기용품목록, 여객명부, 승무원명부, 승무원 휴대품목록, 적재화물목록을 전자문서로 세관장에게 제출해야 한다.
③ 세관장이 감시단속에 지장이 없다고 인정하는 경우 항공기용품목록 및 적재화물목록의 서류에 대해 제출을 생략하게 할 수 있다.
④ 적재화물목록은 「보세화물 입출항 하선 하기 및 적재에 관한 고시」에서 정한 바에 따라 제출한다.
⑤ 전산장애 등 불가피한 사유로 인하여 입항보고서와 출항허가(신청)서 및 관련 서류를 전자문서로 제출할 수 없는 경우 전자문서자료가 입력된 저장매체나 서류로 입항보고하거나 출항허가를 신청할 수 있다.

06 국경출입차량의 도착보고서에 기재해야 할 사항에 해당하지 않는 것은?

① 차량의 회사명·종류·등록기호·번호·총화차수·총객차수
② 차량 운전자의 성명·국적·생년월일
③ 차량의 최초출발지·경유지·최종출발지·도착일시·출발예정일시 및 목적지
④ 적재물품의 내용·개수 및 중량
⑤ 여객 및 승무원수와 통과여객의 수

07 「관리대상화물 관리에 관한 고시」에 따른 검사대상화물의 하선(기) 장소에 대한 내용으로 옳지 않은 것은?

① 검색기검사화물의 하선장소는 선박회사 또는 항공사가 지정한 장소로 하며, 해당 화물은 하선장소에 반입 후 지체 없이 검색기검사를 마쳐야 한다.
② 검색기검사화물의 검사 결과 개장검사가 필요하다고 인정되는 경우에는 세관장이 별도로 지정하는 장소를 하선장소로 한다.
③ 즉시검사화물의 하선(기)장소는 세관장이 지정한 장소로 한다.
④ 세관장이 하선(기) 장소를 지정하는 경우 그 장소는 세관지정장치장, 세관지정 보세창고 등의 순서에 따른다.
⑤ 세관장이 하선(기) 장소를 지정하는 경우 검사대상화물이 위험물품, 냉동・냉장물품 등 특수보관을 요하는 물품이거나 대형화물・다량산물인 경우에는 해당 화물을 위한 보관시설이 구비된 장소를 하선(기)장소로 한다.

관세통로, 통관역, 통관장의 지정권자를 연결한 내용으로 옳은 것은? ❙ 2020

① 관세통로 – 관세청장, 통관역 – 세관장, 통관장 – 세관장
② 관세통로 – 세관장, 통관역 – 세관장, 통관장 – 관세청장
③ 관세통로 – 세관장, 통관역 – 관세청장, 통관장 – 관세청장
④ 관세통로 – 관세청장, 통관역 – 관세청장, 통관장 – 세관장
⑤ 관세통로 – 세관장, 통관역 – 관세청장, 통관장 – 세관장

09 AEO제도에 대한 내용으로 옳지 않은 것은?

① AEO(Authorized Economic Operator)란 수출입신고 및 물품 취급 등과 관련한 안전관리 및 법규준수 측면에서 우수하다고 관세당국이 공인한 무역업체를 말한다.
② AEO제도는 AEO 공인을 위한 신청・심사・심의 관련 제반절차를 포괄하는 개념이다.
③ AEO제도는 국가 간 상호인정약정(MRA) 절차를 갖고 있어 우리나라에서 공인된 AEO 기업의 신뢰성과 안전성은 국제적으로 인정되어 우리나라 AEO 수출기업은 상대국 수입절차상 특례를 적용받을 수 있다.
④ AEO 공인기업은 내부물품 관리능력이 향상되어 물류비용 절감효과를 얻을 수 있다.
⑤ AEO제도는 무역업체들 스스로 법규준수를 실현하게 한다는 점에서는 긍정적이나, 불법무역의 위험성이 높아진다는 문제점을 내포하고 있다.

10 보세운송업자부문 수출입 안전관리 우수업체 공인기준 중 취급절차 관리에 대한 내용으로 옳은 것은?

① 보세운송업자는 수출입물품의 운송, 취급, 보관과 관련된 절차를 준수하기 위해 비인가된 물품과 사람의 접근을 통제하는 안전관리조치를 해야 한다.
② 보세운송업자는 세관직원 등이 검사를 위하여 컨테이너를 개장한 경우에는 검사 종료 시 즉시 재봉인하여야 한다.
③ 보세운송업자는 컨테이너에 밀항자를 은닉하는 것으로 알려진 외국의 항구로부터 선박 및 컨테이너가 반입되었을 경우에는 정밀검색하는 절차를 마련하여야 한다.
④ 보세운송업자는 반입물품의 중량・라벨・표식・수량 등을 반입예정정보와 대조 확인하여야 한다.
⑤ 보세운송업자는 컨테이너가 반출되기 전에 검사를 위하여 선별된 컨테이너를 안전하게 보관하고, 세관검사 대상으로 선별된 컨테이너가 세관장이 지정한 장소로 정확하고 신속하게 운송되도록 하여야 한다.

11 AEO(Authorized Economic Operator)제도의 발전현황으로 옳은 것은?

① 9.11 테러 발생 – 국내 AEO 도입 및 시범운영 – AEO 정착화 – SAFE Framework 채택 – AEO 확산 및 운영
② 9.11 테러 발생 – 국내 AEO 도입 및 시범운영 – SAFE Framework 채택 – AEO 확산 및 운영
③ 9.11 테러 발생 – SAFE Framework 채택 – AEO 정착화 – 국내 AEO 도입 및 시범운영 – AEO 확산 및 운영
④ 9.11 테러 발생 – SAFE Framework 채택 – 국내 AEO 도입 및 시범운영 – AEO 정착화 – AEO 확산 및 운영
⑤ 9.11 테러 발생 – 국내 AEO 도입 및 시범운영 – SAFE Framework 채택 – AEO 정착화 – AEO 확산 및 운영

12 상호인정약정(MRA) 체결의 효과로 적절하지 않은 것은?

① 양허관세 혜택 제공
② 수출입 비용 절감
③ 중복검사 방지
④ 교역을 위한 시장접근 용이성 제고
⑤ 불필요한 규제비용 절감

13 수출입 안전관리 우수업체의 모든 부문에 공통적으로 적용되는 특례로 옳은 것은?

① 「관세법 등에 따른 과태료 부과징수에 관한 훈령」에 따른 과태료 면제
② 중소벤처기업부의 중소기업 병역지정업체 추천 시 10점 가산
③ 법규위반 시 행정형벌보다 통고처분, 과태료 등 행정질서벌 등 우선 고려
④ 「외국환거래의 검사업무 운영에 관한 훈령」에 따른 외국환 검사 포함
⑤ 「수출입신고 오류방지에 관한 고시」 제14조에 따라 오류에 대한 제재 면제

수출입 안전관리 우수업체 중 갱신심사 결과 법규준수도가 95점 이상이고, 수출입 안전관리와 관련하여 다른 업체에 확대하여 적용할 수 있는 우수사례가 있는 업체에 해당하는 공인등급은? ▎2022

① AAA등급
② AA등급
③ A등급
④ B등급
⑤ C등급

15 「수출입 안전관리 우수업체 공인 및 운영에 관한 고시」에 따른 심사에 대한 내용으로 옳지 않은 것은?

① 관세청장은 신청업체를 대상으로 공인심사를 할 때에는 서류심사와 현장심사의 순으로 구분하여 실시한다.
② 관세청장은 공인심사를 할 때에 통관적법성 심사와 관련하여 신청업체에게 오류 정보를 제공하거나 신청업체의 사업장을 방문하여 심사할 수 있다.
③ 신청업체는 공인 또는 갱신심사를 신청하기 전에 예비심사를 희망하는 경우에는 예비심사 신청서를 관세청장에게 제출하여야 한다.
④ 예비심사를 위탁받은 기관은 예비심사 관련 서류를 이관받은 날부터 30일 이내에 심사를 마쳐야 한다.
⑤ 관세청장은 중소 수출기업이 예비심사를 신청한 경우에는 다른 신청업체에 우선하여 예비심사를 할 수 있다.

16 「수출입 안전관리 우수업체 공인 및 운영에 관한 고시」에 따른 현장심사에 대한 내용으로 옳지 않은 것은?

① 관세청장은 현장심사를 계획할 때에는 심사 일정, 심사 참여자, 세부 절차 및 방법 등을 미리 신청업체와 협의해야 한다.
② 관세청장은 부득이한 사유로 심사 일정을 변경하고자 하는 경우에는 현장심사를 시작하기 5일 전까지 변경된 일정을 통지할 수 있다.
③ 관세청장은 신청업체의 사업장을 직접 방문하는 기간을 연장하고자 할 때에는 연장하는 사유와 연장된 기간을 신청업체에게 미리 통보해야 한다. 이 경우 업체를 방문할 수 있는 기간은 모두 합하여 60일을 넘을 수 없다.
④ 관세청장은 현장심사를 시작하기 전이나 시작한 후 업체에 부득이한 사유가 발생하여 정상적인 심사가 어렵다고 판단되는 경우는 최소한의 기간을 정하여 현장심사를 연기하거나 중지할 수 있다. 이때 관세청장은 연기 또는 중지 사유가 해소된 경우 빠른 시일 내에 현장심사를 재개해야 한다.
⑤ 관세청장은 신청업체의 수출입 관리현황이 공인기준을 현저히 충족하지 못하거나, 신청업체가 자료를 제출하지 않는 등 협조하지 않아 현장심사 진행이 불가능하다고 판단되는 경우에는 현장심사를 중단하고, 공인심사 신청의 기각 등 필요한 조치를 할 수 있다.

17 수출입 안전관리 우수업체 공인은 관세청장이 증서를 교부한 날부터 몇 년간 유효한가?

① 1년
② 3년
③ 5년
④ 7년
⑤ 10년

18 수출입 안전관리 우수업체의 공인절차 등에 대한 내용으로 옳지 않은 것은?

① 수출입 안전관리 우수업체로 공인받으려는 자는 신청서에 관련서류를 첨부하여 관세청장에게 제출해야 한다.
② 공인을 갱신하려는 자는 공인의 유효기간이 끝나는 날의 6개월 전까지 신청서에 관련서류를 첨부하여 관세청장에게 제출해야 한다.
③ 관세청장은 공인을 받은 자에게 공인 갱신 신청 시기에 대한 사실을 해당 공인의 유효기간이 끝나는 날의 7개월 전까지 휴대폰에 의한 문자전송, 전자메일, 팩스, 전화, 문서 등으로 미리 알려야 한다.
④ 관세청장은 수출입 안전관리 우수업체 공인신청을 받은 경우 안전관리 기준을 충족하는 업체에 대하여 공인증서를 교부해야 한다.
⑤ 수출입 안전관리 우수업체에 대한 공인의 등급, 안전관리 공인심사에 관한 세부절차, 그 밖에 필요한 사항은 관세청장이 정하며, 안전관리에 관한 다른 법령과 관련된 사항에 대하여는 산업통상자원부장관이 정한다.

19 **수출입 안전관리 우수업체가 수출입 관리현황에 변동사항이 발생했을 때 관세청장에게 즉시 보고해야 하는 사항은?**

❙ 2020

① 양도, 양수, 분할·합병 및 특허 변동 등으로 인한 법적 지위 등의 변경
② 사업내용의 변경 또는 추가
③ 대표자, 수출입 관련 업무 담당 임원 및 관리책임자의 변경
④ 부도로 인한 사업장의 폐쇄
⑤ 화재, 침수, 도난, 불법유출 등 수출입화물 안전관리와 관련한 특이사항

20 **「수출입 안전관리 우수업체 공인 및 운영에 관한 고시」에 따른 갱신심사에 대한 내용으로 옳지 않은 것은?**

❙ 2020

① 수출입 안전관리 우수업체는 공인을 갱신하고자 할 때에는 공인의 유효기간이 끝나기 6개월 전까지 수출입 안전관리 우수업체 갱신심사 신청서에 필요 서류를 첨부하여 관세청장에게 전자문서로 제출하여야 한다.
② 관세청장은 원활한 갱신심사를 운영하기 위해 수출입 안전관리 우수업체에게 공인의 유효기간이 끝나기 1년 전부터 갱신심사를 신청하게 할 수 있다.
③ 수출입 안전관리 우수업체가 여러 공인부문에서 걸쳐 공인을 받은 경우에는 공인일자가 가장 늦은 공인부문을 기준으로 갱신심사를 함께 신청할 수 있다.
④ 관세청장은 신청업체를 대상으로 갱신심사를 할 때는 수출입 안전관리 우수업체의 공인부문별로 서류심사와 현장심사의 순으로 구분하여 실시한다.
⑤ 관세청장은 갱신심사 중 현장심사를 할 때 통관적법성 심사를 위하여 수출입 안전관리 우수업체의 사업장을 직접 방문하는 기간은 방문을 시작한 날로부터 15일 이내로 한다.

21 「수출입 안전관리 우수업체 공인 및 운영에 관한 고시」에 따른 기업상담전문관의 지정 · 운영에 대한 내용으로 옳지 않은 것은?

① 관세청장은 수출입 안전관리 우수업체가 공인기준과 통관적법성을 충족하는지를 점검하고 지원하기 위하여 업체별로 기업상담전문관(AM ; Account Manager)을 지정 · 운영한다.
② 기업상담전문관은 법규준수 향상을 위한 정보 제공 및 상담 · 자문 업무를 담당한다.
③ 기업상담전문관은 수출입 안전관리 우수업체가 법규준수도를 제외한 공인기준을 충족하지 못하거나 최근 2분기 연속으로 해당 업체의 공인등급별 기준 아래로 떨어진 경우에 공인기준 준수 개선을 요구하여야 한다.
④ 기업상담전문관은 원활한 업무 수행을 위해서 수출입 안전관리 우수업체에게 자료를 요구하거나 해당 업체의 사업장 등을 방문할 수 있다.
⑤ 기업상담전문관은 기업 프로파일 관리 업무를 담당한다.

22 수출입 안전관리 우수업체 심의위원회에 대한 내용으로 옳지 않은 것은?

① 위원회의 위원장은 위원 중에서 호선한다.
② 심의위원회의 회의는 위원장과 위원장이 매 회의마다 지명하는 10명 이상 15명 이내의 위원으로 구성하며, 관세청장이 위촉하는 위원이 6명 이상 포함되어야 한다.
③ 심의위원회의 회의는 구성원 과반수 출석으로 개의하고 출석위원 과반수 찬성으로 의결한다.
④ 위원장은 공무원인 위원의 직위가 공석이거나 해당 위원이 회의에 출석하지 못할 부득이한 사유가 있는 때에는 소속 과장급 공무원으로 하여금 회의에 출석하여 그 권한을 대행하게 할 수 있다.
⑤ 관세청장은 심의위원회의 회의에 출석한 공무원이 아닌 위원에게 예산의 범위에서 수당과 여비를 지급할 수 있다.

23 수출입 안전관리 우수업체의 관리책임자에 대한 공인 전·후 교육에 대한 설명으로 옳지 않은 것은?

① 관리책임자는 수출입 안전관리 우수업체의 공인 전·후에 관세청장이 지정하는 교육을 받아야 한다.
② 수출입 안전관리 우수업체 공인 전의 경우 수출입관리책임자는 16시간 이상 교육을 받아야 한다. 다만, 공인 전 교육의 유효기간은 해당 교육을 받은 날부터 5년이다.
③ 무역안전과 원활화를 위한 국제 규범 및 국내외 제도의 흐름과 변화는 공인 후 교육에 해당한다.
④ 관세청장은 관리책임자가 공인 후 교육을 받지 않았을 때에는 다음 차수의 교육을 받도록 권고하여야 한다.
⑤ 수출입 안전관리 우수업체 공인 후의 경우 총괄책임자는 매년 3시간 이상, 수출입관리책임자는 매년 6시간 이상 교육을 받아야 한다.

24 보세구역운영인부문 수출입 안전관리 우수업체 공인기준 중 내부통제시스템 기준에 대한 설명으로 옳지 않은 것은?

❙ 2020

① 운영인은 법규준수와 안전관리 업무에 대한 정보가 관련 부서에 공유되지 않도록 보안에 최선을 다해야 한다.
② 운영인은 법규준수와 안전관리 관련 업무 처리에 부정적 영향을 주는 위험요소의 식별, 평가, 관리대책의 수립, 개선 등을 포함한 절차를 마련해야 한다.
③ 운영인은 수출입물품의 보관내역과 이와 관련된 보관 수수료 등을 추적할 수 있는 운영체계를 구축하고, 세관장으로부터 요청받을 경우 접근을 허용해야 한다.
④ 운영인은 법규준수와 안전관리를 위하여 수출입물품 취급 관련 자격증 소지자와 경험자를 근무하도록 해야 한다.
⑤ 운영인은 내부통제활동에 대하여 주기적으로 평가하고 개선하는 절차를 마련해야 한다.

25 수출입 안전관리 우수업체 관리책임자의 업무로 옳지 않은 것은?

❙ 2020, 2022

① 정기 자율평가, 변동사항 보고, 공인 또는 갱신심사 수감 등 공인기준 준수 관련 업무
② 직원에 대한 수출입 안전관리 교육
③ 정보 교환, 회의 참석 등 수출입 안전관리 관련 관세청 및 세관과의 협업
④ 세액 등 통관적법성 준수 관리
⑤ 보세창고에 내국물품 장치

01 자율관리 보세구역에 대한 내용으로 옳지 않은 것은?

① 자율관리 보세구역은 규정된 요건을 충족하고 운영인 등의 법규수행능력이 우수하여 보세구역 자율관리에 지장이 없어야 한다.
② 보세구역의 화물관리인이나 운영인은 자율관리 보세구역의 지정을 받으려면 세관장에게 지정을 신청해야 한다.
③ 세관장은 지정신청을 받은 경우 해당 보세구역의 위치와 시설상태 등을 확인하여 자율관리 보세구역으로 적합하다고 인정될 때에는 해당 보세구역을 자율관리 보세구역으로 지정할 수 있다.
④ 자율관리 보세구역 운영인 등은 해당 보세구역에서 반출입된 화물에 대한 장부를 1년간 보관해야 한다.
⑤ 세관장은 자율관리 보세구역의 지정을 받은 자가 「관세법」에 따른 의무를 위반하거나 세관감시에 지장이 있다고 인정되는 경우에는 자율관리 보세구역 지정을 취소할 수 있다.

02 「자율관리 보세구역 운영에 관한 고시」에 따른 자율관리 보세구역의 지정기간으로 옳은 것은?

① 1년
② 3년
③ 5년
④ 10년
⑤ 해당 보세구역의 특허기간

03 「자율관리 보세구역 운영에 관한 고시」에 따른 일반 자율관리 보세구역의 절차생략의 대상으로 옳지 않은 것은?

Ⅰ 2019, 2021

① 「식품위생법」 등에 따른 표시작업(원산지표시 제외)과 벌크화물의 사일로(Silo) 적입을 위한 포장제거작업의 경우에 따른 보수작업 신청(승인) 생략
② 「보세공장 운영에 관한 고시」 제37조에 따른 자율관리 보세공장의 특례 적용
③ 재고조사 및 보고의무를 분기별 1회에서 연 1회로 완화
④ 보세구역 운영상황의 점검 생략
⑤ 장치물품의 수입신고 전 확인신청(승인) 생략

04 자율관리 보세구역의 운영과 관련하여 운영인 등이 준수해야 할 사항으로 옳지 않은 것은?

❙ 2019, 2020, 2023

① 운영인 등은 보세사가 아닌 자에게 보세화물관리 등 보세사의 업무를 수행하게 하여서는 아니 되며, 다만 업무대행자를 지정하여 사전에 세관장에게 신고한 경우에는 보세사가 아닌 자도 보세사가 이탈 시 보세사 업무를 수행할 수 있다.
② 운영인 등은 당해 보세구역에 작업이 있을 때는 보세사를 상주근무하게 해야 하며 보세사를 채용, 해고 또는 교체하였을 때에는 세관장에게 즉시 통보해야 한다.
③ 보세사가 해고 또는 취업정지 등의 사유로 업무를 수행할 수 없는 경우에는 2개월 이내에 업무대행자를 채용하여 근무하게 해야 한다.
④ 운영인 등은 절차생략 등에 따른 물품 반출입 상황 등을 보세사로 하여금 기록・관리하게 해야 한다.
⑤ 운영인 등은 해당 보세구역 반출입물품과 관련한 생산, 판매, 수입 및 수출 등에 관한 세관공무원의 자료요구 또는 현장 확인 시에 협조해야 한다.

05 다음 중 보세사의 직무로 옳지 않은 것은?

❙ 2019, 2021, 2023

① 보수작업과 화주의 수입신고 전 장치물품확인 시 입회・감독
② 세관봉인대의 시봉 및 관리
③ 환적화물 컨테이너 적출입 시 입회・감독
④ 견본품의 반출 및 회수
⑤ 종합보세사업장의 설치・운영에 관한 신고

06 보세사 징계에 대한 내용으로 옳지 않은 것은?

❙ 2018, 2020, 2022, 2023

① 세관장은 보세사 징계처분 시 보세사징계위원회의 의결에 따른다.
② 보세사가 보세사의 의무를 이행하지 아니하는 경우는 징계처분 대상이다.
③ 경고처분을 받은 보세사가 1년 내에 다시 경고처분을 받는 경우는 징계처분 대상이다.
④ 보세사 징계의 종류는 감봉, 견책, 3개월 이내의 업무정지, 등록취소가 있다.
⑤ 보세사가 연간 6개월의 범위 내 업무정지를 2회 받으면 등록취소하여야 한다.

07 **다음은 수출입물류업체에 대한 법규수행능력 점검계획의 사전통지와 자율점검에 대한 내용이다. 빈칸에 들어갈 내용을 순서대로 나열한 것은?**

> • 세관장은 법규수행능력 점검대상 수출입물류업체에 대하여 서면(현지)점검 개시 (ⓐ) 전까지 법규수행능력 점검통지서와 관세청장이 별도 정하는 법규수행능력 평가항목 자율점검표를 송부해야 한다. 다만, 점검일정상 불가피한 경우에는 유선으로 통보하고 서면(현지)점검시에 동 통지서를 교부할 수 있다.
> • 세관장이 제1항의 규정에 따라 수출입물류업체에 사전통지를 한 때에는 사전통지를 받은 날부터 (ⓑ) 이내에 업체 자율적으로 점검하고 법규수행능력 평가항목 자율점검표를 작성하여 점검반에게 이를 제출할 수 있도록 해야 한다.

① ⓐ - 5일, ⓑ - 1일
② ⓐ - 7일, ⓑ - 3일
③ ⓐ - 10일, ⓑ - 5일
④ ⓐ - 15일, ⓑ - 3일
⑤ ⓐ - 20일, ⓑ - 1일

08 **「수출입물류업체에 대한 법규수행능력측정 및 평가관리에 관한 훈령」에 따른 법규수행능력 평가의 주기와 평가항목의 등록에 대한 내용으로 옳지 않은 것은?**

① 세관장이 법규수행능력 평가시스템에 의하여 수출입물류업체의 법규수행능력을 평가할 수 있는 주기는 연 1회를 원칙으로 한다.
② 신규업체가 법규수행능력평가를 요청할 때에는 보세구역, 자유무역지역은 설립 후 6개월이 경과한 경우 평가를 실시할 수 있다.
③ 신규업체가 법규수행능력평가를 요청할 때에는 운송사, 선사, 항공사, 포워더는 세관신고 250건 이상인 경우 평가를 실시할 수 있다.
④ 평가이행업체 또는 평가미이행업체가 추가 평가를 요청하는 때에는 세관장이 타당하다고 인정하는 경우에 한하여 분기별 1회의 추가 평가를 실시할 수 있다.
⑤ 세관장은 규정에 의한 평가주기에도 불구하고 평가항목 중에서 행정제재, 표창의 수상, 안보위해물품의 적발실적 등은 사유 발생 즉시 법규수행능력 평가시스템에 등록해야 한다.

09 자유무역지역의 지정에 대한 내용으로 옳지 않은 것은?

① 중앙행정기관의 장이나 특별시장·광역시장·특별자치시장·도지사 또는 특별자치도지사는 대통령령으로 정하는 바에 따라 관계 중앙행정기관의 장 및 관계 시·도지사와의 협의를 거쳐 산업통상자원부장관에게 자유무역지역의 지정을 요청할 수 있다.

② 중앙행정기관의 장 또는 시·도지사는 자유무역지역의 지정을 요청하려면 대통령령으로 정하는 사항이 포함된 자유무역지역 기본계획을 작성하여 산업통상자원부장관에게 제출해야 한다.

③ 산업통상자원부장관은 자유무역지역의 지정이 요청된 지역의 실정과 지정의 필요성 및 지정 요건을 검토한 후 기획재정부장관, 국토교통부장관 등 대통령령으로 정하는 관계 중앙행정기관의 장과 협의하여 자유무역지역을 지정한다.

④ 자유무역지역 예정지역으로 지정된 지역의 전부 또는 일부를 자유무역지역으로 지정하려는 경우에는 반드시 관계 중앙행정기관의 장과 협의를 거쳐야 한다.

⑤ 산업통상자원부장관은 자유무역지역을 지정하였을 때에는 그 지역의 위치·경계·면적과 그 밖에 대통령령으로 정하는 사항을 고시하고, 그 내용을 지체 없이 관계 중앙행정기관의 장 및 시·도지사에게 통지해야 한다.

10 자유무역지역 예정지역의 지정에 대한 내용으로 옳지 않은 것은?

① 산업통상자원부장관은 중앙행정기관의 장 또는 시·도지사의 요청에 따라 자유무역지역의 지정 요건의 어느 하나에 해당하는 지역을 자유무역지역 예정지역으로 지정할 수 있다.

② 예정지역의 지정을 요청한 중앙행정기관의 장 또는 시·도지사는 필요한 경우 산업통상자원부장관에게 그 예정지역의 위치·경계 또는 면적의 변경을 요청할 수 있다.

③ 예정지역의 지정기간은 3년 이내로 하며, 다만 산업통상자원부장관은 해당 예정지역에 대한 개발계획의 변경 등으로 지정기간의 연장이 불가피하다고 인정하는 경우에는 3년의 범위에서 지정기간을 연장할 수 있다.

④ 산업통상자원부장관은 관계 중앙행정기관의 장의 요청이 있는 경우 예정지역의 지정기간이 만료되기 전에 자유무역지역으로 지정할 것인지 여부를 결정해야 한다.

⑤ 산업통상자원부장관은 자유무역지역으로 지정하지 아니하기로 결정한 경우에는 그 예정지역의 지정을 즉시 해제해야 한다.

11 **자유무역지역에 입주할 수 있는 자에 해당하지 않는 것은?** ❙ 2021

① 국내 판매를 주목적으로 하는 제조업종의 사업을 하려는 자로서 국내 판매 비중 등이 대통령령으로 정하는 기준을 충족하는 자
② 물품의 하역・운송・보관・전시 사업을 하려는 자
③ 금융업, 보험업, 통관업 등 입주기업체의 사업을 지원하는 업종의 사업을 하려는 자
④ 대통령령으로 정하는 공공기관
⑤ 국가기관

12 **「자유무역지역의 지정 및 운영에 관한 법률」에 따른 물품의 반입 또는 수입에 대한 내용으로 옳지 않은 것은?** ❙ 2019, 2020, 2021

① 외국물품(수출신고가 수리된 물품으로서 관세청장이 정하는 자료를 제출하는 물품은 제외)을 자유무역지역 안으로 반입하려는 자는 관세청장이 정하는 바에 따라 세관장에게 반입신고를 하여야 한다.
② 세관장은 반입신고를 받은 경우 그 내용을 검토하여 이 법에 적합하면 신고를 수리해야 한다.
③ 세관장은 반입신고를 하지 아니하고 자유무역지역 안으로 반입된 내국물품에 대하여 그 물품을 반입한 자가 신청한 경우에는 내국물품 확인서를 발급할 수 있다. 이 경우 내국물품 확인서의 발급절차와 그 밖에 필요한 사항은 관세청장이 정하여 고시한다.
④ 입주기업체 외의 자가 외국물품을 자유무역지역 안으로 반입하려는 경우 그 반입을 하려는 자는 「관세법」 제241조에 따른 수입신고를 생략할 수 있다.
⑤ 외국물품 등을 자유무역지역에서 그대로 관세영역으로 반출하려는 경우 그 반출을 하려는 자는 수입신고를 하고 관세 등을 내야 한다.

13 「자유무역지역의 지정 및 운영에 관한 법률」에 따른 역외작업에 대한 내용으로 옳지 않은 것은?

① 입주기업체는 외국물품 등(외국으로부터 직접 반출장소에 반입하려는 물품 포함)을 가공 또는 보수하기 위하여 관세영역으로 반출하려는 경우에는 그 가공 또는 보수 작업(역외작업)의 범위, 반출기간, 대상물품, 반출장소를 정하여 세관장에게 신고해야 한다.
② 세관장은 역외작업의 신고가 이 법에 적합하게 이루어졌을 때에는 이를 지체 없이 수리해야 한다.
③ 역외작업의 범위는 해당 입주기업체가 전년도에 원자재를 가공하여 수출한 금액의 100분의 60 이내로 한다.
④ 역외작업 신고서에는 역외작업 전후 물품의 품명, 규격, 수량 및 중량, 작업의 종류, 기간, 장소 및 작업사유가 포함되어야 한다.
⑤ 역외작업으로 관세 등을 징수하는 물품에 대한 과세물건 확정의 시기는 역외작업이 종료한 때로 한다.

14 「자유무역지역의 지정 및 운영에 관한 법률」에 따른 입주기업체의 재고관리 상황의 조사 등에 대한 내용으로 옳지 않은 것은?

① 세관장은 재고관리의 이행 여부를 확인하기 위하여 소속 공무원으로 하여금 입주기업체에 대하여 조사를 하게 할 수 있으며, 이 경우 조사를 하는 공무원은 그 권한을 표시하는 증표를 지니고 이를 관계인에게 보여주어야 한다.
② 세관장은 입주기업체에 대하여 조사에 필요한 회계장부, 원재료 및 제품의 관리대장, 그 밖에 필요한 자료의 제출을 요구할 수 있다.
③ 입주기업체는 정당한 사유 없이 조사를 거부·방해 또는 기피하거나 자료제출을 거부하여서는 아니 된다.
④ 세관장은 조사를 한 결과 외국물품 등의 재고가 부족한 경우에는 입주기업체로부터 그에 해당하는 관세 등을 지체 없이 징수하여야 한다.
⑤ 관리권자는 자유무역지역의 효율적인 관리·운영을 위하여 필요한 경우에는 세관장에게 입주기업체의 물품 반입·반출실적에 대한 자료의 제공을 요청할 수 있다.

「자유무역지역의 지정 및 운영에 관한 법률」에 따른 자유무역지역 반입물품의 폐기와 관련된 내용으로 옳지 않은 것은?

▎2018

① 세관장은 자유무역지역에 있는 물품 중 사람의 생명이나 재산에 해를 끼칠 우려가 있는 물품에 대하여는 화주 등에게 국외 반출 또는 폐기를 명할 수 있다.

② 세관장은 자유무역지역에 있는 물품 중 부패 또는 변질된 물품에 대하여는 화주 등에게 미리 통보한 후 직접 이를 폐기할 수 있으며, 화주 등에게 통보할 시간적 여유가 없는 때에는 그 물품을 폐기한 후 지체 없이 화주 등에게 통보해야 한다.

③ 세관장은 물품의 폐기에 대한 통보를 할 때에 화주 등의 주소 또는 거소를 알 수 없거나 그 밖의 부득이한 사유로 통보를 할 수 없는 경우에는 대통령령으로 정하는 바에 따라 공고로써 통보를 갈음할 수 있다.

④ 폐기대상 물품을 세관장이 국외 반출을 명하여 화주 등이 물품을 국외로 반출한 경우 그 비용은 화주 등이 부담한다.

⑤ 폐기대상 물품을 세관장이 직접 폐기한 경우 그 비용은 국가가 부담한다.

16 **업무상 알게 된 전자문서 등 관련 정보에 관한 비밀을 누설하거나 도용한 한국관세정보원 또는 전자문서중계사업자의 임직원 또는 임직원이었던 사람에 대한 벌칙으로 옳은 것은?**

① 3년 이하의 징역 또는 물품원가 이하에 상당하는 벌금
② 5년 이하의 징역 또는 물품원가 이하에 상당하는 벌금
③ 5년 이하의 징역 또는 5천만 원 이하의 벌금
④ 7년 이하의 징역 또는 7천만 원 이하의 벌금
⑤ 1년 이상 10년 이하의 징역 또는 1억 원 이하의 벌금

17 **「관세법」 제269조 밀수출입죄 규정에 따라 3년 이하의 징역 또는 물품원가 이하에 상당하는 벌금에 처하는 자로 옳은 것은?**

① 입항 전 수입신고를 하지 아니하고 물품을 수입한 자
② 수입신고 전 즉시반출신고를 한 자
③ 입항 전 수입신고를 하였으나 해당 수입물품과 다른 물품으로 신고하여 수입한 자
④ 화폐·채권이나 그 밖의 유가증권의 위조품·변조품 또는 모조품을 수출하거나 수입한 자
⑤ 수출·수입 또는 반송의 신고를 하지 아니하고 물품을 수출하거나 반송한 자

18 **다음 중 가장 무거운 벌칙이 적용되는 자는?**

① 관세청장의 지정을 받지 아니하고 전자문서중계업무를 행한 자
② 정부의 기밀을 누설하거나 첩보활동에 사용되는 물품을 수출하거나 수입한 자
③ 국가관세종합정보시스템이나 전자문서중계사업자의 전산처리설비에 기록된 전자문서 등 관련 정보를 위조 또는 변조한 자
④ 세액결정에 영향을 미치기 위하여 과세가격 또는 관세율 등을 거짓으로 신고하거나 신고하지 아니하고 수입한 자
⑤ 부정한 방법으로 관세를 감면받거나 관세를 감면받은 물품에 대한 관세의 징수를 면탈한 자

19 **다음은 관세포탈죄에 대한 설명이다. 빈칸에 들어갈 내용을 순서대로 나열한 것은?**

> 수입신고를 한 자 중 법령에 따라 수입이 제한된 사항을 회피할 목적으로 부분품으로 수입하거나 주요 특성을 갖춘 미완성·불완전한 물품이나 완제품을 부분품으로 분할하여 수입한 자는 (ⓐ)년 이상의 징역 또는 포탈한 관세액의 (ⓑ)배와 물품원가 중 높은 금액 이하에 상당하는 벌금에 처한다.

① ⓐ – 3, ⓑ – 3
② ⓐ – 5, ⓑ – 5
③ ⓐ – 3, ⓑ – 5
④ ⓐ – 5, ⓑ – 3
⑤ ⓐ – 5, ⓑ – 10

20 **밀수품을 취득·양도·운반·보관 또는 알선하거나 감정한 자의 벌칙으로 옳은 것은?**

① 1년 이하의 징역 또는 물품원가 이하에 상당하는 벌금
② 2년 이하의 징역 또는 물품원가 이하에 상당하는 벌금
③ 3년 이하의 징역 또는 물품원가 이하에 상당하는 벌금
④ 2년 이하의 징역 또는 물품원가와 5천만 원 중 높은 금액 이하의 벌금
⑤ 1년 이하의 징역 또는 물품원가와 5천만 원 중 높은 금액 이하의 벌금

21 **종합보세사업장의 설치·운영에 관한 신고를 하지 아니하고 종합보세기능을 수행한 자에게 부과되는 벌금으로 옳은 것은?**

① 물품원가 또는 1천만 원 중 높은 금액 이하의 벌금
② 물품원가 또는 2천만 원 중 높은 금액 이하의 벌금
③ 2천만 원 이하의 벌금
④ 1천만 원 이하의 벌금
⑤ 300만 원 이하의 벌금

22 **허위신고죄 등에 대한 벌칙 규정에 따라 2천만 원 이하의 벌금에 처하는 자로 옳은 것은?**

① 보세구역 반입명령에 대하여 반입대상 물품의 전부 또는 일부를 반입하지 아니한 자
② 자율심사한 결과를 세관장에게 거짓으로 작성하여 제출한 납세의무자
③ 세관공무원의 질문에 대하여 거짓의 진술을 하거나 그 직무의 집행을 거부 또는 기피한 자
④ 부정한 방법으로 신고필증을 발급받은 자
⑤ 물품 또는 운송수단 등의 검사에 대한 세관장 또는 세관공무원의 조치를 거부 또는 방해한 자

23 **다음은 통관 후 유통이력 신고의무를 어긴 자에 대한 과태료 규정이다. 빈칸에 들어갈 내용을 순서대로 나열한 것은?**

> 유통이력 신고의 의무가 있는 자는 유통이력을 장부에 기록(전자적 기록방식 포함)하고, 그 자료를 거래일부터 (ⓐ)간 보관해야 한다. 이를 위반하여 장부기록 자료를 보관하지 아니한 자에게는 (ⓑ) 이하의 과태료를 부과한다.

① ⓐ – 1년, ⓑ – 1천만 원
② ⓐ – 1년, ⓑ – 500만 원
③ ⓐ – 3년, ⓑ – 1천만 원
④ ⓐ – 3년, ⓑ – 500만 원
⑤ ⓐ – 5년, ⓑ – 1천만 원

24 다음에 해당하는 자의 벌칙으로 옳은 것은?

- 입주계약 또는 변경계약을 체결하지 아니하거나 부정한 방법으로 입주계약 또는 변경계약을 체결하여 자유무역지역에서 사업을 한 자
- 입주계약이 해지된 후 해지 당시의 수출 또는 수입 계약에 대한 이행업무 및 산업통상자원부령으로 정하는 잔무 처리업무 외에 그 사업을 한 자

① 1년 이하의 징역 또는 1천만 원 이하의 벌금
② 2년 이하의 징역 또는 2천만 원 이하의 벌금
③ 3년 이하의 징역 또는 3천만 원 이하의 벌금
④ 4년 이하의 징역 또는 4천만 원 이하의 벌금
⑤ 5년 이하의 징역 또는 5천만 원 이하의 벌금

25 「관세법」에 따른 관세범 등에 대한 내용으로 옳지 않은 것은? ▍2018, 2022

① "관세범"이란 「관세법」 또는 「관세법」에 따른 명령을 위반하는 행위로서 「관세법」에 따라 형사처벌되거나 통고처분되는 것을 말한다.
② 관세범에 관한 조사·처분은 세관공무원이 한다.
③ 관세범에 관한 사건에 대하여는 관세청장이나 세관장의 고발이 없으면 검사는 공소를 제기할 수 없다.
④ 다른 기관이 관세범에 관한 사건을 발견하거나 피의자를 체포하였을 때에는 즉시 검사에게 인계하여야 한다.
⑤ 관세범에 관한 서류에는 연월일을 적고 서명날인해야 한다.

제 3 회 최종모의고사

시험시간 : 135분 정답 및 해설 p.323

제1과목 수출입통관절차

01 **관세에 관한 설명으로 옳지 않은 것은?**

① 관세는 법률 또는 조약에 의해 국가가 강제적으로 징수하는 금전적 급부이다.
② 관세선은 정치적 개념인 국경선과 항상 일치한다.
③ 관세는 금전납부를 원칙으로 한다.
④ 관세는 납세자와 담세자가 일치하지 않는 간접세이다.
⑤ 관세는 관세영역을 출입하는 물품에 대하여 부과된다.

02 **「관세법」의 목적으로 옳지 않은 것은?** 2020

① 관세 부과·징수의 적정
② 수출입물품의 통관 적정
③ 관세수입 확보
④ 수출 장려와 수입 억제
⑤ 국민경제의 발전

03 **「관세법」의 적용 원칙에 대한 내용으로 옳지 않은 것은?**

① 이 법을 해석하고 적용할 때에는 과세의 형평과 해당 조항의 합목적성에 비추어 납세자의 재산권을 부당하게 침해하지 아니하도록 해야 한다.
② 이 법의 해석이나 관세행정의 관행이 일반적으로 납세자에게 받아들여진 후에는 그 해석이나 관행에 따른 행위 또는 계산은 정당한 것으로 보며, 새로운 해석이나 관행에 따라 소급하여 과세되지 아니한다.
③ 이 법의 해석에 관한 사항은 관세심사위원회에서 심의할 수 있다.
④ 납세자가 그 의무를 이행할 때에는 신의에 따라 성실하게 해야 하며, 세관공무원이 그 직무를 수행할 때에도 또한 같다.
⑤ 세관공무원은 그 재량으로 직무를 수행할 때에는 과세의 형평과 이 법의 목적에 비추어 일반적으로 타당하다고 인정되는 한계를 엄수해야 한다.

04 관세법령상 납부고지서의 송달과 신고서류의 보관기간에 대한 내용으로 옳지 않은 것은?

❙ 2020, 2022

① 관세 납부고지서의 송달은 납세의무자에게 직접 발급하는 경우를 제외하고는 인편(人便), 우편 또는 전자송달의 방법으로 한다.
② 납부고지서를 송달받아야 할 사람이 주소가 분명하지 아니한 경우에는 납부고지사항을 공고한 날부터 14일이 지나면 납부고지서의 송달이 된 것으로 본다.
③ 반송신고필증은 그 수리일부터 5년 동안 보관해야 한다.
④ 수출신고필증은 그 수리일부터 3년 동안 보관해야 한다.
⑤ 적재화물목록에 관한 자료는 그 수리일부터 2년간 보관해야 한다.

05 수입물품의 과세가격은 우리나라에 수출하기 위하여 판매되는 물품에 대하여 구매자가 실제로 지급했거나 지급해야 할 가격에 가산요소를 더하여 조정한 거래가격으로 한다. 다음 중 가산요소에 해당하지 않는 것은?

❙ 2019, 2023

① 구매자가 부담하는 구매수수료와 중개료
② 해당 수입물품의 포장에 드는 노무비와 자재비로서 구매자가 부담하는 비용
③ 특허권, 실용신안권 및 이와 유사한 권리를 사용하는 대가로 지급하는 것으로서 대통령령으로 정하는 바에 따라 산출된 금액
④ 해당 수입물품을 수입한 후 전매・처분 또는 사용하여 생긴 수익금액 중 판매자에게 직접 또는 간접으로 귀속되는 금액
⑤ 수입항까지의 운임・보험료와 그 밖에 운송과 관련되는 비용으로서 대통령령으로 정하는 바에 따라 결정된 금액

06 「관세법」 제24조의 규정에 의한 담보의 종류가 아닌 것은?

❙ 2024

① 자동차
② 지방채
③ 납세보증보험증권
④ 세관장이 인정하는 유가증권
⑤ 세관장이 인정하는 보증인의 납세보증서

07 부과고지의 대상이 되는 경우로 옳지 않은 것은?

① 수입신고 전 즉시반출신고를 하고 15일 이내에 수입신고를 하지 아니한 물품
② 보세건설장에서 건설된 시설로서 수입신고가 수리되기 전에 가동된 경우
③ 납세의무자가 관세청장이 정하는 사유로 과세가격이나 관세율 등을 결정하기 곤란하여 부과고지를 요청하는 경우
④ 여행자 또는 승무원의 휴대품 및 별송품
⑤ 법령의 규정에 의하여 세관장이 관세를 부과·징수하는 물품

08 「관세법」에 따라 세관장이 가산세를 감면하는 경우로 옳지 않은 것은?

① 관세의 납부기한에 따라 수입신고가 수리되기 전에 관세를 납부한 결과 부족세액이 발생한 경우로서 수입신고가 수리되기 전에 납세의무자가 해당 세액에 대하여 수정신고를 하거나 세관장이 경정하는 경우
② 잠정가격신고를 기초로 납세신고를 하고 이에 해당하는 세액을 납부한 경우
③ 신고납부한 세액의 부족 등에 대하여 납세의무자에게 기획재정부령으로 정하는 정당한 사유가 있는 경우
④ 기획재정부령으로 정하는 물품 중 감면대상 및 감면율을 잘못 적용하여 부족세액이 발생한 경우
⑤ 관세심사위원회가 과세 전 적부심사 기간 내에 과세 전 적부심사의 결정·통지를 하지 아니한 경우

09 관세부과 제척기간의 특례 중 그 기간이 나머지와 다른 것은?

① 이의신청, 심사청구 또는 심판청구에 대한 결정이 있는 경우
② 「감사원법」에 따른 심사청구에 대한 결정이 있는 경우
③ 「행정소송법」에 따른 소송에 대한 판결이 있는 경우
④ 국세의 정상가격과 관세의 과세가격 간의 조정 신청에 대한 결정통지가 있는 경우
⑤ 압수물품의 반환결정이 있는 경우

관세법령상 간이세율을 적용할 수 있는 물품으로 옳은 것은? ▎2023

① 수출용 원재료
② 「관세법」상 범칙행위에 관련된 물품
③ 탁송품 또는 별송품
④ 종량세가 적용되는 물품
⑤ 관세청장이 상업용으로 인정하는 수량의 물품

11 **재수출 감면 규정에 따른 재수출기간별 감면율으로 옳지 않은 것은?**

① 재수출기간이 6개월 이내인 경우 - 관세액의 100분의 85
② 재수출기간이 6개월 초과 1년 이내인 경우 - 관세액의 100분의 70
③ 재수출기간이 1년 초과 2년 이내인 경우 - 관세액의 100분의 55
④ 재수출기간이 2년 초과 3년 이내인 경우 - 관세액의 100분의 40
⑤ 재수출기간이 3년 초과 4년 이내인 경우 - 관세액의 100분의 25

12 **「관세법」상 납세자의 권리에 대한 내용 중 옳지 않은 것은?**

① 세관공무원은 적정하고 공평한 과세를 실현하고 통관의 적법성을 보장하기 위하여 필요한 최소한의 범위에서 관세조사를 해야 하며 다른 목적 등을 위하여 조사권을 남용하여서는 아니 된다.
② 납세자는 세관공무원에게 관세조사를 받는 경우에 변호사, 관세사로 하여금 조사에 참여하게 하거나 의견을 진술하게 할 수 있다.
③ 세관공무원은 납세자가 이 법에 따른 신고 등의 의무를 이행하지 아니한 경우 또는 납세자에게 구체적인 관세포탈 등의 혐의가 있는 경우 등 대통령령으로 정하는 경우를 제외하고는 납세자가 성실하며 납세자가 제출한 신고서 등이 진실한 것으로 추정해야 한다.
④ 세관공무원은 관세범에 관한 조사를 종료하였을 때에는 종료 후 20일 이내에 그 조사 결과를 서면으로 납세자에게 통지해야 한다.
⑤ 세관공무원은 납세자가 이 법에서 정한 납세의무를 이행하기 위하여 제출한 자료나 관세의 부과・징수 또는 통관을 목적으로 업무상 취득한 자료 등을 타인에게 제공하거나 누설하여서는 아니 되며, 어떠한 경우에도 납세자의 과세정보를 제공할 수 없다.

13 관세법령상 원산지 확인 등에 관한 설명으로 옳지 않은 것은?

① 과세가격이 10만 원인 물품을 수입하는 자는 원산지증명서를 제출하여야 한다.
② 조약・협정 등의 시행을 위하여 원산지 확인 기준 등을 따로 정할 필요가 있을 때에는 기획재정부령으로 원산지 확인 기준 등을 따로 정한다.
③ 세관장은 원산지 표시에 관하여 위반사항이 경미한 경우에는 이를 보완・정정하도록 한 후 통관을 허용할 수 있다.
④ 세관장은 일시적으로 육지에 내려지는 외국물품 중 원산지를 우리나라로 허위 표시한 물품은 유치할 수 있다.
⑤ 세관장은 물품의 품질 등을 오인할 수 있는 표지를 붙인 물품으로서 「산업표준화법」 등 품질 등의 표시에 관한 법령을 위반한 물품에 대하여는 통관을 허용하여서는 아니 된다.

14 「관세법 제226조에 따른 세관장확인물품 및 확인방법 지정고시」에 대한 내용으로 옳지 않은 것은?

❙ 2022

① "요건확인기관"이란 관련 법령에 따라 수출입물품에 대한 허가・승인・표시나 그 밖의 조건을 확인・증명하는 수출입 관련 기관을 말한다.
② "요건신청"이란 수출입 시 허가・승인 등의 증명이 필요한 물품을 수출입하려는 자가 요건확인기관의 장에게 허가・승인 그 밖의 조건을 구비하기 위하여 신청하는 것을 말한다.
③ "자율확인우수기업"이란 수출입신고 시 세관장확인을 생략하고 통관 이후 요건확인기관이 사후적으로 관리하도록 관세청장과 요건확인기관의 장이 협의하여 지정한 기업을 말한다.
④ 수출입 시 허가・승인 등의 증명이 필요한 물품을 수출입하려는 자는 요건신청을 통관포털을 이용하여 요건확인기관의 장에게 할 수 있으며, 서면 등의 방식으로의 요건신청은 불가하다.
⑤ 요건신청의 효력발생시점은 통관포털을 통하여 전송된 자료가 요건확인기관의 시스템에 접수된 시점으로 한다.

15 관세의 월별납부에 관한 설명으로 옳지 않은 것은?

① 세관장은 납세실적 등을 고려하여 관세청장이 정하는 요건을 갖춘 성실납세자가 신청을 할 때에는 납부기한이 동일한 달에 속하는 세액에 대하여는 그 기한이 속하는 달의 말일까지 한꺼번에 납부하게 할 수 있다.

② 월별납부 신청을 받은 세관장은 필요하다고 인정하는 경우에는 납부할 관세에 상당하는 담보를 제공하게 할 수 있다.

③ 월별납부 승인의 유효기간은 승인일부터 그 후 2년이 되는 날까지로 한다.

④ 세관장은 납세의무자가 관세를 납부기한이 경과한 날부터 15일 이내에 납부하지 아니하는 경우 월별납부의 승인을 취소할 수 있다.

⑤ 월별납부 승인을 갱신하려는 자는 신청 서류를 갖추어 그 유효기간 만료일 1개월 전까지 승인갱신 신청을 하여야 한다.

16 부과고지에 대한 내용으로 옳지 않은 것은?

① 부과고지란 과세관청의 처분에 의하여 납세의무가 확정되는 방식을 말한다.

② 「관세법」에서는 부과고지를 원칙으로 하고, 예외적으로 신고납부를 택하고 있다.

③ 세관장은 과세표준, 세율, 관세의 감면 등에 관한 규정의 적용 착오 또는 그 밖의 사유로 이미 징수한 금액이 부족한 것을 알게 되었을 때에는 그 부족액을 징수한다.

④ 세관장은 부과고지에 의하여 관세를 징수하려는 경우에는 세목・세액・납부장소 등을 기재한 납부고지서를 납세의무자에게 교부해야 한다.

⑤ 관세의 현장 수납 규정에 의하여 물품을 검사한 공무원이 관세를 수납하는 경우에는 그 공무원으로 하여금 말로써 고지하게 할 수 있다.

관세의 분할납부에 대한 내용으로 옳지 않은 것은? ▮2022

① 관세의 분할납부를 승인받은 자가 해당 물품의 용도를 변경하거나 그 물품을 양도하려는 경우에는 미리 세관장의 승인을 받아야 한다.
② 관세의 분할납부를 승인받은 물품을 동일한 용도로 사용하려는 자에게 양도한 경우에는 그 양도인이 관세를 납부해야 하며, 해당 용도 외의 다른 용도로 사용하려는 자에게 양도한 경우에는 그 양수인이 관세를 납부해야 한다.
③ 관세의 분할납부를 승인받은 법인이 합병·분할 또는 분할합병된 경우에는 합병·분할 또는 분할합병 후에 존속하거나 합병·분할 또는 분할합병으로 설립된 법인이 연대하여 관세를 납부하여야 한다.
④ 관세의 분할납부를 승인받은 자가 파산선고를 받은 경우에는 그 파산관재인이 관세를 납부하여야 한다.
⑤ 관세의 분할납부를 승인받은 법인이 해산한 경우에는 그 청산인이 관세를 납부해야 한다.

18 **환적물품 등에 대한 유치 등에 관한 내용으로 옳지 않은 것은?**

① 세관장은 일시적으로 육지에 내려지거나 다른 운송수단으로 환적 또는 복합환적되는 외국물품 중 원산지를 우리나라로 허위 표시한 물품은 유치할 수 있다.
② 유치하는 외국물품은 세관장이 관리하는 장소에 보관해야 한다.
③ 세관장은 외국물품을 유치할 때에는 미리 물품의 화주나 그 위임을 받은 자의 의견을 들어야 한다.
④ 세관장은 유치를 통지할 때에는 이행기간을 정하여 원산지 표시의 수정 등 필요한 조치를 명할 수 있으며, 이 경우 지정한 이행기간 내에 명령을 이행하지 아니하면 매각한다는 뜻을 함께 통지해야 한다.
⑤ 세관장은 명령이 이행된 경우에는 물품의 유치를 즉시 해제해야 한다.

19 통관보류에 대한 내용으로 옳지 않은 것은?

① 세관장은 통관보류 등이 요청된 물품이 지식재산권을 침해한 물품이라고 인정되면 지식재산권의 권리자가 해당 물품의 통관 또는 유치 해제에 동의하더라도 해당 물품의 통관보류 등을 해야 한다.

② 세관장은 통관보류 등을 요청한 자가 해당 물품에 대한 통관보류 등의 사실을 통보받은 후 10일(「관세법」 제8조 제3항 각 호에 해당하는 날은 제외) 이내에 법원의 제소사실 또는 무역위원회의 조사신청사실을 입증하였을 때에는 해당 통관보류 등을 계속할 수 있다.

③ 통관보류 등을 요청한 자가 부득이한 사유로 인하여 10일 이내에 법원에 제소하지 못하거나 무역위원회에 조사신청을 하지 못하는 때에는 상기 입증기간은 10일간 연장될 수 있다.

④ 해당 통관보류 등이 법원의 임시보호조치에 의하여 시행되는 상태이거나 계속되는 경우의 통관보류 등의 기간은 법원에서 임시보호조치 기간을 명시한 때에는 그 마지막 날까지이다.

⑤ 해당 통관보류 등이 법원의 임시보호조치에 의하여 시행되는 상태이거나 계속되는 경우의 통관보류 등의 기간은 법원에서 임시보호조치 기간을 명시하지 아니한 때에는 임시보호조치 개시일부터 31일까지이다.

20 통관 후 유통이력 관리에 대한 내용으로 옳지 않은 것은? ▌2021

① 외국물품을 수입하는 자와 수입물품을 국내에서 거래하는 자(소비자에 대한 판매를 주된 영업으로 하는 사업자는 제외)는 사회안전 또는 국민보건을 해칠 우려가 현저한 물품 등으로서 관세청장이 지정하는 물품(유통이력 신고물품)에 대한 유통단계별 거래명세(유통이력)를 관세청장에게 신고해야 한다.

② 유통이력 신고의 의무가 있는 자는 유통이력을 장부에 기록(전자적 기록방식 제외)하고, 그 자료를 거래일부터 3년간 보관해야 한다.

③ 관세청장은 유통이력 신고물품의 지정, 신고의무 존속기한 및 신고대상의 범위 설정 등을 할 때 수입물품을 내국물품에 비하여 부당하게 차별하여서는 아니 되며, 이를 이행하는 유통이력 신고의무자의 부담이 최소화되도록 해야 한다.

④ 관세청장은 필요하다고 인정할 때에는 세관공무원으로 하여금 유통이력 신고의무자의 사업장에 출입하여 영업 관계의 장부나 서류를 열람하여 조사하게 할 수 있다.

⑤ 유통이력에 대한 조사를 하는 세관공무원은 신분을 확인할 수 있는 증표를 지니고 이를 관계인에게 보여주어야 한다.

기출유형

21 「수입통관 사무처리에 관한 고시」에 따른 용어의 정의로 옳지 않은 것은? ▎2022

① "출항 전 신고"라 함은 항공기로 수입되는 물품이나 일본, 중국, 대만, 홍콩으로부터 선박으로 수입되는 물품을 선(기)적한 선박과 항공기가 해당 물품을 적재한 항구나 공항에서 출항하기 전에 수입신고하는 것을 말한다.

② "입항 전 신고"라 함은 수입물품을 선(기)적한 선박 등이 물품을 적재한 항구나 공항에서 출항한 후 입항하기 전에 수입신고하는 것을 말한다.

③ "보세구역 도착 전 신고"라 함은 수입물품을 선(기)적한 선박 등이 입항하여 해당 물품을 통관하기 위하여 반입하려는 보세구역에 도착하기 전에 수입신고하는 것을 말한다.

④ "심사"라 함은 수입신고된 물품 이외에 은닉된 물품이 있는지 여부와 수입신고사항과 현품의 일치 여부를 확인하는 것을 말한다.

⑤ "전자통관심사"란 일정한 기준에 해당하는 성실업체가 수입신고하는 위험도가 낮은 물품에 대하여 통관시스템에서 전자적 방식으로 심사하는 것을 말한다.

22 수입신고에 대한 가산세에 대한 내용으로 옳지 않은 것은?

① 신고기한이 경과한 날로부터 20일 내에 신고를 한 때의 가산세율은 과세가격의 1천분의 5이다.

② 신고기한이 경과한 날로부터 50일 내에 신고를 한 때의 가산세율은 과세가격의 1천분의 10이다.

③ 신고기한이 경과한 날로부터 80일 내에 신고를 한 때의 가산세율은 과세가격의 1천분의 15이다.

④ 신고기한이 경과한 날로부터 80일을 초과하여 신고를 한 때의 가산세율은 과세가격의 1천분의 20이다.

⑤ 수입신고를 기한 내에 하지 아니한 경우 가산세액은 1천만 원을 초과할 수 없다.

23 수입물품의 검사방법으로 틀린 것은? ▎2024

① 발췌검사

② 원격지화상검사

③ 협업검사

④ 안전성분석검사

⑤ 파괴검사

24 **수입신고 수리에 대한 내용으로 옳지 않은 것은?**

① 세관장은 수입신고한 내용을 심사한 후 신고수리하는 것을 원칙으로 한다.
② 출항 전 신고나 입항 전 신고 물품은 「보세화물 입출항 하선 하기 및 적재에 관한 고시」에 따른 적재화물목록 심사가 완료된 때(수입신고 전에 적재화물목록 심사가 완료된 때에는 수입신고를 하는 때)에 신고수리한다.
③ 보세구역 도착 전 신고물품은 보세운송 도착보고된 때(하역절차에 따라 하역장소로 반입되는 때에는 반입신고된 때)에 신고수리한다.
④ 신고수리의 효력발생시점은 통관시스템을 통하여 신고인에게 신고수리가 되었음을 통보한 시점으로 한다.
⑤ 수작업에 의하여 신고수리하는 때에는 신고수리의 효력발생시점을 신고인에게 신고필증을 교부한 시점으로 한다.

25 **다음 밑줄 친 부분에 해당하는 경우가 아닌 것은?** ▎2018

> **「수출통관 사무처리에 관한 고시」 제4조(신고의 시기)**
> 수출하려는 자는 해당 물품이 장치된 물품소재지를 관할하는 세관장에게 수출신고를 해야 한다. 다만 제32조부터 제35조까지 별도로 정한 특수형태의 수출인 경우에는 해당 규정을 따른다.

① 선상수출신고
② 원양수산물신고
③ 현지수출 어패류신고
④ 전자상거래 물품의 수출신고
⑤ 잠정수량신고 · 잠정가격신고 대상물품의 수출신고

「보세판매장 운영에 관한 고시」에 따른 외교관면세점의 판매절차에 대한 내용으로 옳지 않은 것은?

① 운영인이 외교관 구매자에게 물품을 판매하는 때에는 면세통관신청서를 제출받아야 한다.
② 운영인이 외교관 구매자에게 주류와 담배를 판매하려는 때에는 분할 판매할 수 없다.
③ 운영인이 외교관 구매자에게 주류와 담배를 판매하려는 때에는 외교부장관이 발행한 면세통관의뢰서를 제출받아야 한다.
④ 운영인은 면세통관신청서의 내용을 면세통관의뢰서 관리대장에 기록하여야 한다.
⑤ 운영인은 주류와 담배에 대하여 면세통관의뢰서 잔량확인대장에 구매승인량과 판매량 및 잔량을 기재하여 분기별로 세관공무원의 확인을 받아야 한다.

지정장치장에 대한 내용으로 옳지 않은 것은? ▎2018, 2022, 2023

① 지정장치장은 통관을 하려는 물품을 일시 장치하기 위한 장소로서 세관장이 지정하는 구역으로 한다.
② 지정장치장에 물품을 장치하는 기간은 6개월의 범위에서 관세청장이 정하며, 관세청장이 정하는 기준에 따라 세관장은 3개월의 범위에서 그 기간을 연장할 수 있다.
③ 부산항・인천항・인천공항・김해공항 항역 내의 지정장치장으로 반입된 물품의 장치기간은 3개월로 하며, 세관장이 필요하다고 인정할 때에는 3개월의 범위에서 그 기간을 연장할 수 있다.
④ 지정장치장에 반입한 물품은 화주 또는 반입자가 그 보관의 책임을 진다.
⑤ 세관장은 지정장치장의 질서유지와 화물의 안전관리를 위하여 필요하다고 인정할 때에는 화주를 갈음하여 보관의 책임을 지는 화물관리인을 지정할 수 있다.

지정장치장의 화물관리인에 대한 내용으로 옳지 않은 것은? ▎2018, 2023

① 세관장은 지정장치장의 질서유지와 화물의 안전관리를 위하여 필요하다고 인정할 때에는 보세구역 운영인을 갈음하여 보관의 책임을 지는 화물관리인을 지정할 수 있다.
② 화물관리인 지정의 유효기간은 5년 이내로 한다.
③ 화물관리인으로 재지정을 받으려는 자는 유효기간이 끝나기 1개월 전까지 세관장에게 재지정을 신청해야 한다.
④ 화물관리인은 재지정을 받으려면 법에서 정한 기간까지 재지정을 신청해야 하며, 세관장은 재지정 절차를 지정의 유효기간이 끝나는 날의 2개월 전까지 휴대폰에 의한 문자전송, 전자메일, 팩스, 전화, 문서 등으로 미리 알려야 한다.
⑤ 세관장은 불가피한 사유로 화물관리인을 지정할 수 없을 때에는 화주를 대신하여 직접 화물관리를 할 수 있다.

지정장치장 화물관리인의 지정취소 사유가 아닌 것은? ▌2022

① 거짓이나 그 밖의 부정한 방법으로 지정을 받은 경우
② 화물관리인이 운영인의 결격사유에 해당하는 경우
③ 화물관리인이 세관장 또는 해당 시설의 소유자·관리자와 맺은 화물관리업무에 관한 약정을 위반하여 해당 지정장치장의 질서유지 및 화물의 안전관리에 중대한 지장을 초래하는 경우
④ 2년 이상 물품반입실적이 없는 경우
⑤ 화물관리인이 그 지정의 취소를 요청하는 경우

「관세법」상 특허보세구역 운영인의 결격사유에 해당하지 않는 자는? ▌2021

① 파산선고를 받고 복권되지 아니한 자
② 전자문서 위조·변조죄 등에 따라 벌금 통고처분을 받고 이행한 후 3년이 지난 자
③ 「관세법」 위반으로 징역형의 집행유예를 선고받고 그 유예기간 중에 있는 자
④ 명의대여행위죄 등에 따라 벌금형을 선고받은 후 1년 6개월이 지난 자
⑤ 특허보세구역의 설치·운영에 관한 특허가 취소된 날부터 1년이 지난 자

06 **특허보세구역별 특허기간으로 옳지 않은 것은?**

① 보세창고 - 10년의 범위 내에서 신청인이 신청한 기간
② 보세공장 - 10년의 범위 내에서 신청인이 신청한 기간
③ 보세판매장 - 5년의 범위 내에서 신청인이 신청한 기간
④ 보세전시장 - 해당 박람회 등의 기간을 고려하여 세관장이 정하는 기간
⑤ 보세건설장 - 해당 건설공사의 기간을 고려하여 세관장이 정하는 기간

07 다음은 특허보세구역 운영인에 대한 과징금 규정이다. 빈칸에 들어갈 내용을 순서대로 나열한 것은?

> 특허보세구역의 운영인에 대한 물품반입 등의 정지처분에 갈음하여 부과하는 과징금의 금액은 아래의 기간과 금액을 곱하여 산정한다.
> 1. 기간 : 법 제178조 제1항에 따라 산정한 물품반입 등의 정지 일수[1개월은 (ⓐ)을 기준으로 한다]
> 2. 1일당 과징금 금액 : 해당 특허보세구역 운영에 따른 연간 매출액의 (ⓑ)

① ⓐ - 30일, ⓑ - 5천분의 1
② ⓐ - 31일, ⓑ - 5천분의 1
③ ⓐ - 30일, ⓑ - 6천분의 1
④ ⓐ - 31일, ⓑ - 6천분의 1
⑤ ⓐ - 30일, ⓑ - 1만분의 1

08 보세공장의 잉여물품에 대한 설명으로 옳은 것은? ❙2022

① 운영인은 잉여물품을 다른 보세작업에 사용하고자 하는 경우에는 잉여물품관리대장에 그 내용을 기록한 후 사용하여야 한다.
② "잉여물품"은 가공작업으로 인하여 발생하는 부산물과 불량품, 제품 생산 중단 등의 사유로 사용하지 않은 원재료와 제품만을 말한다.
③ 세관장은 폐기 후 잔존물이 실질적인 가치가 있어도 관세 등을 징수하지 않는다.
④ 잉여물품을 폐기하는 때에는 수출입 안전관리 우수업체 등이 폐기 후의 잔존물이 실질적 가치가 없는 물품에 대하여는 운영인의 신청을 받아 사전에 자체폐기 대상물품으로 지정할 수 있다.
⑤ 폐기를 완료한 운영인은 관련 자료를 첨부하여 세관장에게 폐기처리일로부터 20일 이내에 폐기완료 보고를 하여야 한다.

09 특허보세구역의 특허의 효력상실 및 승계에 대한 내용으로 옳지 않은 것은? ▮2020

① 특허가 취소된 경우 특허보세구역의 설치・운영에 관한 특허는 그 효력을 상실한다.
② 운영인이 특허보세구역을 운영하지 아니하게 된 경우 또는 운영인이 해산하거나 사망한 경우에는 운영인, 그 상속인, 청산법인 또는 합병・분할・분할합병 후 존속하거나 합병・분할・분할합병으로 설립된 법인은 지체 없이 세관장에게 그 사실을 보고해야 한다.
③ 특허보세구역의 설치・운영에 관한 특허를 받은 자가 사망하거나 해산한 경우 상속인 또는 승계법인이 계속하여 그 특허보세구역을 운영하려면 피상속인 또는 피승계법인이 사망하거나 해산한 날부터 30일 이내에 요건을 갖추어 세관장에게 신고해야 한다.
④ 상속인 또는 승계법인이 특허의 승계신고를 하였을 때에는 피상속인 또는 피승계법인이 사망하거나 해산한 날부터 신고를 한 날까지의 기간에 있어서 피상속인 또는 피승계법인의 특허보세구역의 설치・운영에 관한 특허는 피상속인 또는 피승계법인에 대한 특허로 본다.
⑤ 「관세법」 제175조(운영인의 결격사유)의 어느 하나에 해당하는 자는 특허의 승계신고를 할 수 없다.

10 영업용 보세창고의 요건으로 옳지 않은 것은? ▮2020, 2021

① 지붕이 있고 주위에 벽을 가진 건축물로서 창고면적이 $1,000m^2$ 이상이어야 한다.
② 건물은 철근 콘크리트, 시멘트, 벽돌 등 내화성 및 방화성이 있고 외부로부터 침입이 어려운 강도를 가진 재료로 구축되어야 한다.
③ 건물의 바닥은 시멘트・콘크리트・아스팔트 등으로 하여야 한다.
④ 해당 창고시설을 임차하고 있는 경우, 신청일 현재 남은 임차기간이 중장기적 사업계획을 추진할 수 있을 만큼 충분하여야 한다.
⑤ 외부 침입 방지를 위해 담벽이나 철조망 및 조명을 설치하여야 하며, 보안 전문업체와 경비위탁계약을 체결한 경우에는 상시 녹화 및 기록보관이 가능한 감시 장비를 갖추어야 한다.

11 세관장이 보세창고의 운영인에게 경고처분을 할 수 있는 사유에 해당하지 않는 것은?

① 수용능력의 범위 내에서 물품을 장치하지 않은 경우
② 야적대상이 아닌 물품을 야적장에 장치한 경우
③ 재해, 천재지변 등으로 인해 보관화물에 대한 멸실이 발생한 경우
④ 부패・변질의 우려가 있는 등 다른 장치물품을 해할 우려가 있는 물품을 신속하게 격리・폐기 등의 조치하지 않은 경우
⑤ 보세구역에 장치된 외국물품이 멸실되었으나, 세관장에게 멸실신고를 하지 않은 경우

12 보세공장 외 작업 허가에 대한 내용으로 옳지 않은 것은?

▌2018, 2024

① 세관장은 가공무역이나 국내산업의 진흥을 위하여 필요한 경우에는 기간, 장소, 물품 등을 정하여 해당 보세공장 외에서 작업을 허가할 수 있다.
② 보세공장 외 작업의 허가를 한 경우 세관공무원은 해당 물품이 보세공장에서 반출될 때에 이를 검사할 수 있다.
③ 허가를 받아 보세공장 외 작업장에 반입된 외국물품은 지정된 기간이 만료될 때까지는 보세공장에 있는 것으로 본다.
④ 세관장은 보세공장 외 작업의 허가를 받은 보세작업에 사용될 물품을 보세공장 외 작업장에 직접 반입하게 할 수 있다.
⑤ 보세공장 외 작업의 허가에 따라 지정된 기간이 지난 경우 해당 공장 외 작업장에 허가된 외국물품이나 그 제품이 있을 때에는 해당 물품의 허가를 받은 보세공장의 운영인으로부터 지정된 기간 만료일부터 30일 내에 그 관세를 징수한다.

13 「보세공장 운영에 관한 고시」에 따른 보세공장 설치·운영 특허를 할 수 없는 경우는?

▌2019, 2020

① 보수작업만을 목적으로 하는 경우
② 폐기물을 원재료로 하여 제조·가공하려는 경우
③ 위험물품을 취급하는 경우에는 위험물품의 종류에 따라 관계행정기관의 장의 허가나 승인을 받지 아니한 경우
④ 손모율이 불안정한 농·수·축산물을 원재료로 하여 제조·가공하려는 경우
⑤ 보세작업의 전부를 장외작업에 의존할 경우

14 「보세공장 운영에 관한 고시」에 따른 다음의 규정 중 빈칸에 들어갈 말을 순서대로 나열한 것은?

> 세관장은 주의처분 사유에 해당하는 경우에는 주의처분할 수 있다. 이 경우 주의횟수는 세관장이 현장조사, 감사 등의 결과 위반사항이 다른 경우 사안별로 산정하고 최근 (ⓐ) 내에 (ⓑ) 주의처분을 받은 때에는 경고 1회로 한다.

① ⓐ - 3개월, ⓑ - 2회
② ⓐ - 3개월, ⓑ - 3회
③ ⓐ - 6개월, ⓑ - 2회
④ ⓐ - 1년, ⓑ - 3회
⑤ ⓐ - 1년, ⓑ - 2회

15 「보세공장 운영에 관한 고시」에 따른 내·외국물품 혼용작업에 대한 내용으로 옳지 않은 것은?

① 내·외국물품 혼용작업을 하고자 하는 자는 보세공장 내·외국물품 혼용작업신청서에 소요원재료에 대한 상세목록을 첨부하여 세관장의 승인을 받아야 한다.
② 세관장이 혼용작업관리에 지장이 없다고 인정한 때에는 주요원재료목록 제출로 상세목록을 갈음할 수 있다.
③ 세관장은 내·외국물품 혼용작업승인을 받은 물품과 품명 및 규격이 각각 상이하고 손모율에 변동이 있는 동종의 물품을 혼용하는 경우에는 새로운 승인신청을 생략하게 할 수 있다.
④ 장외작업 또는 다른 보세공장 일시보세작업 허가를 받아 생산하는 물품의 내·외국물품 혼용작업승인신청은 허가받은 운영인이 원보세공장 관할 세관장에게 신청해야 한다.
⑤ 운영인이 내·외국물품 혼용작업 승인내역을 정정하려는 때에는 내·외국물품 혼용작업 정정신청(승인)서를 제출하여 세관장의 승인을 받아야 한다.

「보세공장 운영에 관한 고시」에 따른 잉여물품의 처리에 대한 내용으로 옳지 않은 것은?

▎2019, 2022

① 운영인은 잉여물품이 발생한 때에는 잉여물품관리대장에 잉여물품의 형태, 품명・규격, 수량 또는 중량 및 발생사유를 기록해야 하며, 잉여물품을 다른 보세작업에 사용하고자 하는 경우에는 잉여물품관리대장에 그 내용을 기록한 후 사용해야 한다.

② 운영인이 승인받은 물품을 폐기할 경우 세관공무원은 폐기물품의 품명, 규격, 수량 등이 현품과 일치하는지 여부를 확인해야 하며, 폐기를 완료한 운영인은 관련 자료를 첨부하여 세관장에게 폐기완료보고를 해야 한다. 이 경우 세관장은 폐기 후 잔존물이 실질적인 가치가 있더라도 관세 등을 징수할 수 없다.

③ 운영인이 잉여물품관리대장에 기록된 잉여물품을 수입신고 전 반출신고, 수입 또는 수출하고자 하는 때에는 보세사가 확인한 잉여물품확인서를 제출하여야 하며, 일시적으로 보세사가 확인할 수 없는 부득이한 사유가 있는 운영인은 세관장으로부터 잉여물품확인서를 확인받아 제출해야 한다.

④ 운영인은 잉여물품의 폐기장소가 다른 보세공장인 경우에는 보세운송절차에 의하여 다른 보세공장으로 반출하여 폐기해야 하며, 세관장은 세관공무원의 입회가 필요한 물품으로 폐기장소가 세관관할구역을 달리하는 경우에는 관할지 세관장에게 세관공무원의 입회를 의뢰할 수 있다.

⑤ 잉여물품이 사용신고 시 따로 신고하지 아니하는 일회용 포장재로서 반복사용하지 아니하는 물품인 경우에는 해당 원재료의 사용신고수리로써 폐기처분승인을 받은 것으로 보며, 이 경우 폐기에 따른 입회 및 폐기완료보고는 생략한다.

17

다음 빈칸에 들어갈 내용을 순서대로 나열한 것은?

> 보세공장에서 제조・가공되어 수출신고 수리된 물품은 보세운송절차에 의하여 수출신고 수리일로부터 (ⓐ)일 이내에 도착지에 도착해야 하며, 신고수리일로부터 (ⓑ)일 이내에 선(기)적되지 아니한 경우 통관지 세관장은 원보세공장에 재반입하도록 하여 신고수리를 취소하는 등 필요한 조치를 해야 한다.

① ⓐ – 10, ⓑ – 10
② ⓐ – 20, ⓑ – 20
③ ⓐ – 20, ⓑ – 30
④ ⓐ – 30, ⓑ – 20
⑤ ⓐ – 30, ⓑ – 30

18 보세전시장 운영에 관한 내용으로 옳지 않은 것은? ❙ 2018, 2022

① 보세전시장에 물품을 반출입하려는 자는 세관장에게 반출입신고를 해야 한다.
② 세관장에게 반입신고를 한 외국물품이 보세전시장에 반입된 경우 운영인은 그 물품에 대하여 세관공무원의 검사를 받아야 한다.
③ 보세전시장에 장치된 외국물품의 장치기간은 보세전시장 특허기간과 같다.
④ 보세전시장에 있는 외국물품을 다른 보세구역으로 반출하였을 때에는 그 물품의 장치기간을 계산할 때 보세전시장 내에 있었던 기간을 산입한다.
⑤ 보세전시장에 장치된 판매용 외국물품은 수입신고가 수리되기 전에는 이를 사용하지 못한다.

19 보세건설장에서의 작업에 대한 내용으로 옳지 않은 것은? ❙ 2020, 2022

① 운영인은 보세건설장에서 건설된 시설에 대하여 수입신고가 수리되기 전에는 어떠한 경우에도 이를 가동할 수 없다.
② 보세건설장의 운영인은 수입신고를 한 물품을 사용한 건설공사가 완료된 때에는 지체 없이 이를 세관장에게 보고해야 한다.
③ 세관장은 보세작업상 필요하다고 인정될 때에는 대통령령으로 정하는 바에 따라 기간, 장소, 물품 등을 정하여 해당 보세건설장 외에서의 보세작업을 허가할 수 있다.
④ 세관장은 재해 기타 부득이한 사유로 인하여 필요하다고 인정되는 때에는 보세건설장 운영인의 신청에 의하여 보세건설장 외에서의 보세작업의 기간 또는 장소를 변경할 수 있다.
⑤ 보세건설장 운영인은 보세건설장 작업이 종료한 때에는 수입신고한 물품 중 잉여물품을 세관장에게 보고해야 하며, 세관장은 잉여물품에 대하여 관세와 내국세 징수 등 해당 세액을 경정해야 한다.

20 다음 빈칸에 들어갈 값으로 옳은 것은?

「관세법 시행령」 제192조의2(보세판매장의 특허 비율)

① 세관장은 보세판매장 특허를 부여하는 경우에 「중소기업기본법」에 따른 중소기업과 「중견기업 성장촉진 및 경쟁력 강화에 관한 특별법」에 따른 중견기업으로서 매출액, 자산총액 및 지분 소유나 출자관계 등이 대통령령으로 정하는 기준에 맞는 기업 중 특허를 받을 수 있는 요건을 갖춘 기업에 보세판매장 총 특허 수의 100분의 (ⓐ) 이상의 특허를 부여해야 한다.

② 「독점규제 및 공정거래에 관한 법률」 제14조 제1항에 따른 상호출자제한기업집단에 속한 기업에 대해 보세판매장 총 특허 수의 100분의 (ⓑ) 이상의 특허를 부여할 수 없다.

① ⓐ - 20, ⓑ - 40
② ⓐ - 25, ⓑ - 50
③ ⓐ - 30, ⓑ - 60
④ ⓐ - 35, ⓑ - 50
⑤ ⓐ - 40, ⓑ - 40

21 보세판매장의 특허에 대한 내용으로 옳지 않은 것은?

① 관세청장은 기존 특허의 기간 만료, 취소 및 반납 등으로 인하여 보세판매장의 설치·운영에 관한 특허를 부여할 필요가 있는 경우에는 관련 사항을 관세청의 인터넷 홈페이지 등에 공고해야 한다.
② 특허 신청자는 특허신청 공고에서 정한 기간 내에 보세판매장 설치·운영 특허 신청서 등을 관할 세관장에게 제출해야 한다.
③ 신청서를 접수한 세관장은 관련 사항에 대하여 검토한 후, 그 결과를 특허 공고 종료일부터 8근무일 이내에 관세청장에게 제출해야 한다.
④ 보세판매장의 특허기간은 5년 이내로 한다.
⑤ 세관장은 보세판매장의 특허를 받은 자에게 특허를 갱신받으려면 특허기간이 끝나는 날의 6개월 전까지 특허 갱신을 신청해야 한다는 사실과 갱신절차를 특허기간이 끝나는 날의 7개월 전까지 문서 등으로 미리 알려야 한다.

「관세법」상 종합보세구역에 대한 내용으로 옳지 않은 것은? ❙2018, 2022

① 세관장은 직권으로 또는 관계 중앙행정기관의 장이나 지방자치단체의 장, 그 밖에 종합보세구역을 운영하려는 자의 요청에 따라 무역진흥에의 기여 정도, 외국물품의 반입・반출 물량 등을 고려하여 일정한 지역을 종합보세구역으로 지정할 수 있다.
② 종합보세구역에서는 보세창고・보세공장・보세전시장・보세건설장 또는 보세판매장의 기능 중 둘 이상의 기능(종합보세기능)을 수행할 수 있다.
③ 종합보세구역에 반입・반출되는 물품이 내국물품인 경우에는 세관장 신고를 생략하거나 간소한 방법으로 반입・반출하게 할 수 있다.
④ 외국인 관광객 등 대통령령으로 정하는 자가 종합보세구역에서 구입한 물품을 국외로 반출하는 경우에는 해당 물품을 구입할 때 납부한 관세 및 내국세 등을 환급받을 수 있다.
⑤ 종합보세구역에서 소비하거나 사용되는 물품으로서 기획재정부령으로 정하는 물품은 수입통관 후 이를 소비하거나 사용해야 한다.

23 종합보세구역에서의 견본품의 반출입에 대한 내용으로 옳지 않은 것은?

① 종합보세사업장에서 외국물품 또는 외국물품을 사용(내국물품과 혼용하는 경우 포함)하여 제조・가공한 물품을 수출상담・전시 기타의 사유로 전시장 등 종합보세사업장 외의 장소에 견본품으로 반출하고자 하는 자는 견본품 반출 허가(신청)서를 세관장에게 제출하여 허가를 받아야 한다.
② 세관장은 견본품 반출 허가를 하는 경우에는 견본품의 수량을 필요한 최소한의 수량(예 동일 품목・규격별로 1개 또는 1조)으로 제한해야 한다.
③ 견본품 반출 허가를 받은 자는 반출기간이 종료되기 전에 해당 물품이 장치 또는 제조・가공된 종합보세사업장에 재반입하고 세관장에게 해당 물품의 견본품 반출 허가서 사본을 첨부하여 견본품 재반입 신고서를 제출해야 한다.
④ 종합보세사업장의 운영인은 견본품 반출 허가를 받은 물품이 해당 종합보세사업장에서 반출・반입될 때에는 견본품 반출 허가사항을 확인하고, 견본품 반출입 사항을 견본품 반출입 대장에 기록관리해야 한다.
⑤ 견본품 반출 허가를 받아 반출하거나 재반입되는 물품은 반출입 신고 및 보세운송 절차를 거쳐야 한다.

24 「수입활어 관리에 관한 특례고시」에 따른 CCTV에 대한 내용으로 옳지 않은 것은?

① 운영인 등은 사각지대가 없도록 CCTV를 배치해야 하며, CCTV의 고장 등으로 촬영이 불가능한 수조에는 활어를 최소한으로 장치해야 한다.

② 운영인 등은 활어장치장 내에 설치된 CCTV의 전원을 차단하거나, 촬영 방향의 이동 또는 촬영에 방해가 되는 물체의 배치 시에는 사전에 세관장의 승인을 얻어야 한다.

③ 운영인 등은 CCTV에 고장이 발생한 때에는 즉시 세관장에게 통보해야 하며, 통보를 받은 세관장은 기간을 정하여 이를 수리할 것과 장치된 활어를 다른 수조로 이동하거나 다른 CCTV의 방향을 조정하는 등 필요한 조치를 명할 수 있다.

④ 운영인 등은 CCTV 녹화 영상을 촬영한 날로부터 30일 이상 보관해야 한다.

⑤ 운영인 등은 활어장치장의 수조와 CCTV의 배치 도면을 세관장에게 제출해야 한다.

25 수입활어의 관리에 관한 사항으로 옳지 않은 것은?

① "활어"란 「관세법」 별표 관세율표 제0301호에 해당하는 물품으로서 관상용과 양식용(이식용, 시험연구조사용)을 제외한 것을 말한다.

② 운영인 등은 사각지대가 없도록 CCTV를 배치하고, CCTV 녹화 영상을 촬영한 날로부터 30일 이상 보관하여야 한다.

③ 보세구역 외 장치 허가는 해당 수조에 물이 채워진 상태로 신청하는 것이 원칙이다.

④ 세관장은 불합격품인 경우 관할구역 내의 활어를 장치하기 위한 시설이 갖추어진 지정장치장(세관지정 보세창고 포함)에 반입하게 할 수 있다.

⑤ 세관장은 검량과정에서 필요하다고 판단되는 경우에는 운영인 등에게 이동식 CCTV의 배치를 요구할 수 있다.

제3과목 화물관리

01 「관세법」 제156조에 따라 보세구역 외 장치의 허가를 받아야 하는 것은?

① 수출신고가 수리된 물품
② 크기 또는 무게의 과다나 그 밖의 사유로 보세구역에 장치하기 곤란하거나 부적당한 물품
③ 재해나 그 밖의 부득이한 사유로 임시로 장치한 물품
④ 검역물품
⑤ 압수물품

02 입항 전 수입신고나 보세운송신고를 하지 않은 보세화물의 장치장소의 결정을 위한 화물분류의 기준으로 옳지 않은 것은? ▌2018, 2021

① 화주 또는 그 위임을 받은 자가 운영인과 협의한 장소를 고려하여 선사가 보세화물의 장치장소를 결정하는 것을 원칙으로 한다.
② 화주 또는 그 위임을 받은 자가 장치장소에 대한 별도의 의사표시가 없는 경우, Master B/L화물은 선사가 선량한 관리자로서 장치장소를 결정한다.
③ 화주 또는 그 위임을 받은 자가 장치장소에 대한 별도의 의사표시가 없는 경우, House B/L화물은 화물운송주선업자가 선량한 관리자로서 선사 및 보세구역 운영인과 협의하여 장치장소를 결정한다.
④ 입항 전 또는 하선(기) 전에 수입신고가 되거나 보세운송신고가 된 물품은 보세구역에 반입함이 없이 부두 또는 공항 내에서 보세운송 또는 통관절차와 검사절차를 수행하도록 해야 한다.
⑤ 보세창고, 보세공장, 보세전시장, 보세판매장에 반입할 물품은 특허 시 세관장이 지정한 장치물품의 범위에 해당하는 물품만 해당 보세구역에 장치한다.

03 「보세화물관리에 관한 고시」에 따른 보세구역 외 장치의 허가 대상으로 옳지 않은 것은? ▌2019, 2021

① 물품이 크기 또는 무게의 과다로 보세구역의 고내(庫內)에 장치하기 곤란한 물품
② 다량의 산물로서 보세구역에 장치 후 다시 운송하는 것이 불합리하다고 인정하는 물품
③ 부패, 변질의 우려가 있거나, 부패, 변질하여 다른 물품을 오손할 우려가 있는 물품과 방진, 방습 등 특수보관이 필요한 물품
④ 보세구역과의 교통이 불편한 지역에 양륙된 물품으로서 보세구역으로 운반하는 것이 불합리한 물품
⑤ 「대외무역관리규정」 제2조 제11호에 따른 중계무역물품으로서 보수작업이 필요한 모든 물품

제3회 최종모의고사

04 세관장은 보세구역 외 장치 허가신청을 받은 경우 담보제공을 명할 수 있다. 이때의 담보기간으로 옳은 것은?

① 보세구역 외 장치 허가기간
② 보세구역 외 장치 허가기간에 10일을 연장한 기간
③ 보세구역 외 장치 허가기간에 15일을 연장한 기간
④ 보세구역 외 장치 허가기간에 1개월을 연장한 기간
⑤ 보세구역 외 장치 허가기간에 3개월을 연장한 기간

05 「보세화물관리에 관한 고시」에 따른 보세구역 외 장치 담보생략 기준에 해당하지 않는 것은?

① 제조업체가 수입하는 수출용 원자재
② 무세물품
③ 방위산업용 물품
④ 정부용품
⑤ 재수입물품 중 관세가 면제될 것이 확실하다고 화주가 인정하는 물품

06 「보세화물관리에 관한 고시」에 따른 보세구역물품 반출입에 대한 내용으로 옳지 않은 것은?

❙ 2023

① 반입신고는 House B/L 단위로 제출해야 한다.
② 하선장소 보세구역에 컨테이너 상태로 반입하는 경우에는 반드시 Master B/L 단위로 반입신고해야 한다.
③ 컨테이너장치장(CY)에 반입한 물품을 다시 컨테이너 화물조작장(CFS)에 반입한 때에는 CY에서는 반출신고를 CFS에서는 반입신고를 각각 해야 한다.
④ 동일사업장 내 보세구역 간 장치물품의 이동은 물품반출입신고로 보세운송신고를 갈음할 수 있다.
⑤ 운영인은 보세운송 신고수리(승인)된 물품의 반출요청을 받은 때에는 세관화물정보시스템의 반출승인정보와 현품이 일치하는지를 확인한 후 이상이 없는 경우 반출 전에 반출신고서를 전자문서로 제출해야 한다.

07 다음 밑줄 친 부분에 해당하는 사항이 아닌 것은?

> **「보세화물관리에 관한 고시」 제9조(반입확인 및 반입신고) 제3항**
> 운영인은 보세운송물품이 도착한 때에는 다음 각 호의 사항을 확인하여 이상이 없는 경우에만 물품을 인수하고, 반입 즉시 반입신고서를 전자문서로 제출해야 한다.

① 세관화물정보시스템의 보세운송예정정보와 현품이 일치하는지
② 운송차량번호, 차량운전기사가 세관화물정보시스템의 내역과 일치하는지
③ 컨테이너번호, 컨테이너봉인번호가 세관화물정보시스템의 내역과 일치하는지
④ 컨테이너 봉인이 파손되었는지
⑤ 현품이 과부족하거나 포장이 파손되었는지

08 「보세화물관리에 관한 고시」에 따른 보세구역 외 장치물품의 반출입에 대한 내용으로 옳지 않은 것은?

① 보세구역 외 장치 허가를 받은 자체 전산설비를 갖추고 있는 화주가 그 허가받은 장소에 물품을 반입한 때에는 물품도착 즉시 자체시스템에 의하여 반입신고를 해야 한다.
② 반입신고를 받은 화물관리 세관공무원은 포장파손, 품명・수량의 상이 등 이상이 있는지를 확인한 후 이상이 있는 경우에는 필요한 조치를 해야 한다.
③ 보세구역 외 장치장에 반입한 화물 중 수입신고 수리된 화물은 반출신고를 생략한다.
④ 반송 및 보세운송절차에 따라 반출된 화물은 반출신고를 생략한다.
⑤ 세관장은 보세구역 외 장치 허가받은 물품의 안전관리를 위하여 업체의 경영실태를 수시로 파악해야 하며 반입일로부터 3개월 이내에 통관하지 아니할 때에는 매월 정기적으로 재고조사를 실시해야 한다.

09 다음 밑줄 친 부분에 해당하는 경우가 아닌 것은?

> **「보세화물관리에 관한 고시」 제19조(수입신고 수리물품의 반출의무)**
> 제4조(화물분류기준)에 따른 장치장소 중 [별표 1]의 보세구역에 반입된 물품이 수입신고가 수리된 때에는 그 수리일로부터 15일 이내에 해당 보세구역에서 반출해야 하며 이를 위반한 경우에는 법 제277조에 따라 해당 수입화주를 조사한 후 과태료를 부과한다. 다만, 다음 각 호의 어느 하나에 해당하는 경우로서 영 제176조의2에 따라 별지 제11호 서식의 반출기간 연장승인을 받은 경우에는 그러하지 아니하다.

① 정부 또는 지방자치단체가 직접 수입하는 물품
② 정부 또는 지방자치단체에 기증되는 물품
③ 외교관 면세물품 및 SOFA 적용 대상물품
④ 일시수입통관증서에 의한 일시수입물품
⑤ 「수입통관사무처리에 관한 고시」에 따른 간이한 신고 대상물품

10 수입 및 반송신고 기간을 경과하여 부과되는 신고지연가산세 금액에 대한 설명으로 옳지 않은 것은?

▌2019, 2021, 2022, 2023

① 해당 물품가격의 100분의 2 이하의 금액을 가산세로 징수한다.
② 신고기한이 경과한 날부터 20일 내에 신고를 한 때의 가산세 비율은 과세가격의 1천분의 5이다.
③ 신고기한이 경과한 날부터 50일 내에 신고를 한 때의 가산세 비율은 과세가격의 1천분의 10이다.
④ 신고기한이 경과한 날부터 80일 내에 신고를 한 때의 가산세 비율은 과세가격의 1천분의 15이다.
⑤ 신고기한이 경과한 물품에 대한 신고지연가산세액은 500만 원을 초과할 수 없다.

11 **보수작업에 대한 내용으로 옳지 않은 것은?** ▎2019, 2020, 2021, 2022, 2023

① 보세구역에 장치된 물품은 그 현상을 유지하기 위하여 필요한 보수작업과 그 성질을 변하지 아니하게 하는 범위에서 포장을 바꾸거나 구분·분할·합병을 하거나 그 밖의 비슷한 보수작업을 할 수 있다.
② 보세구역에서의 보수작업이 곤란하다고 세관장이 인정할 때에는 기간과 장소를 지정받아 보세구역 밖에서 보수작업을 할 수 있다.
③ 보수작업을 하려는 자는 세관장의 승인을 받아야 한다.
④ 보수작업으로 외국물품에 부가된 내국물품은 내국물품으로 본다.
⑤ 외국물품은 수입될 물품의 보수작업의 재료로 사용할 수 없다.

12 **보세구역에 장치된 물품의 폐기·멸실에 대한 내용으로 옳지 않은 것은?** ▎2019, 2021, 2023

① 부패·손상되거나 그 밖의 사유로 보세구역에 장치된 물품을 폐기하려는 자는 세관장의 승인을 받아야 한다.
② 보세구역에 장치된 외국물품이 멸실되거나 폐기되었을 때에는 그 운영인이나 보관인으로부터 즉시 그 관세를 징수한다.
③ 보세구역에 장치된 물품을 폐기하는 것에 대한 승인을 받은 외국물품 중 폐기 후에 남아 있는 부분에 대하여는 관세를 부과하지 아니한다.
④ 부패하거나 변질된 물품으로서 세관장이 직권으로 폐기한 후 화주 등에게 통고하는 경우, 화주 등의 주소나 거소를 알 수 없거나 그 밖의 사유로 통고할 수 없는 경우에는 공고로써 이를 갈음할 수 있다.
⑤ 상품가치가 없어진 물품으로서 세관장이 물품을 폐기한 경우 그 비용은 화주 등이 부담한다.

13 **세관의 개청시간 외 업무처리 시 세관장에게 사무의 종류 및 시간과 사유를 기재한 통보서를 제출해야 하는 대상이 아닌 것은?** ▎2018

① 통관절차
② 보세운송절차
③ 납세절차
④ 입항절차
⑤ 출항절차

14 「보세화물장치기간 및 체화관리에 관한 고시」에 따른 보세구역 반입물품의 장치기간에 대한 내용으로 옳은 것은?

① 지정장치장 반입물품의 장치기간은 1년으로 한다.
② 광주공항 항역 내의 지정장치장으로 반입된 물품의 장치기간은 2개월로 한다.
③ 여행자의 휴대품으로서 유치된 물품의 장치기간은 2개월로 한다.
④ 여행자의 휴대품으로서 예치된 물품의 장치기간은 예치증에 기재된 출국예정시기에 1개월을 가산한 기간으로 한다.
⑤ 보세창고에 반입된 장기간 비축이 필요한 수출용 원재료의 장치기간은 6개월로 하되 세관장이 필요하다고 인정할 때에는 6개월의 범위에서 그 기간을 연장할 수 있다.

15 「보세화물장치기간 및 체화관리에 관한 고시」에 따른 체화물품에 대한 반출통고의 주체가 바르게 연결된 것은?

▌2020, 2021

- 보세전시장, 보세건설장, 보세판매장, 보세공장, 보세구역 외 장치장, 자가용 보세창고에 반입한 물품 – (ⓐ)
- 영업용 보세창고에 반입한 물품 – (ⓑ)
- 지정장치장에 반입한 물품 – (ⓒ)

① ⓐ – 관할세관장, ⓑ – 보세구역 운영인, ⓒ – 화물관리인
② ⓐ – 보세구역 운영인, ⓑ – 보세구역 운영인, ⓒ – 화물관리인
③ ⓐ – 관할세관장, ⓑ – 관할세관장, ⓒ – 보세구역 운영인
④ ⓐ – 보세구역 운영인, ⓑ – 관할세관장, ⓒ – 보세구역 운영인
⑤ ⓐ – 관할세관장, ⓑ – 화물관리인, ⓒ – 관할세관장

16 「보세화물관리에 관한 고시」에 따른 보수작업에 대한 내용으로 옳지 않은 것은?

① 세관장은 보세구역에 장치된 물품이 운송 도중에 파손되거나 변질되어 시급히 보수해야 할 필요가 있는 경우 보수작업을 승인할 수 있다.

② 세관장은 보세구역에 장치된 물품의 통관을 위하여 개장, 분할구분, 합병, 원산지표시, 그 밖에 이와 유사한 작업을 하려는 경우 보수작업을 승인할 수 있다.

③ 세관장은 중계무역물품을 수출하거나 보세판매장에서 판매할 물품을 공급하기 위하여 제품검사, 선별, 기능보완 등 이와 유사한 작업이 필요한 경우 보수작업을 승인할 수 있다.

④ 보세구역에 장치된 물품에 대하여 보수작업을 하려는 자는 보수작업승인(신청)서를 제출하여 세관장의 승인을 받아야 하나, 세관장은 수입신고 후 원산지표시 시정요구에 따른 보수작업신청건에 대하여 자동승인 처리할 수 있다.

⑤ 운영인이 동일품목을 대상으로 동일한 보수작업을 반복적으로 하려는 경우에 세관장은 외국물품의 장치 및 세관 감시단속에 지장이 없을 때에는 6개월 이내의 기간을 정하여 이를 포괄적으로 승인할 수 있다.

「보세화물장치기간 및 체화관리에 관한 고시」에 따라 세관장이 매각절차를 중지할 수 있는 사유가 아닌 것은?

❙ 2019

① 매각처분이 공익에 반하는 경우라고 판단되는 경우

② 이의신청, 심판청구, 소송 등 쟁송이 제기된 경우

③ 해당 물품이 이미 통관되었거나 예정가격, 공매조건 그 밖의 매각절차에 중대한 하자가 발생된 경우

④ 공매공고에 의해 1차 매각절차가 완료된 후 매각되지 아니한 물품으로서 화주의 요청이 있고, 1개월 내에 수출입 또는 반송할 것이 확실하다고 인정되는 경우

⑤ 검사·검역기관에서 검사·검역을 진행 중인 경우

18 「보세화물 입출항 하선 하기 및 적재에 관한 고시」에 따른 용어의 정의로 옳지 않은 것은?

▌2018

① “Master B/L”이란 선사가 발행한 선하증권 또는 해상화물운송장을 말하며, "Master AWB"란 항공사가 발행한 항공화물운송장을 말한다.
② “House B/L”이란 화물운송주선업자가 화주에게 발행한 선하증권 또는 해상화물운송장을 말하며, "House AWB”란 화물운송주선업자가 화주에게 발행한 항공화물운송장을 말한다.
③ “벌크화물”이란 일정한 포장용기로 포장된 상태에서 운송되는 물품으로서 수량관리가 가능한 물품을 말한다.
④ “화물관리번호”란 적재화물목록상의 적재화물목록관리번호(Manifest Reference Number)에 Master B/L 또는 Master AWB 일련번호와 House B/L 또는 House AWB 일련번호(House B/L 또는 House AWB이 있는 경우)를 합한 번호를 말한다.
⑤ “환적화물”이란 국제무역선(기)에 의하여 우리나라에 도착한 외국화물을 외국으로 반출하는 물품으로서 수출입 또는 반송신고대상이 아닌 물품을 말한다.

19 「보세화물 입출항 하선 하기 및 적재에 관한 고시」에 따른 해상입항화물의 적재화물목록 정정생략 사유로 옳지 않은 것은?

▌2018, 2020, 2021

① 벌크화물로서 그 중량의 과부족이 5% 이내인 경우
② 용적물품으로서 그 용적의 과부족이 5% 이내인 경우
③ 포장파손이 용이한 물품 및 건습에 따라 중량의 변동이 심한 물품으로서 그 중량의 과부족이 5% 이내인 경우
④ 중량으로 거래되는 물품 중 건습에 따라 중량의 변동이 심한 물품으로서 그 중량의 과부족이 5% 이내인 경우
⑤ 적재화물목록 이상사유가 오탈자 등 단순기재오류로 확인되는 경우

20 「보세화물장치기간 및 체화관리에 관한 고시」에 따른 폐기명령 대상이 아닌 것은?

▌2018

① 부패하거나 변질된 물품
② 유효기간이 지났거나 상품가치가 없어진 물품
③ 의약품 등으로서 유효기간이 경과하였거나 성분이 불분명한 경우
④ 품명미상의 물품으로서 6개월이 경과된 물품
⑤ 검사・검역기준 등에 부적합하여 검사・검역기관에서 폐기대상 물품으로 결정된 물품

항공사가 즉시반출을 위하여 하역장소를 곧 하기장소로 결정해야 하는 물품이 아닌 것은? ❙2020

① 입항 전 또는 하기장소 반입 전에 수입신고가 수리된 물품
② 하기장소 반입 전에 보세운송 신고가 수리된 물품
③ 검역대상물품(검역소에서 인수하는 경우)
④ 「수입통관 사무처리에 관한 고시」에 따른 B/L제시 인도물품(수입신고 생략물품)
⑤ 동일세관 관할 보세구역으로 보세운송할 물품으로 화물분류가 결정된 물품

22 「보세화물 입출항 하선 하기 및 적재에 관한 고시」에 따른 수출화물의 적재화물목록 제출시기로 옳지 않은 것은?

① 해상화물은 해당 물품을 선박에 적재하기 24시간 전까지 제출해야 한다.
② 필리핀, 베트남의 경우에는 해당 물품을 선박에 적재하기 전까지 제출하되 선박이 출항하기 30분 전까지 최종 마감하여 제출해야 한다.
③ 적재하려는 물품이 벌크화물인 경우에는 출항 다음 날 자정까지 제출해야 한다.
④ 적재하려는 물품이 환적화물, 공컨테이너에 해당하는 경우에는 출항하기 전까지 제출할 수 있다.
⑤ 항공화물은 해당 물품을 항공기에 적재하기 전까지 제출해야 하며, 항공기가 출항하기 30분 전까지 최종 마감하여 제출해야 한다.

23 「환적화물 처리절차에 관한 특례고시」에 따른 복합환적절차에 대한 내용으로 옳지 않은 것은?

① 복합환적화물은 적재화물목록에 보세운송인과 목적지를 기재하여 제출하는 것으로 보세운송신고(승인)를 갈음할 수 있다.
② 복합환적화물을 보세운송하려는 화주 등은 최초 입항지 세관장에게 House B/L 단위로 운송업체(화주 등이 직접 운송하는 경우에는 해당 화주 등)와 반출 예정지 보세구역을 적재화물목록에 기재하여 신고해야 한다.
③ 복합환적화물을 운송하려는 경우 운송인은 적재화물목록 사본을 소지하고 보세구역 운영인 등에게 제시한 후 화물을 인계인수해야 한다.
④ 복합환적화물의 운송기한은 하선 또는 하기신고일부터 15일로 한다.
⑤ 복합환적화물 운송신고한 물품을 운송 기한 내에 운송하지 않는 경우에는 입항지 세관장에게 복합환적화물 운송신고를 취하해야 하며, 이 경우 적재화물목록에 기재된 해당 물품의 반출예정지 보세구역을 최초 입항지(입경지) 보세구역으로 변경하는 것으로 취하를 갈음할 수 있다.

24 「화물운송주선업자의 등록 및 관리에 관한 고시」에 따른 세관장의 업무감독에 대한 내용으로 옳지 않은 것은?

① 관세청장이나 세관장은 화물운송주선업자에게 해당 업무에 관하여 보고하게 할 수 있다.

② 세관장은 등록된 화물운송주선업자의 본사 또는 영업소에 대하여 매년 단위로 자체계획을 수립하여 등록사항의 변동 여부 등에 대한 업무점검을 할 수 있다. 「보세화물 관리에 관한 고시」 등 다른 규정에 따라 업무점검을 하는 경우 이와 병행하여 점검할 수 있다.

③ 세관장이 업무점검을 하는 경우에는 세관 업무량 등을 고려하여 서면으로 업무점검을 할 수 있으며, 등록 이후 1년 이내이거나, 수출입 안전관리 우수업체(AEO) 또는 법규수행능력 우수업체에 대하여는 업무점검을 생략할 수 있다.

④ 화물운송주선업자에 대하여 업무점검을 실시한 세관장은 점검결과와 조치결과를 점검만료 3개월 이내에 관세청장에게 보고해야 한다.

⑤ 관세청장 또는 세관장은 필요하다고 인정되는 경우에는 화물운송주선업자에 대하여 그 영업에 관하여 보고를 하거나 장부 기타 서류의 제출을 명할 수 있다.

25 「보세운송에 관한 고시」에 따른 보세운송신고에 대한 내용으로 옳지 않은 것은?

① 보세운송신고를 하려는 자는 화물관리번호가 부여된 이후에 할 수 있다.

② 보세운송신고는 입항선박 또는 항공기별 House B/L 단위로 신고해야 한다.

③ 보세운송하려는 물품이 동일한 보세구역으로부터 동일한 도착지로 운송되는 경우에는 1건으로 일괄하여 신고할 수 있다.

④ 관세청장이 정하는 기준에 따른 법규준수도가 높은 보세운송업자는 동일한 관할 세관 내 여러 도착지 보세구역으로 운송하는 경우에도 1건으로 일괄하여 신고할 수 있다.

⑤ 단일화주의 FCL화물, LCL화물 중 컨테이너에서 적출한 상태로 보세운송하는 경우에는 Master B/L 단위로 신고할 수 있다.

제4과목 수출입안전관리

01 「밀수 등 신고자 포상에 관한 훈령」에서 사용하는 용어의 정의로 옳지 않은 것은?

① "국고수입액"이란 통고처분 또는 검찰에 고발·송치 시 등의 금액을 말한다.
② "위해물품"이란 총포류, 실탄류 및 화약·폭약류 및 도검류 등 「밀수 등 신고자 포상에 관한 훈령」에서 규정하고 있는 물품을 말한다.
③ "위변조화폐 등"이란 위조 또는 변조된 화폐, 유가증권, 여권, 주민등록증, 외국인등록증, 운전면허증, 신용카드, 학위증 등 각종 증명서 및 공공기관 도장 등을 말한다.
④ "포상관리시스템"이란 범칙조사시스템 내에서 포상금의 신청, 심의 및 지급과 관련된 일련의 절차를 처리하는 전산시스템을 말한다.
⑤ "신고"란 민간인 등이 제4조에 따른 포상의 대상에 해당하는 행위를 인편(人便), 구두, 전화, 인터넷 및 팩스 등을 통하여 관세청이나 세관에 알리는 행위를 말한다.

「관세법 시행령」에 따른 국제항의 지정요건으로 옳지 않은 것은? ▎2019, 2022

① 국제무역선(기)이 항상 입출항할 수 있을 것
② 국내선과 구분되는 국제선 전용통로 및 그 밖에 출입국업무를 처리하는 행정기관의 업무수행에 필요한 인력·시설·장비를 확보할 수 있을 것
③ 공항의 경우 정기여객기가 주 6회 이상 입항하거나 입항할 것으로 예상될 것
④ 공항의 경우 여객기로 입국하는 여객수가 연간 4만 명 이상일 것
⑤ 항구의 경우 국제무역선인 5천톤급 이상의 선박이 연간 10회 이상 입항하거나 입항할 것으로 예상될 것

선박의 입항보고서에 기재해야 하는 사항이 아닌 것은? ▎2019

① 선박의 종류·등록기호·명칭·국적·선적항·총톤수 및 순톤수
② 출항지·기항지·최종기항지
③ 입항일시·출항예정일시 및 목적지
④ 적재물품의 개수 및 톤수
⑤ 여객·승무원의 수 및 휴대품의 종류·수량

04 세관장이 국제무역선 또는 국제무역기에 내국물품을 적재하거나 국내운항선 또는 국내운항기에 외국물품을 적재하게 할 수 있는 사유로 옳지 않은 것은?

① 하역허가를 받은 경우
② 보세운송신고를 한 경우
③ 보세운송승인을 받은 경우
④ 내국운송신고를 하는 경우
⑤ 수출신고를 한 경우

05 보세구역 운영인에 대한 AEO 공인기준 중 다음에 해당하는 것은?

- 거래업체 관리
- 인사관리
- 운송수단 등 관리
- 취급절차 관리
- 출입통제 관리
- 시설과 장비 관리

① 법규준수 기준
② 내부통제시스템 기준
③ 안전관리 기준
④ 재무건전성 기준
⑤ 외부통제시스템 기준

06 **「관리대상화물 관리에 관한 고시」에 따른 용어의 정의로 옳지 않은 것은?** ▌2019, 2021, 2022

① "관리대상화물"이란 세관장이 지정한 보세구역 등에 감시・단속 등의 목적으로 장치하거나 검사 등을 실시하는 화물로서 규정에 해당하는 물품을 말한다.

② "검색기"란 X-ray 등을 이용하여 컨테이너 등의 내장물품의 내용을 확인하는 과학검색장비를 말한다.

③ "검색기검사화물"이란 세관장이 선별기준에 따라 선별한 검사대상화물 중 검색기로 검사를 실시하는 화물을 말한다.

④ "즉시검사화물"이란 세관장이 선별기준에 따라 선별한 검사대상화물 중 검색기검사 종료 후 즉시 개장검사를 실시하는 화물을 말한다.

⑤ "반입후검사화물"이란 세관장이 선별기준에 따라 선별한 검사대상화물 중 하선(기)장소 또는 장치예정장소에서 이동식검색기로 검사하거나 컨테이너적출 시 검사하는 화물을 말한다.

07 **「관리대상화물 관리에 관한 고시」에 따른 관리절차에 대한 내용으로 옳지 않은 것은?**

① 세관장은 하선(기)장소의 위치와 검색기의 검사화물량 등을 고려하여 검사대상화물 또는 감시대상화물을 선별하고, 해당 화물의 선별내역을 관세행정정보시스템에 입력해야 한다.

② 세관장은 검사대상화물 또는 감시대상화물에 대하여 적재화물목록 심사가 완료된 때에 적재화물목록 제출자에게 검사대상 또는 중량측정 대상으로 선별된 사실, 하선(기)장소, 검색기검사장소 등을 서면으로 통보해야 한다.

③ 세관장은 검색기검사를 실시한 결과 이상이 없는 것으로 판단한 경우에는 그 결과를 관세행정정보시스템에 등록하고 해당 화물이 하선장소로 신속히 이동될 수 있도록 조치해야 한다.

④ 세관장은 검색기검사를 실시한 결과 개장검사가 필요하다고 인정한 화물과 즉시검사화물에 대하여 지정한 하선(기)장소에서 개장검사를 실시한다.

⑤ 세관장은 반입 후 검사화물에 대하여 검색기를 이용한 검사 또는 개장검사를 실시할 수 있다.

08 **「관세법」상 관세청장이나 세관장에게 등록해야 하는 "보세운송업자 등"에 해당하지 않는 자는?**

① 화물운송주선업자
② 국제무역선·국제무역기 또는 국경출입차량에 물품을 하역하는 것을 업으로 하는 자
③ 국제무역선·국제무역기 또는 국경출입차량에 선박용품, 항공기용품, 차량용품, 선박·항공기 또는 철도차량 안에서 판매할 물품, 용역 등을 공급하는 것을 업으로 하는 자
④ 국제항 외의 장소에서 물품이나 용역을 제공하는 것을 업으로 하는 자
⑤ 국제무역선·국제무역기 또는 국경출입차량을 이용하여 상업서류나 그 밖의 견본품 등을 송달하는 것을 업으로 하는 자

09 **AEO제도에 대한 내용으로 옳지 않은 것은?**

① 세관 수출입통관업무 처리와 관련하여 절차의 신속성을 중시한 과거와 달리, AEO제도 도입 이후에는 신속성과 함께 법규준수 및 안전관리를 동시에 추구하는 경향이 강화되고 있다.
② 국내 세관영역에 한정되었던 과거와 달리, AEO제도 도입 이후에는 수출입 공급망의 안전 확보를 위해 수출물품 정보를 수입국과 사전 공유·분석하여 세관 영역을 국내에서 국외로 확장하였다.
③ AEO제도는 미국의 9.11 테러 이후 WCO 총회에서 채택한 SAFE Framework라는 국제규범에 근거하여 전세계로 확산되었다.
④ 우리나라에서는 아직 AEO제도를 도입하지 않고 있으나, 실질적으로 비슷한 기능을 수행하는 대안을 마련하고 있다.
⑤ AEO제도의 목표는 AEO 업체에 대하여 신속통관, 세관검사 면제 등 통관절차상의 다양한 혜택을 부여하는 대신 사회안전, 국민건강을 위협할 수 있는 물품의 반입을 차단하는 것이다.

「항공기용품 등 관리에 관한 고시」상 용품의 관리 등에 관한 내용으로 옳지 않은 것은? ▎2023

① 외국용품의 반송신고가 수리된 때에는 공급자 등은 용도외 처분한 날로부터 7일 이내에 반입등록한 세관장에게 용품의 용도외 처분보고서를 제출해야 한다.
② 용품의 양도 및 양수는 물품공급업 또는 항공기내판매업으로 등록된 자에 한하여 할 수 있다.
③ 반입등록이 되지 않고 화물관리번호 단위로 관리되고 있는 용품은 일반 수입업자 등에게는 양도・양수할 수 없다.
④ 용품을 양도하려는 자는 보세운송수리(신고)서를 제출하여 승인을 받고 보세운송신고일로부터 7일 이내에 해당 물품을 도착지 보세창고에 반입하고 보세운송도착보고 및 반입등록해야 한다.
⑤ 용품을 양도한 자는 보세운송 신고일로부터 7일 이내에 반입등록한 세관장에게 용품의 양도양수보고서를 제출해야 한다.

수출입 안전관리 우수업체의 4가지 공인기준으로 옳은 것은? ▎2018, 2023

① 법규준수도, 내부통제시스템, 재무건전성, 안전관리
② 법규준수도, 내부통제시스템, 재무건전성, 인사관리
③ 법규준수도, 외부통제시스템, 재무건전성, 정보관리
④ 법규준수도, 외부통제시스템, 재무건전성, 안전관리
⑤ 법규준수도, 내부통제시스템, 기업규모성, 안전관리

12 AEO제도 시행으로 발생하는 편익에 관한 설명으로 옳지 않은 것은?

① AEO 공인기업은 관세행정상 혜택으로 수출경쟁력 향상
② 민-관 협력관계 구축으로 수출입물품에 대한 선제적 위험관리
③ AEO 공인기업은 이미지 상승으로 거래선 확보 용이
④ 테러, 마약 등 불법 물품의 국내 반입 차단
⑤ 관세장벽 해소로 세수 확보 및 경제발전

13 「수출입 안전관리 우수업체 공인 및 운영에 관한 고시」에 따른 용어의 정의로 옳지 않은 것은?

① "공인기준"이란 관세청장이 수출입 안전관리 우수업체를 공인할 때에 심사하는 법규준수, 내부통제 시스템, 재무건전성 및 안전관리 기준을 말한다.
② "관리책임자"란 수출입 안전관리 우수업체의 직원으로서 해당 업체가 공인기준과 통관적법성을 충족하는지를 관리하기 위하여 관리책임자의 지정 및 역할에 따라 지정한 사람을 말한다.
③ "현장심사"란 관세청장이 공인 또는 갱신심사를 할 때에 업체의 본사, 사업장 및 거래업체를 방문하여 심사하는 것을 말한다.
④ "공인심사"란 관세청장이 수출입 안전관리 우수업체 공인의 갱신을 신청한 업체가 공인기준을 충족하는지 등(수입부문은 통관적법성 적정 여부 포함)을 심사하는 것을 말한다.
⑤ "예비심사"란 공인 또는 갱신심사를 신청하기 전에 업체가 희망하여 관세청장이 공인을 신청할 때 준비하여야 하는 서류의 종류와 내용을 안내하고, 공인기준 중에서 일부를 정해서 업체의 수출입 관리현황이 이를 충족하는지 예비적으로 확인하는 것을 말한다.

14 수출입 안전관리 우수업체가 AA등급으로 공인받기 위해서 충족해야 하는 법규준수도 기준으로 옳은 것은?

① 95점 이상
② 90점 이상
③ 85점 이상
④ 80점 이상
⑤ 75점 이상

15 다음은 수출입 안전관리 우수업체 공인절차 중 예비심사와 서류심사에 대한 내용이다. 빈칸에 들어갈 기간으로 옳은 것은?

> 신청업체는 공인 또는 갱신심사를 신청하기 전에 예비심사를 희망하는 경우에는 예비심사 신청서를 관세청장에게 제출하여야 한다. 관세청장은 예비심사 지원업무를 지정된 기관에 위탁할 수 있으며, 수탁기관은 관세청장으로부터 예비심사 관련 서류를 이관받은 날부터 (ⓐ) 이내에 검토를 마치고, 그 결과를 관세청장에게 제출하여야 한다. 관세청장은 공인심사 신청서를 접수한 날로부터 (ⓑ) 이내에 서류심사를 마쳐야 한다.

① ⓐ – 10일, ⓑ – 30일
② ⓐ – 10일, ⓑ – 40일
③ ⓐ – 20일, ⓑ – 50일
④ ⓐ – 20일, ⓑ – 60일
⑤ ⓐ – 20일, ⓑ – 2개월

16 「수출입 안전관리 우수업체 공인 및 운영에 관한 고시」에 따라 관세청장이 심의위원회의 심의를 거쳐 공인을 유보할 수 있는 경우가 아닌 것은?

▎2020

① 신청업체가 나머지 공인기준은 모두 충족하였으나, 법규준수도 또는 재무건정성 기준을 충족하지 못하는 경우

② 신청업체가 수입하는 물품의 과세가격 결정방법이나 품목분류 및 원산지 결정에 이견이 있음에도 불구하고 사전심사를 신청하지 않은 경우(수입부문에만 해당)

③ 신청업체가 공인부문별 공인기준 중에서 법규준수의 결격에 해당하는 형사 및 사법절차가 진행 중인 경우

④ 신청업체가 사회적 물의 등을 일으켰으나 해당 사안이 공인의 결격에 해당하는지를 판단하는 데 추가적으로 사실을 확인하거나 심의를 위한 충분한 법리검토가 필요한 경우

⑤ 그 밖에 관세청장이 공인의 유보가 필요하다고 인정하는 경우

17 「수출입 안전관리 우수업체 공인 및 운영에 관한 고시」에 따른 유효기간에 대한 내용으로 옳지 않은 것은?

▎2021

① 수출입 안전관리 우수업체 공인의 유효기간은 증서상의 발급한 날로부터 5년으로 한다.

② 갱신심사에 따른 공인의 갱신 전에 발급한 날로부터 5년의 기간이 끝나는 경우에만 해당 공인은 유효한 것으로 본다.

③ 갱신심사에 따라 갱신된 공인의 유효기간은 기존 공인의 유효기간이 끝나는 날의 다음 날부터 시작한다.

④ 관세청장이 공인의 유효기간 중에 공인등급을 조정하는 경우에 공인의 유효기간은 조정 전의 유효기간으로 한다.

⑤ 신청업체가 갱신심사 신청을 철회하는 경우 그 사유가 발생한 날에 공인의 유효기간이 끝나는 것으로 본다.

18 「선박용품 등 관리에 관한 고시」상 적재 등의 이행관리에 관한 내용으로 옳은 것은?

① 선박용품 등의 적재・환적허가를 받은 자는 허가일부터 5일 이내에 적재 등을 완료해야 한다.
② 선박용품 등의 하선허가를 받은 자는 허가일부터 5일 이내에 하선허가받은 물품을 보세구역에 반입해야 한다.
③ 공급자 등은 적재 등을 완료한 때에는 지체 없이 관할 세관장에게 보고해야 한다.
④ 공급자 등은 하선하는 경우에 해당하는 선박용품 등의 적재 등을 이행하는 때에는 관세청장에게 보고해야 한다.
⑤ 선박회사가 대행업체를 지정한 경우에는 대행업체로 하여금 적재 등 허가받은 절차를 이행하게 할 수 있다.

19 「수출입 안전관리 우수업체 공인 및 운영에 관한 고시」에 따른 변동사항 보고에 대한 내용으로 옳은 것은?

① 수출입 안전관리 우수업체는 범칙행위, 부도 등 공인유지에 중대한 영향을 미치는 변동사항이 발생한 경우에는 그 사실이 발생한 날로부터 30일 이내에 수출입 관리현황 변동사항 보고서를 작성하여 관세청장에게 보고해야 한다.
② 양도, 양수, 분할・합병 및 특허 변동 등으로 인한 법적 지위 등의 변경 등의 사실이 발생한 경우에는 지체 없이 수출입 관리현황 변동사항 보고서를 작성하여 관세청장에게 보고해야 한다.
③ 변동보고를 받은 관세청장은 법적지위 등이 변경된 이후에도 기업의 동일성 유지와 공인기준 충족 여부 등을 점검해야 하며, 반드시 현장을 방문해야 한다.
④ 관세청장은 점검 결과 수출입 안전관리 우수업체가 공인기준을 충족하지 못하거나 법규준수도의 하락으로 공인등급의 하향 조정이 예상되는 경우에는 수출입 안전관리 우수업체 자격을 박탈해야 한다.
⑤ 관세청장은 공인기준 준수 개선 완료 보고서를 검토한 후 공인등급의 조정, 공인의 취소, 공인의 유보, 공인신청의 기각, 혜택의 정지 등 필요한 조치를 할 수 있다.

20 「관세법」상 수출입 안전관리 우수업체에 대한 내용으로 옳지 않은 것은?

① 공인의 유효기간은 3년으로 하되, 공인을 갱신하려는 자는 공인의 유효기간이 끝나는 날의 3개월 전까지 신청서에 관련서류를 첨부하여 관세청장에게 제출해야 한다.

② 관세청장은 수출입물품의 제조·운송·보관 또는 통관 등 무역과 관련된 자가 시설, 서류 관리, 직원 교육 등에서 대통령령으로 정하는 안전관리 기준을 충족하는 경우 수출입 안전관리 우수업체로 공인할 수 있다.

③ 관세청장은 수출입 안전관리 우수업체로 공인을 받기 위하여 심사를 요청한 자에 대하여 대통령령으로 정하는 바에 따라 심사해야 한다.

④ 관세청장은 수출입 안전관리 우수업체로 공인된 업체에 통관절차 및 관세행정상의 혜택으로서 대통령령으로 정하는 사항을 제공할 수 있다.

⑤ 관세청장은 「중소기업기본법」상 중소기업 중 수출입물품의 제조·운송·보관 또는 통관 등 무역과 관련된 기업을 대상으로 수출입 안전관리 우수업체로 공인을 받거나 유지하는 데에 필요한 상담·교육 등의 지원사업을 할 수 있다.

21 다음 빈칸에 들어갈 내용으로 옳은 것은?

> 관세청장은 다른 나라 관세당국과 상호인정약정을 체결한 경우에 상대국 통관절차상에서 우리나라의 수출입 안전관리 우수업체가 혜택을 받게 하거나, 우리나라의 통관절차상에서 상대국의 수출입 안전관리 우수업체에게 혜택을 제공할 수 있다. 이 경우 혜택의 제공기간은 (　　)으로 한다.

① 1년
② 3년
③ 5년
④ 10년
⑤ 양국 관세당국에서 부여한 수출입 안전관리 우수업체 공인의 유효기간

22 수출입 안전관리 우수업체가 공인이 취소된 경우 증서의 반납기한으로 옳은 것은?

① 지체 없이
② 3일 내
③ 5일 내
④ 10일 내
⑤ 30일 내

23 보세구역 운영인의 AEO 신청 가이드라인에 따른 안전관리 기준 중 다음에 해당하는 것은?

> 운영인은 운영 또는 사용하고 있는 정보시스템과 회사정보의 무단조작과 남용을 예방하기 위하여 관련 시스템 및 자료의 안전성을 유지해야 한다.

① 거래업체 관리
② 출입통제 관리
③ 인사관리
④ 취급절차 관리
⑤ 정보기술 관리

수출입 안전관리 우수업체의 공인부문으로 모두 맞는 것은? ❙ 2024

① 수출부문, 화물운송주선업부문, 특송업부문
② 항공사부문, 하역업부문, 전자상거래업부문
③ 수입부문, 보세구역운영인부문, 선박회사부문
④ 보세운송업부문, 관세사부문, 해외구매대행업부문
⑤ 보세구역운영인부문, 특송업부문, 선박회사부문

25 국제무역기의 전환절차에 관한 설명으로 옳은 것은?

① 국제무역선 또는 국제무역기를 국내운항선 또는 국내운항기로 전환하거나, 국내운항선 또는 국내운항기를 국제무역선 또는 국제무역기로 전환하려면 선장이나 기장은 세관장의 허가를 받아야 한다.
② 국내운항기가 수출신고 수리된 경우에 항공기의 전환을 신청하는 경우 항공기 전환 승인(신청)서를 반드시 제출해야 한다.
③ 항공기의 전환승인 신청을 받은 세관장은 항공기 전환 승인(신청)서의 기재사항을 심사하여 이상이 없는 때에 승인해야 한다.
④ 세관장은 국제무역기를 국내운항기로 전환승인하기 전에 외국에서 구입한 항공기용품에 대하여 수입신고 전 즉시반출업체가 즉시반출을 신청한 경우에 대하여는 기장 등이 수입신고한 때 승인해야 한다.
⑤ 기장 등이 항공기의 전환을 신청하려는 때에는 승무원 휴대품과 항공기용품을 포함한 다른 화물이 적재되어 있지 않아야 한다.

제5과목 자율관리 및 관세벌칙

다음 중 일반 자율관리 보세구역과 우수 자율관리 보세구역의 공통적인 지정요건을 고른 것은?

2018, 2021, 2022

> ⓐ 수출입 안전관리 우수업체
> ⓑ 보세화물관리를 위한 보세사 채용
> ⓒ 실시간 물품관리가 가능한 전산시스템(WMS, ERP 등) 구비
> ⓓ 보세공장의 경우 시스템(기업자원관리, 세관전용화면)이 갖춰질 것

① ⓐ, ⓑ
② ⓐ, ⓒ
③ ⓒ, ⓓ
④ ⓐ, ⓓ
⑤ ⓑ, ⓒ

「자율관리 보세구역 운영에 관한 고시」에 따른 자율관리 보세구역의 지정취소 사유에 해당하지 않는 것은?

2019, 2020, 2021

① 장치물품에 대한 관세를 납부할 자금능력이 없다고 인정되는 경우
② 해당 시설의 미비 등으로 특허보세구역의 설치 목적을 달성하기 곤란하다고 인정되는 경우
③ 보세사가 해고 또는 취업정지 등의 사유로 업무를 수행할 수 없는 경우 2개월 이내에 다른 보세사를 채용하여 근무하게 하지 않은 때
④ 절차생략 등에 따른 물품 반출입 상황 등을 보세사로 하여금 기록·관리하게 하지 않은 때
⑤ 보세사가 아닌 자에게 보세화물관리 등 보세사의 업무를 수행하게 한 때

03 **일반 자율관리 보세구역 및 우수 자율관리 보세구역에 공통으로 적용되는 혜택으로 옳은 것은?**

① 공휴일, 야간 등 개청시간 외에 보세공장에 반입된 물품을 사용하는 경우 사용 전 사용신고를 공휴일 또는 야간 종료일 다음 날까지 사용신고할 수 있다.
② 다른 보세공장 일시 보세작업 장소가 자율관리 보세공장인 경우 보세운송절차를 생략할 수 있다.
③ 물품의 반출입을 할 때 동일법인 자율관리 보세공장 간에는 보세운송절차를 생략할 수 있다.
④ 사용신고 특례적용을 위한 품목번호(HSK) 등록절차를 생략할 수 있다.
⑤ 장치물품의 수입신고 전 확인신청(승인)을 생략할 수 있다.

04 다음 빈칸에 들어갈 기간으로 옳은 것은?

> 「자율관리 보세구역 운영에 관한 고시」 제10조(자율관리 보세구역에 대한 감독) 제1항
> 운영인은 (   ) 이내에 자율관리 보세구역 운영 등의 적정 여부를 자체 점검하고, 다음 각 호의 사항을 포함하는 자율점검표를 작성하여 세관장에게 제출해야 한다. 다만, 운영인이 자율점검표를 재고조사 결과와 함께 제출하려는 경우, 자율점검표를 다음 해 2월 말까지 제출할 수 있다.
> 1. 자율관리 보세구역 지정요건 충족 여부
> 2. 관세청장이 정하는 절차생략 준수 여부
> 3. 운영인 등의 의무사항 준수 여부

① 회계연도 종료 전 3개월
② 회계연도 종료 전 2개월
③ 회계연도 종료 전 1개월
④ 회계연도 종료 3개월이 지난 후 15일
⑤ 회계연도 종료 2개월이 지난 후 15일

05 「보세사제도 운영에 관한 고시」에 따른 보세사의 직무 및 의무에 대한 내용으로 옳지 않은 것은?

❙ 2020, 2023

① 보세사는 보수작업과 화주의 수입신고 전 장치물품 확인 시 입회·감독을 수행한다.
② 보세사는 환적화물 컨테이너 적출입 시 입회·감독을 수행한다.
③ 자가용 보세창고에서 근무하는 보세사는 타 업무를 겸임할 수 없다.
④ 보세사는 직무와 관련하여 부당한 금품을 수수하거나 알선·중개하여서는 아니 된다.
⑤ 보세사는 보세구역 내에 장치된 화물의 관리와 관련하여 법령 및 화물관계 제반규정과 자율관리 보세구역 관리에 관한 규정을 항상 숙지하고 이를 준수해야 한다.

보세사의 등록 및 취소에 대한 설명으로 옳지 않은 것은? ❙2021

① 보세사 등록을 신청하고자 하는 사람은 보세사등록신청서에 입사예정증명서 또는 재직확인증명서를 첨부하여 한국관세물류협회장에게 제출해야 한다.

② 세관장은 보세사로서 근무하기 위하여 등록을 한 사람이 「관세법」이나 같은 법에 의한 명령을 위반한 경우 등록의 취소, 6개월 이내의 업무정지, 견책 또는 그 밖에 필요한 조치를 할 수 있다.

③ 세관장은 보세구역 운영인 또는 등록보세사로부터 보세사의 퇴사・해임・교체통보를 받은 때에는 그 등록을 취소하고, 그 사실을 전산에 등록해야 한다.

④ 보세사 등록을 한 사람이 「관세법」이나 같은 법에 의한 명령을 위반하여 등록이 취소된 경우 그 취소된 날로부터 2년 내에 다시 등록하지 못한다.

⑤ 보세사의 자격을 갖춘 자가 보세사로 근무를 하려면 관세청장에게 등록을 해야 한다.

07 **「수출입물류업체에 대한 법규수행능력측정 및 평가관리에 관한 훈령」에 따른 법규수행능력 측정에 대한 내용으로 옳지 않은 것은?**

① 법규수행능력 측정에 대한 평가항목, 평가항목별 평가요소, 평가항목 및 평가요소별 배점 등의 평가기준은 관세청장이 별도로 정한다.

② 세관장은 수출입물류업체별로 구분하여 법규수행능력 측정 및 평가시스템에서 점수를 산출하여야 한다.

③ 수출입물류업체에 대한 법규수행능력은 세관장이 점검결과를 법규수행능력 평가시스템에 등록함으로서 측정된다.

④ 법규수행능력 측정 및 평가시스템에 따른 점수는 원칙적으로 평가항목 및 평가요소별 배점을 합산한 100점을 만점으로 하고, 가산요소가 반영된 관세협력 평가항목을 추가 합산하여 세관장이 관리한다.

⑤ 관세청장은 법규수행능력 측정의 평가기준 등에 대하여 법에 맞게 공정하고 엄격하게 운영해야 하며, 현실에 따른 조정은 불가하다.

「자유무역지역 반출입물품의 관리에 관한 고시」에서 규정하고 있는 용어의 정의로 옳지 않은 것은?

❙ 2021, 2022, 2023

① "반출입신고"란 물품을 자유무역지역 입주기업체에서 반출하거나 자유무역지역 입주기업체로 반입하기 위한 신고로서 「관세법」 제157조에 따른 신고를 말한다.
② "사용소비신고"란 외국물품을 고유한 사업의 목적 또는 용도에 사용 또는 소비하기 위하여 수입신고서 서식으로 신고하는 것을 말한다.
③ "보수"란 해당 물품의 HS품목분류의 변화를 가져오는 보존작업, 선별, 분류, 용기변경, 포장, 상표부착, 단순조립, 검품, 수선 등의 활동을 말한다.
④ "국외반출신고"란 외국물품 등을 자유무역지역에서 국외로 반출하기 위한 신고를 말한다.
⑤ "잉여물품"이란 제조·가공작업 등으로 인하여 발생하는 부산물과 불량품, 제품생산 중단 등의 사유로 사용하지 않는 원재료와 제품 등을 말한다.

09 **「자유무역지역의 지정 및 운영에 관한 법률」에 따른 자유무역지역의 지정 요건으로 옳지 않은 것은?**

① 「산업입지 및 개발에 관한 법률」에 따른 산업단지
② 「공항시설법」에 따른 공항 및 배후지
③ 「물류시설의 개발 및 운영에 관한 법률」에 따른 물류시설
④ 「항만법」에 따른 항만 및 배후지
⑤ 도로 등 사회간접자본시설이 충분히 확보되어 있거나 확보될 수 있을 것

10 **자유무역지역의 관리권자에 대한 내용으로 옳지 않은 것은?**

① 「자유무역지역의 지정 및 운영에 관한 법률」 제5조 제1호 가목에 따른 산업단지의 관리권자는 산업통상자원부장관이다.
② 「자유무역지역의 지정 및 운영에 관한 법률」 제5조 제1호 나목에 따른 공항 및 배후지의 관리권자는 국방부장관이다.
③ 「자유무역지역의 지정 및 운영에 관한 법률」 제5조 제1호 다목에 따른 물류터미널 및 물류단지의 관리권자는 국토교통부장관이다.
④ 「자유무역지역의 지정 및 운영에 관한 법률」 제5조 제1호 라목에 따른 항만 및 배후지의 관리권자는 해양수산부장관이다.
⑤ 관리권자는 입주기업체 및 지원업체의 사업활동 지원, 공공시설의 유지 및 관리, 각종 지원시설의 설치 및 운영, 그 밖에 자유무역지역의 관리 또는 운영에 관한 업무를 수행한다.

11 「자유무역지역의 지정 및 운영에 관한 법률」에 따른 자유무역지역 입주제한 업종에 해당하는 것은?

① 물류시설 관련 개발업 및 임대업
② 국제운송주선 · 국제선박거래, 포장 · 보수 · 가공 또는 조립하는 사업 등 복합물류 관련 사업
③ 연료, 식수, 선식(船食) 및 기내식(機內食) 등 선박 또는 항공기 용품의 공급업
④ 국내외 가격차에 상당하는 율로 양허한 농 · 임 · 축산물을 원재료로 하는 물품을 제조 · 가공하는 업종
⑤ 선박 또는 항공기(선박 또는 항공기의 운영에 필요한 장비 포함)의 수리 · 정비 및 조립업 등 국제물류 관련 사업

12 자유무역지역에서의 물품의 반입 또는 수입에 대한 설명으로 옳지 않은 것은?

① 수출신고가 수리된 외국물품을 자유무역지역 안으로 반입하려는 자는 관세청장이 정하는 바에 따라 세관장에게 반입신고를 해야 한다.
② 입주기업체가 자유무역지역에서 사용 또는 소비하려는 내국물품 중 관세 등의 면제 또는 환급의 적용을 받으려는 물품으로서 원재료, 윤활유, 사무용 컴퓨터 및 건축자재는 세관장에게 반입신고를 해야 한다.
③ 세관장은 반입신고를 하지 아니하고 자유무역지역 안으로 반입된 내국물품에 대하여 그 물품을 반입한 자가 신청한 경우에는 내국물품 확인서를 발급할 수 있다.
④ 입주기업체 외의 자가 외국물품을 자유무역지역 안으로 반입하려는 경우 그 반입을 하려는 자는 수입신고를 하고 관세 등을 내야 한다.
⑤ 외국물품 등을 자유무역지역에서 그대로 관세영역으로 반출하려는 경우 그 반출을 하려는 자는 수입신고를 하고 관세 등을 내야 한다.

「자유무역지역의 지정 및 운영에 관한 법률」에 따른 세관장의 외국물품 매각에 대한 내용으로 옳지 않은 것은? ❙2019

① 세관장은 자유무역지역에 반입한 외국물품의 매각 요청을 접수하면 그 사실을 공고한 후 해당 물품을 매각할 수 있다.
② 매각요청물품이 부패하거나 부패할 우려가 있는 물품으로서 급박하여 공고할 여유가 없을 때에는 매각한 후 공고할 수 있다.
③ 세관장은 매각요청물품을 매각하려면 그 화주 등에게 통고일부터 1개월 내에 해당 물품을 수출・수입 또는 반송할 것을 통고해야 한다.
④ 매각은 일반경쟁입찰, 지명경쟁입찰, 수의계약, 경매 및 위탁판매의 방법으로 해야 한다.
⑤ 세관장은 매각대금을 그 매각비용, 관세, 각종 세금의 순으로 충당하고, 잔금이 있을 때에는 이를 국고귀속한다.

자유무역지역에 있는 물품 중 세관장이 국외 반출 또는 폐기를 명하거나 미리 통보한 후 직접 폐기할 수 있는 물품에 해당하지 않는 것은? ❙2022

① 사람의 생명이나 재산에 해를 끼칠 우려가 있는 물품
② 부패 또는 변질된 물품
③ 실용시효가 경과되었거나 상품가치를 상실한 물품
④ 의약품 등으로서 유효기간이 만료되었거나 성분이 불분명한 경우
⑤ 품명미상의 물품으로서 반입 후 6개월이 지난 물품

15 「자유무역지역의 지정 및 운영에 관한 법률」에 따른 벌칙의 적용이 나머지와 다른 자를 고른 것은?

① 제15조(입주계약의 해지 등) 제5항 또는 제6항을 위반하여 토지 또는 공장 등을 양도한 자
② 제25조(토지 또는 공장 등의 처분제한) 제1항부터 제3항까지의 규정을 위반하여 토지 또는 공장 등을 양도한 자
③ 제30조(국외로의 반출 및 수출) 제1항 또는 제35조(역외작업 물품의 반출신고 등) 제2항을 위반하여 국외 반출신고를 하지 아니하거나 거짓으로 국외 반출신고를 하고 자유무역지역 밖으로 반출한 자
④ 제38조(재고 기록 등) 제5항에 따른 재고 기록을 보존하지 아니한 자
⑤ 제33조(외국물품 등의 일시 반출)를 위반하여 허가를 받지 아니하고 외국물품 등을 일시 반출하거나 반출 허용기간이 지난 후에도 이를 반입하지 아니한 자

「관세법」상 벌칙에 대한 설명으로 옳지 않은 것은? ▍2019, 2022

① 국가관세종합정보시스템이나 전자문서중계사업자의 전산처리설비에 기록된 전자문서 등 관련 정보를 위조 또는 변조하거나 위조 또는 변조된 정보를 행사한 자는 1년 이상 10년 이하의 징역 또는 1억 원 이하의 벌금에 처한다.

② 「관세법」 제234조(수출입의 금지) 규정을 위반하여 수출입금지물품을 수출하거나 수입한 자는 7년 이하의 징역 또는 7천만 원 이하의 벌금에 처한다.

③ 수입신고를 하였으나 해당 수입물품과 다른 물품으로 신고하여 수입한 자는 5년 이하의 징역 또는 관세액의 10배와 물품원가 중 높은 금액 이하에 상당하는 벌금에 처한다.

④ 수출・반송신고를 하지 아니하고 물품을 수출하거나 반송한 자는 3년 이하의 징역 또는 물품원가 이하에 상당하는 벌금에 처한다.

⑤ 수입신고를 한 자 중 세액결정에 영향을 미치기 위하여 과세가격 또는 관세율 등을 거짓으로 신고하거나 신고하지 아니하고 수입한 자는 5년 이하의 징역 또는 포탈한 관세액의 10배와 물품원가 중 높은 금액 이하에 상당하는 벌금에 처한다.

17 **화주가 쌀가루를 밀가루로 신고하여 수입한 것이 적발되었을 시 적용되는 벌칙으로 옳은 것은?**

① 7년 이하의 징역 또는 7천만 원 이하의 벌금
② 5년 이하의 징역 또는 5천만 원 이하의 벌금
③ 5년 이하의 징역 또는 관세액의 10배와 물품원가 중 높은 금액 이하에 상당하는 벌금
④ 3년 이하의 징역 또는 3천만 원 이하의 벌금
⑤ 3년 이하의 징역 또는 관세액의 10배와 물품원가 중 높은 금액 이하에 상당하는 벌금

18 다음은 관세포탈죄 등에 관한 설명이다. 빈칸에 들어갈 내용을 순서대로 나열한 것은?

> 수입신고를 한 자 중 법령에 따라 수입에 필요한 허가·승인·추천·증명 또는 그 밖의 조건을 갖추지 아니하거나 부정한 방법으로 갖추어 수입한 자는 (ⓐ) 이하의 징역 또는 (ⓑ) 이하의 벌금에 처한다.

① ⓐ – 1년, ⓑ – 1천만 원
② ⓐ – 3년, ⓑ – 3천만 원
③ ⓐ – 5년, ⓑ – 5천만 원
④ ⓐ – 7년, ⓑ – 7천만 원
⑤ ⓐ – 10년, ⓑ – 1억 원

「관세법」상 미수범 등에 대한 내용으로 옳지 않은 것은? ▌2021

① 그 정황을 알면서 밀수출입죄 및 관세포탈죄 등 규정에 따른 행위를 교사하거나 방조한 자는 본죄에 준하여 처벌한다.
② 전자문서 위조·변조죄 등의 미수범은 본죄에 준하여 처벌한다.
③ 관세포탈죄 등의 미수범은 본죄에 준하여 처벌한다.
④ 전자문서 위조·변조죄 등의 죄를 저지를 목적으로 그 예비를 한 자는 본죄의 2분의 1을 감경하여 처벌한다.
⑤ 밀수출입죄를 저지를 목적으로 그 예비를 한 자는 본죄의 2분의 1을 감경하여 처벌한다.

다음 밑줄 친 부분에 해당하지 않는 것은? ▌2019, 2020, 2022

> **「관세법」 제275조(징역과 벌금의 병과)**
> <u>제269조부터 제271조까지 및 제274조의 죄</u>를 저지른 자는 정상(情狀)에 따라 징역과 벌금을 병과할 수 있다.

① 관세포탈죄 등
② 강제징수면탈죄 등
③ 밀수품의 취득죄 등
④ 밀수출입죄
⑤ 미수범 등

다음 중 가장 무거운 벌칙이 부과되는 것은? ▎2019

① 가격조작죄
② 금지물품의 밀수출입죄
③ 강제징수면탈죄
④ 명의대여행위죄
⑤ 수입물품 수량의 허위신고죄

22 **허위신고죄 등의 적용을 받는 경우로서 1천만 원 이하의 벌금에 처하는 자는?**

① 신고수리 전에는 운송수단, 관세통로, 하역통로 또는 이 법에 따른 장치장소로부터 신고된 물품을 반출하여서는 아니 된다는 규정을 위반한 자
② 부정한 방법으로 적재화물목록을 작성하였거나 제출한 자
③ 보세화물 취급 선박회사 또는 항공사의 신고 의무를 위반한 자
④ 「관세법」 제265조(물품 또는 운송수단 등에 대한 검사 등)에 따른 세관장 또는 세관공무원의 조치를 거부 또는 방해한 자
⑤ 수입 후 특정 용도로 사용해야 하는 등의 의무가 부가되어 있는 물품에 대한 세관장의 의무 이행 요구를 이행하지 아니한 자

23 **「관세법」에 따른 금품 수수 및 공여에 대한 벌칙 내용으로 옳지 않은 것은?**

① 세관공무원이 그 직무와 관련하여 금품을 수수(收受)하였을 때에는 「국가공무원법」에 따른 징계절차에서 그 금품 수수액의 5배 내의 징계부가금 부과 의결을 징계위원회에 요구해야 한다.
② 징계대상 세관공무원이 징계부가금 부과 의결 전후에 금품 수수를 이유로 다른 법률에 따라 형사처벌을 받거나 변상책임 등을 이행한 경우(몰수나 추징을 당한 경우 포함)에는 징계위원회에 감경된 징계부가금 부과 의결 또는 징계부가금 감면을 요구해야 한다.
③ 징계부가금 부과처분을 받은 자가 납부기간 내에 그 부가금을 납부하지 아니한 때에는 징계권자는 국세강제징수의 예에 따라 징수할 수 있다.
④ 관세청장 또는 세관장은 세관공무원에게 금품을 공여한 자에 대해서는 대통령령으로 정하는 바에 따라 그 금품 상당액의 2배 이상 5배 내의 과태료를 부과·징수한다.
⑤ 세관공무원에게 금품을 공여한 자가 「형법」 등 다른 법률에 따라 형사처벌을 받은 경우에는 과태료를 부과하지 아니하나, 과태료를 부과한 후 형사처벌을 받은 경우에는 과태료 부과의 효력이 존속한다.

24 「자유무역지역의 지정 및 운영에 관한 법률」 제30조에 따른 국외 반출신고를 한 자 중 허위로 신고한 자에 대한 벌칙으로 옳은 것은?

① 1년 이하의 징역 또는 1천만 원 이하의 벌금
② 1년 이하의 징역 또는 2천만 원 이하의 벌금
③ 2년 이하의 징역 또는 1천만 원 이하의 벌금
④ 2년 이하의 징역 또는 2천만 원 이하의 벌금
⑤ 3년 이하의 징역 또는 3천만 원 이하의 벌금

25 「관세법」상 관세범의 조사에 대한 내용으로 옳지 않은 것은? ▎2019

① 세관공무원은 관세범이 있다고 인정할 때에는 범인, 범죄사실 및 증거를 조사해야 한다.
② 세관공무원은 관세범 조사에 필요하다고 인정할 때에는 세관장의 승인을 받아 피의자・증인 또는 참고인을 조사할 수 있다.
③ 세관공무원이 피의자・증인 또는 참고인을 조사하였을 때에는 조서를 작성해야 한다.
④ 진술자가 조서 내용의 증감 변경을 청구한 경우에는 그 진술을 조서에 적어야 한다.
⑤ 조서에는 연월일과 장소를 적고 조사를 한 사람, 진술자, 참여자가 함께 서명날인해야 한다.

제 4 회 최종모의고사

시험시간 : 135분　　정답 및 해설 p.359

제1과목 수출입통관절차

01 「관세법」상 용어의 정의로 옳지 않은 것은? ❙2018, 2019, 2020

① "수입"이란 외국물품을 우리나라에 반입하거나 우리나라에서 소비 또는 사용하는 것을 말한다.
② "수출"이란 내국물품을 외국으로 반출하는 것을 말한다.
③ "반송"이란 국내에 도착한 외국물품이 수입통관절차를 거쳐 다시 외국으로 반출되는 것을 말한다.
④ "선박용품"이란 음료, 식품, 연료, 소모품, 밧줄, 수리용 예비부분품 및 부속품, 집기, 그 밖에 이와 유사한 물품으로서 해당 선박에서만 사용되는 것을 말한다.
⑤ "항공기용품"이란 선박용품에 준하는 물품으로서 해당 항공기에서만 사용되는 것을 말한다.

02 「관세법」상 외국물품으로서 적법하게 수입된 것으로 보고 관세 등을 따로 징수하지 아니하는 물품을 모두 고른 것은?

> ⓐ 「관세법」에 따라 몰수된 물품
> ⓑ 법령에 따라 국고에 귀속된 물품
> ⓒ 체신관서가 보관 중인 우편물
> ⓓ 「관세법」 제273조(범죄에 사용된 물품의 몰수 등)에 해당하여 「관세법」에 따른 통고처분으로 납부된 물품

① ⓐ, ⓑ, ⓒ, ⓓ　　② ⓐ, ⓑ, ⓒ
③ ⓐ, ⓑ, ⓓ　　④ ⓑ, ⓓ
⑤ ⓐ

「관세법」상 기간 · 기한에 대한 내용으로 옳지 않은 것은? ▎2021, 2023

① 수입신고 수리 전 반출승인을 받은 경우에는 그 승인일을 수입신고의 수리일로 본다.
② 납세신고를 한 경우 관세의 납부기한은 납세신고 수리일부터 15일 이내이다.
③ 납부고지를 한 경우 관세의 납부기한은 납부고지를 받은 날부터 15일 이내이다.
④ 수입신고 전 즉시반출신고를 한 경우 관세의 납부기한은 즉시반출신고일부터 15일 이내이다.
⑤ 납세의무자는 수입신고가 수리되기 전에 해당 세액을 납부할 수 있다.

「관세법 시행령」상 신고서류의 보관기간이 가장 긴 것은? ▎2018

① 수입신고필증
② 수출신고필증
③ 반송신고필증
④ 적재화물목록에 관한 자료
⑤ 보세운송에 관한 자료

「관세법」상 세율적용이 가장 우선으로 적용되는 것은? ▎2021

① 기본세율
② 잠정세율
③ 조정관세
④ 국제협력관세
⑤ 덤핑방지관세

06 **관세를 징수함에 기준이 되는 적용 법령에 대한 내용으로 옳지 않은 것은?**

① 관세는 수입신고 당시의 법령에 따라 부과한다.
② 보세구역에 장치된 외국물품 중 멸실되거나 폐기된 물품에 대하여는 해당 물품이 멸실되거나 폐기된 날의 법령에 따라 관세를 부과한다.
③ 수입신고 전 즉시반출신고를 한 물품에 대하여는 수입신고 전 즉시반출신고를 한 날의 법령에 따라 관세를 부과한다.
④ 수입신고를 하지 아니하고 수입된 물품에 대하여는 그 물품이 수입된 날의 법령에 따라 관세를 부과한다.
⑤ 보세건설장에 반입된 외국물품에 대하여는 수입신고한 날의 법령에 따라 관세를 부과한다.

07 **세액의 변경에 대한 내용으로 옳은 것은?**

① 세관장은 신고납부한 세액이 부족하다는 것을 알게 되었을 때에는 납세의무자에게 해당 보정기간에 보정신청을 하도록 명령해야 한다.
② 신고납부한 세액의 부족 등에 대하여 납세의무자에게 대통령령으로 정하는 정당한 사유가 있는 경우 세관장은 납부기한 이후의 부족세액에 대하여 보정이자를 더하여 징수하지 않는다.
③ 세관장은 납세의무자가 신고납부한 세액, 납세신고한 세액 또는 경정청구한 세액을 심사한 결과 과부족하다는 것을 알게 되었을 때에는 그 세액을 즉시 징수해야 한다.
④ 경정을 청구한 자가 1개월 이내에 통지를 받지 못한 경우에는 그 1개월이 되는 날의 다음 날부터 이의신청, 심사청구, 심판청구 또는 「감사원법」에 따른 심사청구를 할 수 있다.
⑤ 세관장은 경정을 한 후 그 세액에 과부족이 있는 것을 발견하더라도 그 경정한 세액을 다시 경정할 수 없다.

08 **「관세법」에 따라 압류·매각의 유예를 신청하려는 경우에 적어야 할 사항으로 옳지 않은 것은?**

① 체납자의 주소
② 체납자의 거소와 성명
③ 납부할 체납액의 세목, 세액과 납부기한
④ 압류 또는 매각의 유예를 받으려는 이유와 기간
⑤ 체납자가 체납액을 분할하여 납부하려는 경우 그 분납액 및 분납기간

「관세법」상 소멸시효에 대한 내용으로 옳지 않은 것은? ▌2021

① 5억 원 이상 관세의 징수권은 이를 행사할 수 있는 날부터 10년 동안 행사하지 아니하면 소멸시효가 완성된다.
② 5억 원 미만 관세의 징수권은 이를 행사할 수 있는 날부터 5년 동안 행사하지 아니하면 소멸시효가 완성된다.
③ 납세자가 납부한 금액 중 잘못 납부하거나 초과하여 납부한 금액 또는 그 밖의 관세의 환급청구권은 그 권리를 행사할 수 있는 날부터 10년간 행사하지 아니하면 소멸시효가 완성된다.
④ 관세징수권의 소멸시효가 완성되면 관세 또는 강제징수비를 납부해야 하는 의무가 소멸된다.
⑤ 관세징수권의 소멸시효는 관세의 사해행위 취소소송기간 중에는 진행하지 아니한다.

10 외교관용 물품 등의 면세가 적용되는 물품이 아닌 것은?

① 우리나라에 있는 외국의 대사관·공사관 및 그 밖에 이에 준하는 기관의 업무용품
② 우리나라에 있는 외국의 영사관 및 그 밖에 이에 준하는 기관의 업무용품
③ 우리나라에 있는 외국의 총영사관의 명예총영사가 사용하는 물품
④ 정부와 체결한 사업계약을 수행하기 위하여 외국계약자가 계약조건에 따라 수입하는 업무용품
⑤ 국제기구 또는 외국 정부로부터 우리나라 정부에 파견된 고문관·기술단원이 사용하는 물품

11 관세법령상 관세환급에 대한 내용으로 옳지 않은 것은?

① "관세환급"이란 세관장이 징수한 관세 등을 특정한 요건에 해당하는 경우에 그 전부 또는 일부를 되돌려주는 것을 말한다.
② 세관장은 납세의무자가 관세·가산세 또는 강제징수비로 납부한 금액 중 잘못 납부하거나 초과하여 납부한 금액 또는 이 법에 따라 환급해야 할 환급세액의 환급을 청구할 때에는 대통령령으로 정하는 바에 따라 지체 없이 이를 관세환급금으로 결정하고 30일 이내에 환급해야 한다.
③ 세관장이 확인한 관세환급금은 납세의무자가 환급을 청구하지 아니하더라도 환급해야 한다.
④ 세관장은 관세환급금을 환급하는 경우에 환급받을 자가 세관에 납부해야 하는 관세와 그 밖의 세금, 가산세 또는 강제징수비가 있을 때에는 납세의무자의 동의를 받아 환급해야 하는 금액에서 이를 충당할 수 있다.
⑤ 납세의무자의 관세환급금에 관한 권리는 제3자에게 양도할 수 있다.

12 세관공무원이 관세조사권을 행사함에 있어서 이미 조사받은 자를 다시 조사할 수 없는 경우에 해당하는 것은?

① 관세탈루 등의 혐의를 인정할 만한 명백한 자료가 있는 경우
② 이미 조사받은 자의 거래상대방을 조사할 필요가 있는 경우
③ 재조사 결정에 따라 결정서 주문에 기재된 범위 외의 재조사를 하는 경우
④ 납세자가 세관공무원에게 직무와 관련하여 금품을 제공하거나 금품제공을 알선한 경우
⑤ 밀수출입, 부정・불공정무역 등 경제질서 교란 등을 통한 탈세혐의가 있는 자에 대하여 일제조사를 하는 경우

13 「관세법」상 이의신청에 대한 내용으로 옳지 않은 것은?

① 이의신청은 불복의 사유를 갖추어 해당 처분을 하였거나 하였어야 할 세관장에게 해야 한다.
② 이의신청을 받은 세관장은 관세심사위원회의 심의를 거쳐 결정해야 한다.
③ 이의신청은 해당 처분을 한 것을 안 날(처분하였다는 통지를 받았을 때에는 통지를 받은 날)부터 90일 이내에 제기해야 한다.
④ 이의신청을 받은 세관장은 이의신청을 받은 날부터 30일 이내에 이의신청의 대상이 된 처분에 대한 의견서를 이의신청인에게 송부해야 한다.
⑤ 이의신청인은 송부받은 의견서에 대하여 반대되는 증거서류 또는 증거물을 세관장에게 제출할 수 있다.

14 「관세법 제226조에 따른 세관장확인물품 및 확인방법 지정고시」에 따른 자율확인 우수기업 인증기준으로 옳지 않은 것은?

수출입실적	ⓐ 신청일로부터 최근 3년간 수출입실적이 있으면서, ⓑ 최근 1년간 인증대상 법령 기준으로 세관장확인 요건을 구비한 수출입신고 건수 또는 요건확인 품목 건수가 월평균 100건 이상인 경우 ※ ⓒ 중소기업의 경우 70건 이상
업체별 통합 법규준수도	ⓓ 관세청장이 정하는 업체별 통합 법규준수도 점수가 신청일로부터 최근 4분기 평균 90점 이상인 경우 ※ ⓔ 중소기업의 경우 85점 이상

① ⓐ
② ⓑ
③ ⓒ
④ ⓓ
⑤ ⓔ

15 **수입통관 시 신고서에 의한 간이신고 품목이 아닌 것은?**

① 설계도 중 수입승인이 면제되는 것
② 상업용견본품으로서 총 과세가격이 미화 250불 이하의 면세대상물품
③ 판매 목적의 미화 1,500달러 상당의 우편물
④ 「외국환거래법」에 따라 금융기관이 외환업무를 영위하기 위하여 수입하는 지급수단
⑤ 국내거주자가 수취하는 자가사용물품으로서 물품가격이 미화 150달러 이하인 면세대상물품

「관세법령」상 가격신고를 생략할 수 있는 물품이 아닌 것은? ❙ 2024

① 「공공기관의 운영에 관한 법률」 제4조에 따른 공공기관이 수입하는 물품
② 방위산업용 기계와 그 부분품 및 원재료로 수입하는 물품. 다만, 해당 물품과 관련된 중앙행정기관의 장의 수입확인 또는 수입추천을 받은 물품에 한정한다.
③ 「특정연구기관 육성법」의 규정에 의한 특정연구기관이 수입하는 물품
④ 종가세 적용물품. 다만, 종량세와 종가세 중 높은 세액 또는 높은 세율을 선택하여 적용해야 하는 물품의 경우에는 제외한다.
⑤ 과세가격이 미화 1만 불 이하인 물품. 다만, 개별소비세, 주세, 교통・에너지・환경세가 부과되는 물품과 분할하여 수입되는 물품은 제외한다.

17 **납세자의 성실성 추정의 배제사유가 아닌 것은?**

① 납세자가 법에서 정하는 신고 및 신청을 이행하지 아니한 경우
② 납세자가 과세자료의 제출 등의 납세협력의무를 이행하지 아니한 경우
③ 납세자가 탈세를 하였을 것이라는 세관공무원의 강한 심증이 있는 경우
④ 신고내용에 탈루나 오류의 혐의를 인정할 만한 명백한 자료가 있는 경우
⑤ 납세자의 신고내용이 관세청장이 정한 기준과 비교하여 불성실하다고 인정되는 경우

18 **원산지증명서에 대한 내용으로 옳지 않은 것은?**

① 「관세법」, 조약, 협정 등에 따라 원산지 확인이 필요한 물품을 수입하는 자는 해당 물품의 원산지를 증명하는 서류(원산지증명서)를 제출해야 한다.

② 세관장은 원산지 확인이 필요한 물품을 수입하는 자가 원산지증명서를 제출하지 아니하는 경우에는 「관세법」, 조약, 협정 등에 따른 관세율을 적용할 때 일반특혜관세·국제협력관세 또는 편익관세를 배제하는 등 관세의 편익을 적용하지 아니할 수 있다.

③ 세관장은 원산지 확인이 필요한 물품을 수입한 자로 하여금 제출받은 원산지증명서의 내용을 확인하기 위하여 필요한 자료(원산지증명서확인자료)를 제출하게 할 수 있다.

④ 원산지 확인이 필요한 물품을 수입한 자가 정당한 사유 없이 원산지증명서확인자료를 제출하지 아니할 때에는 세관장은 수입신고시 제출받은 원산지증명서의 내용을 인정하지 아니할 수 있다.

⑤ 세관장은 원산지증명서확인자료를 제출한 자가 정당한 사유를 제시하여 그 자료를 공개하지 아니할 것을 요청한 경우에는 그 제출인의 묵시적 동의가 없는 한 해당 자료를 공개하여서는 아니 된다.

19 **통관보류 등에 대한 조치로 옳지 않은 것은?**

① 세관장은 통관보류 등이 요청된 물품이 지식재산권을 침해한 물품이라고 인정되면 해당 물품의 통관보류 등을 해야 한다.

② 지식재산권의 권리자가 해당 물품의 통관 또는 유치 해제에 동의하는 때에는 관세청장이 정하는 바에 따라 통관보류 등이 요청된 물품의 통관을 허용하거나 유치를 해제할 수 있다.

③ 세관장은 통관보류 등을 한 경우 그 사실을 수출입신고 등을 한 자 또는 물품의 화주 및 지식재산권 권리자에게 통보해야 한다.

④ 수출입신고 등을 한 자 또는 물품의 화주가 통관 또는 유치 해제를 요청하려는 때에는 관세청장이 정하는 바에 따라 신청서와 해당 물품이 지식재산권을 침해하지 않았음을 소명하는 자료를 세관장에게 제출해야 한다.

⑤ 세관장은 통관 또는 유치 해제의 요청이 있는 경우 해당 물품의 통관 또는 유치 해제 허용 여부를 요청일부터 30일 이내에 결정한다.

20 다음 중 세관장이 신고수리 전 반출을 승인할 수 있는 경우는 모두 몇 개인가?

- 완성품의 세번으로 수입신고 수리받고자 하는 물품이 미조립상태로 분할선적 수입된 경우
- 「조달사업에 관한 법률」에 따른 비축물자로 신고된 물품으로서 실수요자가 결정되지 아니한 경우
- 사후세액심사 대상물품(부과고지물품 포함)으로서 세액결정에 오랜 시간이 걸리는 경우
- 품목분류나 세율결정에 오랜 시간이 걸리는 경우
- 수입신고 시 「관세법 시행령」 제236조 제1항 제1호에 따라 원산지증명서를 세관장에게 제출하지 못한 경우

① 1개
② 2개
③ 3개
④ 4개
⑤ 5개

21 「수입통관 사무처리에 관한 고시」에 따른 수입화주에 해당하는 자로 옳지 않은 것은? ▌2024

① 물품의 수입을 위탁받아 수입업자가 대행수입한 물품인 경우에는 그 대행수입업자
② 수입을 위탁받아 수입업체가 대행수입한 물품이 아닌 경우에는 송품장(송품장이 없을 때에는 선하증권이나 항공화물운송장)에 기재된 물품수신인
③ 수입물품을 수입신고 전에 양도한 경우에는 그 양수인
④ 송품장상의 물품수신인이 부도 등으로 직접 통관하기 곤란한 경우에는 적법한 절차를 거쳐 수입물품의 양수인이 된 은행
⑤ 법원 임의경매절차에 의하여 경락받은 물품은 그 물품의 경락자

22 시기별 수입신고에 대한 내용으로 옳지 않은 것은?

① 수입하려는 물품의 신속한 통관이 필요할 때에는 해당 물품을 적재한 선박이나 항공기가 입항하기 전에 수입신고를 할 수 있으며, 이 경우 입항 전 수입신고가 된 물품은 우리나라에 도착한 것으로 본다.
② 세관장은 입항 전 수입신고를 한 물품에 대하여 검사대상으로 결정된 물품은 입항 전에 그 수입신고를 수리할 수 있다.
③ 입항 전 수입신고는 당해 물품을 적재한 선박 또는 항공기가 그 물품을 적재한 항구 또는 공항에서 출항하여 우리나라에 입항하기 5일 전(항공기의 경우 1일 전)부터 할 수 있다.
④ 보세구역 도착 전 신고는 해당물품이 도착할 보세구역을 관할하는 세관장에게 신고하여야 한다.
⑤ 보세구역 장치 후 신고는 해당물품이 장치된 보세구역을 관할하는 세관장에게 신고하여야 한다.

제4회 최종모의고사

23 신고의 취하 및 각하에 대한 내용으로 옳은 것은?

❙2019, 2020, 2021, 2023

① 신고의 취하란 수출・수입 또는 반송의 신고가 그 요건을 갖추지 못하였거나 부정한 방법으로 신고되었을 때 해당 수출・수입 또는 반송의 신고를 반려하는 것이다.
② 신고의 각하란 신고인의 요청에 의하여 신고사항을 취소하는 것이다.
③ 수입신고 취하 승인으로 수입신고나 수입신고 수리의 효력은 상실한다.
④ 수입 및 반송의 신고는 운송수단, 관세통로, 하역통로 또는 「관세법」에 규정된 장치장소에서 물품을 반출한 후에 취하할 수 있다.
⑤ 세관장은 신고를 취하한 때에는 즉시 그 사실을 신고인에게 통보하고 통관시스템에 등록하여야 한다.

24 신고서류의 보관기간으로 옳지 않은 것은?

① 「관세법」에 따라 가격신고, 납세신고, 수출입신고, 반송신고, 보세화물반출입신고, 보세운송신고를 하거나 적재화물목록을 제출한 자는 신고 또는 제출한 자료(신고필증 포함)를 신고 또는 제출한 날부터 5년의 범위에서 대통령령으로 정하는 기간 동안 보관해야 한다.
② 신고인은 신고필증을 교부받은 경우에는 제출서류를 신고인별, 신고번호순으로 보관 · 관리해야 하며 세관장이 업무상 필요에 의하여 신고서류를 요구할 경우 이를 즉시 제출해야 한다.
③ 관세사가 사무소 형태변경, 관할지 변경 등 일시적 사유로 폐업신고를 하는 경우에는 보관 중인 서류목록을 작성하여 해당 서류와 함께 통관지 세관장 또는 관할지 세관장에게 해당사유가 발생한 날로부터 15일 이내에 제출해야 한다.
④ 지식재산권의 거래에 관련된 계약서 또는 이에 갈음하는 서류의 보관기간은 해당 신고에 대한 수리일부터 5년이다.
⑤ 신고인은 보관대상 신고자료를 마이크로 필름 · 광디스크 · ERP시스템 등 자료전달 및 보관매체에 의하여 보관할 수 있다.

25 수출신고의 취하 및 각하에 대한 내용으로 옳지 않은 것은?

① 수출신고를 취하하려는 자는 수출신고 취하승인(신청)서에 신고취하 신청내역을 기재하여 통관지 세관장에게 전송해야 한다.
② 수출신고 취하신청(승인)서를 접수한 세관장은 정당한 이유가 있는 경우에 한정하여 수출신고 취하를 승인해야 한다.
③ 신고인이 전송한 수출신고 취하승인(신청)서를 통관지 세관장이 수령한 때 수출신고 또는 수출신고 수리의 효력은 상실된다.
④ 거짓 또는 그 밖의 부정한 방법으로 수출신고한 경우에는 수출신고를 각하할 수 있다.
⑤ 수출신고의 형식적 요건을 갖추지 못한 경우에는 수출신고를 각하할 수 있다.

제2과목 보세구역관리

01 「관세법」상 보세구역에 대한 내용으로 옳지 않은 것은?

① 세관장은 외국물품에 대하여 보세구역 외 장치의 허가를 하려는 때에는 그 물품의 관세에 상당하는 담보의 제공, 필요한 시설의 설치 등을 명할 수 있다.
② 보세구역에 물품을 반입하거나 반출하려는 자는 세관장에게 신고해야 한다.
③ 보세구역에 장치된 물품은 그 현상을 유지하기 위하여 필요한 보수작업과 그 성질을 변하지 아니하게 하는 범위에서 포장을 바꾸거나 구분・분할・합병을 하거나 그 밖의 비슷한 보수작업을 할 수 있다.
④ 보세구역에 장치된 물품에 대하여는 그 원형을 변경하거나 해체・절단 등의 작업을 할 수 있으며, 작업을 하려는 자는 세관장의 허가를 받아야 한다.
⑤ 부패・손상되거나 그 밖의 사유로 보세구역에 장치된 물품을 폐기하려는 자는 관세청장의 허가를 받아야 한다.

02 지정장치장에 대한 내용으로 옳지 않은 것은? ❙2018, 2022, 2023

① 지정장치장의 지정권자는 세관장이다.
② 지정장치장에 물품을 장치하는 기간은 6개월의 범위에서 관세청장이 정하며, 세관장은 3개월의 범위에서 그 기간을 연장할 수 있다.
③ 지정장치장에 반입한 물품은 원칙적으로 세관장이 그 보관의 책임을 진다.
④ 세관장은 지정장치장의 질서유지와 화물의 안전관리를 위하여 필요하다고 인정할 때에는 화주를 갈음하여 보관의 책임을 지는 화물관리인을 지정할 수 있다.
⑤ 지정장치장의 화물관리인은 화물관리에 필요한 비용(세관설비 사용료를 포함)을 화주로부터 징수할 수 있다.

03 세관장이 지정장치장의 화물관리인으로 지정할 수 없는 자는?

① 직접 물품관리를 하는 국가기관의 장
② 관세행정과 관련 있는 비영리법인
③ 보세화물의 관리와 관련 있는 영리법인
④ 해당 시설의 소유자가 요청한 자
⑤ 해당 시설의 관리자가 요청한 자

04 세관검사장에 반입되는 물품의 채취 · 운반 등에 필요한 비용을 부담하는 자는?

① 관세청장
② 세관장
③ 운영인
④ 화 주
⑤ 화주와 운영인

05 「관세법」에 따른 특허보세구역 운영인의 결격사유가 아닌 것은? ❙2021

① 피성년후견인과 피한정후견인
② 파산선고를 받고 복권되지 아니한 자
③ 「관세법」을 위반하여 징역형의 집행유예를 선고받고 그 유예기간 중에 있는 자
④ 「관세법」을 위반하여 징역형의 실형을 선고받고 그 집행이 끝나거나 면제된 후 2년이 지나지 아니한 자
⑤ 양벌규정에 따라 벌금형 또는 통고처분을 받은 자로서 그 벌금형을 선고받거나 통고처분을 이행한 후 2년이 지나지 않은 개인 또는 법인

06 세관장이 해당 특허보세구역에의 물품반입 또는 보세건설 · 보세판매 · 보세전시 등을 정지시킬 수 있는 사유가 아닌 것은? ❙2019

① 장치물품에 대한 관세를 납부할 자금능력이 없다고 인정되는 경우
② 본인이 「관세법」 또는 「관세법」에 따른 명령을 위반한 경우
③ 사용인이 「관세법」 또는 「관세법」에 따른 명령을 위반한 경우
④ 특허보세구역 운영인의 명의대여 금지 규정을 위반하여 명의를 대여한 경우
⑤ 해당 시설의 미비 등으로 특허보세구역의 설치 목적을 달성하기 곤란하다고 인정되는 경우

07 다음은 특허보세구역의 운영인에 대한 과징금의 부과기준에 대한 설명이다. 빈칸에 들어갈 내용으로 옳은 것은?

> 세관장은 산정된 과징금 금액의 (ⓐ)의 범위에서 사업규모, 위반행위의 정도 및 위반횟수 등을 고려하여 그 금액을 가중하거나 감경할 수 있다. 다만, 과징금을 가중하는 경우에는 과징금 총액이 연간매출액의 (ⓑ)을/를 초과할 수 없다.

① ⓐ – 2분의 1, ⓑ – 100분의 3
② ⓐ – 2분의 1, ⓑ – 100분의 5
③ ⓐ – 4분의 1, ⓑ – 100분의 3
④ ⓐ – 4분의 1, ⓑ – 100분의 5
⑤ ⓐ – 5분의 1, ⓑ – 100분의 12

08 다음은 특허보세구역의 특허의 효력상실 시 조치에 대한 내용이다. 빈칸에 들어갈 기간으로 옳은 것은?

❙ 2022

> 특허보세구역의 설치·운영에 관한 특허의 효력이 상실되었을 때에는 해당 특허보세구역에 있는 외국물품의 종류와 수량 등을 고려하여 (   )의 범위에서 세관장이 지정하는 기간 동안 그 구역은 특허보세구역으로 보며, 운영인이나 그 상속인 또는 승계법인에 대하여는 해당 구역과 장치물품에 관하여 특허보세구역의 설치·운영에 관한 특허가 있는 것으로 본다.

① 1개월
② 3개월
③ 6개월
④ 1년
⑤ 2년

09 특수보세창고의 요건에 대한 내용으로 옳지 않은 것은?

❙ 2019

① 위험물품전용 보세창고는 위험물품 취급자격자를 채용하여야 한다.
② 야적전용 보세창고(창고건물에 부속된 야적장은 제외)는 4,500m^2 이상의 대지로서 주위의 지면보다 높아야 하며, 침수를 방지할 수 있는 구조와 시설을 갖추어야 한다.
③ 컨테이너전용 보세창고의 부지면적은 15,000m^2 이상이어야 한다.
④ 액체화물전용 보세창고는 지붕이 있고 주위에 벽을 가진 건축물로서 창고면적이 1,000m^2 이상이어야 한다.
⑤ 복합물류 보세창고는 물품 보관시설과 구획을 달리하여 분류·재포장·상표부착 등에 필요한 시설과 작업장을 갖추어야 하며 수량 단위 화물관리가 가능한 재고관리 시스템을 구비하여야 한다.

보세창고 운영인의 물품반입 정지사유가 아닌 것은? ❙2020

① 장치물품에 대한 관세를 납부할 자금능력이 없다고 인정되는 경우
② 본인 또는 그 사용인이 「관세법」 또는 같은 법에 따른 명령을 위반한 경우
③ 해당 시설의 미비 등으로 보세창고 설치 목적을 달성하기 곤란하다고 인정되는 경우
④ 운영인 또는 그 종업원이 합법가장 밀수를 인지하고도 세관장에게 보고하지 않고 보관 또는 반출한 때
⑤ 운영인이 최근 1년 동안 2회 이상 경고처분을 받은 때

보세공장에 대한 내용으로 옳지 않은 것은? ❙2020

① 보세공장에서는 외국물품을 원료 또는 재료로 하거나 외국물품과 내국물품을 원료 또는 재료로 하여 제조·가공하거나 그 밖에 이와 비슷한 작업을 할 수 있다.
② 보세공장에서는 어떠한 경우에도 내국물품만을 원료로 하거나 재료로 하여 제조·가공하거나 그 밖에 이와 비슷한 작업을 할 수 없다.
③ 세관장은 수입통관 후 보세공장에서 사용하게 될 물품에 대하여는 보세공장에 직접 반입하여 수입신고를 하게 할 수 있다.
④ 운영인은 보세공장에 반입된 물품을 그 사용 전에 세관장에게 사용신고를 해야 하며, 이 경우 세관공무원은 그 물품을 검사할 수 있다.
⑤ 세관장은 가공무역이나 국내산업의 진흥을 위하여 필요한 경우에는 기간, 장소, 물품 등을 정하여 해당 보세공장 외에서 보세공장에서 수행하는 작업을 허가할 수 있다.

12 보세공장의 특허요건 중 시설요건이 아닌 것은?

① 제조·가공 그 밖의 보세작업에 필요한 기계시설 및 기구의 비치
② 물품검사를 위하여 필요한 측정용 기기와 이에 부수하는 장비의 비치
③ 소방법령 및 소방관서가 지정하는 방화 및 소방시설의 구비
④ 물품관리를 위한 시스템[기업자원관리(ERP) 시스템 등]을 구비
⑤ 전기사업법령의 규정에 적합한 전기설비 및 전기안전시설의 구비

13 다음은 「보세공장 운영에 관한 고시」에 따른 반입대상 물품에 대한 내용이다. 빈칸에 들어갈 기간으로 옳은 것은?

> 수입통관 후 해당 보세공장에서 사용할 기계, 기구, 부분품, 소모품, 견품, 내국작업 원재료 및 해당 보세공장 부설 연구소에서 사용될 시설기자재·원재료 등은 보세공장에 반입할 수 있다. 이 경우 반입된 물품은 반입일부터 (　　) 이내에 법 제241조 제1항에 따른 수입 또는 반송신고를 하여야 한다.

① 5일　　② 10일
③ 15일　　④ 30일
⑤ 2개월

14 세관장의 혼용승인을 받고 보세공장에서 외국물품과 내국물품을 혼용하여 제조한 제품을 국내로 수입하는 경우이다. 제품에 부과되는 관세로 맞는 것은?

Ⅰ 2024

> • 제품가격 : 10,000,000원
> • 제품 관세율 : 10%
> • 외국원자재 가격 : 3,000,000원
> • 내국원자재 가격 : 2,000,000원

① 1,000,000원　　② 800,000원
③ 600,000원　　④ 400,000원
⑤ 300,000원

15 다음 빈칸에 들어갈 기간으로 옳은 것은?

> **「보세공장 운영에 관한 고시」 제22조(장외작업) 제2항**
> 장외작업 허가신청을 받은 세관장은 (ⓐ) 이내의 기간과 장소를 정하여 이를 허가할 수 있다. 다만, 다음 각 호의 어느 하나에 해당하는 경우에는 해당 기간 이내에서 장외작업을 허가할 수 있다.
> 1. 임가공계약서 등으로 전체 장외작업의 내용(장외작업장소, 작업종류, 예상 작업기간)을 미리 알 수 있어 여러 건의 장외작업을 일괄 허가하는 경우 – (ⓑ)
> 2. 제품 1단위를 생산하는데 장기간 소요되는 물품인 경우 – (ⓒ)

① ⓐ – 6개월, ⓑ – 1년, ⓒ – 2년
② ⓐ – 6개월, ⓑ – 1년, ⓒ – 3년
③ ⓐ – 6개월, ⓑ – 2년, ⓒ – 1년
④ ⓐ – 1년, ⓑ – 2년, ⓒ – 3년
⑤ ⓐ – 1년, ⓑ – 3년, ⓒ – 3년

16 「보세공장 운영에 관한 고시」에 규정된 자율관리 보세공장 지정요건으로 옳지 않은 것은?

① 「수출입 안전관리 우수업체 공인 및 운영에 관한 고시」 제5조에서 정한 A등급 이상인 수출입 안전관리 우수업체인 자
② 해당 보세공장에 장치된 물품을 관리하는 보세사를 채용한 자
③ 전년도 해당 공장에서 생산한 물품의 수출입신고금액 중 수출신고금액 비중이 50% 이상인 자
④ 반출입, 제조·가공, 재고관리 등 업무처리의 적정성을 확인·점검할 수 있는 기업자원관리(ERP) 시스템에 세관 전용화면을 제공한 자
⑤ 반출입, 제조·가공, 재고관리 등 업무처리의 적정성을 확인·점검할 수 있는 업무처리시스템에 해당 시스템의 열람 권한을 제공한 자

17 「보세공장 운영에 관한 고시」에 따른 수출물품 등의 보세운송에 대한 내용으로 옳지 않은 것은?

① 보세공장에서 다른 보세구역 또는 다른 보세공장으로 반출하는 물품은 보세운송 승인일로부터 7일 이내에 도착지에 도착해야 한다.

② 부득이한 사유가 있는 경우에는 7일의 범위 내 또는 세관장이 인정하는 기간까지 보세운송기간을 연장할 수 있다.

③ 보세공장에서 제조·가공되어 수출신고 수리된 물품은 보세운송절차에 의하여 수출신고 수리일로부터 7일 이내에 도착지에 도착해야 하며, 보세운송기간의 연장은 제39조에 따른 선(기)적 기간의 연장으로 갈음한다.

④ 보세구역 운영인 등은 수출물품이 도착한 때에는 운송인으로부터 수출신고수리필증 또는 반출입신고서 사본을 제출받아 도착화물의 이상 유무를 확인하고, 이상이 있는 경우에는 즉시 그 사실을 도착지 세관의 보세운송 담당과에 보고해야 하며, 보세운송 담당과는 도착물품을 검사하고 이상이 있을 때에는 그 결과를 발송지 세관장에게 통보해야 한다.

⑤ 보세구역 운영인은 수출신고 수리물품 등의 관리에 있어 수입물품에 준하여 관리해야 하며, 세관장의 정당한 허가, 승인 없이는 해당 물품의 반출을 허용하여서는 안 된다.

18 「보세전시장 운영에 관한 고시」에 따른 전시에 대한 내용으로 옳지 않은 것은?

① 보세전시장에서의 외국물품의 전시는 전시의 대상이 될 물품의 성능을 실연하기 위하여 이를 작동시키는 행위를 포함한다.

② 보세전시장에서의 외국물품의 사용은 그 물품의 성질 또는 수량에 변경을 가하는 것이며, 전시장에서 소비하는 행위는 해당되지 않는다.

③ 반입된 외국물품 중 판매용품, 오락용품, 증여용품은 수입신고 수리 후 사용이 가능한 물품이다.

④ 증여용품 중 관세가 면제되는 물품은 주최자 또는 출품자가 전시장에서 관람자에게 무상으로 제공할 목적으로 수입하고 관람자 1명당 증여품의 가액이 미화 5달러 상당액 이하인 소액물품으로서 세관장이 타당하다고 인정하는 물품에 한정한다.

⑤ 소액증여품이 전시된 기계류의 성능실연 과정에서 제조되는 것일 때에는 그 제조용 원료도 관세가 면제되는 물품에 포함된다.

19 **「보세건설장 관리에 관한 고시」에 따른 보세건설장 설치·운영의 특허를 받으려는 자가 보세구역 특허 신청서와 함께 세관장에게 제출해야 하는 민원인 제출서류가 아닌 것은?**

① 공사계획서(목적, 일정, 투자내역, 건설 후 제조공정도, 수입금액 등 관련 내용 포함)
② 수입하는 기계류, 설비품 및 공사용 장비명세서(기본계획도, 설비배열도, 장치의 계선도 등 포함)
③ 공사평면도 및 건물배치도
④ 위치도
⑤ 보세건설장 운영과 관계가 있는 임원에 대한 신원확인(신원조회) 관련서류

「보세판매장 운영에 관한 고시」에 따른 운영인의 의무로 옳지 않은 것은? 2020, 2023

① 시내면세점 운영인은 해당 보세판매장에 「보세판매장 특허에 관한 고시」 제4조에 따른 중소·중견 기업 제품 매장을 설치하여야 한다.
② 보세판매장에서 판매하는 물품과 동일 또는 유사한 물품을 수입하여 내수판매를 할 수 있도록 노력하여야 한다.
③ 판매물품을 진열·판매하는 때에는 상표단위별 진열장소의 면적은 매장면적의 10분의 1을 초과할 수 없다.
④ 운영인은 상거래상의 법적, 도의적 책임을 다하여야 하며 판매가격 표시제를 엄수하여야 한다.
⑤ 운영인은 해당 월의 보세판매장의 업무사항을 다음 달 7일까지 보세판매장 반출입물품 관리를 위한 전산시스템을 통하여 세관장에게 보고하여야 한다.

21 「보세판매장 운영에 관한 고시」에 따른 통합물류창고 등 반출입물품의 관리에 관한 규정으로 옳지 않은 것은?

① 보세판매장 협의단체의 장이 보세창고 또는 자유무역지역 내 물류창고를 통합물류창고로 운영하려는 때에는 관세청장으로부터 허가를 받아야 한다.
② 통합물류창고 운영인은 통합물류창고에 반입된 전체 물품의 재고현황을 확인할 수 있도록 반출입 관리하고, 반입검사신청 후의 물품은 각 보세판매장별로 구분하여 관리해야 한다.
③ 지정보세구역에 물품을 보관한 경우, 화물관리인은 보세판매장 반입물품을 통합하여 재고 관리해야 한다.
④ 운영인은 보세운송절차에 의하여 통합물류창고(지정보세구역 포함)와 보세판매장 간에 장치된 물품을 반출입하거나, 보세판매장에서 판매된 물품을 통합물류창고(지정보세구역 포함)에 장치된 같은 물품으로 구매자에게 인도할 수 있다.
⑤ 운영인은 통합물류창고를 활용하여 해외 면세점에 물품을 공급하거나 공급한 물품을 재반입할 수 있다. 이때 공급 및 재반입 절차는 반송절차와 판매용 물품의 반입절차에 따른다.

22 다음은 종합보세구역 지정요건에 대한 내용이다. 빈칸에 들어갈 내용으로 옳은 것은?

- 외국인투자금액이 미화 (ⓐ) 이상
- 수출금액이 연간 미화 (ⓑ) 이상
- 외국물품의 반입물량이 월 (ⓒ) 이상

① ⓐ – 1천만 불, ⓑ – 1천만 불, ⓒ – 1천 톤
② ⓐ – 2천만 불, ⓑ – 2천만 불, ⓒ – 1천 톤
③ ⓐ – 1천만 불, ⓑ – 1천만 불, ⓒ – 2천 톤
④ ⓐ – 2천만 불, ⓑ – 2천만 불, ⓒ – 2천 톤
⑤ ⓐ – 3천만 불, ⓑ – 3천만 불, ⓒ – 3천 톤

23 **종합보세사업장에서의 보수작업에 대한 내용으로 옳지 않은 것은?**

① 종합보세사업장에서 보수작업을 하고자 하는 자는 보수작업신고서를 세관장에게 제출해야 한다.
② HS 품목분류의 변화를 가져오는 것은 보수작업으로 인정하지 아니한다.
③ 보수작업은 종합보세사업장 내의 다른 보세화물에 장애가 되지 않는 범위 내에서 이루어져야 하며, 세관장이 필요하다고 인정하는 경우에는 화물관리 세관공무원으로 하여금 작업과정을 감독하게 할 수 있다.
④ 보수작업 신고인이 보수작업을 완료한 때에는 보수작업 완료보고서를 세관장에게 제출하여 그 확인을 받아야 한다.
⑤ 수입될 물품의 보수작업의 재료는 내국물품만을 사용해야 하며, 수입통관을 거치더라도 외국물품은 보수작업의 재료로 사용할 수 없다.

24 **다음은 「수입활어 관리에 관한 특례고시」에 따른 활어장치장의 보세구역 외 장치에 대한 내용이다. 빈칸에 들어갈 값으로 옳은 것은?**

> 보세구역 외 장치장은 세관으로부터 (ⓐ)km 이내에 위치해야 한다. 다만, 관내 보세창고의 수용능력, 반입물량, 감시단속상의 문제점 등을 고려하여 세관장이 타당하다고 인정하는 경우에는 세관으로부터 (ⓑ)km를 초과하지 아니하는 범위 내에서 보세구역 외 장치를 허가할 수 있다.

① ⓐ - 30, ⓑ - 60
② ⓐ - 35, ⓑ - 70
③ ⓐ - 40, ⓑ - 80
④ ⓐ - 45, ⓑ - 90
⑤ ⓐ - 50, ⓑ - 100

25 **「수입활어 관리에 관한 특례고시」에 따른 행정제재 중 경고처분해야 하는 경우로 옳지 않은 것은?**

① CCTV의 배치와 관리 규정을 위반한 경우
② 미통관 표식 규정을 이행하지 아니한 경우
③ 세관장의 검량요구를 정당한 사유 없이 이행하지 아니한 경우
④ 폐사어 관리대장을 사실과 다르게 기재하여 세관장에게 통보한 경우
⑤ 운영인이 합법가장 밀수를 인지하고도 세관장에게 보고하지 않고 보관한 경우

제3과목 화물관리

01 **보세구역의 물품 장치에 대한 내용으로 옳지 않은 것은?**

① 보세구역에는 인화질 또는 폭발성의 물품을 장치하지 못한다.
② 보세창고에는 부패할 염려가 있는 물품 또는 살아있는 동물이나 식물을 장치하지 못한다.
③ 위험물, 보온·보냉물품, 검역대상물품, 귀금속 등은 해당 물품을 장치하기에 적합한 요건을 갖춘 보세구역에 장치해야 한다.
④ 식품류는 보세구역 수입식품류 보관기준을 갖춘 보세구역에 장치해야 한다.
⑤ 크기 또는 무게의 과다나 그 밖의 사유로 보세구역에 장치하기 곤란하거나 부적당한 물품을 보세구역이 아닌 장소에 장치하려는 자는 보세구역 운영인의 허가를 받아야 한다.

02 **「보세화물관리에 관한 고시」에 따른 특정물품의 장치장소에 대한 내용으로 옳지 않은 것은?**

▎2022

① 입항 전 또는 하선(기) 전에 수입신고가 되거나 보세운송신고가 된 물품은 보세구역에 반입함이 없이 부두 또는 공항 내에서 보세운송 또는 통관절차와 검사절차를 수행하도록 해야 한다.
② 관리대상화물은 「관리대상화물 관리에 관한 고시」에 따라 장치한다.
③ 보세창고, 보세공장, 보세전시장, 보세판매장에 반입할 물품은 특허시 세관장이 지정한 장치물품의 범위에 해당하는 물품만 해당 보세구역에 장치한다.
④ 보세구역 외 장치의 허가를 받은 물품은 그 허가를 받은 장소에 장치한다.
⑤ 수입고철(비금속설을 포함)은 컨테이너전용 지정장치장(CY)에 장치하는 것을 원칙으로 한다.

03 **「보세화물관리에 관한 고시」에 따른 보세구역 외 장치 허가 대상으로 옳지 않은 것은?**

① 귀중품, 의약품, 살아있는 동·식물 등으로서 보세구역에 장치하는 것이 곤란한 물품
② 보세구역이 아닌 검역시행장에 반입할 검역물품
③ 중계무역물품으로서 보수작업이 필요한 경우 시설미비, 장소협소 등의 사유로 인하여 보세구역 내에서 보수작업이 곤란하고 감시단속상 문제가 없다고 세관장이 인정하는 물품
④ 자가공장 및 시설(용광로 또는 전기로, 압연시설)을 갖춘 실수요자가 수입하는 고철 등 물품
⑤ 성실납세자가 수입하는 수출용 원재료

04 보세구역 외 장치 허가 시 제공해야 하는 담보에 대한 내용으로 옳지 않은 것은?

① 세관장은 보세구역 외 장치 허가신청(보세구역 외 장치 허가기간 연장의 경우를 포함)을 받은 경우 보세구역 외 장치 허가기간에 1개월을 연장한 기간을 담보기간으로 하여 담보제공을 명할 수 있다.
② 세관장은 보세구역 외 장치 허가를 받으려는 물품 또는 업체가 기준에 해당하는 경우에는 담보제공을 생략하게 할 수 있다.
③ 세관장은 보세구역 외 장치 허가 시 담보의 제공을 생략받은 업체가 경영부실 등으로 채권확보가 곤란한 때에는 보세구역 외 장치 허가 중인 물품에 대하여 담보를 제공하게 할 수 있다.
④ 보세구역 외 장치 담보액은 수입통관 시 실제 납부해야 할 관세 등 제세 상당액으로 한다.
⑤ 관세 등 제세의 면제나 감면이 보세구역 외 장치 허가시점에 객관적인 자료로서 확인되지 않은 경우에는 확인이 될 때까지 담보제공 의무가 유보된다.

05 보세구역 외 장치의 허가기간에 대한 내용으로 옳지 않은 것은?

① 보세구역 외 장치의 허가기간은 6개월의 범위 내에서 세관장이 필요하다고 인정하는 기간으로 정한다.
② 보세구역 외 장치의 허가기간이 종료한 때에는 보세구역에 반입해야 한다.
③ 품목분류 사전심사의 지연으로 수입신고할 수 없는 경우 세관장은 허가기간을 연장할 수 있다.
④ 보세구역 외 장치 허가기간을 연장하려는 자는 보세구역 외 장치기간 연장(신청)서를 제출하여 세관장으로부터 허가를 받아야 한다.
⑤ 세관장은 보세구역 외 장치 허가기간이 종료된 때에는 담보기간 동안 보세구역 외 장치허가를 의제할 수 있으며, 이 기간 동안에 체화처리 절차를 신속히 진행해야 한다.

06 「보세화물관리에 관한 고시」에 따른 보세구역물품의 반입확인 및 반입신고에 대한 내용으로 옳지 않은 것은?

① 운영인은 하선신고서에 의한 보세화물을 반입 시 세관화물정보시스템의 반입예정정보와 대조확인하고 반입 즉시 반입신고서를 세관장에게 전자문서로 제출해야 한다.
② 운영인은 하선반입되는 물품 중 세관봉인대 봉인물품의 반입 즉시 세관장에게 세관봉인이 이상 있는지 등을 보고하고, 세관봉인대 봉인물품 반입확인대장에 세관봉인대 확인내역을 기록 관리해야 한다.
③ 운영인은 반입신고 내역을 정정하려는 때에는 반입신고 정정신청서를 세관장에게 전자문서로 제출하고 승인을 받아야 한다.
④ 컨테이너장치장(CY)에 반입한 물품을 다시 컨테이너 화물조작장(CFS)에 반입한 때에는 CY에서의 반출신고는 생략하며, CFS에서 반입신고를 해야 한다.
⑤ 동일사업장 내 보세구역 간 장치물품의 이동은 물품반출입신고로 보세운송신고를 갈음할 수 있다.

07 「보세화물관리에 관한 고시」에 따른 보세창고 내국물품 반출입신고에 대한 내용으로 옳지 않은 것은?

① 운영인이 보세창고의 일정구역에 일정기간 동안 내국물품을 반복적으로 장치하려는 경우 세관장은 외국물품의 장치 및 세관 감시단속에 지장이 없다고 인정하는 때에는 보관장소, 내국물품의 종류, 기간 등에 대해 이를 포괄적으로 허용할 수 있다.
② 보세창고에 내국물품을 반출입하려는 자는 반출입 전에 내국물품 반출입신고서를 세관장에게 전자문서로 제출해야 하며, 이 경우 반입신고에 대해서는 내국물품 장치신고로 갈음한다.
③ 반출입신고를 접수한 세관장은 반출입신고수리필증을 교부해야 한다.
④ 1년 이상 계속하여 내국물품만을 장치하려는 자는 내국물품 장치승인(신청)서를 제출하여 세관장의 승인을 받아야 한다.
⑤ 내국물품의 장치기간은 1년으로 하되, 수입신고 수리물품의 장치기간은 6개월로 한다.

보세창고에 장치할 수 있는 내국물품에 대한 설명으로 옳은 것은? ❙ 2023

① 보세창고 내 반입된 내국물품의 장치기간은 6개월이다.
② 보세창고 내에 내국물품을 반입하려는 자는 내국물품 반출입신고서를 화주에게 전자문서로 제출해야 한다.
③ 보세창고에 1년 이상 계속하여 내국물품만을 장치하려는 자는 내국물품 장치승인(신청)서를 제출하여 세관장의 승인을 받아야 한다.
④ 장치기간이 지난 내국물품은 그 기간이 지난 후 일주일 내에 운영인의 책임으로 반출해야 한다.
⑤ 보세창고의 일정구역에 일정기간 동안 내국물품을 반복적으로 장치하는 것은 불가능하다.

「보세화물관리에 관한 고시」에 따른 재고관리 및 확인에 대한 내용으로 옳지 않은 것은? ❙ 2022

① 운영인은 매 분기별 자체 전산시스템의 재고자료를 출력하여 실제재고와 이상이 있는지를 확인해야 한다.
② 운영인은 전체 전산재고 내역과 현품 재고조사 결과를 세관장에게 보고해야 한다.
③ 운영인으로부터 전산재고 내역과 현품 재고조사 결과를 보고받은 세관장은 이를 세관화물정보시스템의 재고현황과 대조확인해야 한다.
④ 운영인으로부터 전산재고 내역과 현품 재고조사 결과를 보고받은 세관장은 필요하다고 판단되는 때에는 30일 이내의 기간을 정하여 현장에서 이를 확인할 수 있다.
⑤ 세관장은 확인 결과 재고현황에 이상이 있다고 판단되는 경우에는 그 사유를 밝히는 등 필요한 조치를 취해야 한다.

10 **「보세화물관리에 관한 고시」에 따라 반입일로부터 30일 이내에 수입 또는 반송신고해야 하는 물품이 아닌 것은?**

① 인천공항과 김포공항의 하기장소 중 지정장치장 및 보세창고에 반입된 물품
② 부산항의 하선장소 중 부두 내와 부두 밖의 컨테이너전용 보세창고(CY)·컨테이너전용 지정장치장(CY)·컨테이너화물조작장(CFS)에 반입된 물품
③ 부산항의 부두 내 지정장치장 및 보세창고에 반입된 물품
④ 인천항의 하선장소 중 부두 내와 부두 밖 컨테이너전용 보세창고(CY)·컨테이너화물조작장(CFS)에 반입된 물품
⑤ 할당관세 적용 물품 중에서 관세청장이 공고한 물품

11 **「보세화물관리에 관한 고시」에 따른 포괄보수작업의 기간으로 옳은 것은?**

① 1개월 이내
② 3개월 이내
③ 6개월 이내
④ 1년 이내
⑤ 3년 이내

「보세화물관리에 관한 고시」에 따른 견품 반출입 절차로 옳지 않은 것은? ❙2019, 2021

① 보세구역 등에 장치된 외국물품의 전부 또는 일부를 견품으로 반출하려는 자는 견품반출허가(신청)서를 제출하여 세관장의 허가를 받아야 하며, 이 경우 세관장은 담보제공을 명할 수 있다.
② 세관장은 견품반출 허가를 하는 경우에는 필요한 최소한의 수량으로 제한해야 한다.
③ 세관장은 견품 채취로 인하여 장치물품의 변질, 손상, 가치감소 등으로 관세채권의 확보가 어려운 경우에는 견품반출 허가를 하지 아니할 수 있다.
④ 견품반출 허가를 받은 자는 반출기간이 종료되기 전에 해당 물품이 장치되었던 보세구역에 반입하고 견품재반입보고서를 세관장에게 제출해야 한다.
⑤ 보세구역 운영인 또는 관리인은 견품반출 허가를 받은 물품이 해당 보세구역에서 반출입될 때에는 견품반출 허가사항을 확인하고, 견품 반출입 사항을 견품반출입대장에 기록관리해야 한다.

13 「보세화물장치기간 및 체화관리에 관한 고시」에 따른 용어의 정의로 옳지 않은 것은?

① 수입화물인 경우의 "화주"란 해당 화물의 적재화물목록에 수하인으로 기재된 자를 말하며, 물품수신인란에 "TO ORDER"로 기재된 경우에는 통지처로 기재된 자를 말한다.
② 수출화물인 경우의 "화주"란 직수출(A)・완제품수출(C)・본지사관계(D)는 해당 화물의 수출신고서에 수출자로 기재된 자, 위탁수출(B)은 위탁자로 기재된 자를 말한다.
③ "반입자"란 적재화물목록의 작성책임자로서 해당 적재화물목록을 세관장에게 제출한 선박회사, 항공사 및 화물운송주선업자를 말한다.
④ "위임을 받은 자"란 보세구역에 반입된 보세화물에 대하여 그 처분의 권한을 위임받은 자, 화주가 도산한 경우는 청산인 또는 청산법인을 말한다.
⑤ "체화"란 보세구역별 물품의 장치기간 만료가 임박한 물품을 말한다.

14 「보세화물장치기간 및 체화관리에 관한 고시」에 따른 장치기간으로 옳지 않은 것은? ▮2021

① 보세창고 반입물품의 장치기간은 6개월로 하되 세관장이 필요하다고 인정할 때에는 6개월의 범위에서 그 기간을 연장할 수 있다.
② 보세창고에 반입된 정부비축물품의 장치기간은 비축에 필요한 기간으로 한다.
③ 보세구역에 반입된 물품은 해당 보세구역 반입일을 기준으로 장치기간을 기산한다.
④ 「여행자 및 승무원 휴대품 통관에 관한 고시」 제47조 제3항을 적용받는 물품(반송방법이 제한되는 물품)은 반송신고를 할 수 있는 날부터 장치기간을 기산한다.
⑤ 동일 B/L물품이 수차에 걸쳐 반입되는 경우에는 그 B/L물품의 반입이 시작된 날부터 장치기간을 기산한다.

「보세화물장치기간 및 체화관리에 관한 고시」에 따른 보세화물의 반출통고에 대한 내용으로 옳지 않은 것은?

ǀ 2019, 2022, 2023

① 보세전시장, 보세건설장, 보세판매장, 보세공장, 보세구역 외 장치장, 자가용 보세창고에 반입한 물품에 대해서는 관할세관장이 화주나 반입자 또는 그 위임을 받은 자(화주 등)에게 반출통고한다.
② 영업용 보세창고에 반입한 물품의 반출통고는 보세구역 운영인이 화주 등에게 하며, 지정장치장에 반입한 물품의 반출통고는 세관장이 화주 등에게 해야 한다.
③ 지정장치장, 보세창고에 반입한 물품에 대한 반출통고는 장치기간 만료 30일 전까지 해야 한다.
④ 보세공장, 보세판매장, 보세건설장, 보세전시장, 보세구역 외 장치장에 반입한 물품에 대한 반출통고는 보세구역 설영특허기간 만료시점에 반출통고해야 한다.
⑤ 장치기간이 2개월 미만인 물품(유치・예치물품 등)의 반출통고는 장치기간 만료시점에 해야 한다.

16 **「보세화물장치기간 및 체화관리에 관한 고시」에서 세관장이 국가귀속 조치를 보류할 수 있는 물품으로 옳지 않은 것은?**

① 「관세법」 위반으로 조사 중인 물품
② 이의신청, 심판청구, 소송 등 쟁송이 제기된 물품
③ 부패, 손상, 실용시효가 경과하는 등 국고귀속의 실익이 없다고 인정되는 물품
④ 매각물품의 성질・형태・용도 등을 고려할 때 경쟁입찰의 방법으로 매각할 수 있는 물품
⑤ 특수용도에만 한정되어 있는 물품으로서 국고귀속 조치 후에도 공매낙찰 가능성이 없는 물품

「보세화물장치기간 및 체화관리에 관한 고시」에 따른 보세화물의 국고귀속에 대한 내용으로 옳지 않은 것은?

▌2018, 2020, 2021

① 국고귀속 예정통고를 할 때 수입, 수출 또는 반송통관의 기한은 발송일부터 1개월로 한다.
② 화주나 반입자 또는 그 위임을 받은 자가 분명하지 아니하거나 그 소재가 불명하여 국고귀속 예정통고를 할 수 없을 때에는 세관게시판에 게시공고하여 이를 갈음할 수 있다.
③ 세관장은 경매 및 위탁판매의 방법으로 매각되지 아니한 물품을 국고귀속 처리할 수 있다.
④ 동・식물검역대상이나 식품검사 대상물품에 대하여는 국고귀속 심사하기 전에 세관에서는 직접 동・식물검역 또는 식품검사를 검역・검사기관에 의뢰하여 불합격된 물품은 국고귀속 예정통고 없이 국고귀속을 할 수 있다.
⑤ 국고귀속이 확정된 물품에 대하여는 국고귀속 결정 즉시 국고귀속목록을 작성하여 수탁판매기관에 인계해야 한다.

18 공동배선의 경우 적재화물목록 작성책임자로 옳은 것은?

① 국제무역선(기)을 운항하는 선박회사(항공사)
② 선박 또는 항공기의 적재공간을 용선한 선사 또는 공동운항항공사
③ 화물운송주선업자
④ 보세구역 운영인
⑤ 관세사

「보세화물 입출항 하선 하기 및 적재에 관한 고시」에 따른 해상입항화물 적재화물목록의 정정신청에 대한 내용으로 옳지 않은 것은?

▌2022

① 적재화물목록 작성책임자는 적재화물목록 제출이 완료된 이후에 그 기재내용의 일부를 정정하려는 때에는 정정사유를 증명할 수 있는 자료를 첨부하여 적재화물목록 정정신청서를 제출해야 한다.
② 보세운송으로 보세구역에 반입된 화물은 도착지 보세구역을 관할하는 세관장에게 정정신청을 해야 한다.
③ 하선결과보고서 또는 반입물품 이상보고서가 제출된 물품의 적재화물목록 정정신청은 보고서 제출일로부터 20일 이내에 신청할 수 있다.
④ 특수저장시설에 장치가 필요한 냉동화물 등을 하선과 동시에 컨테이너 적입작업을 하는 경우의 적재화물목록 정정신청은 작업완료 다음 날까지 신청할 수 있다.
⑤ 그 밖의 사유로 적재화물목록을 정정하려는 경우의 적재화물목록 정정신청은 선박 입항일로부터 60일 이내에 할 수 있다.

20 항공입항화물 중 특송화물의 경우 적재화물목록 제출의무자의 적재화물목록 제출기한으로 옳은 것은?

① 적재항에서 항공기가 출항하기 전까지
② 적재항에서 항공기가 출항하기 1시간 전까지
③ 항공기가 입항하기 전까지
④ 항공기가 입항하기 30분 전까지
⑤ 항공기가 입항하기 2시간 전까지

「보세화물 입출항 하선 하기 및 적재에 관한 고시」에 따른 항공입항화물 하기장소의 물품반입에 대한 내용으로 옳지 않은 것은?
❙2022

① 하역장소 보세구역 운영인은 화물분류 완료 후 해당 물품을 지정된 하기장소 보세구역 운영인에게 지체 없이 인계해야 하며, 위험물품 등을 인수받은 운영인은 입항 후 24시간 이내에 지정된 하기장소에 반입해야 한다.
② 물품을 인수받은 보세구역 운영인은 해당 보세구역을 하기장소로 지정한 물품에 대해 해당 물품의 반입 즉시 House AWB 단위로 세관장에게 물품반입신고를 해야 한다.
③ 창고 내에 물품을 입고하는 과정에서 실물이 적재화물목록상의 내역과 상이함을 발견하였을 때에는 반입물품 이상보고를 하거나, 반입사고화물로 분류하여 신고해야 한다.
④ House AWB이 없는 화물은 Master AWB 단위로 반입신고를 할 수 있다.
⑤ 화물관리 세관공무원은 하기장소 보세구역 운영인으로부터 반입신고가 있을 때에는 적재화물목록상 물품의 전량반입완료 및 반입사고 여부를 확인하고 규정에 따른 기한까지 반입되지 아니한 물품이 있거나 반입사고가 있는 물품에 대하여는 그 사유를 조사한 후 그 결과에 따라 처리한다.

22 「보세화물 입출항 하선 하기 및 적재에 관한 고시」에 따른 운수기관의 의무에 대한 내용으로 옳지 않은 것은?

① 우리나라에 국제무역선을 운항하는 선사는 최초 입항지 세관장에게 선박회사부호 신고서를 제출하여 영문자 4자리의 선사부호를 신고해야 한다.
② 선사가 부호를 신고하는 때에는 이미 다른 선사가 사용하고 있는 부호와 중복되지 않도록 신고해야 한다.
③ 세관장이 선사로부터 선사부호신고를 접수한 때에는 이미 신고된 타 선사의 부호와 중복되는지 여부를 심사하여 수리한 즉시 선사부호를 국가관세종합정보망에 등록해야 한다.
④ 우리나라에 국제무역기를 운항하는 항공사는 항공사부호 신고서를 제출하여 국제항공운송협회(IATA)에 등록된 영문자 2자리의 항공사부호를 신고해야 한다.
⑤ 적재화물목록의 작성 및 제출은 업체부호를 등록한 세관장이나 「화물운송주선업자의 등록 및 관리에 관한 고시」에 따라 업체부호를 신고한 화물운송주선업자가 해야 한다.

23 「화물운송주선업자의 등록 및 관리에 관한 고시」에 따른 용어의 정의로 옳지 않은 것은?

① "통관지 세관"이란 화물운송주선업자가 보세화물 취급 및 적재화물목록 제출 등의 업무를 주로 수행하는 세관을 말하며, 등록(갱신) 신청일을 기준으로 최근 1년간의 혼재화물적하목록 제출건수가 가장 많은 세관을 말한다.
② "혼재화물적하목록"이란 「보세화물 입출항 하선 하기 및 적재에 관한 고시」에 따라 화물운송주선업자가 선하증권(House B/L) 또는 항공화물운송장(House AWB) 내역을 기재한 선박 또는 항공기의 적재화물목록을 말한다.
③ "혼재화물적하목록 제출"이란 화물운송주선업자가 선하증권(House B/L) 또는 항공화물운송장(House AWB) 내역을 기초로 적재화물목록을 작성하여 관할세관장에게 제출하는 것을 말한다.
④ "세관화물정보시스템"이란 적재화물목록, 적재·하선(기) 등의 자료를 관리하는 세관운영시스템을 말한다.
⑤ "전자문서"란 컴퓨터 간에 전송 등이 될 수 있도록 하기 위하여 관세청장이 정한 실행지침서에 따라 작성된 전자 자료를 말한다.

24 **보세운송에 대한 내용으로 옳지 않은 것은?** ▍2018

① 보세운송을 하려는 자는 관세청장이 정하는 바에 따라 세관장에게 보세운송의 신고를 해야 한다.
② 보세운송의 신고 또는 승인신청을 할 수 있는 자는 화주, 보세운송업자, 관세사, 완제품 공급자 등이다.
③ 보세운송신고 또는 승인신청은 보세운송하려는 화물이 장치되어 있거나 입항예정인 보세구역을 관할하는 세관(발송지 세관) 또는 보세운송 물품의 도착지 보세구역을 관할하는 세관(도착지 세관)의 장에게 한다.
④ 보세운송물품은 신고수리(승인)일로부터 해상화물은 10일, 항공화물은 5일의 기간 내에 목적지에 도착해야 한다.
⑤ 세관장은 선박 또는 항공기 입항 전에 보세운송신고를 하는 때에는 입항예정일 및 하선(기)장소 반입기간을 고려하여 5일 이내의 기간을 추가할 수 있다.

25 **「보세운송에 관한 고시」에 따른 수입물품의 보세운송신고 및 물품검사에 대한 내용으로 옳지 않은 것은?** ▍2020

① 수입물품을 보세운송하려는 자는 전자문서로 작성한 보세운송신고서를 세관화물정보시스템에 전송해야 하며, 전자문서 전송이 불가능하여 서류로만 제출된 경우 화물관리공무원이 그 내역을 세관화물정보시스템에 등록해야 한다.
② 세관장은 보세운송신고한 물품의 감시단속을 위하여 필요하다고 인정하면 검색기검사, 세관봉인부착, 개장검사, 모바일 보세운송 검사의 방법으로 화물관리공무원이 검사하게 할 수 있으며, 검사대상물품은 세관장이 별도로 지시한 기준에 따라 화물관리공무원이 선별한다.
③ 세관장은 물품검사 시 신고인 또는 화주의 입회가 필요하거나, 신고인 또는 화주로부터 입회요청을 받은 때에는 검사에 입회하게 할 수 있다.
④ 보세운송신고인이 세관에 보세운송신고서를 제출한 후에 부득이한 사유로 취하 또는 부분취하(일괄보세운송신고 시)를 하려는 경우에는 보세운송신고(승인신청)항목 변경승인(신청)서(항목변경신청서)를 작성하여 서류 또는 전자문서로 제출해야 하며, 이 경우 화물관리공무원은 신고인에게 신청사유를 증명할 수 있는 자료를 요구할 수 있다.
⑤ 보세운송신고서가 세관에 신고 또는 수리된 후, 화물관리공무원이 신고 또는 수리내용을 수정할 필요가 있는 경우에는 세관화물관리정보시스템에 수정내용을 등록하고 수정할 수 있으며, 이 경우 보세운송신고인에게 그 내역을 전자문서로 통보해야 한다.

제4과목 수출입안전관리

관세법령에 따라 국제항으로 지정된 항구로 옳지 않은 것은? ❙2021

① 목포항 ② 고현항
③ 대변항 ④ 삼천포항
⑤ 대산항

국제무역선(기)의 입출항절차에 대한 내용으로 옳지 않은 것은? ❙2022

① 국제무역선(기)이 국제항에 입항하였을 때에는 선장이나 기장은 선박용품 또는 항공기용품의 목록, 여객명부, 승무원명부, 승무원 휴대품목록과 적재화물목록을 첨부하여 지체 없이 세관장에게 입항보고를 해야 한다.
② 세관장은 감시・단속에 지장이 없다고 인정될 때에는 선박용품 또는 항공기용품의 목록이나 승무원 휴대품목록의 첨부를 생략하게 할 수 있다.
③ 세관장은 신속한 입항 및 통관절차의 이행과 효율적인 감시・단속을 위하여 필요할 때에는 관세청장이 정하는 바에 따라 입항하는 해당 선박 또는 항공기가 소속된 선박회사 또는 항공사로 하여금 여객명부・적재화물목록 등을 입항하기 전에 제출하게 할 수 있다.
④ 국제무역선(기)이 국제항을 출항하려면 선장이나 기장은 출항하기 전에 세관장에게 출항허가를 받아야 한다.
⑤ 선장이나 기장은 출항허가를 받으려면 그 국제항에서 적재한 물품의 목록을 제출해야 하며, 세관장이 출항절차를 신속하게 진행하기 위하여 필요하다고 인정하여 출항허가 후 30일의 범위에서 따로 기간을 정하는 경우에는 그 기간 내에 그 목록을 제출할 수 있다.

03 관세법령에 따른 국제항 등의 출입에 대한 내용으로 옳지 않은 것은?

① 국제무역선이나 국제무역기는 국제항에 한정하여 운항할 수 있으나, 국제항이 아닌 지역에 대한 출입의 허가를 받은 경우에는 그러하지 아니하다.
② 국제항이 아닌 지역에 대한 출입의 허가를 받고자 하는 자는 해당 지역을 관할하는 세관장에게 신청서를 제출해야 한다.
③ 순톤수 1톤의 국제무역선이 국제항이 아닌 지역에 1회 출입할 때의 수수료는 100원이다.
④ 자체무게 1톤의 국제무역기가 국제항이 아닌 지역에 1회 출입할 때의 수수료는 1,200원이다.
⑤ 국제항이 아닌 지역에 대한 출입허가수수료의 총액은 10만 원을 초과하지 못한다.

04 다음은 물품의 하역에 대한 설명이다. 빈칸에 들어갈 내용을 순서대로 나열한 것은? ❙ 2021, 2022

> 「관세법」 제140조(물품의 하역) 제6항
> 국제무역선이나 국제무역기에는 (ⓐ)을 적재할 수 없으며, 국내운항선이나 국내운항기에는 (ⓑ)을 적재할 수 없다. 다만, 세관장의 (ⓒ)을/를 받았을 때에는 그러하지 아니하다.

① ⓐ - 외국물품, ⓑ - 내국물품, ⓒ - 승인
② ⓐ - 내국물품, ⓑ - 외국물품, ⓒ - 허가
③ ⓐ - 내국 환적화물, ⓑ - 외국 환적화물, ⓒ - 허가
④ ⓐ - 내국선박용품(내국항공기용품), ⓑ - 외국선박용품(외국항공기용품), ⓒ - 승인
⑤ ⓐ - 외국선박용품(외국항공기용품), ⓑ - 내국선박용품(내국항공기용품), ⓒ - 허가

05 국경출입차량에 대한 내용으로 옳지 않은 것은? ❙ 2018

① 국경을 출입하는 차량은 관세통로를 경유해야 하며, 통관역이나 통관장에 정차해야 한다.
② 관세통로는 육상국경(陸上國境)으로부터 통관역에 이르는 철도와 육상국경으로부터 통관장에 이르는 육로 또는 수로 중에서 세관장이 지정한다.
③ 통관역은 국외와 연결되고 국경에 근접한 철도역 중에서 세관장이 지정한다.
④ 통관장은 관세통로에 접속한 장소 중에서 세관장이 지정한다.
⑤ 통관역이나 통관장에서 외국물품을 차량에 하역하려는 자는 세관장에게 신고를 하고, 현장에서 세관공무원의 확인을 받아야 한다.

06 「관리대상화물 관리에 관한 고시」에 따라 검색기검사화물로 선별하여 검사하는 화물이 아닌 것은?

① 총기류 · 도검류 등 위해물품을 은닉할 가능성이 있는 화물
② 물품 특성상 내부에 밀수품을 은닉할 가능성이 있는 화물
③ 반송 후 재수입되는 컨테이너 화물로 밀수입 등이 의심되는 화물
④ 실제와 다른 품명으로 수입할 가능성이 있는 화물
⑤ 세관장이 검색기검사가 필요하다고 인정하는 화물

07 「관리대상화물 관리에 관한 고시」에 따른 검사대상화물 또는 감시대상화물의 해제에 대한 내용으로 옳지 않은 것은?

① 검사대상화물의 해제는 화주 또는 화주로부터 권한을 위임받은 자가 신청할 수 있다.
② 세관장은 검사대상화물 또는 감시대상화물의 해제신청을 접수한 경우 해제신청의 사유 등이 타당하고 우범성이 없다고 인정되는 때에는 검사대상화물 또는 감시대상화물 지정을 해제할 수 있다.
③ 세관장은 등록사유(검사 또는 감시착안사항)와 관련 없는 물품으로서 우범성이 없거나 검사 또는 감시의 실익이 적다고 판단되는 경우 관세청장의 승인을 받아 검사대상화물 또는 감시대상화물 지정을 해제할 수 있다.
④ 세관장은 검사대상화물 또는 감시대상화물을 검사한 결과 적재화물목록 정정, 보수작업 대상 등 해당 조치사항이 완료된 경우 검사대상화물 또는 감시대상화물 지정을 해제할 수 있다.
⑤ 세관장은 검사대상화물 또는 감시대상화물의 해제를 결정한 경우에는 그 사유를 관세행정정보시스템에 등록해야 한다.

08 관세법령상 보세운송업자 등에 대한 내용으로 옳지 않은 것은?

I 2023

① 관세청장이나 세관장은 「관세법」의 준수 여부를 확인하기 위하여 필요하다고 인정할 때에는 보세운송업자 등에게 업무실적, 등록사항 변경, 업무에 종사하는 자의 성명이나 그 밖의 인적사항 등 그 영업에 관하여 보고를 하게 하거나 장부 또는 그 밖의 서류를 제출하도록 명할 수 있다.

② 보세운송업자 등의 등록의 유효기간은 3년으로 하며, 관세청장이나 세관장은 안전관리 기준의 준수 정도 측정・평가결과가 우수한 자가 등록을 갱신하는 경우에는 유효기간을 2년의 범위에서 연장하여 정할 수 있다.

③ 보세운송업자 등의 등록의 유효기간을 갱신하려는 자는 등록갱신신청서를 기간만료 1개월 전까지 관할지 세관장에게 제출해야 한다.

④ 세관장은 보세운송업자 등의 등록을 한 자에게 등록의 유효기간을 갱신하려면 등록의 유효기간이 끝나는 날의 3개월 전까지 등록 갱신을 신청해야 한다는 사실과 갱신절차를 등록의 유효기간이 끝나는 날의 6개월 전까지 휴대폰에 의한 문자전송, 전자메일, 팩스, 전화, 문서 등으로 미리 알려야 한다.

⑤ 보세운송업자 등은 다른 사람에게 자신의 성명・상호를 사용하여 보세운송업자 등의 업무를 하게 하거나 그 등록증을 빌려주어서는 아니 된다.

09 AEO 공인의 효과로 옳지 않은 것은?

① AEO 공인기업은 법규준수, 안전관리 역량 등이 우수한 기업으로 인정받게 되어 긍정적인 대외 이미지 구축을 통해 거래선 유지・확보 등에 유리하게 된다.

② AEO 공인기업은 내부관리능력이 제고되어 물품의 적기운송, 도난 등 손실방지, 재고화물 감소 등으로 물류비용을 절감하게 된다.

③ AEO 기업들은 국내에서 검사생략 등 신속통관 혜택뿐만 아니라 AEO제도 시행국가들과 MRA를 체결하게 되면 우리 수출물품이 해외 수입통관 시 검사생략, 검사선별 시 우선검사 등의 혜택을 받게 된다.

④ 정부 차원에서 AEO 기업에 대한 통제・관리를 강화함으로써 AEO 기업을 집중적으로 감시할 수 있다.

⑤ 성실성과 안전성이 갖추어진 AEO 기업의 합법적인 교역흐름이 촉진된다.

10 AEO 상호인정약정(MRA)의 효과로 옳지 않은 것은?

① AEO제도 시행국들 간 MRA를 체결하게 되면 해당 국가의 AEO 공인기업들이 국제적 신뢰 및 통용성을 확보할 수 있는 등 모두 혜택을 보게 된다.
② AEO제도 시행국들의 무역규모가 세계 무역량의 대다수를 차지하고 있으므로 MRA 체결을 통해 이들 국가에 대한 우리나라 수출기업의 경쟁력을 제고할 수 있다.
③ 상호특혜를 바탕으로 우리나라 AEO 공인기업의 신뢰성·안전성이 국제적으로 공인된다.
④ 외국 관세청의 해외거래업체 방문심사 시 해외 세관당국이 우리나라 AEO 공인기업의 주요 기술·시설·영업 정보 등을 손쉽게 확인할 수 있다.
⑤ 상대국 통관 시 특례를 적용받을 수 있어 물품인도의 신속성·안전성·예측성을 확보할 수 있다.

11 AEO 공인기준에 대한 내용으로 옳지 않은 것은?

① AEO 공인기준에 따라 측정점수를 반영하여 A~AAA의 공인등급을 부여하게 된다.
② 법규준수도는 수출입관련 법령의 준수정도 등을 측정한 점수를 말하며, 충족요건은 결격사유 없이 법규준수도 점수가 80점 이상일 것이다.
③ 재무건전성은 성실한 법규준수의 이행이 가능할 정도의 적절한 재정상황(예 조세 체납여부, 신용등급 등)인지 평가하는 것을 말하며, 충족요건은 재무건전성 적정을 유지하는 것이다.
④ 내부통제시스템은 수출입신고의 적정성을 유지하기 위한 기업의 영업활동, 신고관련 서류의 흐름, 회계처리와 관련된 부서 간 상호 의사소통 및 통제체제를 평가하는 것으로, 충족요건은 평가점수가 80점 이상일 것이다.
⑤ 안전관리는 거래업체, 운송수단, 출입통제, 인사, 취급절차, 시설, 장비, 정보기술, 교육, 훈련 등의 안전성 충족여부를 평가하는 것으로, 충족요건은 충족이 권고되는 기준의 평가점수가 80점 이상일 것이다.

12 선박과 항공기의 입출항 절차에 대한 설명으로 옳은 것은?

▌2023

① 국제무역기가 국제항에 입항하였을 때에는 기장은 항공기용품의 목록, 여객명부, 승무원명부, 승무원 휴대품목록과 적재화물목록을 첨부하여 입항일로부터 2일 내에 세관장에게 입항보고를 하여야 한다.
② 세관장이 정한 기간 내에 출항허가 여부에 따른 처리 기간의 연장을 신청인에게 통지하지 아니하면 그 기간이 끝난 날에 허가를 한 것으로 본다.
③ 국제무역선이나 국제무역기가 국제항을 출항하려면 선장이나 기장은 출항하기 전에 세관장에게 출항신고를 하여야 한다.
④ 세관장은 신속한 입항 및 통관절차의 이행과 효율적인 감시·단속을 위하여 필요할 때에는 여객명부·적재화물목록 등을 입항 전에 제출하게 할 수 있다.
⑤ 세관장은 출항허가의 신청을 받은 날부터 7일 이내에 허가 여부를 신청인에게 통지하여야 한다.

13 다음은 수출입 안전관리 우수업체 공인기준에 대한 설명이다. 빈칸에 들어갈 숫자로 옳은 것은?

▌2022

> 수출입 안전관리 우수업체로 공인을 받기 위해서는 공인기준 중에서 필수적인 기준을 충족하고, 다음 각 요건을 모두 충족하여야 한다.
> 1. 법규준수도가 (ⓐ)점 이상일 것. 다만, 중소 수출기업은 심의위원회를 개최하는 날을 기준으로 직전 2개 분기 연속으로 해당 분기 단위의 법규준수도가 (ⓐ)점 이상인 경우도 충족한 것으로 본다.
> 2. 내부통제시스템 기준의 평가점수가 (ⓑ)점 이상일 것
> 3. 재무건전성 기준을 충족할 것
> 4. 안전관리 기준 중에서 충족이 권고되는 기준의 평가점수가 (ⓒ)점 이상일 것

① ⓐ – 80, ⓑ – 80, ⓒ – 70
② ⓐ – 80, ⓑ – 85, ⓒ – 80
③ ⓐ – 85, ⓑ – 85, ⓒ – 70
④ ⓐ – 85, ⓑ – 90, ⓒ – 80
⑤ ⓐ – 90, ⓑ – 90, ⓒ – 70

14 「수출입 안전관리 우수업체 공인 및 운영에 관한 고시」에 따라 수출입 안전관리 우수업체로 공인신청을 한 업체가 심사신청서와 함께 첨부해야 할 서류가 아닌 것은?

① 공인신청업체의 법규준수도 자체평가표
② 수출입 관리현황 설명서와 그 증빙서류
③ 사업자등록증 사본
④ 법인등기부등본
⑤ 대표자 및 관리책임자의 인적사항 명세서

15 「수출입 안전관리 우수업체 공인 및 운영에 관한 고시」에 따른 서류심사에 대한 내용으로 옳지 않은 것은?

▌2022

① 관세청장은 신청업체가 제출한 서류를 통해서 공인기준을 충족하는지를 확인하기 어려운 경우에는 30일의 범위 내에서 신청업체에게 보완을 요구할 수 있다.
② 신청업체는 관세청장의 서류 보완요구에도 불구하고 천재지변, 주요 사업장의 이전, 법인의 양도, 양수, 분할 및 합병 등 부득이한 사유로 보완에 장시간이 걸리는 경우에는 보완기간의 연장을 신청할 수 있다. 이 경우 관세청장은 보완기간을 모두 합하여 90일을 넘지 않는 범위 내에서 보완기간을 연장할 수 있다.
③ 관세청장은 보완 요구서를 송부하기 전에 신청업체의 요청이 있을 때에는 해당 업체의 의견을 듣거나 업체에게 소명할 수 있는 기회를 줄 수 있다.
④ 관세청장은 보완을 요구할 때에는 보완 요구서에 보완해야 할 사항, 보완을 요구하는 이유 및 보완기한 등을 구체적으로 기재하여 신청업체에게 통보해야 한다.
⑤ 관세청장은 서류심사 지원업무를 「수출입 안전관리 우수업체 심사지원 업무 수탁기관의 지정과 운영에 관한 고시」에 따라 지정된 기관에 위탁할 수 있다.

16 「수출입 안전관리 우수업체 공인 및 운영에 관한 고시」에 따라 관세청장이 신청업체의 공인신청을 기각할 수 있는 사유가 아닌 것은? ▎2020, 2021

① 서류심사 또는 현장심사 결과, 공인기준을 충족하지 못하였으며 보완 요구의 실익이 없는 경우
② 공인심사를 할 때에 제출한 자료가 거짓으로 작성된 경우
③ 관세청장이 보완을 요구하였으나, 천재지변 등 특별한 사유 없이 보완 요구기한 내에 보완하지 않거나(통관적법성 심사와 관련한 자료제출 및 보완 요구도 포함) 보완하였음에도 불구하고 공인기준을 충족하지 못한 경우
④ 공인기준 준수 개선 계획을 제출하지 않거나, 공인기준 준수 개선 완료 보고를 하지 않은 경우
⑤ 공인신청 후 중소 수출기업의 법규준수도 점수가 70점 미만으로 하락한 경우

17 「관세법」에 따른 수출입 안전관리 우수업체의 공인 등에 대한 내용으로 옳지 않은 것은?

① 관세청장은 수출입물품의 제조·운송·보관 또는 통관 등 무역과 관련된 자가 시설, 서류 관리, 직원 교육 등에서 「관세법」 또는 「자유무역협정의 이행을 위한 관세법의 특례에 관한 법률」 등 수출입에 관련된 법령의 준수 여부, 재무 건전성 등 대통령령으로 정하는 안전관리 기준을 충족하는 경우 수출입 안전관리 우수업체로 공인할 수 있다.
② 관세청장은 수출입 안전관리 우수업체로 공인을 받기 위하여 심사를 요청한 자에 대하여 대통령령으로 정하는 바에 따라 심사하여야 한다.
③ 공인을 받기 위하여 심사를 요청하려는 자는 제출서류의 적정성, 개별 안전관리 기준의 충족 여부 등 관세청장이 정하여 고시하는 사항에 대하여 미리 관세청장에게 심사청구를 요청할 수 있다.
④ 관세청장은 예비심사를 요청한 자에게 예비심사 결과를 통보하여야 하고, 심사를 하는 경우 예비심사 결과를 고려하여야 한다.
⑤ 공인의 유효기간은 5년으로 하며, 대통령령으로 정하는 바에 따라 공인을 갱신할 수 있다.

18 「수출입 안전관리 우수업체 공인 및 운영에 관한 고시」에 따른 수출입관리책임자의 자격요건을 충족하지 못한 자는?

① 수출입통관 업무를 1년 이상 담당한 관세사
② 수출입 관련 업무에 3년 이상 종사한 경력이 있는 보세운송업자
③ 보세사 자격증이 있는 보세구역 운영인
④ 「국제항해선박 및 항만시설의 보안에 관한 법률」에 의해 보안책임자로 지정된 사람
⑤ 중소기업에서 1년 이상 수출입 관련 업무에 종사한 경력이 있는 화물운송주선업자

19 「수출입 안전관리 우수업체 공인 및 운영에 관한 고시」에 따른 수출입 안전관리 우수업체에 대한 정기 자율 평가의 실시에 대한 내용으로 옳지 않은 것은? ▎2019

① 수출입 안전관리 우수업체는 매년 공인일자가 속하는 달에 정기 자율 평가서에 따라 공인기준을 충족하는지를 자율적으로 점검하고 다음 달 15일까지 관세청장에게 그 결과를 제출하여야 한다.
② 수출입 안전관리 우수업체가 여러 공인부문에서 걸쳐 공인을 받은 경우에는 공인일자가 가장 빠른 공인부문을 기준으로 자율 평가서를 함께 제출할 수 있다.
③ 관세청장은 수출입 안전관리 우수업체가 갱신심사를 신청한 경우는 공인의 유효기간이 끝나는 날이 속하는 연도에 실시하는 정기 자율평가를 생략하게 할 수 있다.
④ 관세청장은 공인기준 충족 여부를 확인한 결과, 수출입 안전관리 우수업체가 공인기준을 충족하지 못하거나 법규준수도가 하락하여 공인등급 하락이 예상되는 경우 공인기준 준수 개선을 생략할 수 있다.
⑤ 관세청장은 정기 자율평가서 및 확인서에 대해서 공인기준을 충족하는지를 확인할 경우에는 확인자에게 관련 자료를 요청하거나, 수출입 안전관리 우수업체의 사업장 등을 방문하여 확인할 수 있다.

20 「수출입 안전관리 우수업체 공인 및 운영에 관한 고시」에 따른 기업상담전문관의 업무에 해당하지 않는 것은? ▎2023

① 현장심사의 계획통지 및 실시
② 공인기준 준수 개선 계획의 이행 확인
③ 수입신고에 대한 보정심사 등 관세행정 신고사항에 대한 수정, 정정 및 그 결과의 기록 유지
④ 변동사항, 정기 자율평가, 세관협력도의 확인 및 점검
⑤ 법규준수 향상을 위한 정보 제공 및 상담・자문

21 **수출입 안전관리 기준 준수도의 측정·평가의 절차 및 활용 등에 대한 설명으로 틀린 것은?** ▮2024

① 관세청장은 수출입 안전관리 우수업체로 공인받기 위해 신청을 한 경우에 한하여 안전관리 기준 준수도를 측정·평가할 수 있다.

② 「관세법」 제172조 제2항에 따른 화물관리인은 수출입 안전관리 기준 준수도의 측정평가 대상이다.

③ 관세청장은 수출입 안전관리 기준 준수도를 측정·평가한 결과를 대통령령이 정하는 바에 따라 활용할 수 있다.

④ 「관세법」 제254조 및 「관세법 시행령」 제258조 제1호에 따른 특별통관대상업체는 기준 준수도의 측정·평가 대상이다.

⑤ 수출입 안전관리 기준 준수도 측정·평가에 대한 평가항목, 배점 및 등급 등 세부 사항은 관세청장이 정하여 고시한다.

22 **보세구역 운영인의 AEO 공인기준의 구분에 대한 내용으로 옳지 않은 것은?**

① 공인기준은 필수사항인지 권고사항인지, 공통 적용사항인지 일부 적용사항인지에 따라 A, B, C, D로 나누어진다.

② 필수 기준은 수출입 안전관리 우수업체 공인을 받기 위하여 신청인이 반드시 충족(평가점수 3점 취득)해야 하는 기준이다.

③ 권고 기준은 수출입 안전관리 우수업체 공인을 받기 위하여 신청인이 기초점수(평가점수 1점) 이상을 취득해야 하는 기준으로서, 신청인이 수출입 안전관리 우수업체 공인을 받기 위해서는 권고 기준의 요건 충족률이 일정수준(안전관리 기준 70%) 이상이 되어야 한다.

④ 일부 필수 기준은 수출입 안전관리 우수업체 공인을 받기 위하여 일부 신청인이 반드시 충족(평가점수 3점 취득)해야 하는 기준으로서, 이 기준의 충족대상이 아닌 신청인이 이 기준을 충족한 경우 신청인의 공인 여부 판정에 유리하므로 이 기준을 포함하여 평가한다.

⑤ 일부 권고 기준은 수출입 안전관리 우수업체 공인을 받기 위하여 일부 신청인이 기초점수(평가점수 1점) 이상을 취득해야 하는 기준으로서, 이 기준의 충족대상이 아닌 신청인이 이 기준을 충족하더라도 신청인의 공인 여부 판정에 대한 평가에 이 기준은 포함하지 않는다.

23 기업은 조직의 위험을 관리하기 위한 위험관리 절차를 수립하고 이를 문서화해야 한다. 다음 중 위험관리 절차가 순서대로 나열된 것은?

① 위험식별 - 계획수립 - 위험분석 - 관리대책 수립 및 실행 - 위험평가 - 관리대책 평가
② 위험식별 - 위험분석 - 계획수립 - 관리대책 수립 및 실행 - 위험평가 - 관리대책 평가
③ 계획수립 - 위험분석 - 위험식별 - 위험평가 - 관리대책 수립 및 실행 - 관리대책 평가
④ 계획수립 - 위험식별 - 위험분석 - 위험평가 - 관리대책 수립 및 실행 - 관리대책 평가
⑤ 계획수립 - 위험식별 - 위험평가 - 위험분석 - 관리대책 수립 및 실행 - 관리대책 평가

24 수출입 안전관리 우수업체 관리책임자의 공인 전·후 교육에 대한 설명으로 옳지 않은 것은?

▌2020

① 관리책임자는 수출입 안전관리 우수업체의 공인 전·후에 관세청장이 지정하는 교육을 받아야 한다.
② 공인 전 교육의 유효기간은 해당 교육을 받은 날로부터 5년이다.
③ 공인 후에 총괄책임자는 매 2년마다 8시간 이상의 교육을 받아야 한다.
④ 관리책임자가 변경된 경우는 변경된 날부터 180일 이내에 해당 교육을 받아야 한다.
⑤ 수출입관리책임자는 공인 전 교육을 16시간 이상을 받아야 한다.

25 다음은 수출입 안전관리 우수업체의 정기 자율 평가에 대한 내용이다. 빈칸에 들어갈 내용으로 옳은 것은?

> 수출입 안전관리 우수업체는 매년 (ⓐ)가 속하는 달에 정기 자율 평가서에 따라 공인기준을 충족하는지를 자율적으로 점검하고 (ⓑ)까지 관세청장에게 그 결과를 제출하여야 한다.

① ⓐ - 지정일자, ⓑ - 다음 달 30일
② ⓐ - 확정일자, ⓑ - 다음 달 15일
③ ⓐ - 확정일자, ⓑ - 다음 달 30일
④ ⓐ - 공인일자, ⓑ - 다음 달 15일
⑤ ⓐ - 공인일자, ⓑ - 다음 달 30일

제5과목 자율관리 및 관세법칙

01 보세구역 운영인 등이 자율관리 보세구역 지정기간을 갱신하려는 때에는 지정기간이 만료되기 얼마 전까지 세관장에게 갱신 신청을 해야 하는가?

① 1개월
② 2개월
③ 3개월
④ 6개월
⑤ 1년

02 「자율관리 보세구역 운영에 관한 고시」에 따른 자율관리 보세구역의 지정취소 사유 중 빈칸에 들어갈 기간으로 옳은 것은?

> 운영인 등은 보세사가 해고 또는 취업정지 등의 사유로 업무를 수행할 수 없는 경우에는 (   ) 이내에 다른 보세사를 채용하여 근무하게 해야 한다. 규정한 기간까지 보세사를 채용하지 않을 때는 자율관리 보세구역의 지정을 취소할 수 있다.

① 1개월
② 2개월
③ 3개월
④ 6개월
⑤ 1년

03 자율관리 보세구역의 혜택 중 일반 자율관리 보세구역과 우수 자율관리 보세구역에 공통으로 적용되는 것은 몇 개인가?

> ⓐ 「식품위생법」 제10조, 「건강기능식품에 관한 법률」 제17조 및 「축산물 위생관리법」 제6조, 「의료기기법」 제20조 및 「약사법」 제56조, 「화장품법」 제10조 및 「전기용품 및 생활용품 안전관리법」 제9조・제18조・제25조・제29조에 따른 표시작업(원산지표시 제외)과 벌크화물의 사일로(Silo) 적입을 위한 포장제거작업의 경우 법 제158조에 따른 보수작업 신청(승인) 생략
> ⓑ 「보세화물 관리에 관한 고시」 제16조에 따른 재고조사 및 보고의무를 분기별 1회에서 연 1회로 완화
> ⓒ 「보세창고 특허 및 운영에 관한 고시」 제22조에 따른 보세창고 운영상황의 점검생략
> ⓓ 「보세화물 관리에 관한 고시」 제17조에 따른 장치물품의 수입신고 전 확인신청(승인) 생략
> ⓔ 「보세공장 운영에 관한 고시」 제37조에 따른 특례 적용
> ⓕ 「보세공장 운영에 관한 고시」 제7조 제2항에 따른 보관창고 증설을 단일보세공장 소재지 관할 구역 내의 장소에도 허용

① 2개
② 3개
③ 4개
④ 5개
⑤ 6개

04 자율관리 보세구역에 대한 감독에 관한 규정으로 옳지 않은 것은?
▮2020, 2022

① 운영인은 회계연도 종료 3개월이 지난 후 15일 이내에 자율관리 보세구역 운영 등의 적정 여부를 자체 점검하고, 자율점검표를 작성하여 세관장에게 제출해야 한다.

② 자율점검표에는 자율관리 보세구역 지정요건 충족 여부, 관세청장이 정하는 절차생략 준수 여부, 운영인 등의 의무사항 준수 여부를 포함해야 한다.

③ 세관장은 제출받은 자율점검표 등의 심사 결과 자율관리 보세구역 운영 관리가 적정하다고 판단되는 경우에는 자율점검표를 해당 연도 정기감사에 갈음하여 생략할 수 있으며, 자율점검표 미제출・제출기한 미준수 등의 사유에 해당하는 자율관리 보세구역에 대하여는 정기감사를 해야 한다.

④ 세관장은 자율관리 보세구역의 운영실태 및 보세사의 관계법령 이행 여부 등을 확인하기 위하여 별도의 감사반을 편성(외부 민간위원 포함 가능)하고 10일 이내의 기간을 설정하여 분기별 1회 정기감사를 실시해야 한다.

⑤ 세관장은 정기감사 결과 이상이 있을 경우에는 시정명령 등 필요한 조치를 하고 그 결과를 관세청장에게 보고해야 한다.

05 「보세사제도 운영에 관한 고시」에 따른 보세사의 의무로 옳지 않은 것은?
▮2018

① 보세사는 영업용 보세창고가 아닌 경우 보세화물관리에 지장이 없는 범위 내에서 타업무를 겸임할 수 있다.

② 보세사는 해당 보세구역에 작업이 있는 시간에는 상주해야 한다.

③ 보세사는 영업용 보세창고의 경우 세관개청시간과 해당 보세구역 내의 작업이 있는 시간에 상주해야 한다.

④ 보세사는 직무와 관련하여 부당한 금품을 수수하거나 알선・중개하여서는 아니 된다.

⑤ 보세사는 세관장의 업무감독에 관련된 명령을 준수하되, 세관공무원의 지휘는 받지 않는다.

06 「수출입물류업체에 대한 법규수행능력측정 및 평가관리에 관한 훈령」에 따른 용어의 정의로 옳지 않은 것은?

① “법규수행능력”이란 개별 수출입물류업체의 측정점수와 물류공급망으로 연관된 전체 수출입물류업체의 측정점수를 반영하여 산출한 점수를 말한다.
② “내부자율통제시스템”이란 수출입물류업체가 관세법령 등에서 정하는 보세화물취급업무를 수행하기 위한 일련의 처리절차, 내부통제절차 등을 갖춘 자체시스템을 말한다.
③ “점검요원”이란 이 훈령에서 정하는 법규수행능력 측정 및 평가관련 사항의 점검・확인・평가관리 등을 수행하기 위하여 세관화물부서에 편성된 점검반의 구성원을 말한다.
④ “평가미이행업체”란 법규수행능력 평가항목 자율점검표를 세관장에게 제출하지 아니한 업체를 말한다.
⑤ “법규수행능력측정 및 평가관리시스템”이란 수출입물류업체에 대한 세관절차의 법규 이행정도를 확인하기 위한 평가항목의 등록, 측정, 평가 등을 하는 전산시스템을 말한다.

07 법규수행능력 측정에 의한 등급에 대한 내용으로 옳지 않은 것은?

① 법규수행능력 측정 및 평가시스템에 따른 점수는 원칙적으로 평가항목 및 평가요소별 배점을 합산한 100점을 만점으로 하고, 가산요소가 반영된 관세협력 평가항목을 추가 합산하여 세관장이 관리한다.
② 산출된 점수가 90점 이상인 업체는 A등급이다.
③ 산출된 점수가 80점 이상 90점 미만인 업체는 B등급이다.
④ 산출된 점수가 70점 이상 80점 미만인 업체는 C등급이다.
⑤ 산출된 점수가 70점 미만인 업체 및 평가미이행업체는 D등급이다.

08 「자유무역지역의 지정 및 운영에 관한 법률」에 따른 “관세 등”의 정의에서 규정하고 있는 것이 아닌 것은?

① 부가가치세 ② 임시수입부가세
③ 주 세 ④ 개별소비세
⑤ 담배소비세

09 「자유무역지역의 지정 및 운영에 관한 법률」에 따른 자유무역지역의 지정 요건에 대한 내용으로 옳지 않은 것은?

① 산업단지 – 공항 또는 항만에 인접하여 화물을 국외에 반출・반입하기 쉬운 지역일 것
② 공항 – 연간 30만 톤 이상의 화물을 처리할 수 있고, 정기적인 국제 항로가 개설되어 있을 것
③ 공항 – 물류터미널 등 항공화물의 보관, 전시, 분류 등에 사용할 수 있는 지역 및 그 배후지의 면적이 30만m^2 이상일 것
④ 항만 – 연간 1천만 톤 이상의 화물을 처리할 수 있고, 정기적인 국제 컨테이너선박 항로가 개설되어 있을 것
⑤ 물류단지 및 물류터미널 – 반입물량의 100분의 30 이상이 외국으로부터 반입되고, 외국으로부터 반입된 물량의 100분의 30 이상이 국외로 반출되거나 반출될 것으로 예상될 것

자유무역지역의 구분별 관리권자의 연결로 옳지 않은 것은? ┃2019

① 산업단지 – 산업통상자원부장관
② 항만 및 배후지 – 산업통상자원부장관
③ 물류터미널 – 국토교통부장관
④ 물류단지 – 국토교통부장관
⑤ 공항 및 배후지 – 국토교통부장관

11 「자유무역지역의 지정 및 운영에 관한 법률」에 따라 자유무역지역에 입주하여 사업을 하려는 자는 관리권자와 입주계약을 체결해야 하는데, 여기서 입주계약의 결격사유에 해당하지 않는 자는?

① 피성년후견인
② 양벌규정에 따라 처벌된 법인 또는 개인
③ 이 법 또는 「관세법」을 위반하여 징역형의 실형을 선고받고 그 집행이 끝나거나(집행이 끝난 것으로 보는 경우를 포함) 집행이 면제된 날부터 2년이 지나지 아니한 사람
④ 이 법 또는 「관세법」을 위반하여 징역형의 집행유예를 선고받고 그 유예기간 중에 있는 사람
⑤ 관세 또는 내국세를 체납한 자

12 **다음은 역외작업의 범위에 관한 설명이다. 빈칸에 들어갈 내용으로 옳은 것은?**

> 역외작업의 범위는 해당 입주기업체가 전년도에 원자재를 가공하여 수출(「대외무역법 시행령」 제2조 제3호에 따른 수출을 말한다)한 금액의 (　　) 이내로 한다.

① 100분의 30
② 100분의 40
③ 100분의 50
④ 100분의 60
⑤ 100분의 70

13 **「자유무역지역의 지정 및 운영에 관한 법률」에 따른 재고관리 및 기록 등에 대한 내용으로 옳지 않은 것은?**

① 입주기업체는 관세청장이 정하여 고시하는 바에 따라 그 품명, 규격, 수량, 가격, 보수작업의 내용 등 재고관리에 필요한 사항을 기록・관리해야 한다.
② 입주기업체는 재고관리 대상물품이 내국물품에 해당하는 경우에는 그 물품에 대한 재고관리에 필요한 사항을 다른 물품과 구분하여 기록・관리해야 한다.
③ 입주기업체는 재고관리에 필요한 사항을 기록한 자료를 2년 동안 보존해야 한다.
④ 세관장은 재고관리의 이행 여부를 확인하기 위하여 소속 공무원으로 하여금 입주기업체에 대하여 조사를 하게 할 수 있으며, 이 경우 조사를 하는 공무원은 그 권한을 표시하는 증표를 지니고 이를 관계인에게 보여 주어야 한다.
⑤ 관리권자는 자유무역지역의 효율적인 관리・운영을 위하여 필요한 경우에는 관세청장에게 입주기업체의 물품 반입・반출실적에 대한 자료의 제공을 요청할 수 있다.

「자유무역지역의 지정 및 운영에 관한 법률」에 따라 세관장이 자유무역지역에 반출입을 제한할 수 있는 국민보건 또는 환경보전에 지장을 초래하는 물품이 아닌 것은? ❙2023

① 사업장폐기물 등 폐기물
② 총기 등 불법무기류
③ 마약류
④ 화폐・채권이나 그 밖의 유가증권의 위조품・변조품 또는 모조품
⑤ 「상표법」에 따른 상표권이나 「저작권법」에 따른 저작권을 침해하는 물품

제4회 최종모의고사

15 국가관세종합정보시스템이나 전자문서중계사업자의 전산처리설비에 기록된 전자문서 등 관련 정보를 위조 또는 변조하거나 위조 또는 변조된 정보를 행사한 자에 대한 벌칙으로 옳은 것은?

① 3년 이하의 징역 또는 물품원가 이하에 상당하는 벌금
② 5년 이하의 징역 또는 물품원가 이하에 상당하는 벌금
③ 5년 이하의 징역 또는 5천만 원 이하의 벌금
④ 7년 이하의 징역 또는 7천만 원 이하의 벌금
⑤ 1년 이상 10년 이하의 징역 또는 1억 원 이하의 벌금

16 「관세법」 제269조 제1항에 따라 밀수출입죄 규정을 적용받는 물품으로 옳지 않은 것은? ❙2018

① 헌법질서를 문란하게 하는 서적
② 공공의 안녕질서 또는 풍속을 해치는 영화
③ 정부의 기밀을 누설하거나 첩보활동에 사용되는 물품
④ 「마약류관리법」에 따른 마약
⑤ 화폐 · 채권이나 그 밖의 유가증권의 위조품 · 변조품 또는 모조품

17 「관세법」상 정상에 따라 징역과 벌금을 병과할 수 있는 법 조항이 아닌 것은?

① 「관세법」 제269조(밀수출입죄)
② 「관세법」 제270조(관세포탈죄 등)
③ 「관세법」 제275조의3(명의대여행위죄 등)
④ 「관세법」 제271조(미수범 등)
⑤ 「관세법」 제274조(밀수품의 취득죄 등)

18 관세포탈죄 등에 따른 벌칙에 대한 내용으로 옳지 않은 것은?

❙2018

① 수입신고를 한 자 중 세액결정에 영향을 미치기 위하여 과세가격 또는 관세율 등을 거짓으로 신고하거나 신고하지 아니하고 수입한 자는 3년 이하의 징역 또는 포탈한 관세액의 5배와 물품원가 중 높은 금액 이하에 상당하는 벌금에 처한다.

② 수입신고를 한 자 중 법령에 따라 수입이 제한된 사항을 회피할 목적으로 부분품으로 수입하거나 주요 특성을 갖춘 미완성·불완전한 물품이나 완제품을 부분품으로 분할하여 수입한 자는 3년 이하의 징역 또는 포탈한 관세액의 5배와 물품원가 중 높은 금액 이하에 상당하는 벌금에 처한다.

③ 수입신고를 한 자 중 법령에 따라 수입에 필요한 허가·승인·추천·증명 또는 그 밖의 조건을 갖추지 아니하거나 부정한 방법으로 갖추어 수입한 자는 3년 이하의 징역 또는 3천만 원 이하의 벌금에 처한다.

④ 수출신고를 한 자 중 법령에 따라 수출에 필요한 허가·승인·추천·증명 또는 그 밖의 조건을 갖추지 아니하거나 부정한 방법으로 갖추어 수출한 자는 3년 이하의 징역 또는 3천만 원 이하의 벌금에 처한다.

⑤ 부정한 방법으로 관세를 감면받거나 관세를 감면받은 물품에 대한 관세의 징수를 면탈한 자는 3년 이하의 징역에 처하거나, 감면받거나 면탈한 관세액의 5배 이하에 상당하는 벌금에 처한다.

19 「관세법」상 가격조작죄에 대한 벌칙으로 옳은 것은?

① 1년 이하의 징역 또는 물품원가와 3천만 원 중 높은 금액 이하의 벌금
② 1년 이하의 징역 또는 물품원가와 5천만 원 중 높은 금액 이하의 벌금
③ 2년 이하의 징역 또는 물품원가와 3천만 원 중 높은 금액 이하의 벌금
④ 2년 이하의 징역 또는 물품원가와 5천만 원 중 높은 금액 이하의 벌금
⑤ 3년 이하의 징역 또는 물품원가와 3천만 원 중 높은 금액 이하의 벌금

20 관세의 회피 또는 강제집행의 면탈을 목적으로 타인에게 자신의 명의를 사용하여 납세신고를 할 것을 허락한 자가 받는 벌칙으로 옳은 것은?

❙2019

① 1년 이하의 징역 또는 1천만 원 이하의 벌금
② 1년 이하의 징역 또는 2천만 원 이하의 벌금
③ 3년 이하의 징역 또는 3천만 원 이하의 벌금
④ 3년 이하의 징역 또는 5천만 원 이하의 벌금
⑤ 5년 이하의 징역 또는 5천만 원 이하의 벌금

21 「관세법」 제227조에 따라 세관장은 다른 법령에 따라 수입 후 특정한 용도로 사용해야 하는 등의 의무가 부가되어 있는 물품에 대하여는 문서로써 해당 의무를 이행할 것을 요구할 수 있는데, 과실로 세관장의 의무 이행 요구를 이행하지 아니한 자가 처하는 벌칙에 해당하는 것은?

① 물품원가 또는 2천만 원 중 높은 금액 이하의 벌금
② 2천만 원 이하의 벌금
③ 1천만 원 이하의 벌금
④ 500만 원 이하의 벌금
⑤ 300만 원 이하의 벌금

22 보세사의 자격을 갖춘 사람이 보세사로 근무하려면 해당 보세구역을 관할하는 세관장에게 등록해야 한다. 이를 위반한 경우의 벌칙에 해당하는 것은?

① 3년 이하의 징역 또는 3천만 원 이하의 벌금
② 2년 이하의 징역 또는 2천만 원 이하의 벌금
③ 1년 이하의 징역 또는 1천만 원 이하의 벌금
④ 1천만 원 이하의 벌금
⑤ 500만 원 이하의 벌금

23 「관세법」 제279조에 따라 양벌규정의 적용을 받는 개인에 해당하지 않는 자는? ❙ 2020, 2023

① 특허보세구역 또는 종합보세사업장의 운영인
② 수출·수입 또는 운송을 업으로 하는 사람
③ 보세사
④ 국제항 안에서 물품 및 용역의 공급을 업으로 하는 사람
⑤ 전자문서중계사업자

24 「자유무역지역의 지정 및 운영에 관한 법률」에 따라 부과되는 과태료 액수가 나머지와 다른 것은?

① 사업개시의 신고를 하지 아니하거나 거짓 신고를 하고 사업을 시작한 자
② 공장 등의 양도·임대 또는 사용에 대하여 신고를 하지 아니한 자
③ 잔여 외국물품 등을 자유무역지역 밖으로 반출하지 아니하거나 다른 입주기업체에 양도하지 아니한 자
④ 외국물품에 대하여 반입신고를 하지 아니하거나 거짓으로 반입신고를 하고 자유무역지역 안으로 반입한 자
⑤ 내국물품에 대하여 반입신고를 거짓으로 하여 자유무역지역 안으로 반입한 자

25 「관세법」상 관세범의 조사에 대한 내용으로 옳지 않은 것은? ❙2023

① 세관공무원이 관세범 조사에 필요하다고 인정할 때에는 피의자·증인 또는 참고인의 출석을 요구할 수 있다.
② 세관공무원이 관세범 조사에 필요하다고 인정할 때에는 지정한 장소에 피의자·증인 또는 참고인의 출석이나 동행을 명할 수 있다.
③ 소유자·점유자 또는 보관자가 임의로 제출한 물품이나 남겨 둔 물품은 관할 지방법원 판사의 영장을 받아 압수할 수 있다.
④ 세관공무원이 관세범의 현행범인을 발견하였을 때에는 즉시 체포해야 한다.
⑤ 관세범의 현행범인이 그 장소에 있을 때에는 누구든지 체포할 수 있으며, 범인을 체포한 자는 지체 없이 세관공무원에게 범인을 인도해야 한다.

제5회 최종모의고사

시험시간 : 135분 정답 및 해설 p.393

제1과목 수출입통관절차

수입물품에 대하여 세관장이 부과·징수할 수 없는 조세가 포함된 것은? ▎2021

① 개별소비세, 법인세
② 지방소비세, 담배소비세
③ 지방교육세, 개별소비세
④ 담배소비세, 주세
⑤ 부가가치세, 교통·에너지·환경세 및 농어촌특별세

수출신고에 대한 설명으로 옳은 것은? ▎2021

① 수출신고의 효력발생지점은 전송된 신고자료가 담당 직원에게 배부된 시점으로 한다.
② 수출신고는 해당 물품이 장치된 물품소재지를 관할하는 관세청장에게 하여야 한다.
③ 보세구역 등 반입대상 물품이 검사로 지정된 경우라도 수출검사 담당 직원은 다른 물품에 우선하여 검사할 수 없다.
④ 수출신고는 해당 물품을 외국으로 반출하려는 선박 또는 항공기의 적재 단위(S/R 또는 S/O, B/L 또는 AWB)별로 하여야 한다.
⑤ 「관세법」 제243조 제4항에 따른 밀수출 우려가 높은 물품은 자유무역지역에 반입하여 수출신고를 할 수 없다.

03 **다음 서류의 보관기간으로 옳은 것은?**

> • 보세화물반출입에 관한 자료
> • 적재화물목록에 관한 자료
> • 보세운송에 관한 자료

① 해당 신고에 대한 수리일부터 1년
② 해당 신고에 대한 수리일부터 2년
③ 해당 신고에 대한 수리일부터 3년
④ 해당 신고에 대한 수리일부터 4년
⑤ 해당 신고에 대한 수리일부터 5년

과세물건 확정의 시기에 대한 내용으로 옳지 않은 것은? ▌2021, 2022

① 도난물품이나 분실물품은 도난되거나 분실된 때 과세물건이 확정된다.
② 보세운송기간이 경과된 경우 보세운송을 신고하거나 승인받은 때 과세물건이 확정된다.
③ 수입신고 전 즉시반출신고를 하고 반출한 물품의 경우 수입신고 전 즉시반출신고를 한 때 과세물건이 확정된다.
④ 보세구역 밖에서 보수작업을 하는 물품이 지정된 기간 내에 반입되지 아니하는 경우 보세구역 밖에서 하는 보수작업이 종료된 때 과세물건이 확정된다.
⑤ 선박용품 및 항공기용품 등을 허가받은 대로 적재하지 아니한 경우 하역을 허가받은 때 과세물건이 확정된다.

05 다음은 수출·수입 또는 반송의 신고기한에 대한 내용이다. 빈칸에 들어갈 내용을 순서대로 나열한 것은?

> 전기·유류 등 대통령령으로 정하는 물품을 그 물품의 특성으로 인하여 전선이나 배관 등 대통령령이 정하는 시설 또는 장치 등을 이용하여 수출·수입 또는 반송하는 자는 (ⓐ)을 단위로 하여 해당 물품에 대한 신고사항을 다음 달 (ⓑ)일까지 신고해야 한다.

① ⓐ – 1개월, ⓑ – 7
② ⓐ – 1개월, ⓑ – 10
③ ⓐ – 2개월, ⓑ – 7
④ ⓐ – 2개월, ⓑ – 10
⑤ ⓐ – 3개월, ⓑ – 30

06 「관세법」상 특별납세의무자에 대한 내용으로 옳지 않은 것은?

① 외국물품인 선박용품 또는 항공기용품 등을 허가받은 대로 적재하지 아니한 경우의 납세의무자는 하역허가를 받은 자이다.
② 보세구역에 장치된 외국물품이 멸실 또는 폐기된 경우의 납세의무자는 세관장이다.
③ 보세공장 외 작업, 보세건설장 외 작업, 종합보세구역 외 작업물품이 지정기간 내에 반입되지 아니하는 경우의 납세의무자는 보세공장 외 작업, 보세건설장 외 작업 또는 종합보세구역 외 작업을 허가받거나 신고한 자이다.
④ 수입신고 전 즉시반출신고를 하고 반출한 물품의 납세의무자는 해당 물품을 즉시반출한 자이다.
⑤ 우편으로 수입되는 물품의 납세의무자는 수취인이다.

07 납세의무의 제척기간 및 시효에 대한 내용으로 옳지 않은 것은?

① 관세는 해당 관세를 부과할 수 있는 날부터 5년이 지나면 부과할 수 없다.

② 부정한 방법으로 관세를 포탈하였거나 환급 또는 감면받은 경우에는 관세를 부과할 수 있는 날부터 10년이 지나면 부과할 수 없다.

③ 5억 원 이상의 관세(내국세 포함)의 징수권은 이를 행사할 수 있는 날부터 10년 동안 행사하지 아니하면 소멸시효가 완성된다.

④ 5억 원 미만의 관세의 징수권은 이를 행사할 수 있는 날부터 5년 동안 행사하지 아니하면 소멸시효가 완성된다.

⑤ 관세징수권의 소멸시효는 관세의 분할납부기간, 징수유예기간, 압류・매각의 유예기간 중에는 진행하지 아니하며, 사해행위 취소소송으로 인한 시효정지의 효력은 소송이 각하, 기각, 취하된 경우에도 효력이 있다.

08 「관세법」상 납세담보에 대한 내용으로 옳지 않은 것은?

① 납세의무자(관세의 납부를 보증한 자 포함)는 이 법에 따라 계속하여 담보를 제공해야 하는 사유가 있는 경우에는 일정 기간에 제공해야 하는 담보를 포괄하여 미리 세관장에게 제공할 수 있다.

② 세관장은 담보를 제공한 납세의무자가 그 납부기한까지 해당 관세를 납부하지 아니하면 기획재정부령으로 정하는 바에 따라 그 담보를 해당 관세에 충당할 수 있다.

③ 담보로 제공된 금전을 해당 관세에 충당할 때에는 납부기한이 지난 후에 충당하더라도 가산세 규정을 적용하지 아니한다.

④ 세관장은 담보를 관세에 충당하고 남은 금액이 있을 때에는 담보를 제공한 자에게 이를 돌려주어야 하며, 돌려줄 수 없는 경우에는 이를 공탁할 수 있다.

⑤ 세관장은 관세의 납세의무자가 아닌 자가 관세의 납부를 보증한 경우 그 담보로 관세에 충당하고 남은 금액이 있을 때에는 국고귀속해야 한다.

09 **관세법령상 과세가격의 신고절차에 대한 내용으로 옳지 않은 것은?**

① 물품의 수입신고를 하기 전에 가격신고를 할 수는 없다.
② 가격신고를 할 때에는 과세가격의 결정에 관계되는 자료(과세가격결정자료)를 제출해야 한다.
③ 과세가격을 결정하기가 곤란하지 아니하다고 인정하여 기획재정부령으로 정하는 물품에 대하여는 가격신고를 생략할 수 있다.
④ 납세의무자는 가격신고를 할 때 신고해야 할 가격이 확정되지 아니한 경우로서 대통령령으로 정하는 경우에는 잠정가격으로 가격신고를 할 수 있다.
⑤ 잠정가격으로 가격신고를 한 자는 2년의 범위 안에서 구매자와 판매자 간의 거래계약의 내용 등을 고려하여 세관장이 지정하는 기간 내에 확정된 가격(확정가격)을 신고해야 한다.

10 **잠정가격신고를 할 수 있는 경우가 아닌 것은?**

① 거래관행상 거래가 성립된 때부터 일정기간이 지난 후에 가격이 정하여지는 물품(기획재정부령으로 정하는 것으로 한정)으로서 수입신고일 현재 그 가격이 정하여지지 아니한 경우
② 과세과격 결정 시 조정해야 할 금액이 수입신고일부터 일정기간이 지난 후에 정해질 수 있을 것으로 예상되는 경우
③ 과세가격 결정방법의 사전심사를 신청한 경우
④ 특수관계가 있는 구매자와 판매자 사이의 거래 중 수입물품의 거래가격이 수입신고 수리 이후에 「국제조세조정에 관한 법률」 제8조에 따른 정상가격으로 조정될 것으로 예상되는 거래로서 기획재정부령으로 정하는 요건을 갖춘 경우
⑤ 계약의 내용이나 거래의 특성상 잠정가격으로 가격신고를 하는 것이 불가피하다고 세관장이 인정하는 경우

11 「관세법」상 납부세액의 보정 · 수정 · 경정에 대한 내용으로 옳은 것은? ▌2018, 2019

① 물품을 수입하려는 자는 수입신고를 할 때에 관세청장에게 관세의 납부에 관한 신고(납세신고)를 해야 한다.

② 납세의무자는 납세신고한 세액을 납부하기 전에 그 세액이 과부족(過不足)하다는 것을 알게 되었을 때에는 납세신고한 세액을 정정할 수 있으며, 이 경우 납부기한은 당초의 납부기한으로 한다.

③ 납세의무자는 신고납부한 세액이 부족하다는 것을 알게 되거나 세액산출의 기초가 되는 과세가격 또는 품목분류 등에 오류가 있는 것을 알게 되었을 때에는 신고납부한 날부터 1년 이내(보정기간)에 해당 세액을 보정(補正)하여 줄 것을 세관장에게 신청할 수 있다.

④ 납세의무자는 신고납부한 세액이 부족한 경우에는 보정기간이 지난 날부터 3년 이내에 수정신고를 할 수 있다.

⑤ 납세의무자가 부족한 세액에 대한 세액의 보정을 신청한 경우에는 해당 보정신청을 한 날까지 해당 관세를 납부하여야 한다.

12 「관세법」상 부과고지 사유로 옳지 않은 것은?

① 보세건설장에서 건설된 시설로서 수입신고가 수리되기 전에 가동된 경우

② 보세구역에 반입된 물품이 수입신고가 수리되기 전에 반출된 경우

③ 납세의무자가 관세청장이 정하는 사유로 과세가격이나 관세율 등을 결정하기 곤란하여 부과고지를 요청하는 경우

④ 수입신고 전 즉시반출신고를 한 날부터 10일 이내에 수입신고를 하지 아니하여 관세를 징수하는 경우

⑤ 우편물이 「대외무역법」 제11조에 따른 수출입의 승인을 받은 것인 경우

「관세법」상 과세가격의 공제요소로 옳은 것은? ❙2018, 2019

① 구매자가 부담하는 수수료와 중개료(구매수수료 제외)
② 우리나라에서 해당 수입물품에 부과된 관세 등의 세금과 그 밖의 공과금
③ 해당 수입물품과 동일체로 취급되는 용기의 비용에 드는 노무비와 자재비로 구매자가 부담하는 비용
④ 해당 수입물품을 수입한 후 전매·처분 또는 사용하여 생긴 수익금액 중 판매자에게 직접 또는 간접으로 귀속되는 금액
⑤ 특허권, 실용신안권, 디자인권, 상표권 및 이와 유사한 권리를 사용하는 대가로 지급하는 것으로서 대통령령으로 정하는 바에 따라 산출된 금액

14 **감면 적용 시 조건을 이행해야 하는 것은?**

① 외교관용 물품 등의 면세
② 소액물품 등의 면세
③ 재수입면세
④ 세율불균형물품의 면세
⑤ 손상물품에 대한 감면

다음은 관세법령상 감면의 신청시기에 대한 내용이다. 빈칸에 들어갈 내용으로 옳은 것은? ❙2019

- 원칙 – 해당 물품의 수입신고 수리 전
- 부과고지의 규정에 따라 관세를 징수하는 경우 – 해당 납부고지를 받은 날부터 (ⓐ) 이내
- 그 밖에 수입신고 수리 전까지 감면신청서를 제출하지 못한 경우 – 해당 수입신고 수리일부터 (ⓑ) 이내(해당 물품이 보세구역에서 반출되지 아니한 경우로 한정)

① ⓐ – 3일, ⓑ – 3일
② ⓐ – 3일, ⓑ – 5일
③ ⓐ – 5일, ⓑ – 5일
④ ⓐ – 5일, ⓑ – 10일
⑤ ⓐ – 5일, ⓑ – 15일

16 **다음 밑줄 친 부분에 해당하지 않는 것은?** ❙2018

> **「관세법」 제118조(과세 전 적부심사) 제1항**
> 세관장은 제38조의3 제6항 또는 제39조 제2항에 따라 납부세액이나 납부해야 하는 세액에 미치지 못한 금액을 징수하려는 경우에는 미리 납세의무자에게 그 내용을 서면으로 통지해야 한다. 다만, <u>다음 각 호의 어느 하나에 해당하는 경우</u>에는 통지를 생략할 수 있다.

① 통지하려는 날부터 3개월 이내에 관세부과의 제척기간이 만료되는 경우
② 납세의무자가 잠정가격을 신고한 경우
③ 납부세액의 계산착오 등 명백한 오류에 의하여 부족하게 된 세액을 징수하는 경우
④ 감사원의 시정요구에 따라 징수하는 경우
⑤ 관세품목분류위원회의 의결에 따라 결정한 품목분류에 의하여 수출입물품에 적용할 세율이나 품목분류의 세번이 변경되어 부족한 세액을 징수하는 경우

17 **환적물품 등에 대한 유치와 관련하여 옳지 않은 것은?**

① 세관장은 일시적으로 육지에 내려지거나 다른 운송수단으로 환적 또는 복합환적되는 외국물품 중 원산지를 우리나라로 허위 표시한 물품은 유치할 수 있다.
② 유치하는 외국물품은 세관장이 관리하는 장소에 보관해야 하며, 그 물품의 화주나 그 위임을 받은 자가 별도로 요청할 때에는 그러하지 아니하다.
③ 세관장은 외국물품을 유치할 때에는 그 사실을 그 물품의 화주나 그 위임을 받은 자에게 통지해야 한다.
④ 세관장은 외국물품을 유치한다는 통지를 할 때에는 이행기간을 정하여 원산지 표시의 수정 등 필요한 조치를 명할 수 있으며, 이 경우 지정한 이행기간 내에 명령을 이행하지 아니하면 매각한다는 뜻을 함께 통지해야 한다.
⑤ 세관장은 원산지 표시의 수정 등의 명령이 이행된 경우에는 물품의 유치를 즉시 해제해야 하며, 명령이 이행되지 아니한 경우에는 이를 매각할 수 있다.

18 「관세법」상 지식재산권 보호에 관한 내용으로 옳지 않은 것은?

① 세관장은 지식재산권을 침해하는 물품을 효율적으로 단속하기 위하여 필요한 경우에는 해당 지식재산권을 관계 법령에 따라 등록 또는 설정등록한 자 등으로 하여금 해당 지식재산권에 관한 사항을 신고하게 할 수 있다.
② 수출입신고된 물품이 신고된 지식재산권을 침해하였다고 인정될 때에는 세관장은 그 지식재산권을 신고한 자에게 해당 물품의 수출입 사실을 통보해야 한다.
③ 지식재산권을 보호받으려는 자는 세관장에게 담보를 제공하고 해당 물품의 통관 보류나 유치를 요청할 수 있다.
④ 통관 보류나 유치 요청을 받은 세관장은 특별한 사유가 없으면 해당 물품의 통관을 보류하거나 유치해야 한다.
⑤ 세관장은 수출입신고된 물품이 지식재산권을 침해하였음이 명백한 경우에는 직권으로 해당 물품의 통관을 보류하거나 해당 물품을 유치할 수 있다.

19 수입신고의 시기, 요건, 신고세관, 신고인에 관한 설명으로 옳지 않은 것은? | 2023

① 수입하려는 자는 출항 전 신고, 입항 전 신고, 보세구역 도착 전 신고, 보세구역 장치 후 신고 중에서 필요에 따라 신고방법을 선택하여 수입신고할 수 있다.
② 보세구역 도착 전 신고는 해당물품이 도착할 보세구역을 관할하는 세관장에게 신고하여야 한다.
③ 출항 전 신고나 입항 전 신고는 해당물품을 적재한 선박 등이 우리나라에 입항하기 5일 전(항공기에 의한 경우에는 1일 전)부터 할 수 있다.
④ 수입신고의 효력발생시점은 전송된 신고자료가 담당자에게 배부된 시점으로 한다.
⑤ 수입신고나 반출신고는 관세사, 관세법인, 통관취급법인 등이나 수입화주의 명의로 하여야 한다.

20 간소한 수출신고 방법인 목록통관 대상물품으로 적절하지 않은 것은?

① 외교행낭으로 반출되는 물품
② 하자 수리 목적으로 수출하는 물품
③ 외국인 관광객이 구입한 물품
④ 우리나라를 방문하는 외국의 원수와 수행원이 반출하는 물품
⑤ 신문, 뉴스취재 필름, 녹음테이프 등 언론기관 보도용품

21 세관장은 수입신고 전 즉시반출을 한 자가 반출신고일로부터 10일 내에 수입신고를 하지 아니하는 경우에는 관세를 부과·징수하는데, 이 경우 적용되는 가산세율로 옳은 것은?

① 100분의 20
② 100분의 40
③ 100분의 60
④ 100분의 120
⑤ 100분의 150

22 「수입통관 사무처리에 관한 고시」에서 규정하는 무역서류에 해당하지 않는 것은?

① 송품장
② 선하증권(항공화물운송장 포함)
③ 가격신고서
④ 포장명세서
⑤ 원산지증명서

23 「수입통관 사무처리에 관한 고시」에 따른 수입신고에 대한 내용으로 옳지 않은 것은?

① 출항 전 신고나 입항 전 신고는 해당물품을 적재한 선박 등이 우리나라에 입항하기 5일 전(항공기에 의한 경우에는 1일 전)부터 할 수 있다.
② 세율이 인상되거나 새로운 수입요건을 갖추도록 요구하는 법령이 적용되거나 적용될 예정인 물품은 해당 선박 등이 우리나라에 도착한 후에 신고해야 한다.
③ 출항 전 신고나 입항 전 신고는 수입물품을 적재한 선박 등의 입항예정지를 관할하는 세관장에게 해야 한다.
④ 수입신고의 효력발생시점은 전송된 신고자료가 통관시스템에 접수된 시점으로 한다.
⑤ 세관장의 수입신고취하 승인이 있더라도 당초의 수입신고나 수입신고 수리의 효력에 영향을 미치지 아니한다.

「수출통관 사무처리에 관한 고시」에 따른 수출신고에서의 물품검사에 대한 내용으로 옳지 않은 것은?

▌2023

① 수출신고물품에 대한 검사는 원칙적으로 생략한다.
② 수출물품의 검사는 신고지 세관에서 검사하는 것을 원칙으로 한다.
③ 신고인은 적재지검사 대상물품을 수출신고한 이후 적재지가 변경되는 경우에는 물품검사 이전에 수출신고를 정정해야 한다.
④ 적재지 관할 세관장은 필요하다고 인정되는 경우 물품검사 생략대상으로 수출신고 수리된 물품에 대하여도 컨테이너검색기검사 등의 검사를 실시할 수 있다.
⑤ 세관장은 물품검사가 완료되고 적재지 보세구역에 반입된 물품이 적재 목적 이외의 사유로 반출되는 경우 해당물품이 적재지 보세구역에 재반입된 때 물품검사를 다시 할 수 있다.

25 「수출통관 사무처리에 관한 고시」에 따른 수출물품의 적재에 관한 내용으로 옳지 않은 것은?

① 수출자는 수출신고가 수리된 물품을 수출신고가 수리된 날부터 30일 이내에 우리나라와 외국 간을 왕래하는 운송수단에 적재해야 한다.
② 수출자 및 국제무역선(기)의 선(기)장은 어떠한 경우에도 수출신고 수리 전에 수출하려는 물품을 국제무역선(기)에 적재해서는 안 된다.
③ 출항 또는 적재 일정변경 등 부득이한 사유로 인하여 적재기간을 연장하려는 자는 변경 전 적재기간 내에 통관지 세관장에게 적재기간 연장승인(신청)서를 제출해야 한다.
④ 세관장은 적재기간 연장승인(신청)서를 접수한 때에는 연장승인 신청사유 등을 심사하여 타당하다고 인정하는 경우에는 수출신고 수리일로부터 1년의 범위 내에서 적재기간 연장을 승인할 수 있다.
⑤ 적재지검사 대상물품의 경우에는 물품검사가 완료된 후 운송수단에 적재해야 한다.

제2과목 보세구역관리

관세법령상 종합보세구역에 대한 설명으로 옳지 않은 것은? ❙2022

① 종합보세사업장의 운영인은 그가 수행하는 종합보세기능을 변경하려면 세관장에게 이를 신고하여야 한다.
② 운영인은 종합보세구역에 반입된 물품을 종합보세기능별로 구분하여 관리하여야 한다.
③ 종합보세구역에서 외국인관광객 등에게 물품을 판매하는 자는 관세청장이 정하는 바에 따라 판매물품에 대한 수입신고 및 신고납부를 하여야 한다.
④ 관세청장은 종합보세구역에 반입·반출되는 물량이 감소하는 때에는 종합보세구역의 지정을 취소할 수 있다.
⑤ 외국인관광객 등이 판매확인서를 교부받은 때에는 판매인에게 이를 제시하고 환급 또는 송금받을 수 있다.

02 **다음은 지정장치장 반입물품의 장치기간에 대한 내용이다. 빈칸에 들어갈 기간으로 옳은 것은?**

- 지정장치장에 물품을 장치하는 기간은 (ⓐ)의 범위에서 관세청장이 정한다. 다만, 관세청장이 정하는 기준에 따라 세관장은 (ⓑ)의 범위에서 그 기간을 연장할 수 있다.
- 제3조 제1호(「관세법」 제169조에 따른 지정장치장 반입물품)에 해당하는 물품의 장치기간은 (ⓒ)로 한다. 다만, 부산항·인천항·인천공항·김해공항 항역 내의 지정장치장으로 반입된 물품과 특송물품의 장치기간은 (ⓓ)로 하며, 세관장이 필요하다고 인정할 때에는 (ⓓ)의 범위에서 그 기간을 연장할 수 있다.

① ⓐ – 3개월, ⓑ – 3개월, ⓒ – 2개월, ⓓ – 2개월
② ⓐ – 3개월, ⓑ – 2개월, ⓒ – 3개월, ⓓ – 3개월
③ ⓐ – 6개월, ⓑ – 3개월, ⓒ – 3개월, ⓓ – 2개월
④ ⓐ – 6개월, ⓑ – 2개월, ⓒ – 6개월, ⓓ – 3개월
⑤ ⓐ – 6개월, ⓑ – 3개월, ⓒ – 6개월, ⓓ – 2개월

03 지정장치장의 화물관리인에 대한 내용으로 옳지 않은 것은?

① 세관장은 지정장치장의 질서유지와 화물의 안전관리를 위하여 필요하다고 인정할 때에는 화주를 갈음하여 보관의 책임을 지는 화물관리인을 지정할 수 있다.
② 지정장치장의 화물관리인은 화물관리에 필요한 비용(세관설비 사용료 포함)을 화주로부터 징수할 수 있으나, 그 요율에 대하여는 세관장의 승인을 받아야 한다.
③ 세관장은 불가피한 사유로 화물관리인을 지정할 수 없을 때에는 화주를 대신하여 직접 화물관리를 할 수 있다.
④ 화물관리인 지정의 유효기간은 5년 이내로 한다.
⑤ 세관장은 화물관리인의 지정을 받은 자에게 재지정을 받으려면 지정의 유효기간이 끝나는 날의 6개월 전까지 재지정을 신청해야 한다는 사실과 재지정 절차를 지정의 유효기간이 끝나는 날의 7개월 전까지 휴대폰에 의한 문자전송, 전자메일, 팩스, 전화, 문서 등으로 미리 알려야 한다.

04 보세창고의 설치 · 운영에 관한 특허를 받을 수 있는 요건으로 옳지 않은 것은? ❙ 2024

① 체납된 관세 및 내국세가 없을 것
② 운영인의 결격사유(「관세법」 제175조)가 없을 것
③ 자본금 2억원 이상의 법인이거나 특허를 받으려는 토지 및 건물(2억 원 이상)을 소유하고 있는 개인
④ 특허갱신의 경우에는 해당 보세창고의 갱신신청 이전 3개월의 특허기간 동안 법규수행능력평가 점수가 평균 80점 이상일 것
⑤ 위험물품을 보세창고에 장치 · 제조 · 전시 또는 판매하는 경우에는 관계 행정기관의 장의 허가 또는 승인 등을 받을 것

05 보세공장의 제품과세와 원료과세에 대한 설명으로 옳은 것은?

ǀ 2022

① 최근 2년간 생산되어 판매된 물품 중 수입된 물품의 가격비율이 100분의 20 이상이고, 수출입 안전관리 우수업체로 공인된 업체가 운영하는 보세공장은 1년의 범위 내에서 원료별, 제품별 또는 보세공장 전체에 대하여 원료과세 신청을 할 수 있다.

② 관세청장의 허락을 받고 외국물품과 내국물품을 혼용하는 경우에는 그로써 생긴 제품 중 해당 외국물품의 수량 또는 가격에 상응하는 것은 외국으로부터 우리나라에 도착한 물품으로 본다.

③ 보세공장에서 제조된 물품을 수입하는 경우 사용신고 전에 미리 세관장에게 해당 물품의 원료인 외국물품에 대한 과세의 적용을 신청한 경우에는 수입신고할 때의 그 원료의 성질 및 수량에 따라 관세를 부과한다.

④ 외국물품이나 외국물품과 내국물품을 원료로 하거나 재료로 하여 작업을 하는 경우 그로써 생긴 물품은 외국으로부터 우리나라에 도착한 물품으로 본다.

⑤ 세관장은 외국물품과 내국물품의 혼용승인을 얻은 사항 중 혼용하는 외국물품 및 내국물품의 품명 및 규격이 각각 동일하고 손모율에 변동이 없는 동종의 물품을 혼용하는 경우에는 새로운 승인신청을 생략할 수 없다.

06 세관장이 보세창고의 운영인에게 경고처분할 수 있는 경우가 아닌 것은?

① 장치물품에 대한 관세를 납부할 자금능력이 없다고 인정되는 경우
② 장치물품 및 수용능력의 범위 내에서 물품을 장치하지 않은 경우
③ 야적대상이 아닌 물품을 야적장에 장치한 경우
④ 보관화물에 대한 멸실이 발생한 때
⑤ 다른 장치물품을 해할 우려가 있는 물품에 대하여 신속하게 격리·폐기 등의 조치를 취하지 않은 경우

07 보세창고 운영인에게 세관장이 보세창고의 물품반입을 정지시킬 수 없는 경우는?

① 장치물품에 대한 관세를 납부할 자금능력이 없다고 인정되는 경우
② 「관세법」 제175조(운영인의 결격사유)의 어느 하나에 해당하게 된 경우
③ 본인 또는 그 사용인이 「관세법」 또는 같은 법에 따른 명령을 위반한 경우
④ 해당 시설의 미비 등으로 보세창고 설치 목적을 달성하기 곤란하다고 인정되는 경우
⑤ 운영인이 최근 1년 동안 3회 이상 경고처분을 받은 때

08 다음 중 보세창고의 특허취소사유가 아닌 것은?

▌2018, 2022, 2024

① 거짓이나 그 밖의 부정한 방법으로 특허를 받은 경우
② 「관세법」 제175조(운영인의 결격사유)의 어느 하나에 해당하게 된 경우
③ 최근 1년 동안 3회 이상 물품반입의 정지처분(과징금 부과처분 포함)을 받은 경우
④ 운영인 또는 그 종업원의 관리소홀로 해당 보세창고에서 밀수행위가 발생한 경우
⑤ 2년 이상 물품의 반입실적이 없는 경우

09 다음 빈칸에 들어갈 내용으로 옳은 것은?

> **「보세창고 특허 및 운영에 관한 고시」 제18조(행정제재) 제6항**
> 세관장은 제3항에 따른 물품반입의 정지처분이 그 이용자에게 심한 불편을 주거나 공익을 해칠 우려가 있는 경우에는 법 제178조 제3항 및 제4항에 따라 보세창고의 운영인에게 반입정지 처분을 갈음하여 해당 보세창고 운영에 따른 매출액의 (ⓐ) 이하의 범위에서 (ⓑ)을/를 부과할 수 있다.

① ⓐ – 100분의 3, ⓑ – 과징금
② ⓐ – 100분의 3, ⓑ – 과태료
③ ⓐ – 100분의 5, ⓑ – 과징금
④ ⓐ – 100분의 5, ⓑ – 과태료
⑤ ⓐ – 100분의 10, ⓑ – 과징금

10 **다음은 특허의 승계신고에 관한 규정이다. 빈칸에 들어갈 내용으로 옳은 것은?**

> 특허보세구역의 운영을 계속하고자 하는 (ⓐ) 또는 승계법인은 당해 특허보세구역의 종류·명칭 및 소재지를 기재한 특허보세구역 승계신고서에 (ⓐ) 또는 승계법인을 확인할 수 있는 서류, 특허요건의 구비를 확인할 수 있는 서류로서 관세청장이 정하는 서류를 첨부하여 세관장에게 제출하여야 하며, 신고를 받은 세관장은 이를 심사하여 신고일부터 (ⓑ) 이내에 그 결과를 신고인에게 통보하여야 한다.

① ⓐ - 대리인, ⓑ - 5일
② ⓐ - 운영인, ⓑ - 10일
③ ⓐ - 판매인, ⓑ - 10일
④ ⓐ - 상속인, ⓑ - 5일
⑤ ⓐ - 관리인, ⓑ - 5일

보세창고에 대한 설명으로 틀린 것은? ❙ 2024

① 보세창고에는 외국물품이나 통관을 하려는 물품을 장치한다.
② 운영인은 미리 세관장에게 신고를 하고 외국물품이나 통관하려는 물품의 장치에 방해되지 아니하는 범위에서 보세창고에 내국물품을 장치할 수 있다.
③ 운영인은 보세창고에 1년(동일 보세창고에서 수입신고 수리된 물품은 6개월) 이상 계속하여 내국물품만을 장치하려면 세관장의 승인을 받아야 한다.
④ 세관장에게 신고하고 보세창고에 장치중인 내국물품으로서 장치기간이 지난 물품은 그 기간이 지난 후 10일 내에 운영인의 책임으로 반출하여야 한다.
⑤ 동일한 보세창고에 장치되어 있는 동안 수입신고가 수리된 물품을 계속하여 장치하려면 세관장에게 신고하여야 한다.

12 보세공장에 대한 내용으로 옳은 것은?

① 보세공장에서는 세관장의 승인을 받지 아니하고는 내국물품만을 원료로 하거나 재료로 하여 제조·가공을 할 수 없다.

② 보세공장 물품반입의 사용신고를 하고자 하는 자는 당해 물품의 사용 후에 규정에 따른 사항을 기재한 신고서를 세관장에게 제출하여야 한다.

③ 세관장은 수입을 목적으로 하는 물품을 제조·가공하는 공장으로 제한되는 업종에 해당하는 경우에는 보세공장 설치·운영 특허를 할 수 있다.

④ 운영인은 잉여물품을 수입신고 전에 즉시반출하려는 경우에는 보세공장 잉여물품 수입신고 전 반출신고서를 제출하여야 한다.

⑤ 보세공장 외 일시 물품 장치허가(정정)신청서를 제출받은 세관장은 신청물품이 다른 보세작업의 수행에 지장을 초래하는지 등을 심사하여 2년의 범위에서 이를 허가할 수 있다.

13 보세판매장의 인도자 지정에 대한 설명으로 옳지 않은 것은? ▌2022

① 세관장은 관세 및 국세의 체납이 있는 자의 경우 인도자 지정을 취소할 수 있다.

② 인도장에서 판매물품을 구매자에게 인도하는 업무를 담당하려는 자는 인도장 관할 세관장으로부터 지정을 받아야 한다.

③ 인도자로 지정받고자 하는 자는 지정신청서 등의 서류를 구비하여 세관장에게 인도자 지정신청을 하여야 한다.

④ 세관장은 인도장의 수용능력 초과로 추가설치가 필요한 경우에는 출국장 인접 보세구역에 한정하여 1년의 범위 내에서 임시인도장을 지정할 수 있다.

⑤ 세관장은 3년의 범위 내에서 기간을 정하여 인도자를 지정하고 그 지정사항을 관세청장에게 보고하여야 한다.

14 「보세공장 운영에 관한 고시」에 따른 물품의 반출입에 대한 내용으로 옳지 않은 것은?

① 보세공장에서 보세작업을 하기 위하여 반입되는 원료 또는 재료(보세공장 원재료)는 세관장에게 설치・운영 특허받은 품목의 제조・가공 등에 소요되는 것으로 한정한다.

② 수입통관 후 해당 보세공장에서 사용할 기계, 기구, 부분품, 소모품, 견품, 내국작업 원재료 및 해당 보세공장 부설 연구소에서 사용될 시설기자재・원재료 등은 보세공장에 반입할 수 있다.

③ 보세공장에 물품을 반입, 반출하려는 자는 세관장에게 보세공장물품 반출(입)신고(승인)서로 신고해야 하며 세관장은 보세공장 반입대상 물품인지를 심사하여 반입대상이 아닌 경우에는 즉시 폐기를 명해야 한다.

④ 보세운송절차에 따라 반입되는 물품은 즉시 반입신고를 해야 하며, 이 경우 반입신고는 보세운송 도착보고를 갈음할 수 있다.

⑤ 반출입신고를 규정하지 아니한 내국물품에 대한 반출입신고는 생략할 수 있다. 다만, 제품의 제조・가공 등에 소요되는 원재료를 반출입하려는 때에는 그 사실을 기록・관리하여야 한다.

15 지정장치장에 대한 설명으로 옳지 않은 것은?

Ⅰ 2022

① 지정장치장에 반입한 물품은 화주 또는 반입자가 그 보관의 책임을 진다.

② 지정장치장은 통관을 하려는 물품을 일시 장치하기 위한 장소로서 관세청장이 지정하는 구역으로 한다.

③ 지정장치장의 화물관리인은 징수한 비용 중 세관설비 사용료에 해당하는 금액을 세관장에게 납부하여야 한다.

④ 지정장치장에 물품을 장치하는 기간은 6개월의 범위에서 관세청장이 정한다.

⑤ 세관장이 관리하는 시설이 아닌 경우에는 세관장은 해당 시설의 소유자나 관리자와 협의하여 화물관리인을 지정하여야 한다.

16 특허보세구역의 운영에 대한 설명으로 옳지 않은 것은?

① 특허를 받을 수 있는 요건은 보세구역의 종류별로 대통령령으로 정하는 기준에 따라 관세청장이 정한다.

② 특허보세구역의 운영인이 법인인 경우에 그 등기사항을 변경한 때에는 지체 없이 그 요지를 세관장에게 통보하여야 한다.

③ 특허보세구역을 설치・운영하려는 자는 세관장의 특허를 받아야 한다.

④ 보세전시장과 보세건설장을 포함한 특허보세구역의 특허기간은 10년의 범위 내에서 신청인이 신청한 기간으로 한다.

⑤ 세관장은 특허보세구역의 운영에 필요한 시설・기계 및 기구의 설치를 명할 수 있다.

다음에서 설명하는 장소에 해당하지 않는 것은? ▎2022

> 시내면세점, 출국장면세점 및 전자상거래에 의하여 판매한 보세판매장 물품을 구매자에게 인도하기 위한 장소를 말한다.

① 외국여객선박의 선내
② 통관우체국 내 세관통관장소
③ 출국장 보세구역 내 설치한 장소
④ 항공화물탁송 보세구역
⑤ 세관장이 지정한 보세구역(자유무역지역 제외)

18 「보세공장 운영에 관한 고시」에 따라 운영인 및 보세사가 확인하거나 기록해야 하는 것이 아닌 것은?

① 보세운송의 도착 및 화물의 이상 유무 확인
② 보세공장의 원재료보관・보세작업・제품보관 등 각 단계별 반입과 반출
③ 잉여물품관리대장 기록 여부
④ 내국작업허가 물품의 반입과 반출
⑤ 보세공장 물품의 장치와 보관

19 보세전시장에 반입된 외국물품 중 수입신고 수리 후 사용이 가능한 물품을 모두 고른 것은?

ⓐ 건설용품	ⓑ 업무용품
ⓒ 오락용품	ⓓ 전시용품
ⓔ 판매용품	ⓕ 증여용품

① ⓐ, ⓑ, ⓒ
② ⓐ, ⓓ, ⓕ
③ ⓑ, ⓓ, ⓔ
④ ⓒ, ⓔ, ⓕ
⑤ ⓓ, ⓔ, ⓕ

20 **「관세법」상 보세건설장에 대한 규정으로 옳지 않은 것은?**

① 보세건설장에서는 산업시설의 건설에 사용되는 외국물품인 기계류 설비품이나 공사용 장비를 장치・사용하여 해당 건설공사를 할 수 있다.

② 운영인은 보세건설장에 외국물품을 반입하였을 때에는 사용 전에 해당 물품에 대하여 수입신고를 하고 세관공무원의 검사를 받아야 한다.

③ 세관장은 보세건설장에 반입된 외국물품에 대하여 필요하다고 인정될 때에는 보세건설장 안에서 그 물품을 장치할 장소를 제한하거나 그 사용상황에 관하여 운영인으로 하여금 보고하게 할 수 있다.

④ 운영인은 세관장에게 사용신고를 한 경우 보세건설장에서 건설된 시설을 수입신고가 수리되기 전에 가동할 수 있다.

⑤ 세관장은 보세작업상 필요하다고 인정될 때에는 기간, 장소, 물품 등을 정하여 해당 보세건설장 외에서의 보세작업을 허가할 수 있다.

「보세판매장 운영에 관한 고시」에 따른 운영인의 의무로 옳은 것은? ▎2020, 2023

① 보세판매장에서 판매하는 물품과 동일 또는 유사한 물품은 수입하여 내수판매를 유도해야 한다.

② 판매물품을 진열・판매하는 때에는 상표단위별 진열장소의 면적은 매장면적의 10분의 3을 초과할 수 없다.

③ 운영인은 보세판매장의 업무사항을 매달 30일까지 보세판매장 반출입물품 관리를 위한 전산시스템을 통하여 세관장에게 보고하여야 한다.

④ 운영인은 보세판매장에 근무하는 소속직원과 판촉사원 등이 협의단체에서 주관하는 교육을 연 2회 이상 이수하도록 하여야 한다.

⑤ 운영인은 보세판매장에서 근무하는 판촉사원 등의 월별 현황을 다음 달 7일까지 세관장에게 보고하여야 하며, 이 경우 판촉사원 등은 운영인의 사용인으로 본다.

22 「보세판매장 운영에 관한 고시」에 따른 보세판매장 협의단체가 수행할 수 있는 업무가 아닌 것은?

① 보세판매장의 설치・운영
② 보세판매장제도 발전을 위한 조사・연구 및 정책제안
③ 보세판매장 반출입물품의 물류관리
④ 보세판매장 판매물품 인도사업
⑤ 보세판매장 종사 전문인력 양성을 위한 교육사업

23 다음은 보세판매장 특허심사위원회의 구성에 관한 설명이다. 빈칸 안에 들어갈 내용을 순서대로 나열한 것은?

> 특허심사위원회는 위원장 1명을 포함하여 (ⓐ)명 이내의 위원으로 성별을 고려하여 구성한다. 특허심사위원회의 위원은 규정에 해당되는 사람 중에서 (ⓑ)이 평가분야별로 위촉하고, 위원장은 위원 중에서 호선한다.

① ⓐ – 30, ⓑ – 세관장
② ⓐ – 50, ⓑ – 관세청장
③ ⓐ – 100, ⓑ – 관세청장
④ ⓐ – 100, ⓑ – 세관장
⑤ ⓐ – 150, ⓑ – 관세청장

「종합보세구역의 지정 및 운영에 관한 고시」에 따른 물품의 반출입에 대한 내용으로 옳지 않은 것은?

❙ 2023

① 종합보세사업장에 물품을 반출입하고자 하는 운영인은 세관장에게 반출입신고를 해야 하며, 이 경우 외국으로부터 도착한 물품 또는 보세운송되어 반입하는 물품에 대하여는 House B/L 단위로 신고해야 한다.

② 운영인이 동일 종합보세사업장에서 종합보세기능 간에 물품을 이동하는 경우에는 반출입신고를 하지 아니하며, 동일 종합보세구역 내의 종합보세사업장 간의 물품의 이동에는 보세운송신고를 하지 아니한다.

③ 종합보세구역에 반입된 외국물품이 사용신고 또는 수입신고되어 수리된 경우에는 반출신고를 생략한다.

④ 소방관련 법령 등에 의한 위험물 장치허가를 받지 아니한 종합보세사업장 운영인은 화물 반입 시 위험물 여부를 확인해야 하며, 위험물을 발견하였을 때에는 즉시 다른 보세구역 또는 다른 종합보세사업장으로 보세운송해야 한다.

⑤ 해당 종합보세사업장에 반입된 보세화물은 특별한 사유가 없는 한 다른 종합보세사업장 또는 보세구역으로 다시 반출할 수 없다.

「수입활어 관리에 관한 특례고시」에 따른 내용으로 옳은 것은?

❙ 2023

① 세관장은 CCTV 등을 통해 매월 SOC의 은닉공간 및 불법 개조 여부 등을 확인하여야 한다.

② 운영인 등은 CCTV 녹화 영상을 촬영한 날로부터 50일 이상 보관하여야 한다.

③ 운영인 등은 활어장치장 내에 설치된 CCTV의 전원을 차단하려는 경우에는 사전에 세관장에게 신고를 해야 한다.

④ 세관장은 불합격품이 발생한 경우 해당 화주에게 불합격 사실을 통보를 받은 날부터 15일 이내에 반송 또는 폐기하도록 명령하여야 한다.

⑤ 운영인 등은 세관장이 인정하는 범위 내에서 장치 중인 활어의 일부가 폐사한 경우 그 발생사유와 발생량 등을 지체 없이 세관장에게 통보하고, 폐사어 관리대장에 기록・유지하여야 한다.

「보세화물관리에 관한 고시」에서 보세화물 장치장소 결정을 위한 화물분류기준의 내용이 아닌 것은?

▎2019, 2021, 2022

① 하선(기) 전에 보세운송신고를 하지 않은 보세화물의 장치장소는 세관장이 정하는 것이 원칙이다.
② 보세구역 외 장치의 허가를 받은 물품은 그 허가를 받은 장소에 장치한다.
③ 화물의 장치장소에 대한 화주의 의사표시가 없는 House B/L화물은 화물운송주선업자가 선사 및 보세구역 운영인과 협의하여 장치장소를 결정한다.
④ 장치장소를 정할 때에 화물운송주선업자가 선량한 관리자로서의 의무를 다하지 못할 경우에는 세관지정장치장 또는 세관지정 보세창고를 장치장소로 한다.
⑤ 수입고철(비금속설 포함)은 고철전용 장치장에 장치하는 것을 원칙으로 한다.

02 「보세화물관리에 관한 고시」에서 보세구역 반입물품의 반출명령에 대한 내용이 아닌 것은?

① 세관장은 태풍 등으로 보세화물에 피해의 우려가 있다고 인정될 때 반출을 명할 수 있다.
② 세관장은 보세구역에 반입된 물품이 수용능력을 초과하여 추가 반입이 곤란할 때 해당 물품을 다른 보세구역으로 반출하도록 명할 수 있다.
③ 위험물 보고를 받은 세관장은 위험물을 장치할 수 있는 장소로 즉시반출을 명령하여야 한다.
④ 보세구역의 수용능력이 충분한 경우에 세관장은 월별, 보세구역별로 일정기준을 정하여 반출 또는 반출유예를 조치할 수 있다.
⑤ 세관장은 보세구역 운영인이 반출명령을 이행하지 않은 경우에는 벌금을 부과한다.

03 다음 보세구역 외 장치 허가 대상물품이 아닌 것은?

① 검역시행장에 반입할 검역물품
② 방진, 방습 등 특수보관이 필요한 물품
③ 귀중품으로 보세구역에 장치하는 것이 곤란한 물품
④ 교통이 불편한 지역에 양륙된 물품으로서 보세구역으로 운반이 불합리한 물품
⑤ 중계무역물품으로서 보세구역 내에서 보수 작업에 문제가 없다고 세관장이 인정하는 물품

04 다음은 「보세화물관리에 관한 고시」에 따른 보세구역 외 장치의 허가기간에 대한 설명이다. 빈칸에 들어갈 내용으로 옳은 것은?

> 보세구역 외 장치의 허가기간은 6개월의 범위 내에서 세관장이 필요하다고 인정하는 기간으로 정하며, 허가기간이 종료한 때에는 (ⓐ)에 반입하여야 한다. 다만, 동일세관 관할구역 내에 해당 화물을 반입할 보세구역이 없는 경우에는 세관장은 허가기간을 연장할 수 있으나, 그 기간은 최초의 허가일로부터 (ⓑ)을 초과할 수 없다.

① ⓐ – 컨테이너장치장, ⓑ – 3개월
② ⓐ – 검역검사소, ⓑ – 6개월
③ ⓐ – 세관지정장치장, ⓑ – 6개월
④ ⓐ – 세관지정 보세창고, ⓑ – 1년
⑤ ⓐ – 보세구역, ⓑ – 1년

05 「보세화물관리에 관한 고시」에 따라 보세운송물품이 도착한 때에 운영인이 확인해야 하는 사항이 아닌 것은?

① 현품의 과부족 여부
② 컨테이너 봉인의 파손 여부
③ 동일사업장 내 보세구역 간 장치물품의 이동 여부
④ 세관화물정보시스템의 보세운송예정정보와 현품의 일치 여부
⑤ 운송차량번호, 컨테이너번호, 컨테이너봉인번호와 세관화물정보시스템의 내역의 일치 여부

06 보세구역물품 반출입절차 중 반출확인 및 반출신고에 대한 내용으로 옳지 않은 것은?

① 운영인은 자가용 보세창고에 반입되어 수입신고 수리된 화물의 반출요청을 받은 때에는 세관화물정보시스템의 반출승인정보를 확인한 후 이상이 없는 경우 반출 전에 반출신고서를 전자문서로 제출해야 한다.
② 운영인은 보세운송신고 수리(승인)된 물품의 반출요청을 받은 때에는 세관화물정보시스템의 반출승인정보와 현품이 일치하는지를 확인한 후 이상이 없는 경우 반출 전에 반출신고서를 전자문서로 제출해야 한다.
③ 운영인은 폐기, 공매낙찰, 적재 등을 위한 물품 반출요청을 받은 때에는 세관화물정보시스템의 반출승인정보를 확인한 후 이상이 없는 경우 반출 전에 반출신고서를 전자문서로 제출해야 한다.
④ 운영인은 반출신고 내역을 정정하려는 때에는 반출신고 정정신청서를 세관장에게 전자문서로 제출하고 승인을 받아야 한다.
⑤ 운영인이 보세화물의 실시간 반출입정보를 자동으로 세관화물정보시스템으로 전송하는 경우 이를 반출신고로 갈음하게 할 수 있다.

07 「보세화물관리에 관한 고시」에 따른 보세구역 외 장치물품의 반출입 내용으로 옳은 것은?

① 보세구역 외 장치장에 반입한 화물 중 수입신고 수리된 화물은 반출신고를 하고, 반송 및 보세운송절차에 따라 반출된 화물은 반출승인을 받아야 한다.
② 보세구역 외 장치허가를 받은 자가 그 허가받은 장소에 물품을 반입한 때에는 물품 도착 후 3일 이내에 세관장에게 반입신고를 하여야 한다.
③ 반입신고를 받은 화물관리 세관공무원은 전체 재고내역 결과에 이상이 있는지를 확인한 후 이상이 있는 경우에는 반송 처리를 하여야 한다.
④ 세관장은 보세구역 외 장치 허가받은 물품의 안전관리를 위하여 업체의 경영실태를 분기별로 파악해야 한다.
⑤ 보세구역 외 장치물품 반입일로부터 3개월 이내에 통관하지 아니할 때에는 매월 정기적으로 재고조사를 실시하여야 한다.

08 다음은 수입신고 수리물품의 보세구역 반출의무에 대한 내용이다. 빈칸에 들어갈 기간으로 옳은 것은?

> 화물분류기준 규정에 따른 장치장소 중 [별표 1]의 보세구역에 반입된 물품이 수입신고가 수리된 때에는 그 (　　) 이내에 해당 보세구역에서 반출하여야 하며 이를 위반한 경우에는 「관세법」에 따라 해당 수입화주를 조사한 후 과태료를 부과한다.

① 수리일로부터 10일
② 수리일로부터 15일
③ 수리일로부터 20일
④ 수리일로부터 30일
⑤ 수리일로부터 2개월

09 「보세화물관리에 관한 고시」에 따른 수입신고수리물품 중 반출기간 연장승인을 받은 물품에 해당하지 않는 것은?

① 외교관 면세물품
② SOFA 적용 대상물품
③ 수출용 원자재물품
④ 원목, 양곡, 사료 등 벌크화물
⑤ 간이한 신고 대상물품

10 「보세화물장치기간 및 체화관리에 관한 고시」에 따른 장치기간에 대한 내용으로 옳지 않은 것은?

① 부산항 · 인천항 · 인천공항 · 김해공항 항역 내의 지정장치장으로 반입된 물품의 장치기간은 6개월로 하며, 세관장이 필요하다고 인정할 때에는 6개월의 범위에서 그 기간을 연장할 수 있다.
② 정부와의 계약이행을 위하여 비축하는 방위산업용품의 장치기간은 비축에 필요한 기간으로 한다.
③ 여행자 또는 승무원의 휴대품으로서 유치 또는 예치된 물품 및 습득물 중 유치물품 및 습득물의 장치기간은 1개월로 한다.
④ 여행자 또는 승무원의 휴대품으로서 예치된 물품의 장치기간은 예치증에 기재된 출국예정시기에 1개월을 가산한 기간으로 한다.
⑤ 보세창고 반입물품의 장치기간은 6개월로 하되 세관장이 필요하다고 인정할 때에는 6개월의 범위에서 그 기간을 연장할 수 있다.

반입된 물품에 대한 반출통고의 주체가 보세구역 운영인인 것은? ❙ 2021

① 보세전시장
② 보세건설장
③ 보세구역 외 장치장
④ 자가용 보세창고
⑤ 영업용 보세창고

12 「보세화물장치기간 및 체화관리에 관한 고시」에 따른 반출통고의 시기가 나머지와 다른 물품은?

① 보세창고에 반입한 물품
② 보세공장에 반입한 물품
③ 보세판매장에 반입한 물품
④ 보세전시장에 반입한 물품
⑤ 보세구역 외 장치장에 반입한 물품

13 「보세화물장치기간 및 체화관리에 관한 고시」에 따른 매각처분 대상의 내용으로 옳지 않은 것은?

① 「관세법」 위반으로 조사 중인 경우에 해당하여 매각처분을 보류한 경우에는 그 사유가 해제된 즉시 매각처분해야 한다.

② 세관장은 보세구역에 반입한 외국물품이 장치기간을 경과한 때에는 이를 매각할 수 있다.

③ 세관장은 공공차관에 의해 도입된 물품 중 체화된 것은 그 목록을 관세청장을 경유하여 기획재정부장관 및 산업통상자원부장관에게 제출하여야 한다.

④ 외자에 의한 도입물자로서 기획재정부장관 및 산업통상자원부장관의 매각처분 보류요청이 있는 경우에는 매각처분을 즉시 중지해야 한다.

⑤ 세관장은 외자목록 제출일부터 1개월간 매각 및 그 밖의 처분을 보류하며, 1개월이 경과할 때까지 기획재정부장관 및 산업통상자원부장관으로부터 보류요구가 없는 물품은 즉시 매각 등 필요한 조치를 취한다.

14 다음 빈칸에 들어갈 내용으로 옳은 것은?

「보세화물장치기간 및 체화관리에 관한 고시」 제16조(매각처분의 방법)

① 세관장은 이 고시에 따라 매각하려는 때에는 (ⓐ)에 의하는 것을 원칙으로 한다.

② (ⓐ)(으)로 매각하려는 경우 매각되지 아니한 때에는 (ⓑ) 이상의 간격을 두어 다시 입찰에 부칠 수 있으며 그 예정가격은 최초 예정가격의 (ⓒ) 이내의 금액을 입찰 시마다 체감할 수 있다.

③ 제2항에 따른 예정가격의 체감은 제2회 입찰 때부터 하되 그 체감한도액은 최초예정가격의 (ⓓ)으로 한다. 다만, 최초예정가격을 기초로 산출한 세액 이하의 금액으로 체감할 수 없다.

① ⓐ – 경쟁입찰, ⓑ – 5일, ⓒ – 100분의 5, ⓓ – 100분의 30
② ⓐ – 경쟁입찰, ⓑ – 5일, ⓒ – 100분의 10, ⓓ – 100분의 50
③ ⓐ – 경쟁입찰, ⓑ – 10일, ⓒ – 100분의 5, ⓓ – 100분의 30
④ ⓐ – 수의계약, ⓑ – 10일, ⓒ – 100분의 10, ⓓ – 100분의 50
⑤ ⓐ – 수의계약, ⓑ – 10일, ⓒ – 100분의 5, ⓓ – 100분의 30

「보세화물 입출항 하선 하기 및 적재에 관한 고시」에 따른 수입화물 입항 시 적재화물목록 제출시기에 대한 내용으로 옳지 않은 것은? ▌2022

① 적재화물목록 제출의무자는 적재항에서 화물이 선박에 적재되기 24시간 전까지 적재화물목록을 선박 입항예정지 세관장에게 전자문서로 제출해야 한다.
② 중국・일본・대만・홍콩・러시아 극동지역 등(근거리 지역)의 경우에는 적재항에서 선박이 출항하기 전까지 제출해야 한다.
③ 벌크화물의 경우에는 선박이 출항하기 4시간 전까지 제출해야 한다.
④ 적재화물목록 제출의무자는 항공기가 입항하기 4시간 전까지 적재화물목록을 항공기 입항예정지 세관장에게 전자문서로 제출해야 한다.
⑤ 근거리 지역의 경우에는 적재항에서 항공기가 출항하기 전까지, 특송화물의 경우에는 항공기가 입항하기 30분 전까지 제출해야 한다.

16 「보세화물 입출항 하선 하기 및 적재에 관한 고시」에 따른 해상입항화물 적재화물목록 정정신청에 대한 설명으로 옳지 않은 것은?

① 적재화물목록 제출이 완료된 이후 보세운송으로 보세구역에 반입된 화물의 적재화물목록 정정신청을 하려는 때에는 도착지 보세구역을 관할하는 세관장에게 정정신청을 해야 한다.
② 하선결과보고서 또는 반입물품 이상보고서가 제출된 물품의 적재화물목록 정정신청은 보고서 제출일로부터 10일 이내에 신청할 수 있다.
③ 신속통관을 위해 필요한 경우 수입화주가 적재화물목록 작성책임자를 대신하여 정정신청을 할 수 있다.
④ 세관장은 적재화물목록 정정신청한 물품에 대하여 필요하다고 인정할 때에는 화물관리 세관공무원에게 현품확인을 하게 할 수 있다.
⑤ 포장파손이 용이한 물품으로서 그 중량의 과부족이 5% 이내인 경우 적재화물목록 정정신청을 생략할 수 있다.

17 「보세화물 입출항 하선 하기 및 적재에 관한 고시」에 따른 물품의 하선장소 반입기한이 나머지와 다른 하나는?

① 원목화물
② 곡물화물
③ 원유화물
④ 벌크화물
⑤ 컨테이너화물

18 「보세화물 입출항 하선 하기 및 적재에 관한 고시」에서 보세구역반출에 대한 내용으로 옳은 것은?

① 관세청장이 그 사유가 타당하다고 인정하는 경우 적재지 보세구역에 반입된 수출물품을 반출할 수 있다.
② 수출물품이 보세구역에서 반출되는 경우 보세구역 운영인은 반출사유가 타당한지 여부를 확인해야 하며 그 내역을 세관장에게 보고해야 한다.
③ 반송물품을 보세구역에서 반출하고자 하는 화물운송관리인은 관세청장에게 반출신고를 해야 한다.
④ 보세구역에 반입 후 수출신고를 하게 할 수 있는 물품은 화물반출입대장에 기록・관리해야 한다.
⑤ 적재지 보세구역에 반입된 수출물품은 동일적재지 세관 내에서 혼재작업을 위해 다른 보세구역으로 수출물품을 운송하려는 경우에 적재지 보세구역으로부터 반출할 수 있다.

19 다음은 「환적화물 처리절차에 관한 특례고시」의 반출입신고 규정에 대한 설명이다. 빈칸에 들어갈 내용으로 옳은 것은?

> 보세구역 운영인이 반출입신고를 하려는 때에는 (ⓐ) 단위의 전자문서로 해야 한다. 다만, 다음의 어느 하나에 해당하는 경우에는 그 구분에 따른다.
> 1. 컨테이너보세창고에서 (ⓑ) 단위로 반출입되는 환적화물 : 컨테이너 단위
> 2. 공항 내 화물터미널에서 Master B/L 단위로 반출입되는 환적화물 : (ⓒ) 단위

① ⓐ – Master B/L, ⓑ – 컨테이너, ⓒ – House B/L
② ⓐ – House B/L, ⓑ – Master B/L, ⓒ – 컨테이너
③ ⓐ – House B/L, ⓑ – 컨테이너, ⓒ – Master B/L
④ ⓐ – 컨테이너, ⓑ – Master B/L, ⓒ – House B/L
⑤ ⓐ – Master B/L, ⓑ – House B/L, ⓒ – 컨테이너

20 「환적화물 처리절차에 관한 특례고시」에 따라 국내 국제항 간 국제무역선으로 화물을 운송할 수 있는 경우가 아닌 것은?

① 우리나라로 수입하려는 외국물품으로서 최초 입항지에서 선하증권에 기재된 최종 목적지로 운송하려는 화물
② 우리나라로 수입하려는 외국물품으로서 최초 입항지에서 항공화물운송장에 기재된 최종 목적지로 운송하려는 화물
③ 환적화물
④ 수출신고가 수리된 물품
⑤ 내국물품인 컨테이너

「화물운송주선업자의 등록 및 관리에 관한 고시」에서 화물운송주선업자의 등록요건이 아닌 것은?
▌2020, 2024

① 관세 및 국세의 체납이 없을 것
② 국제물류주선업의 등록을 하였을 것
③ 법인이 아닌 경우 자산평가액이 3억 원 이상일 것
④ 관세범으로 조사받고 있거나 기소 중에 있지 않을 것
⑤ 혼재화물적하목록 제출 등을 위한 전산설비를 갖추고 있을 것

22 「보세운송에 관한 고시」에 따른 보세운송에 대한 내용으로 옳지 않은 것은?

① 보세운송의 신고 또는 승인신청을 할 수 있는 자는 화주, 보세운송업자, 관세사 등이다.
② 보세운송하는 물품의 목적지는 「관세법」 213조 제1항에 따른 지역(국제항, 보세구역 등)이며, 자유무역지역은 해당되지 않는다.
③ 국가기관에 의하여 운송되는 압수물품은 보세운송 절차를 요하지 아니한다.
④ 보세운송 중에 있는 물품이 부패, 변질, 손상, 그 밖의 사유로 상품가치를 상실하였을 때에는 보세운송물품 폐기승인(신청)서를 보세운송 신고지 세관장 또는 도착지 세관장에게 제출하여 그 승인을 얻어 폐기할 수 있다.
⑤ 폐기 처리 또는 멸실물품에 대하여는 정해진 관세를 징수하지 아니하나, 폐기 후 잔존물이 있는 경우에는 그 관세를 징수한다.

23 다음 빈칸에 들어갈 기간으로 옳은 것은?

> 「보세운송에 관한 고시」 제6조(보세운송기간)
> 보세운송물품은 신고수리(승인)일로부터 다음 각 호의 어느 하나에 정하는 기간까지 목적지에 도착하여야 한다. 다만, 세관장은 선박 또는 항공기 입항 전에 보세운송신고를 하는 때에는 입항예정일 및 하선(기)장소 반입기간을 고려하여 5일 이내의 기간을 추가할 수 있다.
> 1. 해상화물 – (ⓐ)
> 2. 항공화물 – (ⓑ)

① ⓐ – 3일, ⓑ – 3일
② ⓐ – 5일, ⓑ – 3일
③ ⓐ – 7일, ⓑ – 5일
④ ⓐ – 10일, ⓑ – 5일
⑤ ⓐ – 15일, ⓑ – 7일

24 「보세운송에 관한 고시」에 따른 특정물품 간이보세운송업자의 지정요건이 아닌 것은? ▌2022

① 자본금 1억 원 이상인 법인

② 2억원 이상의 인・허가 보증보험에 가입한 자이거나 법 제24조에 따른 담보(부동산은 제외)를 2억원 이상 제공한 자

③ 유개(有蓋)화물자동차 10대 이상과 트랙터 10대 이상 보유한 자

④ 임원 중 관세사 1명 이상 재직하고 있는 업체

⑤ 익산시 소재 귀금속보세공장에서 수출입하는 귀금속 등을 조합에서 직접 운송하려는 경우에는 금고 등을 시설한 특수제작 차량 1대 이상을 보유

25 「보세운송에 관한 고시」에 따른 보세운송특례에 대한 내용으로 옳지 않은 것은?

① 세관장은 내륙컨테이너기지 등 관할 보세구역에 위치한 집단화지역 내에서 운송되는 물품에 대하여는 보세운송절차를 생략할 수 있다.

② 세관장은 관할 보세구역과 타 세관이 관할하는 보세구역에 걸쳐서 위치한 동일한 집단화지역 내에서 운송되는 물품에 대하여는 보세운송절차를 생략할 수 있다.

③ 국가기관에 의하여 운송되는 압수물품에 대하여는 보세운송절차를 생략할 수 있다.

④ 세관장은 집단화지역 내의 보세운송특례 보세구역을 지정하려는 경우에는 감시단속상 문제점 등을 종합 검토하여 지정해야 한다.

⑤ 집단화지역 내의 관할세관 내 보세운송특례 대상 보세구역에 대하여 별도 담보를 징수하지 아니한다.

01 「선박용품 등 관리에 관한 고시」에서 사용하는 용어의 정의에 대한 설명으로 옳은 것은?

① "수리용 예비부분품 및 부속품"이란 닻, 구명용구, 더니지, 계기류 및 사소한 전기기구류 등 선박의 항해에 직·간접적으로 필요한 물품을 말한다.
② "선박 내 판매품"이란 선박용품, 선박내판매품 및 원양어선무상공급물품을 말한다.
③ "전자통관시스템"이란 선박용품 등에 대해 반입등록·적재·하선·환적 및 보세운송 등을 처리하는 전산시스템을 말한다.
④ "공급자"란 「선박(항공기)용품 및 용역공급업 등의 등록에 관한 고시」에 따라 선박내판매업으로 등록한 자를 말한다.
⑤ "원양어선무상공급물품"이란 국제무역선에 공급하는 외국물품으로 「관세법」에 따른 선박용품을 말한다.

02 다음은 「선박용품 등 관리에 관한 고시」에 따른 조건부 하역 선박용품의 관리에 대한 내용이다. 빈칸에 들어갈 내용을 순서대로 나열한 것은?

> 수리업자 등은 조건부 하역한 외국선박용품을 하역일부터 (ⓐ)일 이내에 해당 선박에 적재(별지 제3호 서식)하고 (ⓑ)에게 완료보고해야 한다. 다만, (ⓑ)이 선박용품의 수리 지연 등 부득이한 사유가 있다고 인정하는 때에는 (ⓒ)월의 범위 내에서 적재기간을 연장하거나, 같은 선사 소속의 다른 국제무역선에 적재하도록 할 수 있다.

① ⓐ - 20, ⓑ - 세관장, ⓒ - 3
② ⓐ - 20, ⓑ - 관세청장, ⓒ - 3
③ ⓐ - 30, ⓑ - 세관장, ⓒ - 5
④ ⓐ - 30, ⓑ - 관세청장, ⓒ - 5
⑤ ⓐ - 30, ⓑ - 관세청장, ⓒ - 7

03 관세법령상 국제항의 지정요건으로 옳지 않은 것은?

▎2022

① 「선박의 입항 및 출항 등에 관한 법률」 또는 「공항시설법」에 따라 국제무역선(기)이 항상 입출항할 수 있을 것
② 국내선과 구분되는 국제선 전용통로 및 그 밖에 출입국업무를 처리하는 행정기관의 업무수행에 필요한 인력・시설・장비를 확보할 수 있을 것
③ 공항의 경우 정기여객기가 주 6회 이상 입항하거나 입항할 것으로 예상될 것
④ 공항의 경우 여객기로 입국하는 여객수가 연간 1만 명 이상일 것
⑤ 항구의 경우 국제무역선인 5천톤급 이상의 선박이 연간 50회 이상 입항하거나 입항할 것으로 예상될 것

04 다음은 수출입 안전관리 우수업체 공인기준 중 보세구역운영인부문에 대한 설명이다. 빈칸에 들어갈 내용을 순서대로 나열한 것은?

▎2023

> 1.1.4 신청업체와 신청인(관리책임자 포함)이 「관세법」 제276조에 따라 벌금형 선고를 받은 사실이 있는 경우에는 벌금형 선고 후 (ⓐ)이 경과하여야 한다.
> 4.3.5 운영인은 권한이 없거나 신원이 확인되지 않은 사람에 대하여 검문과 대응하는 절차를 마련하여야 한다. 운영인은 선박에서 밀항자 등을 발견하였을 경우에는 (ⓑ)에게 즉시 보고하여야 한다.
> 4.8.2 운영인은 법규준수와 안전관리를 위하여 (ⓒ)에 대한 교육을 실시하여야 한다.

① ⓐ – 1년, ⓑ – 세관장, ⓒ – 통관적법성
② ⓐ – 2년, ⓑ – 관세청장, ⓒ – 수출입물류업무
③ ⓐ – 2년, ⓑ – 관세청장, ⓒ – 통관적법성
④ ⓐ – 2년, ⓑ – 세관장, ⓒ – 수출입물류업무
⑤ ⓐ – 1년, ⓑ – 관세청장, ⓒ – 통관적법성

05 관세법령상 국제항에 대한 내용으로 옳지 않은 것은?

① 국제무역선이나 국제무역기는 국제항에 한정하여 운항할 수 있다.
② 국제항의 항계는 「항만법 시행령」에 따른 항만의 수상구역 또는 「공항시설법」에 의한 범위로 한다.
③ 국제무역선의 국제항 입항 시에는 선장이 관세청장에게 입항신고를 해야 한다.
④ 국제항이 아닌 지역 출입을 위해 지불해야 하는 수수료 총액은 50만 원을 초과하지 못한다.
⑤ 세관장 허가를 받아야 국제무역선이 국제항이 아닌 지역에 출입이 가능하다.

06 국제무역선이나 국제무역기가 세관장의 승인을 받아야 하는 경우로 옳은 것은?

① 국제항이 아닌 지역에 대해 출입하려는 경우
② 입항절차를 마치기 전에 물품의 하역이나 환적을 하려는 경우
③ 국제무역선이나 국제무역기에 내국물품을 적재하려는 경우
④ 국제무역선이 국제항의 바깥에서 물품을 하역하거나 환적하려는 경우
⑤ 국제무역선 또는 국제무역기를 국내운항선 또는 국내운항기로 전환하려는 경우

07 「관세법」상 세관장에게 신고를 하고, 현장에서 세관공무원의 확인을 받아야 하는 경우가 아닌 것은?

① 외국물품을 운송수단으로부터 일시적으로 육지에 내려 놓으려는 경우
② 해당 운송수단의 여객·승무원 또는 운전자가 아닌 자가 타려는 경우
③ 외국물품이 하역 또는 환적허가의 내용대로 운송수단에 적재되지 아니한 경우
④ 외국물품을 적재한 운송수단에서 다른 운송수단으로 사람을 이동시키는 경우
⑤ 외국물품을 적재한 운송수단에서 다른 운송수단으로 물품을 환적 또는 복합환적하는 경우

08 「관리대상화물 관리에 관한 고시」에 따른 용어의 정의로 옳지 않은 것은?

▌2019, 2021, 2022

① "검색기"란 X-ray 등을 이용하여 컨테이너 등의 내장물품의 내용을 확인하는 과학검색장비를 말한다.
② "즉시검사화물"이란 세관장이 선별기준에 따라 선별한 검사대상화물 중 검색기로 검사를 실시하는 화물을 말한다.
③ "하선(기)감시화물"이란 세관장이 선별기준에 따라 선별하여 부두 또는 계류장 내에서 하역과정을 감시하거나 하역 즉시 검사하는 화물(공컨테이너 포함)을 말한다.
④ "세관지정장치장"이란 세관장이 관리하는 시설 또는 세관장이 시설 관리인으로부터 무상사용의 승인을 받은 시설 중 지정장치장으로 지정한 시설을 말한다.
⑤ "세관지정 보세창고 등"이란 세관장이 관할구역 내 「보세창고 특허 및 운영에 관한 고시」 제2조 제1호에 따른 영업용 보세창고 또는 「자유무역지역 반출입물품의 관리에 관한 고시」 제5조 제1항에 따라 관리부호를 부여받은 자유무역지역 내 입주기업체의 소재지 중에서 화물의 감시·단속이 용이한 곳으로 관리대상화물 등을 장치하거나 검사하기 위하여 지정한 장소를 말한다.

09 「관리대상화물 관리에 관한 고시」상 세관장이 반입후검사화물로 선별하여 검사하는 화물로 옳은 것은?

① 총기류・도검류 등 위해물품을 은닉할 가능성이 있는 화물
② 물품 특성상 내부에 밀수품을 은닉할 가능성이 있는 화물
③ 반송 후 재수입되는 컨테이너 화물로 밀수입 등이 의심되는 화물
④ 운송추적감시화물로 선별된 화물이 CY에서 수입통관되는 경우
⑤ 하선(기)감시 결과 컨테이너 화물로 봉인번호가 상이하거나 봉인이 훼손되는 등 밀수가 의심되는 화물

10 수출입 안전관리 우수업체가 지정하는 관리책임자 중 수출입물품의 제조, 운송, 보관, 통관, 반출입 및 적출입 등과 관련된 주요 절차를 담당하는 부서장 또는 직원은?

① 세관책임자
② 총괄책임자
③ 수출입관리책임자
④ 운영책임자
⑤ 공인기준책임자

11 세관장이 선박회사 또는 항공사에 열람 또는 제출을 요구할 수 있는 승객예약자료에 해당하는 것은?

ⓐ 국적, 성명, 생년월일, 여권번호 및 예약번호
ⓑ 여행경로 및 여행사
ⓒ 도착국가 내 소재지 주소 및 전화번호
ⓓ 승객 건강검진 자료
ⓔ 동반탑승자 및 좌석번호

① ⓐ, ⓑ, ⓒ
② ⓐ, ⓒ, ⓓ
③ ⓑ, ⓒ, ⓓ
④ ⓐ, ⓑ, ⓔ
⑤ ⓐ, ⓑ, ⓓ

제5회 최종모의고사

12 「선박용품 등 관리에 관한 고시」에서 선박회사가 식음료제공구역 지정을 요청할 때 세관장이 검토해야 할 사항이 아닌 것은?

① 식음료제공구역 위치도 및 식음료 반출입 통로 약도
② 공급처에서 식음료제공구역까지의 구체적인 식음료 반출입 통로에 관한 사항
③ 출항 선박 수, 승선 여행자 수, 환승 여행자 수, 1시간 이상 지연 출항 선박 수, 1시간 이상 대기 여행자 수 등 최근 1년의 대기여행자에 관한 사항
④ 보세구역 명칭 및 부호, 보세구역면적, 승객대기시설(의자 등) 유무 등 보세구역에 관한 사항
⑤ 우범성이 있거나 검사의 실익이 많다고 판단되는 화물에 관한 사항

13 다음은 보세구역운영인부문에 적용되는 통관절차 등의 혜택에 대한 표이다. 빈칸에 들어갈 내용을 순서대로 나열한 것은?

❙ 2023

공인부문	혜택기준	수출입 안전관리 우수업체		
		A	AA	AAA
모든 부문	「관세법 등에 따른 과태료 부과징수에 관한 훈령」에 따른 과태료 경감 ※ 적용시점은 과태료부과시점	20%	(ⓐ)	50%
	「통고처분 벌금상당액 가중·감경 기준에 관한 고시」에 따른 통고처분 금액의 경감	(ⓑ)	30%	50%
보세구역 운영인	「보세창고 특허 및 운영에 관한 고시」 제7조에 따른 특허 갱신기간 연장 ※ 공인 수출입업체의 자가용 보세창고의 경우에도 동일혜택 적용	6년	8년	(ⓒ)

① ⓐ – 15%, ⓑ – 30%, ⓒ – 5년
② ⓐ – 20%, ⓑ – 20%, ⓒ – 5년
③ ⓐ – 15%, ⓑ – 30%, ⓒ – 6년
④ ⓐ – 30%, ⓑ – 15%, ⓒ – 10년
⑤ ⓐ – 20%, ⓑ – 30%, ⓒ – 10년

14 수출입 안전관리 우수업체 공인 신청자격이 있는 자에 해당하지 않은 것은?

① 수출자 및 수입자
② 관세사 및 보세사
③ 보세구역 운영인 및 보세운송업자
④ 하역업자 및 화물운송주선업자
⑤ 선박회사 및 항공사

15 「수출입 안전관리 우수업체 공인 및 운영에 관한 고시」에 따른 내용으로 옳지 않은 것은? ❙2021

① 관세청장은 공인기준을 충족한 업체를 대상으로 공인등급별 기준에 따라 수출입 안전관리 우수업체 심의위원회의 심의를 거쳐 공인등급을 결정한다.
② 관세청장은 업체가 수입물품의 과세가격 결정방법에 대해서 관세청장의 사전심사를 받은 경우에 해당하는 경우에는 공인등급을 결정할 때에 우대할 수 있다.
③ 수출입 안전관리 우수업체가 관세청장의 공인등급 결정에 이의가 있는 경우에는 세관장을 통해 관세청장에게 재심의를 요청할 수 있다.
④ 수출입 안전관리 우수업체 심의위원회는 수출입 안전관리 우수업체가 4개 분기 연속으로 공인등급별 기준을 충족하는 경우에는 공인등급의 조정 신청을 받아 상향할 수 있다.
⑤ 수출입 안전관리 우수업체가 갱신이 아닌 때에 공인등급의 조정을 신청하고자 하는 경우에는 공인의 유효기간이 1년 이상 남아 있어야 한다.

16 「수출입 안전관리 우수업체 공인 및 운영에 관한 고시」에 따른 공인신청에 대한 내용으로 옳지 않은 것은?

① 수출입 안전관리 우수업체로 공인을 받고자 심사를 신청하는 업체는 수출입 안전관리 우수업체 공인심사 신청서에 필요 서류를 첨부하여 전자문서로 관세청장에게 제출해야 한다.
② 첨부서류 중에서 「전자정부법」에 따라 행정기관 간 행정정보 공동이용이 가능한 서류는 신청인이 정보의 확인에 동의하는 경우 제출을 생략할 수 있다.
③ 신청업체가 공인을 신청할 때에는 법인 단위(개인사업자 포함)로 신청해야 하며, 첨부서류는 각 사업장별로 구분하여 작성해야 한다.
④ 신청업체는 공인심사가 끝나기 전까지 신청한 내용이 잘못된 것을 확인하는 경우 수출입 안전관리 우수업체 심의위원회에 정정을 신청할 수 있으며, 수출입 안전관리 우수업체 심의위원회는 신청업체가 정정신청한 내용이 타당한 경우에는 정정된 내용에 따라 공인심사를 진행한다.
⑤ 관세청장은 신청업체가 공인심사를 신청하였을 때에 법규준수 기준을 충족하지 못한 경우에 해당하는 경우에는 그 신청을 각하한다.

17 **수출입 안전관리 우수업체 공인신청 시 제출해야 하는 서류에 해당하는 것은?**

ⓐ 수출입 관리현황 설명서와 그 증빙서류
ⓑ 자체 측정한 법규준수도 평가표
ⓒ 공인기준을 충족하는지를 자체적으로 평가한 수출입 관리현황 자체평가표
ⓓ 법인등기부등본
ⓔ 관세조사 결과통지서(해당 관세조사가 진행 중인 경우에 해당)

① ⓐ, ⓑ, ⓒ
② ⓐ, ⓒ, ⓓ
③ ⓑ, ⓒ, ⓓ
④ ⓐ, ⓑ, ⓔ
⑤ ⓐ, ⓑ, ⓓ

18 **「수출입 안전관리 우수업체 공인 및 운영에 관한 고시」에 따른 공인유보업체에 대한 재심사 등에 대한 내용으로 옳지 않은 것은?**

① 공인유보업체는 공인기준 준수 개선 완료보고서를 제출한 경우 공인기준 충족 여부에 대한 재심사를 신청한 것으로 본다.
② 재심사의 범위는 심의위원회에서 공인을 유보한 사유로 한정한다.
③ 관세청장이 다른 공인기준에 대해 심사할 필요가 있다고 인정하는 경우에는 심사 범위를 확대할 수 있다.
④ 관세청장은 재심사 결과, 공인유보업체가 공인기준을 충족한 경우에는 수출입 안전관리 우수업체로 공인하고 수출입 안전관리 우수업체 증서를 발급한다.
⑤ 관세청장은 공인기준 충족 여부에 대한 재심사를 그 신청한 날부터 30일 이내에 마쳐야 한다.

19 **환승전용국내운항기의 입출항 절차와 관련하여 옳지 않은 것은?**

① 기장 등은 환승전용국내운항기가 입항하였을 때에는 입항보고서에 여객명부와 승무원명부를 첨부하여 전자문서로 세관장에게 제출해야 한다.
② 세관장은 외국으로 출국하는 여행자가 탑승한 환승전용국내운항기가 국내의 다른 공항에 입항하는 경우에는 여객명부와 승무원명부의 제출을 생략하게 할 수 있다.
③ 환승전용국내운항기에 탑승하여 입국하는 여행자는 최종 도착지 공항을 관할하는 세관장에게 「여행자 및 승무원 휴대품 통관에 관한 고시」에 따른 여행자(승무원) 세관 신고서를 제출해야 한다.
④ 환승전용국내운항기에 탑승하여 출국하는 여행자는 휴대반출 물품이 있는 경우와 미화 1만 달러를 초과하는 지급수단을 소지한 경우에는 「여행자 및 승무원 휴대품 통관에 관한 고시」에 따라 최초 출발지 공항을 관할하는 세관장에게 신고해야 한다.
⑤ 환승전용국내운항기를 운항하고자 하는 자는 환승전용국내운항기 운항계획서를 운항개시 10일 전까지 인천공항세관장에게 제출해야 한다.

20 **선박용품 등의 반입등록 및 적재 등에 관한 설명으로 옳지 않은 것은?**

① 적재 등의 허가를 받은 자가 허가내용을 정정 또는 취하하고자 하는 때에는 허가일부터 7일 이내에 신청서를 세관장에게 제출해야 한다. 다만, 완료보고를 하는 때에는 완료보고 전까지 정정해야 한다.
② 공급자 등이 내국 선박용품 등의 적재 등 허가를 받으려는 때에는 해당 국제무역선이 정박한 지역의 관할 세관장에게 신청서를 제출해야 한다.
③ 선박회사(대리점 포함)는 자사 소속 국제무역선에 한정하여 선박용품 등을 직접 적재 등을 하거나 보세운송하여야 한다. 다만, 선박회사는 공급자 중에서 대행업체를 지정하여 그 절차를 이행하게 할 수 없다.
④ 공급자 등이 외국 선박용품 등을 보세구역에 반입한 때에는 관할지 세관장에게 반입등록서를 제출해야 한다. 다만, 공급자 등이 하선완료보고 하였거나 보세운송하여 도착보고한 물품은 반입등록한 것으로 갈음한다.
⑤ 공급자 등이 반입등록한 내용을 정정 또는 취하하고자 하는 때에는 반입등록한 날부터 7일 이내에 신청서를 관할지 세관장에게 제출해야 한다.

21 보세구역운영인부문 수출입 안전관리 우수업체가 수출입관리책임자를 지정하려는 경우 그 자격 요건으로 옳은 것은?

• 수출입 관련 업무에 (ⓐ) 근무한 사람[다만, 중소 수출기업은 (ⓑ)] 또는
• (ⓒ) 자격이 있는 사람

① ⓐ – 1년 이상, ⓑ – 3년 이상, ⓒ – 보세사
② ⓐ – 2년 이상, ⓑ – 1년 이상, ⓒ – 관세사
③ ⓐ – 3년 이상, ⓑ – 1년 이상, ⓒ – 보세사
④ ⓐ – 3년 이상, ⓑ – 2년 이상, ⓒ – 관세사
⑤ ⓐ – 1년 이상, ⓑ – 3년 이상, ⓒ – 관세사

22 수출입 안전관리 우수업체가 30일 이내에 수출입 관리현황 변동사항 보고서를 작성하여 관세청장에게 보고해야 하는 사유가 아닌 것은?

▌2019

① 범칙행위, 부도 등으로 인한 법적 지위의 변경
② 대표자, 수출입 관련 업무 담당 임원 및 관리책임자의 변경
③ 소재지 이전, 사업장의 신설・증설・확장・축소・폐쇄 등
④ 사업내용의 변경 또는 추가
⑤ 화재, 침수, 도난, 불법유출 등 수출입화물 안전관리와 관련한 특이사항

23 관세청장이 수출입 안전관리 우수업체에 대한 통관절차 등의 혜택 적용을 정지할 수 있는 경우로 옳지 않은 것은?

▌2023

① 거짓이나 그 밖의 부정한 방법으로 공인을 받거나 공인을 갱신한 경우
② 정당한 사유 없이 수출입 관리현황의 변동사항을 보고하지 않은 경우
③ 공인의 유효기간 중에 보완요구를 3회 이상 받은 경우
④ 관리책임자 교육을 받도록 권고받은 이후에 특별한 사유 없이 교육을 받지 않은 경우
⑤ 정당한 사유 없이 정기 자율평가서를 제출기한으로부터 1개월 이내에 제출하지 않은 경우

24 다음은 국제항이 아닌 지역에 대한 출입허가수수료에 대한 설명이다. 빈칸에 들어갈 내용으로 옳은 것은?

법 제134조 제2항에 따라 국제항이 아닌 지역에 출입하기 위하여 내야 하는 수수료는 다음 표에 따라 계산하되, 산정된 금액이 1만 원에 미달하는 경우에는 1만 원으로 한다. 이 경우 수수료의 총액은 (ⓐ)를 초과하지 못한다.

구 분	출입 횟수 기준	적용 무게 기준	수수료
국제무역선	1회	해당 선박의 순톤수 1톤	(ⓑ)
국제무역기	1회	해당 항공기의 자체무게 1톤	(ⓒ)

① ⓐ – 20만 원, ⓑ – 50원, ⓒ – 1천 원
② ⓐ – 20만 원, ⓑ – 70원, ⓒ – 1천 원
③ ⓐ – 30만 원, ⓑ – 100원, ⓒ – 1천백 원
④ ⓐ – 30만 원, ⓑ – 100원, ⓒ – 1천백 원
⑤ ⓐ – 50만 원, ⓑ – 100원, ⓒ – 1천2백 원

25 다음은 수출입 안전관리 우수업체의 변동사항 보고에 대한 설명이다. 빈칸에 들어갈 기간으로 옳은 것은?

수출입 안전관리 우수업체는 양도, 양수, 분할·합병 및 특허 변동 등으로 인한 법적 지위 등의 변경에 해당하는 사실이 발생한 경우에는 그 사실이 발생한 날로부터 (ⓐ) 이내에 별지 제10호 서식의 수출입 관리현황 변동사항 보고서를 작성하여 관세청장에게 보고하여야 한다. 다만, 변동사항이 범칙행위, 부도 등 공인유지에 중대한 영향을 미치는 경우에는 (ⓑ) 보고하여야 한다.

① ⓐ – 10일, ⓑ – 다음 날까지
② ⓐ – 15일, ⓑ – 다음 날까지
③ ⓐ – 30일, ⓑ – 지체 없이
④ ⓐ – 30일, ⓑ – 다음 날까지
⑤ ⓐ – 45일, ⓑ – 지체 없이

01 「자율관리 보세구역 운영에 관한 고시」에 따른 우수 자율관리 보세구역의 지정요건에 해당하지 않는 것은?

① 종합인증 우수업체일 것
② 실시간 물품관리가 가능한 전산시스템(WMS, ERP 등) 구비
③ 보세화물관리를 위한 보세사 채용
④ 보세공장에 장치된 물품을 관리하는 운영인을 채용
⑤ 보세공장의 경우 기업자원관리(ERP)시스템의 열람 권한을 제공할 것

02 세관장의 자율관리 보세구역 지정취소 사유로 옳은 것은?

① 자율관리 보세구역 지정요건을 충족한 경우
② 운영인 등이 보세사에게 보세화물관리 업무를 수행하게 하였을 경우
③ 해당 시설의 미비 등으로 특허보세구역의 설치 목적을 달성하기 곤란하다고 인정되는 경우
④ 보세사 해고로 업무수행을 할 수 없을 때, 1개월 이내에 다른 보세사를 채용하지 않은 경우
⑤ 보세화물을 자율적으로 관리할 능력이 있다고 세관장이 인정하는 경우

03 우수 자율관리 보세구역에만 적용되는 혜택으로 옳은 것은?

① 보세운송절차 생략
② 보수작업 신청(승인) 생략
③ 재고조사 및 보고의무를 분기별 1회에서 연 1회로 완화
④ 보세구역 운영상황의 점검 생략
⑤ 장치물품의 수입신고 전 확인신청(승인) 생략

04 일반 자율관리 보세구역에 대한 혜택으로 옳은 것은?

① 재고조사 및 보고의무가 월 1회에서 분기별 1회로 완화된다.
② 사용신고 특례적용을 위한 품목번호(HSK) 등록절차를 생략할 수 있다.
③ 해당 보세공장에서 생산된 수출물품이 무상으로 반출하는 상품의 견품 및 광고용품에 해당되고, 물품 가격이 미화 1만 달러(FOB기준) 이하인 경우 보세운송절차를 생략할 수 있다.
④ 장치물품의 수입신고 전 확인신청(승인)이 생략된다.
⑤ 보세공장의 견본품을 기업부설연구소로 반출할 때 장외작업절차를 준용하게 할 수 있다.

05 「자율관리 보세구역 운영에 관한 고시」에 따른 운영인의 의무로 가장 옳은 것은? ❙2023

① 운영인은 보세사를 교체하였을 때에는 3일 이내에 세관장에게 통보하여야 한다.
② 보세사가 취업정지 등으로 업무를 수행할 수 없는 경우에는 6개월 이내에 다른 보세사를 채용해야 한다.
③ 운영인이 세관장 신고 후 업무대행자에게 보세사의 업무를 수행하게 하였을 경우 운영인은 업무대행자가 수행한 업무에 대해서는 책임을 지지 아니한다.
④ 운영인은 사전에 업무대행자를 지정하여 세관장에게 신고한 경우 보세사가 아닌 자도 보세사의 업무를 수행할 수 있다.
⑤ 운영인 등은 해당 보세구역 반출입물품과 관련한 보세사의 자료요구 시에 협조하여야 한다.

06 「관세법」상 자율관리 보세구역에 대한 규정으로 옳은 것은?

① 자율관리 보세구역의 지정을 신청하려는 자는 화물관리인을 채용하여야 한다.
② 자율관리 보세구역에 장치한 물품의 반입・반출은 「관세법」에 따른 절차 중 관세청장이 정하는 절차에 따른다.
③ 관세청장은 자율관리 보세구역 지정신청을 받은 경우 적합하다고 인정될 때에는 해당 보세구역을 자율관리 보세구역으로 지정할 수 있다.
④ 보세구역의 운영인은 자율관리 보세구역의 지정을 받으려면 세관장의 허가를 받아야 한다.
⑤ 자율관리 보세구역의 지정을 받은 자는 「관세법」 제164조(보세구역의 자율관리) 제1항에 따라 생략하는 절차에 대하여 기록하고 관리하여야 한다.

07 다음 중 보세사 시험에 대한 내용으로 옳은 것은 모두 몇 개인가?

- 보세사 시험은 매년 실시해야 하나, 필요하다고 인정하면 격년제로 실시할 수 있다.
- 보세사 시험업무를 위탁하는 기관은 국가자격검정 관련 전문기관 또는 사단법인 한국관세물류협회이다.
- 시험위원회는 위원장을 제외한 15명 이내의 위원으로 구성된다.
- 보세사 시험의 공고는 관세청 및 시험수행기관 홈페이지에 공고한다.
- 시험에 응시하려는 사람은 '보세사 시험 응시원서'를 시험수행기관장에게 제출해야 한다.

① 2개
② 3개
③ 4개
④ 5개
⑤ 없다.

08 다음 중 보세사의 직무교육에 대한 내용으로 옳지 않은 것은?

① 세관장은 직무교육 이수 이력에 따라 보세사가 소속한 보세구역에 대한 「관세법」상의 평가, 심사 및 혜택 등을 평준화해야 한다.
② 보세사의 직무교육은 한국관세물류협회장이 실시한다.
③ 직무교육 이수시간의 계산방법 및 직무교육 이수의 주기 등에 관한 사항은 한국관세물류협회장이 정한다.
④ 보세사는 관세청장이 정하는 바에 의하여 그 업무수행에 필요한 교육을 받아야 한다.
⑤ 한국관세물류협회장은 직무교육 종료 후 7일 이내에 그 결과를 관세청장에게 보고하여야 한다.

09 보세사 징계에 관한 설명으로 옳지 않은 것은?

▌2018, 2020, 2022, 2023

① 세관장은 보세사가 「관세법」이나 「보세사 제도 운영에 관한 고시」에 따른 명령을 위반한 경우 징계처분을 한다.
② 세관장은 보세사가 직무 또는 의무를 이행하지 않은 경우나 경고처분을 받은 보세사가 6개월 내에 다시 경고처분을 받은 경우 보세사징계위원회의 의결에 따라 징계처분을 한다.
③ 보세사가 연간 6월 범위 내 업무정지를 2회 받으면 등록취소해야 한다.
④ 보세사의 징계에는 견책, 6월의 범위 내 업무정지, 등록취소가 있다.
⑤ 보세사징계위원회에는 간사 1인을 두며, 간사는 보세사업무를 담당하는 화물주무가 된다.

「수출입물류업체에 대한 법규수행능력측정 및 평가관리에 관한 훈령」에 따른 용어의 정의로 옳지 않은 것은?

▌2022

① "수출입물류업체"란 화물관리인, 특허보세구역 운영인, 종합보세사업장 운영인, 보세운송업자·화물운송주선업자, 항공사·선박회사와 수출입 안전관리 우수업체로 공인된 업체를 말한다.
② "법규수행능력"이란 수출입물류업체가 관세법규 등에서 정하는 사항을 준수한 정도를 측정한 점수를 말한다.
③ "통합법규수행능력"이란 개별 수출입물류업체의 측정점수와 물류공급망으로 연관된 전체 수출입물류업체의 측정점수를 반영하여 산출한 점수를 말한다.
④ "내부자율통제시스템"이란 수출입물류업체가 관세법령 등에서 정하는 보세화물취급업무를 수행하기 위한 일련의 처리절차, 내부통제절차 등을 갖춘 자체시스템을 말한다.
⑤ "세관장"이란 수출입물류업체의 영업장소를 관할하는 세관장(보세구역을 지정·특허한 세관장, 자유무역지역 관할 세관장, 기타 업체는 본사 소재지를 관할하는 세관장)을 말한다.

11 다음 중 자유무역지역의 지정 등에 대한 내용으로 옳은 것은?

① 산업통상자원부장관은 자유무역지역을 지정하였을 때에는 그 지역의 위치·경계·면적과 그 밖에 대통령령으로 정하는 사항을 고시하고, 그 내용을 지체 없이 시장·군수 또는 구청장에게 통지하여야 한다.
② 자유무역지역의 지정 고시 통지를 받은 시·도지사는 그 내용을 30일 이상 일반인이 열람할 수 있게 하여야 한다.
③ 중앙행정기관의 장은 자유무역지역의 지정을 요청하려면 대통령령으로 정하는 사항이 포함된 자유무역지역 기본계획을 작성하여 국토교통부장관에게 제출하여야 한다.
④ 시·도지사는 관계 중앙행정기관의 장 및 관계 시·도지사와의 협의를 거쳐 산업통상자원부장관에게 자유무역지역의 지정을 요청할 수 있다.
⑤ 산업통상자원부장관은 자유무역지역 예정지역으로 지정된 지역의 전부 또는 일부를 자유무역지역으로 지정하려는 경우에는 반드시 관계 중앙행정기관의 장과 협의를 거쳐야 한다.

12 자유무역지역 관리권자의 자유무역지역 관리 수행업무가 아닌 것은?

① 공공시설의 유지 및 관리
② 각종 지원시설의 설치 및 운영
③ 자유무역지역의 운영업무
④ 자유무역지역의 관리업무
⑤ 입주기업체의 임대활동 지원

13 자유무역지역 입주계약을 체결할 수 없는 결격사유에 해당하는 사람은?

① 관세 또는 내국세를 납부한 사람
② 자유무역지역 입주계약이 해지된 후 2년이 지난 사람
③ 밀수품 취득죄 등으로 벌금형 처분을 이행한 후 2년이 지난 사람
④ 「자유무역지역의 지정 및 운영에 관한 법률」 위반으로 징역형의 실형을 선고받고 그 집행이 끝난 날부터 3년이 지난 사람
⑤ 「관세법」 위반으로 징역형의 집행유예를 선고받고 그 유예기간 중에 있는 사람

14 「자유무역지역의 지정 및 운영에 관한 법률」에 따른 물품의 반입·수입에 대한 내용으로 옳지 않은 것은?

① 관세청장은 반입신고를 하지 아니하고 자유무역지역 안으로 반입된 내국물품에 대하여 그 물품을 반입한 자가 신청한 경우에는 내국물품 확인서를 발급할 수 있다.
② 입주기업체 외의 자가 외국물품을 자유무역지역 안으로 반입하려는 경우에는 수입신고를 하고 관세 등을 내야 한다.
③ 입주 자격을 갖춘 입주기업체가 자유무역지역에서 사용 또는 소비하기 위하여 외국물품을 자유무역지역 안으로 반입하려는 경우에는 수입신고를 하고 관세 등을 내야 한다.
④ 자유무역지역에서 외국물품 등의 전부 또는 일부를 원재료로 하여 제조·가공·조립·보수 등의 과정을 거친 후 그 물품을 관세영역으로 반출하려는 경우에는 수입신고를 하고 관세 등을 내야 한다.
⑤ 외국물품 등을 자유무역지역에서 그대로 관세영역으로 반출하려는 경우에는 수입신고를 하고 관세 등을 내야 한다.

15 「자유무역지역의 지정 및 운영에 관한 법률 시행령」에 따른 역외작업의 범위는 해당 입주기업체가 전년도에 원자재를 가공하여 수출한 금액의 얼마 이내로 하는가?

① 100분의 30
② 100분의 50
③ 100분의 60
④ 100분의 80
⑤ 100분의 120

「관세법」상 양벌규정의 적용을 받는 개인에 해당하는 사람을 모두 고른 것은? ▎2020, 2023

> ⓐ 보세사
> ⓑ 전자문서중계사업자
> ⓒ 종합보세사업장의 운영인
> ⓓ 수출·수입 또는 운송을 업으로 하는 사람
> ⓔ 국내 시장에서 물품 및 용역의 공급을 업으로 하는 사람

① ⓐ, ⓒ, ⓔ　② ⓑ, ⓓ, ⓔ
③ ⓑ, ⓒ, ⓓ　④ ⓒ, ⓓ, ⓔ
⑤ ⓐ, ⓑ, ⓔ

17 「관세법」상 전자문서 위조·변조죄 등 규정에 따른 벌칙 사항이 나머지와 다른 하나는?

① 국가관세종합정보시스템이나 전자문서중계사업자의 전산처리설비에 기록된 전자문서 등 관련 정보를 위조 또는 변조한 자
② 국가관세종합정보시스템의 전산처리설비에 기록된 전자문서 등 관련 정보의 비밀을 침해한 자
③ 관세청장의 지정을 받지 아니하고 전자문서중계업무를 행한 자
④ 전자문서중계사업자의 전산처리설비에 기록된 전자문서 등 관련 정보를 훼손한 자
⑤ 업무상 알게 된 전자문서 등 관련 정보에 관한 비밀을 누설하거나 도용한 한국관세정보원의 임직원

18 「관세법」에 따른 벌칙으로 옳지 않은 것은?

① 「관세법」상 수출입 금지물품을 수출하거나 수입한 자는 10년 이하의 징역 또는 1억 원 이하의 벌금에 처한다.

② 수입신고 또는 입항 전 수입신고를 하지 아니하고 물품을 수입한 자는 5년 이하의 징역 또는 관세액의 10배와 물품원가 중 높은 금액 이하에 상당하는 벌금에 처한다.

③ 수입신고 또는 입항 전 수입신고를 하였으나 해당 수입물품과 다른 물품으로 신고하여 수입한 자는 5년 이하의 징역 또는 관세액의 10배와 물품원가 중 높은 금액 이하에 상당하는 벌금에 처한다.

④ 수출 또는 반송의 신고를 하지 아니하고 물품을 수출하거나 반송한 자는 3년 이하의 징역 또는 물품원가 이하에 상당하는 벌금에 처한다.

⑤ 수출 또는 반송의 신고를 하였으나 해당 수출물품 또는 반송물품과 다른 물품으로 신고하여 수출하거나 반송한 자는 3년 이하의 징역 또는 물품원가 이하에 상당하는 벌금에 처한다.

19 「관세법」에 따른 관세포탈죄 등에 대한 내용으로 옳은 것은? ▌2018

① 부정한 방법으로 관세를 환급받은 자는 5년 이하의 징역 또는 환급받은 세액의 3배 이하에 상당하는 벌금에 처한다.

② 수입신고를 한 자 중 법령에 따라 수입이 제한된 사항을 회피할 목적으로 부분품으로 수입한 자는 3년 이하의 징역 또는 포탈한 관세액의 5배와 물품 원가 중 택일하여 벌금에 처한다.

③ 수출신고를 한 자 중 부정한 방법으로 신고조건을 갖추어 수출한 자는 3년 이하의 징역 또는 3천만 원 이하의 벌금에 처한다.

④ 부정한 방법으로 관세를 감면받은 자는 3년 이하의 징역에 처하거나, 감면받거나 면탈한 관세액의 5배 이하에 상당하는 벌금에 처한다.

⑤ 입항 전 수입신고를 한 자 중 법령에 따라 수입에 필요한 허가 등의 조건을 갖추지 아니한 자는 1년 이하의 징역 또는 1천만 원 이하의 벌금에 처한다.

20 다음 밑줄 친 내용에 해당하지 않는 것은?

> 「관세법」 제270조의2(가격조작죄)
> 다음 각 호의 신청 또는 신고를 할 때 부당하게 재물이나 재산상 이득을 취득하거나 제3자로 하여금 이를 취득하게 할 목적으로 물품의 가격을 조작하여 신청 또는 신고한 자는 2년 이하의 징역 또는 물품원가와 5천만 원 중 높은 금액 이하의 벌금에 처한다.

① 보정신청
② 수정신고
③ 보세운송신고
④ 수출・수입・반송의 신고
⑤ 입항 전 수입신고

21 납세의무자 또는 납세의무자의 재산을 점유하는 자가 강제징수의 집행을 면탈할 목적 또는 면탈하게 할 목적으로 그 재산을 은닉・탈루하거나 거짓 계약을 하였을 때의 벌칙으로 옳은 것은?

① 1년 이상의 징역 또는 1천만 원 이하의 벌금
② 2년 이상의 징역 또는 2천만 원 이하의 벌금
③ 3년 이하의 징역 또는 3천만 원 이하의 벌금
④ 4년 이상의 징역 또는 4천만 원 이하의 벌금
⑤ 5년 이상의 징역 또는 5천만 원 이하의 벌금

22 다음은 명의대여행위죄에 대한 설명이다. 빈칸에 들어갈 내용으로 옳은 것은?

> (ⓐ)의 회피 또는 강제집행의 면탈을 목적으로 하거나 재산상 이득을 취할 목적으로 타인에게 자신의 명의를 사용하여 납세신고를 하도록 허락한 자는 (ⓑ)에 처한다.

① ⓐ - 관세, ⓑ - 1년 이하의 징역 또는 1천만 원 이하의 벌금
② ⓐ - 국세, ⓑ - 3년 이하의 징역 또는 물품원가 이하에 상당하는 벌금
③ ⓐ - 지방세, ⓑ - 2억 원 이하의 과태료
④ ⓐ - 부가가치세, ⓑ - 1년 이하의 징역 또는 2천만 원 이하의 벌금
⑤ ⓐ - 가산세, ⓑ - 물품원가 또는 2천만 원 중 높은 금액 이하의 벌금

23 「관세법」상 허위신고죄 등에 관한 벌칙 중 2천만 원 이하의 벌금에 처하는 자는?

① 종합보세사업장의 설치·운영에 관한 신고를 하지 아니하고 종합보세기능을 수행한 자
② 세관장의 중지조치를 위반하여 종합보세기능을 수행한 자
③ 보세구역 반입명령에 대하여 반입대상 물품의 전부 또는 일부를 반입하지 아니한 자
④ 수입신고 수리 전에 운송수단, 관세통로, 하역통로 또는 이 법에 따른 장치장소로부터 신고된 물품을 반출한 자
⑤ 특허보세구역의 설치·운영에 관한 특허를 받지 아니하고 특허보세구역을 운영한 자

24 과세가격결정자료 제출을 요구받은 특수관계에 있는 자가 천재지변 등의 정당한 사유 없이 법에서 정한 기한까지 자료를 제출하지 아니하거나 거짓으로 제출할 경우 부과하는 벌칙으로 옳은 것은?

① 5년 이하의 징역 또는 5천만 원 이하의 벌금
② 3년 이하의 징역 또는 3천만 원 이하의 벌금
③ 1년 이하의 징역 또는 1천만 원 이하의 벌금
④ 1억 원 이하의 과태료
⑤ 5천만 원 이하의 과태료

25 「관세법」상 금품 수수 및 공여에 대한 내용으로 옳은 것은?

① 국세청장은 세관공무원에게 금품을 공여한 자에 대해서는 그 금품 상당액의 2배 이상 5배 내의 과태료를 부과·징수한다.
② 세관공무원이 그 직무와 관련하여 금품을 수수하였을 때에는 징계절차에서 그 금품 수수액의 3배 내의 징계부가금 부과 의결을 징계위원회에 요구하여야 한다.
③ 징계부가금 부과처분을 받은 자가 납부기간 내에 그 부가금을 납부하지 아니한 때에는 징계위원회는 국세강제징수의 예에 따라 징수할 수 있다.
④ 징계대상 세관공무원이 징계부가금 부과 의결 전후에 금품 수수를 이유로 다른 법률에 따라 형사처벌을 받은 경우(몰수나 추징을 당한 경우 제외)에는 징계위원회에 감경된 징계부가금 부과 의결 또는 징계부가금 감면을 요구하여야 한다.
⑤ 금품 수수 및 공여의 죄를 저지른 자가 이미 「형법」 등 다른 법률에 따라 형사처벌을 받은 경우에는 「관세법」에 따른 과태료를 부과하지 아니한다.

훌륭한 가정만한 학교가 없고,
덕이 있는 부모만한 스승은 없다.

- 마하트마 간디 -

지식에 대한 투자가 가장 이윤이 많이 남는 법이다.

- 벤자민 프랭클린 -

PART 2
정답 및 해설

관련법령은 수시로 개정될 수 있으니 관세법령정보포털(http://unipass.customs.co.kr/clip/index.do)의 내용을 필수적으로 참고하시어 학습하시기를 권유합니다.

※ 추록(최신 개정법령) : 도서출간 이후 법령개정사항은 도서의 내용에 맞게 수정하여 도서업데이트 게시판에 업로드합니다 (시대에듀 : 홈 ▶학습자료실 ▶도서업데이트).

교육이란 사람이 학교에서 배운 것을
잊어버린 후에 남은 것을 말한다.

– 알버트 아인슈타인 –

제 1 회 최종모의고사 정답 및 해설

제1과목 수출입통관절차

01	02	03	04	05	06	07	08	09	10
①	③	⑤	⑤	④	④	③	③	①	③
11	12	13	14	15	16	17	18	19	20
⑤	③	②	④	⑤	④	⑤	③	⑤	④
21	22	23	24	25					
④	⑤	⑤	①	③					

01 답 ①

활어에서 관상용 및 양식용은 제외된다.

관련 법령

「수입통관 사무처리에 관한 고시」 [별표 5] 특정물품의 통관지세관 지정

해당 물품	지정된 통관지세관
고 철	수입물품의 입항지 세관, 관할지 세관장이 인정하는 고철창고가 있는 내륙지 세관. 다만, 제75조에 따라 고철화작업의 특례를 적용받는 실수요자 관할세관에서도 통관가능
해체용 선박	관할지 세관장이 인정하는 선박해체작업 시설을 갖춘 입항지 세관
수산물 (HS 0302호, 0303호, 0305호. 단, HS 0305호는 염수장한 것에 한함)	수입물품의 입항지 세관, 보세구역으로 지정받은 냉장・냉동창고가 있는 내륙지세관. 다만, 수출용원자재는 관할지 세관장이 인정하는 냉장・냉동시설이 있는 수산물제조・가공업체 관할세관에서도 통관가능
수입쇠고기 및 관련제품 (HS 0201호, 0202호 해당 물품, HS 0206호, 0210호, 0504호는 쇠고기, 소의 것에 한함, HS 0506.90-1020물품)	관할구역 내 축산물검역시행장 및 보세구역으로 지정받은 냉장・냉동창고가 있는 세관
활 어 (HS 0301호, 관상용 및 양식용 제외)	관할구역 내 활어장치장이 있는 세관
쌀 (HS 1006.20호, 1006.30호 해당 물품)	인천, 인천공항, 부산, 평택직할, 마산, 울산, 동해, 광양, 목포, 군산, 포항세관
중고승용차	인천, 인천공항, 서울, 부산, 평택직할, 용당, 마산세관

02 답 ③

과세표준에 따른 분류이다.

관세의 종류

분 류	종 류
부과 기회에 따른 분류	수출세, 수입세, 통과세
부과 목적에 따른 분류	재정관세, 보호관세
과세표준에 따른 분류	종가세, 종량세, 혼합세
세율결정방법에 따른 분류	국정관세, 협정관세, 편익관세
적용관세율 수에 따른 분류	단일세, 다수세
과세방법의 차등에 의한 분류	차별관세, 탄력관세

03 답 ⑤

보세구역에서 보수작업으로 외국물품에 부가된 내국물품은 외국물품으로 본다(「관세법」 제158조 제5항).

관련 법령

「관세법」 제2조(정의)

4. "외국물품"이란 다음 각 목의 어느 하나에 해당하는 물품을 말한다.
   가. 외국으로부터 우리나라에 도착한 물품[외국의 선박 등이 공해(公海, 외국의 영해가 아닌 경제수역 포함)에서 채집하거나 포획한 수산물 등 포함]으로서 제241조 제1항에 따른 수입의 신고가 수리(受理)되기 전의 것
   나. 제241조 제1항에 따른 수출의 신고가 수리된 물품
5. "내국물품"이란 다음 각 목의 어느 하나에 해당하는 물품을 말한다.
   가. 우리나라에 있는 물품으로서 외국물품이 아닌 것
   나. 우리나라의 선박 등이 공해에서 채집하거나 포획한 수산물 등
   다. 제244조 제1항에 따른 입항 전 수입신고가 수리된 물품
   라. 제252조에 따른 수입신고 수리 전 반출승인을 받아 반출된 물품
   마. 제253조 제1항에 따른 수입신고 전 즉시반출신고를 하고 반출된 물품

04 답 ⑤

승인의 유효기간은 승인일부터 그 후 2년이 되는 날이 속하는 달의 마지막 날까지로 한다(「관세법 시행령」 제1조의5 제2항 후단). 따라서 월별납부 승인일로부터 2년이 되는 날(2023년 6월 3일)이 속하는 달의 마지막 날인 2023년 6월 30일이 된다.

05 답 ④

과세요건이란 조세를 부과함에 있어 갖추어야 할 요건을 말한다. 일반적으로 과세물건, 과세표준(과세가격), 관세율, 납세의무자를 관세의 4대 과세요건이라고 한다.

06 답 ④

수입신고가 수리되기 전에 소비하거나 사용하는 물품인 경우에는 그 소비자 또는 사용자가 특별납세의무자가 된다(「관세법」 제19조 제1항 제7호).

「관세법」 제19조 제1항 제2호~제12호(특별납세의무자) 정리

사 유		특별납세의무자
선박용품 및 항공기용품의 하역 등을 허가받은 대로 적재하지 아니한 경우		하역허가를 받은 자
보세구역 밖에서 보수작업을 하는 물품이 지정기간 내에 반입되지 아니하는 경우		보세구역 외 보수작업 승인을 받은 자
보세구역에 장치된 외국물품이 멸실 또는 폐기된 경우		운영인 또는 보관인
보세공장 외 작업, 보세건설장 외 작업, 종합보세구역 외 작업물품이 지정기간 내에 반입되지 아니하는 경우		보세공장 외 작업, 보세건설장 외 작업 또는 종합보세구역 외 작업을 허가받거나 신고한 자
보세운송기간이 경과된 경우		보세운송을 신고하거나 승인받은 자
수입신고 수리 전 소비·사용물품인 경우 (수입으로 보지 아니하는 소비·사용은 제외)		소비하거나 사용한 자
수입신고 전 즉시반출신고를 하고 반출한 물품		해당 물품을 즉시반출한 자
우편으로 수입되는 물품		수취인
도난물품이나 분실물품	보세구역 장치물품	운영인 또는 화물관리인
	보세운송물품	보세운송을 신고하거나 승인받은 자
	그 밖의 물품	보관인 또는 취급인
「관세법」 또는 다른 법률에 따라 납세의무자로 규정된 경우		「관세법」 또는 다른 법률에 따라 납세의무자로 규정된 자
수입신고를 하지 아니하고 수입된 물품		소유자 또는 점유자

07 답 ③

③ 세관장은 납세신고를 받으면 수입신고서에 기재된 사항과 이 법에 따른 확인사항 등을 심사하되, 신고한 세액 등 납세신고 내용에 대한 심사(이하 "세액심사"라 한다)는 수입신고를 수리한 후에 한다. 다만, 신고한 세액에 대하여 관세채권을 확보하기가 곤란하거나, 수입신고를 수리한 후 세액심사를 하는 것이 적당하지 아니하다고 인정하여 기획재정부령으로 정하는 물품의 경우에는 수입신고를 수리하기 전에 이를 심사한다(「관세법」 제38조 제2항). 즉, 수입신고 수리 후 세액심사가 원칙이며, 예외로 수입신고 수리 전 세액심사를 할 수 있다.

①·② 「관세법」 제38조 제1항 참고

④ 「관세법 시행규칙」 제8조 제2항

⑤ 「관세법」 제38조 제3항 전단

08 답 ③

③ 「관세법」 제8조 제3항

① 수입신고 수리 전 반출승인을 받은 경우에는 그 승인일을 수입신고의 수리일로 본다(「관세법」 제8조 제1항).

② 「관세법」에 따른 기간의 계산은 이 법에 특별한 규정이 있는 것을 제외하고는 「민법」에 따른다(「관세법」 제8조 제2항).

④ 국가관세종합정보시스템, 연계정보통신망 또는 전산처리설비가 대통령령으로 정하는 장애로 가동이 정지되어 「관세법」에 따른 기한까지 「관세법」에 따른 신고, 신청, 승인, 허가, 수리, 교부, 통지, 통고, 납부 등을 할 수 없게 되는 경우에는 그 장애가 복구된 날의 다음 날을 기한으로 한다(「관세법」 제8조 제4항).

⑤ 납세신고를 한 경우 납세신고 수리일부터 15일 이내를 납부기한으로 한다(「관세법」 제9조 제1항).

09 답 ①

① 과다환급 또는 부정환급 등의 사유로 관세를 징수하는 경우에는 환급한 날의 다음 날이 제척기간의 기산일이다(「관세법 시행령」 제6조 제4호).

② 「관세법」 제21조 제1항 본문

③ 「관세법」 제21조 제1항 단서

④ 「관세법 시행령」 제6조 본문

⑤ 「관세법」 제21조 제2항 참고

10 답 ③

세액심사에 필요한 자료의 분실이 아니라 파기인 경우가 해당한다.

관련 법령

「관세법 시행령」 제39조(가산세) 제4항

법 제42조 제2항에서 "대통령령으로 정하는 행위"란 다음 각 호의 어느 하나에 해당하는 경우를 말한다.

1. 이중송품장 · 이중계약서 등 허위증명 또는 허위문서의 작성이나 수취
2. 세액심사에 필요한 자료의 파기
3. 관세부과의 근거가 되는 행위나 거래의 조작 · 은폐
4. 그 밖에 관세를 포탈하거나 환급 또는 감면을 받기 위한 부정한 행위

11 답 ⑤

관람자 1인당 제공량의 정상도착가격이 미화 50달러가 아니라 5달러 상당액 이하의 것으로서 세관장이 타당하다고 인정하는 것에 한한다.

관련 법령

「관세법」 제94조(소액물품 등의 면세), 「관세법 시행규칙」 제45조

다음 각 호의 어느 하나에 해당하는 물품이 수입될 때에는 그 관세를 면제할 수 있다.

1. 우리나라의 거주자에게 수여된 훈장 · 기장(紀章) 또는 이에 준하는 표창장 및 상패
2. 기록문서 또는 그 밖의 서류
3. 상업용 견본품 또는 광고용품으로서 기획재정부령으로 정하는 물품
   - 물품이 천공 또는 절단되었거나 통상적인 조건으로 판매할 수 없는 상태로 처리되어 견본품으로 사용될 것으로 인정되는 물품
   - 판매 또는 임대를 위한 물품의 상품목록 · 가격표 및 교역안내서 등
   - 과세가격이 미화 250달러 이하인 물품으로서 견본품으로 사용될 것으로 인정되는 물품
   - 물품의 형상 · 성질 및 성능으로 보아 견본품으로 사용될 것으로 인정되는 물품
4. 우리나라 거주자가 받는 소액물품으로서 기획재정부령으로 정하는 물품
   - 물품가격이 미화 150달러 이하의 물품으로서 자가사용 물품으로 인정되는 것. 다만, 반복 또는 분할하여 수입되는 물품으로서 관세청장이 정하는 기준에 해당하는 것을 제외한다.
   - 박람회 기타 이에 준하는 행사에 참가하는 자가 행사장 안에서 관람자에게 무상으로 제공하기 위하여 수입하는 물품(전시할 기계의 성능을 보여주기 위한 원료 포함). 다만, 관람자 1인당 제공량의 정상도착가격이 미화 5달러 상당액 이하의 것으로서 세관장이 타당하다고 인정하는 것에 한한다.

12 답 ③

①・②・④・⑤ 관세징수권의 소멸시효 정지사유이다.

관련 법령

「관세법」 제23조(시효의 중단 및 정지)

관세징수권 소멸시효 중단사유	관세징수권 소멸시효 정지사유
• 납부고지 • 경정처분 • 납부독촉 • 통고처분 • 고 발 • 「특정범죄 가중처벌 등에 관한 법률」 제16조에 따른 공소제기 • 교부청구 • 압 류	• 관세의 분할납부기간 • 징수유예기간 • 압류・매각의 유예기간 • 사해행위 취소소송기간(단, 해당 소송이 각하, 기각 또는 취하된 경우에는 정지하지 아니함)

13 답 ②

ⓐ : 20일, ⓑ : 서면이다.

관련 법령

「관세법」 제115조(관세조사의 결과 통지)

세관공무원은 제110조 제2항 각 호의 어느 하나에 해당하는 조사를 종료하였을 때에는 종료 후 20일 이내에 그 조사 결과를 서면으로 납세자에게 통지하여야 한다. 다만, 납세자가 폐업한 경우 등 대통령령으로 정하는 경우에는 그러하지 아니하다.

14 답 ④

④ 대리인은 본인을 위하여 청구에 관한 모든 행위를 할 수 있다. 다만, 청구의 취하는 특별한 위임을 받은 경우에만 할 수 있다(「관세법」 제126조 제4항).

① 「관세법」 제126조 제1항

② 「관세법」 제126조 제2항, 「관세법 시행령」 제149조의2

③ 「관세법」 제126조 제3항

⑤ 「관세법」 제126조 제5항

15 답 ⑤

⑤ "복합환적"에 대한 설명이다(「관세법」 제2조 제15호).

① "통관"이란 이 법에 따른 절차를 이행하여 물품을 수출・수입 또는 반송하는 것을 말한다(「관세법」 제2조 제13호).

② "환적"이란 동일한 세관의 관할구역에서 입국 또는 입항하는 운송수단에서 출국 또는 출항하는 운송수단으로 물품을 옮겨 싣는 것을 말한다(「관세법」 제2조 제14호).

③ "수출"이란 내국물품을 외국으로 반출하는 것을 말한다(「관세법」 제2조 제2호).

④ "선박용품"이란 음료, 식품, 연료, 소모품, 밧줄, 수리용 예비부분품 및 부속품, 집기, 그 밖에 이와 유사한 물품으로서 해당 선박에서만 사용되는 것을 말한다(「관세법」 제2조 제10호).

16 답 ④

④ 수입물품을 수입신고 전에 양도한 경우 그 양수인이 관세의 납세의무자가 된다(「관세법」 제19조 제1항 제1호 다목 참고).

① 「관세법」 제19조 제1항 제1호 본문

② 「관세법」 제19조 제1항 제1호 가목

③ 「관세법」 제19조 제1항 제1호 나목

⑤ 「관세법」 제19조 제2항

17 답 ⑤

관세징수권의 소멸시효가 완성된 때에 납세의무가 소멸한다(「관세법」 제20조 제4호).

18 답 ③

ⓐ : 2년, ⓑ : 30일이다.

관련 법령

「관세법 시행령」 제16조(잠정가격의 신고 등) 제3항

잠정가격으로 가격신고를 한 자는 2년의 범위 안에서 구매자와 판매자 간의 거래계약의 내용 등을 고려하여 세관장이 지정하는 기간 내에 확정된 가격(확정가격)을 신고하여야 한다. 이 경우 잠정가격으로 가격신고를 한 자는 관세청장이 정하는 바에 따라 전단에 따른 신고기간이 끝나기 30일 전까지 확정가격의 계산을 위한 가산율을 산정해 줄 것을 요청할 수 있다.

19 답 ⑤

총포・도검・화약류・분사기・전자충격기 및 석궁은 수출하기 위한 목적으로 제조할 수 있다(「총포・도검・화약류 등의 안전관리에 관한 법률」 제3조 제4항 참고).

관련 법령

「관세법」 제234조(수출입의 금지)

다음 각 호의 어느 하나에 해당하는 물품은 수출하거나 수입할 수 없다.

1. 헌법질서를 문란하게 하거나 공공의 안녕질서 또는 풍속을 해치는 서적・간행물・도화, 영화・음반・비디오물・조각물 또는 그 밖에 이에 준하는 물품
2. 정부의 기밀을 누설하거나 첩보활동에 사용되는 물품
3. 화폐・채권이나 그 밖의 유가증권의 위조품・변조품 또는 모조품

20 답 ④

관련 법령

「관세법 시행령」 제241조(담보제공 등) 제1항

법 제235조 제3항 및 제4항에 따라 통관 보류나 유치를 요청하려는 자와 법 제235조 제5항 각 호 외의 부분 단서에 따라 통관 또는 유치 해제를 요청하려는 자는 세관장에게 해당 물품의 과세가격의 100분의 120에 상당하는 금액의 담보를 법 제24조 제1항 제1호부터 제3호까지 및 제7호에 따른 금전 등으로 제공하여야 한다.

「관세법」 제24조(담보의 종류 등) 제1항

1. 금 전
2. 국채 또는 지방채
3. 세관장이 인정하는 유가증권
4. 납세보증보험증권
5. 토 지
6. 보험에 가입된 등기 또는 등록된 건물・공장재단・광업재단・선박・항공기 또는 건설기계
7. 세관장이 인정하는 보증인의 납세보증서

21 답 ④

④ 세관장은 여행자나 승무원이 휴대품을 신고하지 아니하여 과세하는 경우 해당 물품에 대하여 징수할 가산세를 납부할 세액(관세 및 내국세 포함)의 100분의 40으로 하되, 반복적으로 자진신고를 하지 아니하는 경우에는 100분의 60에 상당하는 금액을 가산세로 징수한다(「관세법」 제241조 제5항 본문, 제1호 참고).

① 「관세법」 제241조 제1항

② 「관세법」 제241조 제3항

③ 「관세법」 제241조 제4항

⑤ 「관세법」 제241조 제5항 제2호

22 답 ⑤

⑤ 「관세법」 제241조(수출・수입 또는 반송의 신고), 제244조(입항전수입신고) 또는 제253조(수입신고전의 물품 반출)에 따른 신고는 화주 또는 관세사 등의 명의로 하여야 한다. 다만, 수출신고의 경우에는 화주에게 해당 수출물품을 제조하여 공급한 자의 명의로 할 수 있다(「관세법」 제242조).

① 「수입통관 사무처리에 관한 고시」 제6조

② 「수입통관 사무처리에 관한 고시」 제8조 제1항

③ 「수입통관 사무처리에 관한 고시」 제8조 제2항

④ 「수입통관 사무처리에 관한 고시」 제8조 제3항

23 답 ⑤

「수입통관 사무처리에 관한 고시」 제15조 제2항 제2호의 종이서류 제출대상에 해당한다.

관련 법령

「수입통관 사무처리에 관한 고시」 제15조(수입신고 시 제출서류) 제1항
신고인은 제13조에 따라 서류제출대상으로 선별된 수입신고 건에 대하여는 수입신고서에 다음 각 호의 서류를 스캔 등의 방법으로 전자 이미지화하거나 제14조에 따른 무역서류의 전자제출을 이용하여 통관시스템에 전송하는 것을 원칙으로 한다.

1. 송품장. 다만, 잠정가격으로 수입신고할 때 송품장이 해외에서 도착하지 아니한 경우에는 계약서(송품장은 확정가격신고 시 제출)
2. 가격신고서(해당 물품에 한하며, 전산으로 확인가능한 경우에는 서류제출대상에서 제외한다)
3. 선하증권(B/L) 사본이나 항공화물운송장(AWB) 사본
4. 포장명세서[포장박스별로 품명(규격)·수량을 기재해야 하며, 세관장이 필요 없다고 인정하는 경우는 제외한다]
5. 원산지증명서(해당 물품에 한한다)
6. 「관세법 제226조에 따른 세관장 확인물품 및 확인방법 지정고시」 제3조에 따른 수입요건 구비서류(해당 물품에 한한다)
7. 관세감면(분납)/용도세율적용신청서(별지 제9호 서식)(해당 물품에 한한다)
8. 합의에 의한 세율적용 승인(신청)서(별지 제29호 서식)
9. 「지방세법 시행령」 제71조에 따른 담배소비세 납세담보확인서(해당 물품에 한한다)
10. 할당·양허관세 및 세율추천 증명서류 및 종축(씨가축)·치어(어린 물고기)의 번식·양식용 해당세율 증명서류(동 내용을 전산으로 확인할 수 없는 경우에 한한다)
11. 「지방세법 시행령」 제134조의2에 따른 자동차세 납세담보확인서(해당 물품에 한한다)

24 답 ①

수입신고의 각하 대상이다(「수입통관 사무처리에 관한 고시」 제19조 제1항 제4호).

관련 법령

「수입통관 사무처리에 관한 고시」 제18조(신고의 취하) 제2항
제1항에 따른 수입신고취하승인(신청)서를 접수한 세관장은 다음 각 호의 어느 하나에 해당하는 경우에 한하여 수입신고취하를 승인해야 하며, 접수일로부터 10일 이내에 승인 여부를 신청인에게 통지해야 한다.

1. 수입계약 내용과 상이한 물품, 오송물품, 변질·손상물품 등을 해외공급자 등에게 반송하기로 한 경우
2. 재해 그 밖의 부득이한 사유로 수입물품이 멸실되거나 세관의 승인을 얻어 폐기하려는 경우
3. 통관보류, 통관요건 불합격, 수입금지물품 등의 사유로 반송하거나 폐기하려는 경우
4. 그 밖에 제1호부터 제3호에 준하는 정당한 사유가 있다고 인정되는 경우

25 답 ③

「대외무역법」에 따른 수출입의 승인을 받은 우편물은 제외한다(「관세법 시행령」 제246조 제4항 제3호).

①·② 「관세법 시행령」 제246조 제4항 제1호·제2호

④ 「관세법 시행령」 제246조 제4항 제4호

⑤ 「관세법 시행령」 제246조 제4항 제5호

제2과목 보세구역관리

01	02	03	04	05	06	07	08	09	10
⑤	⑤	④	②	④	④	④	④	③	④
11	12	13	14	15	16	17	18	19	20
④	①	④	②	②	⑤	③	④	①	④
21	22	23	24	25					
①	①	①	⑤	⑤					

01 답 ⑤

지정보세구역은 지정장치장 및 세관검사장으로 구분한다(「관세법」 제154조). 보세창고는 특허보세구역의 종류 중 하나이다.

지정보세구역	특허보세구역	종합보세구역
• 지정장치장 • 세관검사장	• 보세창고 • 보세공장 • 보세건설장 • 보세전시장 • 보세판매장	종합보세구역

02 답 ⑤

⑤ 지정보세구역의 지정을 받은 토지 등의 소유자나 관리자는 해당 건물 또는 그 밖의 시설의 개축·이전·철거나 그 밖의 공사를 하려면 미리 세관장과 협의해야 한다.

관련 법령

「관세법」 제168조(지정보세구역의 처분) 제1항

지정보세구역의 지정을 받은 토지 등의 소유자나 관리자는 다음 각 호의 어느 하나에 해당하는 행위를 하려면 미리 세관장과 협의하여야 한다. 다만, 해당 행위가 지정보세구역으로서의 사용에 지장을 주지 아니하거나 지정보세구역으로 지정된 토지 등의 소유자가 국가 또는 지방자치단체인 경우에는 그러하지 아니하다.

1. 해당 토지 등의 양도, 교환, 임대 또는 그 밖의 처분이나 그 용도의 변경
2. 해당 토지에 대한 공사나 해당 토지 안에 건물 또는 그 밖의 시설의 신축
3. 해당 건물 또는 그 밖의 시설의 개축·이전·철거나 그 밖의 공사

①·③ 「관세법」 제166조 제1항 참고
② 「관세법」 제154조 참고
④ 「관세법」 제167조

03 답 ④

③・④ 다만, 부산항・인천항・인천공항・김해공항 항역 내의 지정장치장으로 반입된 물품과 특송물품의 장치기간은 2개월로 하며, 세관장이 필요하다고 인정할 때에는 2개월의 범위에서 그 기간을 연장할 수 있다(「보세화물장치기간 및 체화관리에 관한 고시」 제4조 제1항 단서).

①・②・⑤ 지정장치장에 물품을 장치하는 기간은 6개월의 범위에서 관세청장이 정한다. 다만, 관세청장이 정하는 기준에 따라 세관장은 3개월의 범위에서 그 기간을 연장할 수 있다(「관세법」 제170조).

04 답 ②

관세사가 아니라 보세사의 보유에 관한 사항이 심사기준에 해당한다.

관련 법령

「관세법 시행령」 제187조(화물관리인의 지정) 제3항, 「관세법 시행규칙」 제69조의2(화물관리인의 지정절차 및 지정기준) 제3항

제2항 제2호에 따라 화물관리인을 지정할 때에는 다음 각 호의 사항에 대하여 관세청장이 정하는 심사기준에 따라 평가한 결과를 반영하여야 한다.

1. 보세화물 취급경력 및 화물관리시스템 구비 사항
2. 보세사의 보유에 관한 사항
3. 자본금, 부채비율 및 신용평가등급 등 재무건전성에 관한 사항
4. 그 밖에 기획재정부령으로 정하는 사항
   - 지게차, 크레인 등 화물관리에 필요한 시설장비 구비 현황
   - 법 제255조의2 제1항에 따라 수출입 안전관리 우수업체로 공인을 받았는지 여부
   - 그 밖에 관세청장이나 해당 시설의 소유자 또는 관리자가 정하는 사항

05 답 ④

④ 「관세법 시행규칙」 제68조 제3항

①・② 특허보세구역을 설치・운영하려는 자는 세관장의 특허를 받아야 한다. 기존의 특허를 갱신하려는 경우에도 또한 같다(「관세법」 제174조 제1항).

③ 특허보세구역의 설치・운영에 관한 특허를 받으려는 자, 특허보세구역을 설치・운영하는 자, 이미 받은 특허를 갱신하려는 자는 기획재정부령으로 정하는 바에 따라 수수료를 납부하여야 한다(「관세법」 제174조 제2항).

⑤ 법 제174조 제2항의 규정에 의하여 납부해야 하는 특허신청의 수수료는 4만 5천 원으로 한다(「관세법 시행규칙」 제68조 제1항).

06 답 ④

④ 신청인이 보세사 자격증을 취득했거나 1명 이상의 보세사를 관리자로 채용할 것을 요한다(「보세창고 특허 및 운영에 관한 고시 제3조 제1항 제4호).

①・②・③・⑤ 「보세창고 특허 및 운영에 관한 고시」 제3조 제1항 각 호 참고

07 답 ④

모두 세관장이 특허를 취소할 수 있는 사유이며, 이 중 ⓐ, ⓑ, ⓔ의 경우에는 특허를 반드시 취소하여야 한다.

관련 법령

「관세법」 제178조 제2항(특허의 취소)
세관장은 특허보세구역의 운영인이 다음 각 호의 어느 하나에 해당하는 경우에는 그 특허를 취소할 수 있다. 다만, 제1호, 제2호 및 제5호에 해당하는 경우에는 특허를 취소하여야 한다.

1. 거짓이나 그 밖의 부정한 방법으로 특허를 받은 경우
2. 제175조(운영인의 결격사유) 각 호의 어느 하나에 해당하게 된 경우. 다만, 제175조 제8호에 해당하는 경우로서 같은 조 제2호 또는 제3호에 해당하는 사람을 임원으로 하는 법인이 3개월 이내에 해당 임원을 변경한 경우에는 그러하지 아니하다.
3. 1년 이내에 3회 이상 물품반입 등의 정지처분(제3항에 따른 과징금 부과처분 포함)을 받은 경우
4. 2년 이상 물품의 반입실적이 없어서 세관장이 특허보세구역의 설치 목적을 달성하기 곤란하다고 인정하는 경우
5. 제177조의2(특허보세구역 운영인의 명의대여 금지)를 위반하여 명의를 대여한 경우

08 답 ④

④ 특허보세구역의 운영인이 법인인 경우에 그 등기사항을 변경한 때에는 지체 없이 그 요지를 세관장에게 통보하여야 한다(「관세법 시행령」 제190조 제2항).

①·②·③ 특허보세구역의 운영인이 그 장치물품의 종류를 변경하거나 그 특허작업의 종류 또는 작업의 원재료를 변경하고자 하는 때에는 그 사유를 기재한 신청서를 세관장에게 제출하여 그 승인을 얻어야 한다(「관세법 시행령」 제190조 제1항).

⑤ 특허보세구역의 운영인이 그 장치물품의 수용능력을 증감하거나 그 특허작업의 능력을 변경할 설치·운영시설의 증축, 수선 등의 공사를 하고자 하는 때에는 그 사유를 기재한 신청서에 공사내역서 및 관계도면을 첨부하여 세관장에게 제출하여 그 승인을 얻어야 한다(「관세법 시행령」 제191조 제1항 본문).

09 답 ③

운영인은 「보세화물 관리에 관한 고시」에서 정한 확인 및 보고사항을 성실하게 이행하여야 하며, 장치화물에 관한 각종 장부와 보고서류(전산화되어 있는 경우에는 전산자료 포함)는 2년간 보관하여야 한다(「보세창고 특허 및 운영에 관한 고시 제17조 제1항).

10 답 ④

④ 「관세법」 제183조 제3항

① 보세창고에는 외국물품이나 통관을 하려는 물품을 장치한다(「관세법」 제183조 제1항).

② 보세창고는 그 운영 주체에 따라 크게 영업용 보세창고와 자가용 보세창고로 구분할 수 있다(「보세창고 특허 및 운영에 관한 고시」 제2조 제1호·제2호 참고).

③ 운영인은 미리 세관장에게 신고를 하고 물품의 장치에 방해되지 아니하는 범위에서 보세창고에 내국물품을 장치할 수 있다. 다만, 동일한 보세창고에 장치되어 있는 동안 수입신고가 수리된 물품은 신고 없이 계속하여 장치할 수 있다(「관세법」 제183조 제2항).

⑤ 세관장의 책임이 아닌 운영인의 책임으로 반출하여야 한다(「관세법」 제184조 제1항 참고).

11 답 ④

④ '보관화물에 대한 멸실이 발생한 때(다만, 재해, 천재지변 등 운영인의 귀책사유가 없는 경우 제외)'는 경고처분 사유에 해당한다(「보세창고 특허 및 운영에 관한 고시」 제18조 제2항 제2호).
① 「관세법」 제178조 제1항 제3호, 「보세창고 특허 및 운영에 관한 고시」 제18조 제3항 제3호
② 「보세창고 특허 및 운영에 관한 고시」 제18조 제3항 제4호
③ 「보세창고 특허 및 운영에 관한 고시」 제18조 제3항 제5호
⑤ 「보세창고 특허 및 운영에 관한 고시」 제18조 제3항 제6호

12 답 ①

① 보세공장원재료에서 기계·기구 등의 작동 및 유지를 위한 연료, 윤활유 등 제품의 생산·수리·조립·검사·포장 및 이와 유사한 작업에 간접적으로 투입되어 소모되는 물품은 제외한다(「관세법 시행령」 제199조 제1항 단서).
② 「관세법 시행령」 제199조 제1항 제1호
③ 「관세법 시행령」 제199조 제1항 제2호
④ 「관세법 시행령」 제199조 제1항 제3호
⑤ 「관세법 시행령」 제199조 제2항

13 답 ④

④ '제조·가공 그 밖의 보세작업에 필요한 기계시설 및 기구의 비치'는 보세공장의 특허요건 중 시설요건에 해당한다(「보세공장 운영에 관한 고시」 제5조 제1항 제1호).
①·②·③·⑤ 보세공장의 특허요건 중 관리요건에 해당한다(「보세공장 운영에 관한 고시」 제5조 제2항).

관련 법령

「보세공장 운영에 관한 고시」 제5조(특허조건) 제2항(관리요건)
보세공장은 보세화물관리를 적정하게 하기 위하여 다음 각 호의 요건을 갖추어야 한다.
1. 보세화물 관리를 위하여 1명 이상의 보세사를 채용하여야 하며, 제7조 제1항에 따른 단일보세공장의 경우 각 공장별 1명 이상의 보세사를 채용하여 근무하도록 해야 한다.
2. 원자재의 반출입, 제품 제조·가공, 제품 반출 및 잉여물품의 처리 등과 관련한 물품관리체계가 확립되어 있고, 물품관리를 위한 시스템[기업자원관리(ERP) 시스템 등]을 구비하여야 한다.
3. 원자재 등의 부정유출 우려가 없으며, 보세작업의 감시·감독에 지장이 없어야 한다.
4. 특허를 갱신하는 경우에는 갱신신청 전의 특허기간 동안 해당 보세공장의 법규수행능력평가 평균등급이 B등급 이상이어야 한다.

14 답 ②

② 보세운송절차에 따라 반입되는 물품은 즉시 반입신고를 해야 한다. 이 경우 반입신고는 보세운송 도착보고를 갈음할 수 있다(「보세공장 운영에 관한 고시」 제13조 제2항).
① 「보세공장 운영에 관한 고시」 제13조 제1항
③ 「보세공장 운영에 관한 고시」 제13조 제5항
④ 「보세공장 운영에 관한 고시」 제13조 제8항
⑤ 「보세공장 운영에 관한 고시」 제13조 제7항

15 답 ②

② 보세공장 외 일시 물품 장치허가(정정)신청서를 제출받은 세관장은 신청물품이 다른 보세작업의 수행에 지장을 초래하는지, 그 밖의 장치가간·장소 및 신청사유 등이 보세화물의 감시감독에 지장을 초래하는지 등을 심사하여 1년 6개월의 범위에서 이를 허가할 수 있다. 다만, 재해 그 밖에 부득이한 사유가 있는 경우에는 세관장의 허가를 받아 장치장소를 변경하거나 1년 6개월의 범위에서 장치기간을 연장할 수 있다(「보세공장 운영에 관한 고시」 제17조의2 제2항).

① 「보세공장 운영에 관한 고시」 제17조의2 제1항
③ 「보세공장 운영에 관한 고시」 제17조의2 제3항
④ 「보세공장 운영에 관한 고시」 제17조의2 제4항
⑤ 「보세공장 운영에 관한 고시」 제17조의2 제5항

16 답 ⑤

⑤ 수출 후 재반입된 물품이 제1항에 따른 보수작업이 곤란한 경우에는 세관장의 승인을 받아 이를 잉여물품으로 처리하고 대체품을 수출할 수 있다(「보세공장 운영에 관한 고시」 제25조 제4항).

① 「보세공장 운영에 관한 고시」 제25조 제2항 본문
② 「보세공장 운영에 관한 고시」 제25조 제2항 단서
③ 「보세공장 운영에 관한 고시」 제25조 제3항 본문
④ 「보세공장 운영에 관한 고시」 제25조 제3항 단서

17 답 ③

③ 물품의 반출입을 할 때 동일법인에서 운영하는 자율관리 보세공장 간이나, 동일법인에서 운영하는 자율관리 보세공장과 자유무역지역 입주기업체 간에는 보세운송절차를 생략할 수 있다(「보세공장 운영에 관한 고시」 제37조 제1항 제3호).

①·②·④·⑤ 「보세공장 운영에 관한 고시」 제37조 제1항 참고

관련 법령

「보세공장 운영에 관한 고시」 제37조(자율관리 보세공장의 특례) 제1항

세관장은 자율관리 보세공장으로 지정받은 자에게 다음 각 호의 특례를 적용한다.

1. 공휴일(「근로자의 날 제정에 관한 법률」에 따른 근로자의 날 및 토요일 포함), 야간 등 개청시간 외에 사용하려는 경우에는 법 제186조 제1항 및 이 고시 제18조 제1항에 따른 사용 전 사용신고를 공휴일 또는 야간 종료일 다음 날까지 사용신고할 수 있다. 다만, 법 제186조 제2항에 해당되는 외국물품은 제외한다.
2. 제24조에 따른 다른 보세공장 일시 보세작업 장소가 자율관리 보세공장인 경우 제24조 제4항에 따른 보세운송절차를 생략할 수 있다.
3. 제13조에 따른 물품의 반출입을 할 때 동일법인에서 운영하는 자율관리 보세공장 간이나, 동일법인에서 운영하는 자율관리 보세공장과 자유무역지역 입주기업체 간에는 제13조 제6항에 따른 보세운송절차를 생략할 수 있다.
4. 〈삭 제〉
5. 제18조 제6항에 따른 사용신고 특례적용을 위한 품목번호(HSK) 등록절차를 생략할 수 있다.
6. 제40조 제1항에 따른 연 1회 재고조사를 생략할 수 있다.
7. 제12조 제3항 및 제14조의 물품 외에도 해당 보세공장의 특허 목적과 관련 있는 물품은 보세공장에 반입하거나 보세공장으로부터 반출할 수 있다.

8. 해당 보세공장에서 생산된 수출물품이 무상으로 반출하는 상품의 견품 및 광고용품에 해당되고, 물품가격이 미화 1만불(FOB기준) 이하인 경우 제38조 제2항에 따른 보세운송절차를 생략할 수 있으며, 보세공장에서 생산된 물품이 제17조의2에 따른 장외일시장치장과 제22조에 따른 장외작업장에서 수출신고되는 경우에도 이와 같다.
9. 제40조 제2항 제4호의 규정에 따른 보세공장 장기재고 현황 및 처리계획 보고서의 제출을 생략할 수 있다.
10. 제29조의2에 따라 해당 보세공장의 견본품을 기업부설연구소로 반출할 때 장외작업절차를 준용하게 할 수 있다.
11. 제22조 제1항에 따른 장외작업 허가 신청 및 같은 조 제8항에 따른 장외작업 완료보고서 제출을 생략하게 할 수 있다. 이 경우 보세공장 운영인은 별지 제7호의4서식으로 장외작업장을 등록하여야 하며, 이때 세관장으로부터 장외작업 허가를 받은 것으로 본다.

18 답 ④

④ 수입신고대상 물품의 수입신고 여부의 확인은 「보세공장 운영에 관한 고시」 제42조의2 제2항에 따른 세관공무원의 임무에 해당한다.

①·②·③·⑤ 「보세공장 운영에 관한 고시」 제42조의3 제1항 참고

관련 법령

「보세공장 운영에 관한 고시」 제42조의3(운영인 및 보세사의 의무) 제1항

운영인 또는 보세사는 다음 각 호의 사항을 확인하거나 기록(전산설비에 의한 기록 포함)하여야 한다.

1. 보세운송의 도착 및 화물의 이상 유무 확인
2. 보세공장의 원재료보관·보세작업·제품보관 등 각 단계별 반입과 반출
3. 장외작업물품의 반입과 반출
4. 내국작업허가물품의 반입과 반출
5. 잉여물품의 발생과 반출입
6. 환급고시 규정에 따른 환급대상 내국물품의 반입
7. 반입대상이 아닌 내국물품의 반출입
8. 보세공장 물품의 장치와 보관
9. 기타 이 고시에서 정하는 확인·기록 사항

19 답 ①

① 박람회 등의 회기가 종료되면 해당 보세전시장에 있는 외국물품은 이를 외국으로 반송하는 것을 원칙으로 하며, 이 경우의 반송절차는 반송절차에 관한 고시를 적용한다(「보세전시장 운영에 관한 고시」 제19조).

② 「보세전시장 운영에 관한 고시」 제20조

③ 「보세전시장 운영에 관한 고시」 제21조 전단

④ 「보세전시장 운영에 관한 고시」 제21조 후단

⑤ 「보세전시장 운영에 관한 고시」 제22조

20 답 ④

④ "판매장"이란 판매물품을 실제로 판매하는 장소인 매장과 계단・에스컬레이터・화장실・사무실 등 물품판매와 직접 관련이 없는 공용시설을 말한다(「보세판매장 특허에 관한 고시」 제2조 제6호).
① 「보세판매장 특허에 관한 고시」 제2조 제2호
② 「보세판매장 특허에 관한 고시」 제2조 제4호
③ 「보세판매장 특허에 관한 고시」 제2조 제5호
⑤ 「보세판매장 특허에 관한 고시」 제2조 제7호

21 답 ①

운영인은 보세판매장에 근무하는 소속직원과 판촉사원 등이 제2조 제14호의 협의단체에서 주관하는 교육을 연 1회 이상(사전에 협의단체장이 교육계획을 관세청장에게 보고한 경우에는 그 계획 범위 내) 이수하도록 하여야 한다(「보세판매장 운영에 관한 고시」 제3조 제10항).

22 답 ①

외교관면세점에는 판매대장과 면세통관의뢰서 관리대장을 판매장에 비치하고, 구매자 인적사항 및 판매사항을 전산관리하여야 한다.

관련 법령

「보세판매장 운영에 관한 고시」 제9조(판매장 진열 및 판매)

① 운영인이 물품을 판매한 때에는 구매자 인적사항 및 판매사항을 전산관리하고, 다음 각 호에 규정된 때에 세관에 전자문서로 실시간 전송하여야 한다.
1. 시내면세점에서 판매된 물품을 보세운송하는 경우는 보세운송 신고한 때
2. 입국장면세점과 출국장면세점에서 제11조에 따른 전자상거래에 의하여 판매하는 경우는 판매물품을 구매자에게 인도한 때
3. 그 외의 경우에는 물품을 판매한 때

② 운영인은 다음 각 호의 각 목에서 정하는 대장을 판매장에 비치하고 구매자 인적사항 및 판매사항을 전산관리해야 하며, 세관장 요구 시 물품별로 확인이 가능하도록 필요사항을 기록유지하여야 한다.
1. 외교관면세점
   가. 판매대장(별지 제4호 서식)
   나. 면세통관의뢰서 관리대장(별지 제9호 서식)
2. 출국장면세점, 입국장면세점, 시내면세점
   가. 제1호 가목의 대장
   나. 구매자 관리대장(별지 제2호 서식)

23 답 ①

① 종합보세구역에서 종합보세기능을 수행하려는 자는 그 기능을 정하여 세관장에게 종합보세사업장의 설치・운영에 관한 신고를 하여야 한다(「관세법」 제198조 제1항).
② 「관세법」 제198조 제3항
③ 「관세법」 제199조 제1항
④ 「종합보세구역의 지정 및 운영에 관한 고시」 제7조 제3항
⑤ 「종합보세구역의 지정 및 운영에 관한 고시」 제9조 제1항

24 답 ⑤

⑤ 장외작업 신고물품은 장외작업신고를 한 종합보세사업장의 관할세관에서 관리한다. 다만, 종합보세사업장과 장외작업장소가 서로 다른 세관의 관할구역에 있어 관리가 어렵다고 인정되는 경우에는 장외작업장소 관할세관장에게 구체적으로 확인할 사항을 통보하여 관리・감독을 의뢰할 수 있다(「종합보세구역의 지정 및 운영에 관한 고시」 제24조 제6항).

① 「종합보세구역의 지정 및 운영에 관한 고시」 제24조 제1항

② 「종합보세구역의 지정 및 운영에 관한 고시」 제24조 제2항

③ 「종합보세구역의 지정 및 운영에 관한 고시」 제24조 제3항

④ 「종합보세구역의 지정 및 운영에 관한 고시」 제24조 제5항

25 답 ⑤

⑤ 불합격품을 폐기 또는 반송하는 때에는 반드시 검량을 실시하여야 한다(「수입활어 관리에 관한 특례고시」 제10조 제4항).

① 「수입활어 관리에 관한 특례고시」 제10조 제1항・제2항

② 「수입활어 관리에 관한 특례고시」 제10조 제3항 제1호

③ 「수입활어 관리에 관한 특례고시」 제10조 제3항 제2호

④ 「수입활어 관리에 관한 특례고시」 제10조 제3항 제3호

제3과목 화물관리

01	02	03	04	05	06	07	08	09	10
⑤	⑤	④	⑤	④	②	②	③	③	②
11	12	13	14	15	16	17	18	19	20
③	②	③	④	③	③	①	④	③	⑤
21	22	23	24	25					
⑤	⑤	④	⑤	④					

01 답 ⑤

⑤ "전자문서"란 컴퓨터 간에 전송 등이 될 수 있도록 하기 위하여 관세청장이 정한 실행지침서에 따라 작성된 전자자료를 말한다(「보세화물관리에 관한 고시」 제3조 제7호).
① 「보세화물관리에 관한 고시」 제3조 제1호
② 「보세화물관리에 관한 고시」 제3조 제2호
③ 「보세화물관리에 관한 고시」 제3조 제3호
④ 「보세화물관리에 관한 고시」 제3조 제6호

02 답 ⑤

수출신고 수리 시 세관의 검사가 생략되는 수출물품을 취급하는 경우 통보서 제출을 하지 않는다.

관련 법령

「관세법 시행령」 제275조(임시개청 및 시간 외 물품취급) 제2항
법 제321조 제2항에 따라 물품취급시간 외에 물품의 취급을 하려는 자는 다음 각 호의 어느 하나에 해당하는 경우를 제외하고는 통보서를 세관장에게 제출하여야 한다.
1. 우편물(수입신고대상 우편물은 제외)을 취급하는 경우
2. 제1항의 규정에 의하여 통보한 시간 내에 당해 물품의 취급을 하는 경우
3. 보세공장에서 보세작업을 하는 경우. 다만, 감시・단속에 지장이 있다고 세관장이 인정할 때에는 예외로 한다.
4. 보세전시장 또는 보세건설장에서 전시・사용 또는 건설공사를 하는 경우
5. 수출신고 수리 시 세관의 검사가 생략되는 수출물품을 취급하는 경우

5의2. 제155조 제1항에 따른 항구나 공항에서 하역작업을 하는 경우

6. 재해 기타 불가피한 사유로 인하여 당해 물품을 취급하는 경우. 이 경우에는 사후에 경위서를 세관장에게 제출하여 그 확인을 받아야 한다.

03 답 ④

④ 위험물 장치허가를 받지 아니한 특허보세구역 운영인 및 지정보세구역 관리인은 화물 반입 시에 위험물인지를 확인해야 하며, 위험물을 발견하였을 때에는 즉시 세관장에게 보고해야 한다(「보세화물관리에 관한 고시」 제5조 제4항). 이 경우 보고를 받은 세관장은 위험물을 장치할 수 있는 장소로 즉시 반출을 명령하여야 한다(「보세화물관리에 관한 고시」 제6조 제2항).

① 「보세화물관리에 관한 고시」 제5조 제1항

② 「보세화물관리에 관한 고시」 제5조 제2항

③ 「보세화물관리에 관한 고시」 제5조 제3항 본문

⑤ 「보세화물관리에 관한 고시」 제5조 제5항 본문

04 답 ⑤

물품을 장치하려는 장소의 도면 및 약도는 동일화주가 동일장소에 반복적으로 신청하는 경우에는 생략할 수 있다(「보세화물관리에 관한 고시」 제7조 제2항 제3호).

05 답 ④

④ 보세구역 외 장치 허가수수료는 허가건수 단위로 징수한다. 이 경우, 동일모선으로 수입된 동일화주의 화물을 동일장소에 반입하는 때에는 1건의 보세구역 외 장치로 허가할 수 있다(「보세화물관리에 관한 고시」 제8조 제4항).

① 「관세법」 제156조 제1항

② 「보세화물관리에 관한 고시」 제7조 제4항

③ 「보세화물관리에 관한 고시」 제8조 제1항 본문

⑤ 「보세화물관리에 관한 고시」 제8조 제5항

06 답 ②

법 제156조 제3항의 규정에 의하여 납부하여야 하는 보세구역 외 장치허가수수료는 1만 8천 원으로 한다(「관세법 시행규칙」 제65조 제1항 전단).

07 답 ②

② 반입신고는 House B/L 단위로 제출하여야 한다. 다만, 하선장소 보세구역에 컨테이너 상태로 반입하는 경우에는 Master B/L 단위로 할 수 있다(「보세화물관리에 관한 고시」 제9조 제6항).

① 「보세화물관리에 관한 고시」 제9조 제1항

③ 「보세화물관리에 관한 고시」 제9조 제8항

④ 「보세화물관리에 관한 고시」 제9조 제3항 제3호 참고

⑤ 「보세화물관리에 관한 고시」 제9조 제9항

08 답 ③

②・③ 법 제183조 제2항 단서에 따른 수입신고 수리물품의 장치기간은 6개월로 하며, 이 경우 세관장이 필요하다고 인정한 때에는 수입신고 수리일부터 1년의 범위에서 별지 제15호 서식의 반출기간 연장승인(신청)서에 따른 세관장의 승인을 받아 그 장치기간을 연장할 수 있다(「보세화물관리에 관한 고시」 제12조 제6항 단서).

① 「보세화물관리에 관한 고시」 제12조 제6항 본문

④・⑤ 「관세법」 제177조 제1항 제1호 다목

09 답 ③

관세청장은 전자문서중계사업의 안정적인 운영을 위하여 전자문서중계사업자에게 사업실적 등 운영사업과 관련한 주요 내용을 매년 보고하도록 하거나 관련 장부 및 서류를 제출하도록 명할 수 있다(「관세법」 제327조의3 제7항 전단).

관련 법령

「보세화물관리에 관한 고시」 제18조(화물관리 세관공무원의 권한과 임무) 제2항
화물관리 세관공무원은 보세구역 내에 반출입되는 화물과 관련하여 다음 각 호의 사항을 확인 감독한다.
1. 보세화물의 반출입에 관한 사항
2. 보세운송 발착확인에 관한 사항
3. 보세구역 출입문의 시건, 개봉 및 출입자단속에 관한 사항
4. 견본 반출 및 회수에 관한 사항
5. 체화처리 통보 여부 등
6. 각종 업무보고 및 통제에 관한 사항
7. 세관장의 제반지시, 명령사항 이행 여부

10 답 ②

세관장은 대통령령으로 정하는 물품을 수입하거나 반송하는 자가 기간 내에 수입 또는 반송의 신고를 하지 아니한 경우에는 해당 물품 과세가격의 100분의 2에 상당하는 금액의 범위에서 대통령령으로 정하는 금액을 가산세로 징수한다.

「관세법 시행령」 제247조(가산세율) 제1항 정리

사 유	가산세액
신고기한이 경과한 날부터 20일 내에 신고를 한 때	당해 물품의 과세가격의 1천분의 5
신고기한이 경과한 날부터 50일 내에 신고를 한 때	당해 물품의 과세가격의 1천분의 10
신고기한이 경과한 날부터 80일 내에 신고를 한 때	당해 물품의 과세가격의 1천분의 15
그 외의 경우	당해 물품의 과세가격의 1천분의 20

11 답 ③

수출용 원재료 중 신용장 등 관련서류에 의하여 수출용 원재료로 확인되는 경우에만 가산세를 징수하지 아니한다.

관련 법령

「보세화물관리에 관한 고시」 제34조(가산세) 제2항
제1항에도 불구하고 다음 각 호의 어느 하나에 해당하는 물품에 대하여는 가산세를 징수하지 아니한다.
1. 정부 또는 지방자치단체가 직접 수입하는 물품
2. 정부 또는 지방자치단체에 기증되는 물품
3. 수출용 원재료(신용장 등 관련서류에 의하여 수출용 원재료로 확인되는 경우에만 해당)
4. 외교관 면세물품 및 SOFA적용 대상물품
5. 환적화물
7. 여행자 휴대품

12 답 ②

② 폐기 또는 반송명령을 받은 화주, 반입자 또는 그 위임을 받은 자는 동 물품을 자기비용으로 폐기 또는 반송하여야 한다(「보세화물장치기간 및 체화관리에 관한 고시」 제41조 제1항).

① 「보세화물장치기간 및 체화관리에 관한 고시」 제40조 제6호

③ 「보세화물장치기간 및 체화관리에 관한 고시」 제41조 제2항 본문

④ 「보세화물장치기간 및 체화관리에 관한 고시」 제43조 제1항

⑤ 「보세화물장치기간 및 체화관리에 관한 고시」 제42조 제1항

13 답 ③

ⓐ : 6개월, ⓑ : 2개월, ⓒ : 2개월이다.

관련 법령

「보세화물장치기간 및 체화관리에 관한 고시」 제4조(장치기간) 제1항

제3조 제1호(지정장치장 반입물품)에 해당하는 물품의 장치기간은 6개월로 한다. 다만, 부산항・인천항・인천공항・김해공항 항역 내의 지정장치장으로 반입된 물품과 「특송물품 수입통관 사무처리에 관한 고시」 제2조 제2호에 해당하는 물품(특송물품)의 장치기간은 2개월로 하며, 세관장이 필요하다고 인정할 때에는 2개월의 범위에서 그 기간을 연장할 수 있다.

14 답 ④

종전에 산정한 장치기간을 합산한다(「보세화물장치기간 및 체화관리에 관한 고시」 제5조 제1항 단서 참고).

관련 법령

「보세화물장치기간 및 체화관리에 관한 고시」 제5조(장치기간의 기산)

① 보세구역에 반입된 물품의 장치기간은 해당 보세구역 반입일(제3조 제4호에 해당하는 물품 중 「여행자 및 승무원 휴대품 통관에 관한 고시」 제47조 제3항을 적용받은 물품은 반송신고를 할 수 있는 날)을 기준으로 장치기간을 기산한다. 다만, 다음 각 호의 어느 하나에 해당하는 물품은 종전에 산정한 장치기간을 합산한다.

1. 장치장소의 특허변경으로 장치기간을 다시 기산하여야 하는 물품
2. 보세운송 승인을 받아 다른 보세구역에 반입하거나 보세구역 간 장치물품을 이동함으로써 장치기간을 다시 기산하여야 하는 경우 중 제4조에 따른 장치기간이 이미 경과된 물품

② 동일 B/L물품이 수차에 걸쳐 반입되는 경우에는 그 B/L물품의 반입이 완료된 날부터 장치기간을 기산한다.

15 답 ③

화주의 의무는 다하였으나 통관지연의 귀책사유가 국가에 있는 경우이다(「보세화물장치기간 및 체화관리에 관한 고시」 제9조 제1항 제3호).

16 답 ③

③ 동일가격 입찰자가 2명 이상 있을 때에는 즉시 추첨하여 낙찰자를 결정한다(「보세화물장치기간 및 체화관리에 관한 고시」 제20조 제2항).
① 「보세화물장치기간 및 체화관리에 관한 고시」 제20조 제1항 본문
② 「보세화물장치기간 및 체화관리에 관한 고시」 제20조 제1항 단서
④ 「보세화물장치기간 및 체화관리에 관한 고시」 제21조 제1항 제1호 참고
⑤ 「보세화물장치기간 및 체화관리에 관한 고시」 제21조 제2항 본문

17 답 ①

① 하선장소를 관리하는 보세구역 운영인은 해당 보세구역을 하선장소로 지정한 물품에 대해 해당 물품의 반입 즉시 House B/L 단위로 세관장에게 물품반입신고를 해야 하며, 창고 내에 물품이 입고되는 과정에서 실물이 적재화물목록상의 내역과 상이함을 발견하였을 때에는 반입물품 이상보고를 하거나, 반입사고화물로 분류하여 신고해야 한다(「보세화물 입출항 하선 하기 및 적재에 관한 고시」 제19조 제2항 본문).
② 「보세화물 입출항 하선 하기 및 적재에 관한 고시」 제19조 제2항 단서
③ 「보세화물 입출항 하선 하기 및 적재에 관한 고시」 제19조 제4항
④ 「보세화물 입출항 하선 하기 및 적재에 관한 고시」 제19조 제5항
⑤ 「보세화물 입출항 하선 하기 및 적재에 관한 고시」 제19조 제6항

18 답 ④

ⓐ : 24, ⓑ : 4이다.

관련 법령

「보세화물 입출항 하선 하기 및 적재에 관한 고시」 제8조(적재화물목록 제출) 제1항
「관세법」 제135조 제2항에 따라 적재화물목록 제출의무자는 적재항에서 화물이 선박에 적재되기 24시간 전까지 제9조에 따른 적재화물목록을 선박 입항예정지 세관장에게 전자문서로 제출해야 한다. 다만, 중국・일본・대만・홍콩・러시아 극동지역 등(근거리 지역)의 경우에는 적재항에서 선박이 출항하기 전까지, 벌크화물의 경우에는 선박이 입항하기 4시간 전까지 제출해야 한다.

19 답 ③

컨테이너화물은 5일, 원목, 곡물, 원유 등 벌크화물은 10일이다(「보세화물 입출항 하선 하기 및 적재에 관한 고시」 제19조 제1항 각 호 참고).

20 답 ⑤

⑤ 세관장은 적재화물목록 정정신청한 물품에 대하여 필요하다고 인정할 때에는 화물관리 세관공무원에게 현품 확인을 하게 할 수 있다(「보세화물 입출항 하선 하기 및 적재에 관한 고시」 제25조 제5항).
① 「보세화물 입출항 하선 하기 및 적재에 관한 고시」 제25조 제1항 본문
②・③ 「보세화물 입출항 하선 하기 및 적재에 관한 고시」 제25조 제3항
④ 「보세화물 입출항 하선 하기 및 적재에 관한 고시」 제25조 제4항

21 답 ⑤

⑤ 보수작업 결과 포장개수의 변동 등 당초의 수출신고 수리사항이 변경되는 경우에는 해당 보수작업 승인을 한 세관장이 그 내역을 수출신고 수리 세관장에게 통보해야 한다(「보세화물 입출항 하선 하기 및 적재에 관한 고시」 제34조 제2항).

① 「보세화물 입출항 하선 하기 및 적재에 관한 고시」 제33조 제1항

② 「보세화물 입출항 하선 하기 및 적재에 관한 고시」 제33조 제2항

③ 「보세화물 입출항 하선 하기 및 적재에 관한 고시」 제33조 제3항

④ 「보세화물 입출항 하선 하기 및 적재에 관한 고시」 제34조 제1항

22 답 ⑤

⑤ 「환적화물 처리절차에 관한 특례고시」 제5조 제4항

① 보세구역 운영인은 환적화물을 반출입할 때 반입예정정보 또는 반출승인정보와 물품의 상이 여부를 확인한 후 세관장에게 반입 즉시 반입신고를 하고, 반출 전에 반출신고를 해야 한다(「환적화물 처리절차에 관한 특례고시」 제5조 제1항).

② 보세구역 운영인이 제1항에 따른 반출입신고를 하려는 때에는 House B/L 단위의 전자문서로 해야 한다(「환적화물 처리절차에 관한 특례고시」 제5조 제2항 본문).

③ 컨테이너보세창고에서 컨테이너 단위로 반출입되는 환적화물은 컨테이너 단위로 반출입신고를 해야 한다(「환적화물 처리절차에 관한 특례고시」 제5조 제2항 제1호).

④ 공항 내 화물터미널에서 Master B/L 단위로 반출입되는 환적화물은 Master B/L 단위로 반출입신고를 해야 한다(「환적화물 처리절차에 관한 특례고시」 제5조 제2항 제2호).

23 답 ④

법인이 아닌 경우에는 자산평가액이 6억 원 이상일 것을 요한다.

관련 법령

「화물운송주선업자의 등록 및 관리에 관한 고시」 제3조(등록요건)

법 제222조 및 제223조에 따른 화물운송주선업자의 등록요건은 다음과 같다.

1. 법 제175조(운영인의 결격사유) 각 호의 어느 하나에 해당하지 않을 것
2. 「물류정책기본법」 제43조에 따른 국제물류주선업의 등록을 하였을 것
3. 관세 및 국세의 체납이 없을 것
4. 화물운송주선업자 등록이 취소(법 제175조 제1호부터 제3호까지의 어느 하나에 해당하여 등록이 취소된 경우는 제외)된 후 2년이 지났을 것
5. 자본금 3억 원 이상을 보유한 법인(법인이 아닌 경우에는 자산평가액이 6억 원 이상)일 것
6. 법 또는 법에 따른 세관장의 명령에 위반하여 관세범으로 조사받고 있거나 기소 중에 있지 않을 것
7. 하우스적재화물목록 제출 등을 위한 전산설비를 갖추고 있을 것

24 답 ⑤

⑤「관세 등에 대한 담보제도 운영에 관한 고시」에 따른 신용담보업체 또는 포괄담보제공업체인 화주가 자기 명의로 보세운송신고하는 물품(「보세운송에 관한 고시」 제24조 제5호)
①「보세운송에 관한 고시」 제24조 제1호
②「보세운송에 관한 고시」 제24조 제2호
③「보세운송에 관한 고시」 제24조 제3호
④「보세운송에 관한 고시」 제24조 제4호

25 답 ④

④ 보세운송 도착과 동시에 수입신고가 수리된 물품은 보세구역에 입고시키지 않은 상태에서 물품을 화주에게 즉시 인도하고 반출입신고를 동시에 해야 한다(「보세운송에 관한 고시」 제41조 제4항 단서).
①「보세운송에 관한 고시」 제41조 제1항
②「보세운송에 관한 고시」 제41조 제2항 본문
③「보세운송에 관한 고시」 제41조 제4항 본문
⑤「보세운송에 관한 고시」 제41조 제7항 본문

제1회 정답 및 해설

제4과목 수출입안전관리

01	02	03	04	05	06	07	08	09	10
②	④	③	⑤	④	⑤	⑤	⑤	②	③
11	12	13	14	15	16	17	18	19	20
②	①	②	②	⑤	③	⑤	⑤	①	③
21	22	23	24	25					
②	③	③	③	③					

01 답 ②

국제공항에 광주공항은 포함되지 않는다.

관련 법령

「관세법 시행령」 제155조(국제항의 지정) 제1항
법 제133조에 따른 국제항은 다음 표와 같다.

구 분	국제항명
항 구	인천항, 부산항, 마산항, 여수항, 목포항, 군산항, 제주항, 동해・묵호항, 울산항, 통영항, 삼천포항, 장승포항, 포항항, 장항항, 옥포항, 광양항, 평택・당진항, 대산항, 삼척항, 진해항, 완도항, 속초항, 고현항, 경인항, 보령항
공 항	인천공항, 김포공항, 김해공항, 제주공항, 청주공항, 대구공항, 무안공항, 양양공항

02 답 ④

"선박용품"이란 음료, 식품, 연료, 소모품, 밧줄, 수리용 예비부분품 및 부속품, 집기, 그 밖에 이와 유사한 물품으로서 해당 선박에서만 사용되는 것을 말한다(「관세법」 제2조 제10호).

03 답 ③

국제무역선(기)이 국제항에 입항하여 물품을 하역하지 아니하고 입항한 때부터 24시간 이내에 출항하는 경우 간이 입출항절차를 적용할 수 있다(「관세법」 제137조 제1항 본문).

04 답 ⑤

⑤ 세관장은 영 제156조 제1항 제3호 기간(당해 지역에 머무는 기간)의 개시일까지 해당 출입허가를 취소한 경우에는 제1항에 따라 징수한 수수료를 반환한다(「관세법 시행규칙」 제62조 제3항).
① 「관세법」 제134조 제1항 본문
② 「관세법」 제134조 제2항
③ 「관세법 시행규칙」 제62조 제1항 후단
④ 「관세법 시행규칙」 제62조 제2항 제1호

05 답 ④

④ 외국물품이 하역 또는 환적허가의 내용대로 운송수단에 적재되지 아니한 경우에는 해당 허가를 받은 자로부터 즉시 그 관세를 징수한다(「관세법」 제143조 제6항 본문).

①「관세법」 제143조 제4항

②「관세법」 제143조 제1항 제1호

③「관세법」 제143조 제2항

⑤「관세법」 제16조 제1호

06 답 ⑤

⑤ 사증을 받는 것으로 도착보고를 대신하는 도로차량의 운전자는 최종 도착보고를 할 때에 관련서류를 한꺼번에 제출하여야 한다(「관세법」 제149조 제4항).

①·②「관세법」 제149조 제1항

③「관세법」 제149조 제2항

④「관세법」 제149조 제3항, 「관세법 시행령」 제169조 제3항 각 호

07 답 ⑤

⑤ '물품 특성상 내부에 밀수품을 은닉할 가능성이 있는 화물'은 세관장이 검색기검사화물로 선별하여 검사할 수 있는 화물에 해당한다(「관리대상화물 관리에 관한 고시」 제5조 제1항 제2호). 다만, 검색기가 설치되지 않은 세관장은 즉시검사화물 규정에도 불구하고 검색기검사화물 대상을 포함하여 즉시검사화물로 선별하여 검사할 수 있다(동조 제3항).

①·②·③·④「관리대상화물 관리에 관한 고시」 제5조 제2항 각 호 참고

08 답 ⑤

일시수입통관증서에 의한 일시수입물품은 규정되어 있지 않다.

관련 법령

「관리대상화물 관리에 관한 고시」 제13조(검사대상화물의 해제) 제3항

세관장은 검사대상화물 또는 감시대상화물 중 다음 각 호의 어느 하나에 해당하는 화물로서 우범성이 없거나 검사 또는 감시의 실익이 적다고 판단되는 경우 검사대상화물 또는 감시대상화물의 지정을 직권으로 해제할 수 있다.

1. 등록사유(검사착안사항)와 관련 없는 물품
2. 「수출입 안전관리 우수업체 공인 및 운영에 관한 고시」 제15조에 따라 수출입 안전관리 우수업체(수입부문)가 수입하는 물품
3. 국가(지방자치단체)가 수입하는 물품 또는 SOFA 관련 물품
4. 이사물품 등 제11조에 따라 해당 고시에서 정하는 검사절차·검사방법에 따라서 처리되는 물품
5. 그 밖에 세관장이 우범성이 없거나 검사 또는 감시의 실익이 적다고 인정하는 화물

09 답 ②

거짓이나 그 밖의 부정한 방법으로 등록을 한 경우는 등록을 취소하여야 한다.

관련 법령

「관세법」 제224조(보세운송업자 등의 행정제재) 제1항

세관장은 관세청장이 정하는 바에 따라 보세운송업자 등이 다음 각 호의 어느 하나에 해당하는 경우에는 등록의 취소, 6개월의 범위에서의 업무정지 또는 그 밖에 필요한 조치를 할 수 있다. 다만, 제1호 및 제2호에 해당하는 경우에는 등록을 취소하여야 한다.

1. 거짓이나 그 밖의 부정한 방법으로 등록을 한 경우
2. 제175조(운영인의 결격사유) 각 호의 어느 하나에 해당하는 경우. 다만, 제175조 제8호에 해당하는 경우로서 같은 조 제2호 또는 제3호에 해당하는 사람을 임원으로 하는 법인이 3개월 이내에 해당 임원을 변경한 경우에는 그러하지 아니하다.
3. 「항만운송사업법」 등 관련 법령에 따라 면허·허가·지정·등록 등이 취소되거나 사업정지처분을 받은 경우
4. 보세운송업자 등(그 임직원 및 사용인 포함)이 보세운송업자 등의 업무와 관련하여 이 법이나 이 법에 따른 명령을 위반한 경우

4의2. 제223조의2(보세운송업자 등의 명의대여 등의 금지)를 위반한 경우

5. 보세운송업자 등(그 임직원 및 사용인을 포함)이 보세운송업자 등의 업무와 관련하여 「개별소비세법」 제29조 제1항 또는 「교통·에너지·환경세법」 제25조 제1항에 따른 과태료를 부과받은 경우

10 답 ③

AEO 공인의 혜택으로는 물품의 검사비율이 축소되고 서류제출이 생략된다는 것이 있으며, 이는 곧 신속통관과 직결된다.

11 답 ②

AEO 상호인정약정은 '양국 간 AEO 공인기준 비교 → 상호방문 합동심사 → 혜택 및 공인업체 정보공유 등 운영절차 협의 → 최고정책결정자(양국 관세청장) 간 서명'의 절차를 거친다.

12 답 ①

① 「관세법」 제222조 제1항 제5호
② 구매대행업자 중 통신판매업자로 신고한 자로서 직전 연도 구매대행한 수입물품의 총 물품가격이 10억 원 이상인 자는 관세청장이나 세관장에게 등록하여야 한다(「관세법」 제222조 제1항 제7호, 시행령 제231조 제1항).
③ 하역업 등록을 한 자는 등록사항에 변동이 생긴 때에는 지체 없이 등록지를 관할하는 세관장에게 신고해야 한다(「관세법 시행령」 제231조 제6항).
④ 등록의 유효기간은 3년으로 하며, 대통령령으로 정하는 바에 따라 갱신할 수 있다. 다만, 관세청장이나 세관장은 제255조의7 제1항에 따른 안전관리 기준의 준수 정도 측정·평가 결과가 우수한 자가 등록을 갱신하는 경우에는 유효기간을 2년의 범위에서 연장하여 정할 수 있다(「관세법」 제222조 제5항).
⑤ 세관장은 제2항에 따라 등록을 한 자에게 등록의 유효기간을 갱신하려면 등록의 유효기간이 끝나는 날의 1개월 전까지 등록 갱신을 신청해야 한다는 사실과 갱신절차를 등록의 유효기간이 끝나는 날의 2개월 전까지 휴대폰에 의한 문자전송, 전자메일, 팩스, 전화, 문서 등으로 미리 알려야 한다(「관세법 시행령」 제231조 제5항).

13 답 ②

스웨덴은 해당되지 않는다. 대한민국의 상호인정약정(MRA) 체결국은 다음과 같다(2024년 7월 기준).

> 캐나다('10), 싱가포르('10), 미국('10), 일본('11), 뉴질랜드('11), 중국('13), 홍콩('14), 멕시코('14), 튀르키예('14), 이스라엘('15), 도미니카공화국('15), 인도('15), 대만('15), 태국('16), 호주('17), UAE('17), 말레이시아('17), 페루('17), 우루과이('17), 카자흐스탄('19), 몽골('19), 인도네시아('20), 사우디아라비아('23), 영국('24)

14 답 ②

보세사는 해당되지 않는다.

관련 법령

「수출입 안전관리 우수업체 공인 및 운영에 관한 고시」 제3조(공인부문) 제1항

수출입 안전관리 우수업체(AEO ; Authorized Economic Operator)로 공인을 신청할 수 있는 자는 다음 각 호와 같다.

1. 법 제241조에 따른 수출자(수출부문)
2. 법 제241조에 따른 수입자(수입부문)
3. 「관세사법」 제2조 또는 제3조에 따른 통관업을 하는 자(관세사부문)
4. 법 제2조 제16호에 해당하는 자 또는 법 제172조에 따른 지정장치장의 화물을 관리하는 자(보세구역운영인부문)
5. 법 제222조 제1항 제1호에 해당하는 자(보세운송업부문)
6. 법 제222조 제1항 제2호 및 제6호에 해당하는 자(화물운송주선업부문)
7. 법 제222조 제1항 제3호에 해당하는 자(하역업부문)
8. 법 제2조 제6호에 따른 국제무역선을 소유하거나 운항하여 법 제225조에 따른 보세화물을 취급하는 자(선박회사부문)
9. 법 제2조 제7호에 따른 국제무역기를 소유하거나 운항하여 법 제225조에 따른 보세화물을 취급하는 자(항공사부문)

15 답 ⑤

법인 단위 법규준수도가 70점 미만(중소 수출기업은 60점 미만)인 경우. 다만, 법 제110조 제2항 제2호에 따른 관세조사로 인하여 법규준수도 점수가 하락한 경우에는 그렇지 않다(「수출입 안전관리 우수업체 공인 및 운영에 관한 고시」 제6조 제4항 제4호 참고).

16 답 ③

관세청장은 서류심사를 마친 날로부터 30일 이내에 현장심사 계획 통지서를 신청업체에게 송부하여야 한다(「수출입 안전관리 우수업체 공인 및 운영에 관한 고시」 제9조 제3항 참고). 관세청장은 현장심사를 시작한 날부터 60일 이내에 그 심사를 마쳐야 한다(동조 제5항 참고).

17 답 ⑤

⑤ '수출입 관리현황 설명서와 그 증빙서류를 제출하지 않은 경우'는 공인신청 각하사유에 해당한다(「수출입 안전관리 우수업체 공인 및 운영에 관한 고시」 제6조 제4항 제1호 참고).
① 「수출입 안전관리 우수업체 공인 및 운영에 관한 고시」 제12조의2 제3호
② 「수출입 안전관리 우수업체 공인 및 운영에 관한 고시」 제12조의2 제1호
③ 「수출입 안전관리 우수업체 공인 및 운영에 관한 고시」 제12조의2 제6호
④ 「수출입 안전관리 우수업체 공인 및 운영에 관한 고시」 제12조의2 제2호

18 답 ⑤

ⓐ : 6개월, ⓑ : 7개월이다.

관련 법령

「관세법 시행령」 제259조의3(수출입 안전관리 우수업체의 공인절차 등) 제3항
관세청장은 공인을 받은 자에게 공인을 갱신하려면 공인의 유효기간이 끝나는 날의 6개월 전까지 갱신을 신청하여야 한다는 사실을 해당 공인의 유효기간이 끝나는 날의 7개월 전까지 휴대폰에 의한 문자전송, 전자메일, 팩스, 전화, 문서 등으로 미리 알려야 한다.

19 답 ①

수출입 관련 업무에 3년(중소 수출기업은 1년) 이상 근무한 사람 또는 보세사 자격이 있는 사람(보세구역운영인부문에만 해당)일 것을 요한다(「수출입 안전관리 우수업체 공인 및 운영에 관한 고시」 [별표 4] 참고).

20 답 ③

ⓐ : 속하는 달, ⓑ : 15일, ⓒ : 관세청장이다.

관련 법령

「수출입 안전관리 우수업체 공인 및 운영에 관한 고시」 제18조(정기 자율 평가) 제1항
수출입 안전관리 우수업체는 매년 공인일자가 속하는 달에 별지 제11호 서식의 정기 자율 평가서에 따라 공인기준을 충족하는지를 자율적으로 점검하고 다음 달 15일까지 관세청장에게 그 결과를 제출하여야 한다. 다만, 수출입 안전관리 우수업체가 여러 공인부문에서 걸쳐 공인을 받은 경우에는 공인일자가 가장 빠른 공인부문을 기준으로 자율 평가서를 함께 제출할 수 있다.

21 답 ②

수출입 안전관리 우수업체가 거짓이나 그 밖의 부정한 방법으로 공인을 받거나 공인을 갱신받은 경우는 무조건 공인을 취소해야 한다.

관련 법령

「관세법」 제255조의5(수출입 안전관리 우수업체의 공인 취소)
관세청장은 수출입 안전관리 우수업체가 다음 각 호의 어느 하나에 해당하는 경우에는 공인을 취소할 수 있다. 다만, 제1호에 해당하는 경우에는 공인을 취소하여야 한다.
1. 거짓이나 그 밖의 부정한 방법으로 공인을 받거나 공인을 갱신받은 경우
2. 수출입 안전관리 우수업체가 양도, 양수, 분할 또는 합병 등으로 공인 당시의 업체와 동일하지 아니하다고 관세청장이 판단하는 경우
3. 제255조의2 제1항에 따른 안전관리 기준을 충족하지 못하는 경우
4. 제255조의3 제3항에 따른 정지 처분을 공인의 유효기간 동안 5회 이상 받은 경우
5. 제255조의3 제4항에 따른 시정명령을 정당한 사유 없이 이행하지 아니한 경우
6. 그 밖에 수출입 관련 법령을 위반한 경우로서 대통령령으로 정하는 경우

22 답 ③

특례의 정지와 관련된 사항은 심의위원회의 심의사항이 아니다.

관련 법령

「수출입 안전관리 우수업체 공인 및 운영에 관한 고시」 제27조(수출입 안전관리 우수업체 심의위원회의 설치·구성) 제1항
관세청장은 다음 각 호에 관한 사항을 심의하기 위하여 필요한 경우에는 수출입 안전관리 우수업체 심의위원회를 구성·운영할 수 있다.
1. 수출입 안전관리 우수업체의 공인 및 갱신
2. 수출입 안전관리 우수업체의 공인등급 조정
3. 공인과 갱신을 유보하는 업체의 지정
4. 공인과 갱신을 유보한 업체의 공인심사 및 갱신심사의 신청 기각
5. 수출입 안전관리 우수업체 공인의 취소
6. 그 밖에 관세청장이 수출입 안전관리 우수업체 제도의 운영 등에 관하여 심의위원회에 부치는 사항

23 답 ③

문서화와 실행의 평가

평가점수	문서화 및 실행 여부
N/A	적용되지 않는 기준이거나, 다른 기준에서 이미 평가된 기준
0점	문서화되지 않았거나(문서화의 형식적 요건을 갖추지 않은 경우 포함), 실행되지 않음
1점	문서화가 체계적이지 않으며, 실행이 문서화대로 이루어지고 있음
2점	문서화가 체계적이지 않으나, 실행이 문서화보다 높은 수준으로 이루어지고 있음
	문서화가 체계적이나, 실행이 문서화보다 낮은 수준으로 이루어지고 있음
3점	문서화가 체계적이고, 실행이 문서화대로 이루어지고 있음

24 답 ③

위험관리의 절차

계획수립	위험평가 절차를 마련하고, 위험요소를 평가하기 위한 기준(등급, 판단 기준)을 수립하는 절차가 선행되어야 한다. 계획은 평가팀 구성, 평가종류(정기, 상시), 평가범위, 평가일정 등을 종합적으로 고려하여 수립해야 한다.
위험식별	법규준수와 안전관리 관련 업무 처리과정에서 부정적 영향을 주는 환경에 대한 분석이 선행되어야 한다. 발생 가능한 위험은 무엇이며, 언제, 어디서, 어떻게, 왜 발생할 수 있는지에 대해 식별하고, 이러한 위험을 유발하는 각종 위험요소가 무엇인지 명확하게 도출되어야 한다.
위험분석	식별된 위험요소에 대해 현재 운영 중인 관리수준을 파악하여 위험의 발생 가능성과 영향성이 분석되어야 한다.
위험평가	위험분석 결과를 토대로 위험의 수준 및 순위를 결정하여 허용할 수 있는 위험과 관리가 필요한 위험 등으로 구분해야 한다.
관리대책 수립 및 실행	위험에 대한 평가결과, 관리가 필요한 위험에 대해서는 구체적이고 체계적인 관리대책을 수립하여 위험을 해결하기 위한 활동이 수행되어야 한다. 관리대책에는 측정 가능한 목표값, 실행방법, 추진일정, 조직 내 책임과 권한 등이 설정되어야 한다.
관리대책 평가	관리대책 수립 후 주기적(6개월을 초과하지 않음)으로 목표값 달성도와 관리대책 실행 여부 등을 평가한다. 평가 결과 개선효과가 미흡한 사항에 대해서는 관리대책을 수정·보완해야 하며, 관리대책의 실행기간이 종료되면 최종평가를 실시해야 한다.

25 답 ③

"공인심사"란 관세청장이 수출입 안전관리 우수업체로 공인을 받고자 신청한 업체가 공인기준을 충족하는지 등(수입부문은 통관적법성 적정 여부 포함)을 심사하는 것을 말한다(「수출입 안전관리 우수업체 공인 및 운영에 관한 고시」 제2조 제4호).

제5과목 자율관리 및 관세벌칙

01	02	03	04	05	06	07	08	09	10
③	⑤	②	①	⑤	②	⑤	②	⑤	⑤
11	12	13	14	15	16	17	18	19	20
②	⑤	③	⑤	②	③	⑤	⑤	②	⑤
21	22	23	24	25					
②	②	①	①	①					

01 답 ③

③ 자율관리 보세구역의 지정을 신청하려는 자는 해당 보세구역에 장치된 물품을 관리하는 사람(보세사)을 채용해야 한다(「관세법」 제164조 제3항).

① 「관세법」 제164조 제1항 참고

② 「관세법」 제164조 제2항

④ 「관세법」 제164조 제4항

⑤ 「관세법」 제164조 제5항

02 답 ⑤

세관장은 자율관리 보세구역 운영인 등에게 갱신절차 등의 사항을 지정기간 만료 2개월 전에 문서, 전자메일, 전화, 휴대폰 문자전송 방법 등으로 미리 알려야 한다(「자율관리 보세구역 운영에 관한 고시」 제4조 제4항 참고).

03 답 ②

② 세관장이 제1항에 따라 의견청취를 할 때에는 의견청취 예정일 10일 전까지 의견청취 예정일 등을 지정하여 당해 보세구역의 운영인 등에게 서면으로 통지하여야 한다(「자율관리 보세구역 운영에 관한 고시」 제6조 제2항 전단).

① 「자율관리 보세구역 운영에 관한 고시」 제6조 제1항

③ 「자율관리 보세구역 운영에 관한 고시」 제6조 제2항 후단

④ 「자율관리 보세구역 운영에 관한 고시」 제6조 제3항

⑤ 「자율관리 보세구역 운영에 관한 고시」 제6조 제4항

04 답 ①

운영인 등이 경고처분을 1년에 3회 이상 받은 경우 세관장은 제7조에 따른 절차생략 등을 정지할 수 있으며, 그 기간은 1개월 이내의 기간으로 한다(「자율관리 보세구역 운영에 관한 고시」 제8조 제1항 제2호, 제2항 제2호 참고).

05 답 ⑤

⑤ 위원회의 위원장은 시험수행기관장(한국관세물류협회장)으로 하고 위원회는 위원장을 포함한 10명 이내의 위원으로 구성하되, 위원회의 위원은 보세화물관리에 관한 이론과 경험이 풍부한 사람으로서 시험수행기관장이 위촉하는 사람으로 한다(「보세사제도 운영에 관한 고시」 제4조 제2항).

① 「보세사제도 운영에 관한 고시」 제2조 제1항
② 「보세사제도 운영에 관한 고시」 제2조 제2항
③ 「보세사제도 운영에 관한 고시」 제2조 제3항
④ 「보세사제도 운영에 관한 고시」 제4조 제1항

06 답 ②

② 세관장은 보세사가 「관세법」에 따른 명령을 위반한 경우 보세사징계위원회의 의결에 따라 징계처분을 한다(「보세사제도 운영에 관한 고시」 제12조 제1항).

① 「보세사제도 운영에 관한 고시」 제12조 제2항 각 호
③ · ④ 「보세사제도 운영에 관한 고시」 제12조 제1항 각 호
⑤ 「보세사제도 운영에 관한 고시」 제12조 제2항 단서

07 답 ⑤

과세가격의 결정에 관한 사항은 해당하지 않는다.

관련 법령

「수출입물류업체에 대한 법규수행능력측정 및 평가관리에 관한 훈령」 제3조(업무의 범위)

이 훈령에 따른 법규수행능력 측정 및 평가업무의 범위는 다음과 같다.

1. 「관세법」 제135조부터 제225조까지, 「관세법 시행령」 제157조부터 제232조까지, 「자유무역지역의 지정 및 운영에 관한 법률」에서 규정하고 있는 보세화물취급에 관한 사항
2. 관세청장이 정하는 적재화물목록 작성 및 제출, 관리대상화물의 선별과 검사, 반출입신고, 보세운송신고 등 보세화물관리에 관한 사항
3. 기타 보세화물취급의 적정성 확인 등 의무이행에 관한 사항

08 답 ②

B, C등급인 업체는 법규수행능력 양호업체이다(「수출입물류업체에 대한 법규수행능력측정 및 평가관리에 관한 훈령」 제13조 제2항 제2호).

09 답 ⑤

⑤ 자유무역지역의 지정 및 운영에 관하여 「경제자유구역의 지정 및 운영에 관한 특별법」에 이 법과 다른 규정이 있는 경우에는 이 법을 우선하여 적용한다(「자유무역지역의 지정 및 운영에 관한 법률」 제3조 제3항).

① · ② 「자유무역지역의 지정 및 운영에 관한 법률」 제3조 제1항 제1호 참고
③ 「자유무역지역의 지정 및 운영에 관한 법률」 제3조 제2항 제1호
④ 「자유무역지역의 지정 및 운영에 관한 법률」 제3조 제2항 제3호

관련 법령

「자유무역지역의 지정 및 운영에 관한 법률」 제3조(다른 법률과의 관계)

① 자유무역지역에서는 이 법에 규정된 사항을 제외하고는 「관세법」을 적용하지 아니한다. 다만, 다음 각 호의 어느 하나에 해당하는 경우에는 그러하지 아니하다.

1. 자유무역지역에 제5조 제3호에 따른 통제시설이 설치되어 있지 아니한 경우
2. 입출항 및 하역 절차 등 통관을 위하여 필수적인 절차가 이 법에 규정되어 있지 아니한 경우
3. 물품의 통관에 관하여 이 법보다 「관세법」을 적용하는 것이 입주기업체에 유리한 경우

② 입주기업체 중 외국인투자기업에 대하여는 다음 각 호의 법률을 적용하지 아니한다.

1. 「고용상 연령차별금지 및 고령자고용촉진에 관한 법률」 제12조
2. 「국가유공자 등 예우 및 지원에 관한 법률」 제31조, 「보훈보상대상자 지원에 관한 법률」 제35조, 「5·18 민주유공자예우 및 단체설립에 관한 법률」 제22조, 「특수임무유공자 예우 및 단체설립에 관한 법률」 제21조
3. 「장애인고용촉진 및 직업재활법」 제28조

③ 자유무역지역의 지정 및 운영에 관하여 「경제자유구역의 지정 및 운영에 관한 특별법」에 이 법과 다른 규정이 있는 경우에는 이 법을 우선하여 적용한다.

10 답 ⑤

⑤ 산업통상자원부장관은 자유무역지역의 지정이 요청된 지역의 실정과 지정의 필요성 및 지정 요건을 검토한 후 관계 중앙행정기관의 장과 협의하여 자유무역지역을 지정한다(「자유무역지역의 지정 및 운영에 관한 법률」 제4조 제3항 본문 참고). 자유무역지역의 변경 또는 지정해제에 관하여는 제4조 제3항 본문 및 같은 조 제4항·제5항을 준용한다. 다만, 자유무역지역을 변경하는 경우로서 면적의 일부 변경 등 대통령령으로 정하는 경미한 사항의 변경에 관하여는 제4조 제3항 본문을 준용하지 아니한다(동법 제6조 제3항).

① 「자유무역지역의 지정 및 운영에 관한 법률」 제6조 제1항
② 「자유무역지역의 지정 및 운영에 관한 법률」 제6조 제2항
③ 「자유무역지역의 지정 및 운영에 관한 법률」 제4조 제3항 본문
④ 「자유무역지역의 지정 및 운영에 관한 법률」 제4조 제4항

11 답 ②

② 국내 산업구조의 고도화와 국제경쟁력 강화를 위하여 대통령령으로 정하는 업종에 해당하는 외국인투자기업에 대하여는 수출비중을 적용하지 아니한다(「자유무역지역의 지정 및 운영에 관한 법률」 제10조 제1항 제2호 단서). 여기서 "대통령령으로 정하는 업종"이란 「조세특례제한법」 제121조의2 제1항 제1호에 따른 신성장동력산업에 속하는 사업으로서 외국인투자금액이 미화 100만 달러 이상인 경우를 말한다(동법 시행령 제7조 제4항).

① 「자유무역지역의 지정 및 운영에 관한 법률」 제10조 제1항 제1호, 동법 시행령 제7조 제1항 참고
③ 「자유무역지역의 지정 및 운영에 관한 법률」 제10조 제1항 제3호, 동법 시행령 제7조 제5항
④ 「자유무역지역의 지정 및 운영에 관한 법률」 제10조 제1항 제4호, 동법 시행령 제7조 제6항
⑤ 「자유무역지역의 지정 및 운영에 관한 법률」 제10조 제1항 제5호, 동법 시행령 제7조 제7항 제4호

12 답 ⑤

'입주계약이 해지(피성년후견인에 해당하여 입주계약이 해지된 경우는 제외)된 후 2년이 지나지 아니한 자'가 입주계약 결격사유에 해당한다(「자유무역지역의 지정 및 운영에 관한 법률」 제12조 제8호).

13 답 ③

ⓐ : 1년, ⓑ : 3년, ⓒ : 3년이다.

관련 법령

「자유무역지역의 지정 및 운영에 관한 법률 시행령」 제24조(역외작업의 신고 등) 제3항
역외작업의 반출기간은 다음 각 호와 같다.
1. 원자재 : 1년 이내
2. 시설재 : 같은 품목에 대하여 입주기업체와 역외작업 수탁업체 간에 체결된 계약기간의 범위로 하되, 그 기간은 3년을 초과할 수 없다. 다만, 세관장은 역외작업이 계약기간 내에 끝나지 아니하는 등 부득이한 사유로 반출기간을 연장할 필요가 있다고 인정할 때에는 3년의 범위에서 그 기간을 연장할 수 있다.

14 답 ⑤

'외국물품 등을 폐기한 후에 남는 경제적 가치가 없는 물품'은 재고기록 관리대상 물품에 해당한다.

관련 법령

「자유무역지역의 지정 및 운영에 관한 법률」 제38조(재고 기록 등) 제1항
입주기업체는 다음 각 호의 물품에 대하여 관세청장이 정하여 고시하는 바에 따라 그 품명, 규격, 수량, 가격, 보수작업의 내용 등 재고관리에 필요한 사항을 기록・관리하여야 한다. 다만, 관세청장이 정하여 고시하는 금액 이하의 물품 등 대통령령(영 제26조)으로 정하는 물품에 대하여는 그러하지 아니하다.
1. 자유무역지역 안으로 반입한 물품
2. 자유무역지역에서 사용・소비하거나 생산한 물품
3. 자유무역지역으로부터 반출한 물품
4. 제3항에 따라 외국물품 등을 폐기한 후에 남는 경제적 가치를 가진 물품

「자유무역지역의 지정 및 운영에 관한 법률 시행령」 제26조(재고 기록 등) 제1항
법 제38조 제1항 각 호 외의 부분 단서에서 "관세청장이 정하여 고시하는 금액 이하의 물품 등 대통령령으로 정하는 물품"이란 다음 각 호의 어느 하나에 해당하는 물품을 말한다.
1. 해당 물품의 가격이 관세청장이 정하여 고시하는 금액(1만 원) 이하인 물품
2. 제20조(내국물품의 반출 확인 생략물품) 제1항 각 호의 어느 하나에 해당하는 물품
3. 내용연수가 지나 경제적 가치를 상실한 물품으로서 관세영역으로 반입할 때 「관세법」 제40조(징수금액의 최저한)에 해당하는 물품

15 답 ②

② 자유무역지역에서 입주기업체 간에 공급하거나 제공하는 외국물품 등과 용역에 대하여는 부가가치세의 영세율을 적용한다(「자유무역지역의 지정 및 운영에 관한 법률」 제45조 제3항).
① 「자유무역지역의 지정 및 운영에 관한 법률」 제44조 전단
③ 「자유무역지역의 지정 및 운영에 관한 법률」 제47조
④ 「자유무역지역의 지정 및 운영에 관한 법률」 제48조
⑤ 「자유무역지역의 지정 및 운영에 관한 법률」 제49조 제1항

16 답 ③

제327조의4(전자문서 등 관련 정보에 관한 보안) 제2항을 위반하여 국가관세종합정보시스템 또는 전자문서중계사업자의 전산처리설비에 기록된 전자문서 등 관련 정보를 훼손하거나 그 비밀을 침해한 자는 5년 이하의 징역 또는 5천만 원 이하의 벌금에 처한다(「관세법」 제268조의2 제2항 제2호).

17 답 ⑤

제234조(수출입의 금지) 각 호의 물품을 수출 또는 수입한 자는 7년 이하의 징역 또는 7천만 원 이하의 벌금에 처한다(「관세법」 제269조 제1항).

18 답 ⑤

제241조 제1항 및 제2항에 따른 신고를 하였으나 해당 수출물품 또는 반송물품과 다른 물품으로 신고하여 수출하거나 반송한 자는 3년 이하의 징역 또는 물품원가 이하에 상당하는 벌금에 처한다(「관세법」 제269조 제3항 제2호).

19 답 ②

보정신청, 수정신고, 수출·수입 또는 반송의 신고, 입항 전 수입신고가 있으며, 경정청구는 해당하지 않는다(「관세법」 제270조의2 각 호 참고).

20 답 ⑤

밀수출죄의 예비범이 소유하거나 점유하는 물품도 몰수대상이다.

관련 법령

「관세법」 제282조(몰수·추징)

① 제269조(밀수출입죄) 제1항(제271조 제3항에 따라 그 죄를 범할 목적으로 예비를 한 자 포함)의 경우에는 그 물품을 몰수한다.

② 제269조 제2항(제271조 제3항에 따라 그 죄를 범할 목적으로 예비를 한 자 포함), 제269조 제3항(제271조 제3항에 따라 그 죄를 범할 목적으로 예비를 한 자 포함) 또는 제274조(밀수품의 취득죄 등) 제1항 제1호(같은 조 제3항에 따라 그 죄를 범할 목적으로 예비를 한 자 포함)의 경우에는 범인이 소유하거나 점유하는 그 물품을 몰수한다. 다만, 제269조 제2항 또는 제3항의 경우로서 다음 각 호의 어느 하나에 해당하는 물품은 몰수하지 아니할 수 있다.

1. 제154조의 보세구역에 제157조에 따라 신고를 한 후 반입한 외국물품
2. 제156조에 따라 세관장의 허가를 받아 보세구역이 아닌 장소에 장치한 외국물품
3. 「폐기물관리법」 제2조 제1호부터 제5호까지의 규정에 따른 폐기물
4. 그 밖에 몰수의 실익이 없는 물품으로서 대통령령으로 정하는 물품

21 답 ②

①・② 납세의무자 또는 납세의무자의 재산을 점유하는 자가 강제징수를 면탈할 목적 또는 면탈하게 할 목적으로 그 재산을 은닉・탈루하거나 거짓 계약을 하였을 때에는 3년 이하의 징역 또는 3천만 원 이하의 벌금에 처한다(「관세법」 제275조의2 제1항).

③・④ 「관세법」 제275조의2 제2항

⑤ 「관세법」 제275조의2 제3항

22 답 ②

② 2천만 원 이하의 벌금에 처한다(「관세법」 제276조 제3항 제3의2호).

①・③・④・⑤ 물품원가 또는 2천만 원 중 높은 금액 이하의 벌금에 처한다(「관세법」 제276조 제2항 참고).

23 답 ①

① 제37조의4 제1항 및 제2항에 따라 과세가격결정자료 등의 제출을 요구받은 특수관계에 있는 자로서 제10조에서 정하는 정당한 사유 없이 제37조의4 제4항 각 호의 어느 하나에 해당하는 행위를 한 자에게는 1억 원 이하의 과태료를 부과한다. 이 경우 제276조(허위신고죄 등)는 적용되지 아니한다(「관세법」 제277조 제1항).

② 「관세법」 제277조 제4항 제1호, 제201조 제1항 인용

③・④ 「관세법」 제277조 제4항 제2호, 제187조・제195조 제1항 인용

⑤ 「관세법」 제277조 제5항 제1호, 제240조의2 제1항 인용

24 답 ①

지정장치장 화물관리인은 양벌규정의 적용대상이 아니다(「관세법」 제279조 제2항 참고).

25 답 ①

'내국물품 반입증명서류를 제출하지 아니하거나 거짓 내국물품 반입증명서류를 제출하여 내국물품을 관세영역으로 반출한 자'에게는 200만 원 이하의 과태료를 부과하며(「자유무역지역의 지정 및 운영에 관한 법률」 제70조 제2항 제8호), 나머지에게는 100만 원 이하의 과태료를 부과한다(「자유무역지역의 지정 및 운영에 관한 법률」 제70조 제3항).

제2회 최종모의고사 정답 및 해설

제1과목 수출입통관절차

01	02	03	04	05	06	07	08	09	10
④	①	②	④	⑤	②	④	①	③	⑤
11	12	13	14	15	16	17	18	19	20
②	①	④	②	④	①	⑤	⑤	⑤	④
21	22	23	24	25					
②	②	⑤	③	②					

01 답 ④

관세란 외국에서 수입되거나 외국으로 수출되는 상품이 관세선을 통과할 때마다 부과되는 수시세이다.

02 답 ①

관세 납부고지서의 송달은 납세의무자에게 직접 발급하는 경우를 제외하고는 인편(人便), 우편 또는 전자송달의 방법으로 한다(「관세법」 제11조 제1항).
② 「관세법」 제11조 제2항 제2호
③ · ④ 「관세법」 제12조
⑤ 「관세법」 제11조 제3항 후단, 제1호

03 답 ②

'수입신고가 수리되기 전의 것'이 아닌, '수입신고가 수리된 것'이므로 외국물품이 아니며(「관세법」 제2조 제4호 가목 참고), 우리나라에 있는 물품으로서 외국물품이 아닌 것은 내국물품이다(「관세법」 제2조 제5호 가목 참고).

04 답 ④

④ 「관세법」 제8조 제4항
① 이 법의 해석이나 관세행정의 관행이 일반적으로 납세자에게 받아들여진 후에는 그 해석이나 관행에 따른 행위 또는 계산은 정당한 것으로 보며, 새로운 해석이나 관행에 따라 소급하여 과세되지 아니한다(「관세법」 제5조 제2항).
② 이 법에 따른 기간을 계산할 때 제252조에 따른 수입신고 수리 전 반출승인을 받은 경우에는 그 승인일을 수입신고의 수리일로 본다(「관세법」 제8조 제1항).
③ 이 법에 따른 기한이 토요일 및 일요일, 공휴일 및 대체공휴일, 근로자의 날, 그 밖에 대통령령으로 정하는 날 중 어느 하나에 해당하는 경우에는 그 다음 날을 기한으로 한다(「관세법」 제8조 제3항).
⑤ 납세의무자는 수입신고가 수리되기 전에 해당 세액을 납부할 수 있다(「관세법」 제9조 제2항).

05 답 ⑤

수입신고 전 즉시반출신고를 하고 반출한 물품의 과세물건 확정시기는 수입신고 전 즉시반출신고를 한 때이다.

「관세법」 제16조(과세물건 확정의 시기) 정리

구 분	과세물건 확정시기
선박용품 및 항공기용품의 하역 등을 허가받은 대로 적재하지 아니한 경우	하역을 허가받은 때
보세구역 밖에서 보수작업을 하는 물품이 지정된 기간 내에 반입되지 아니하는 경우	보세구역 밖에서 하는 보수작업을 승인받은 때
보세구역에 장치된 외국물품이 멸실 또는 폐기된 경우	멸실되거나 폐기된 때
보세구역 외 작업, 보세건설장의 작업, 종합보세구역 외 작업물품이 지정기간 내에 반입되지 아니하는 경우	보세공장 외 작업, 보세건설장 외 작업 또는 종합보세구역 외 작업을 허가받거나 신고한 때
보세운송기간이 경과된 경우	보세운송을 신고하거나 승인받은 때
수입신고 수리 전 소비·사용물품인 경우 (수입으로 보지 아니하는 소비·사용은 제외)	소비하거나 사용한 때
수입신고 전 즉시반출신고를 하고 반출한 물품	수입신고 전 즉시반출신고를 한 때
우편으로 수입되는 물품(수입신고대상 우편물은 제외)	통관우체국에 도착한 때
도난물품이나 분실물품	도난되거나 분실된 때
매각되는 물품	매각된 때
수입신고를 하지 아니하고 수입된 물품	수입된 때

06 답 ②

② 이 법 또는 다른 법령, 조약, 협약 등에 따라 관세의 납부를 보증한 자는 보증액의 범위에서 납세의무를 진다(「관세법」 제19조 제3항).

① 「관세법」 제19조 제2항

③ 「관세법」 제19조 제4항 전단

④ 「관세법」 제19조 제5항 제1호 가목

⑤ 「관세법」 제19조 제9항

07 답 ④

④ 납세의무자가 부족한 세액에 대한 세액의 보정을 신청한 경우에는 해당 보정신청을 한 날의 다음 날까지 해당 관세를 납부해야 한다(「관세법」 제38조의2 제4항).

① 「관세법」 제38조 제4항

② 「관세법 시행령」 제32조의3

③ 「관세법」 제38조의2 제1항

⑤ 「관세법」 제38조의2 제5항 제1호

08 답 ①

법 제40조의 규정에 의하여 세관장이 징수하지 아니하는 금액은 1만 원으로 한다(「관세법 시행령」 제37조 제1항).

09 답 ③

③ 보세건설장에 반입된 외국물품의 경우에는 다음의 날 중 먼저 도래한 날의 다음 날(「관세법 시행령」 제6조 제3호)
 • 건설공사완료보고를 한 날
 • 특허기간(특허기간을 연장한 경우에는 연장기간)이 만료되는 날
① 「관세법 시행령」 제6조 제1호
② 「관세법 시행령」 제6조 제2호
④ 「관세법 시행령」 제6조 제4호
⑤ 「관세법 시행령」 제6조 제5호

10 답 ⑤

ⓐ : 수입신고 수리 전, ⓑ : 5일 이내, ⓒ : 15일 이내이다.

관련 법령

「관세법 시행령」 제112조(관세감면신청)

① 법 기타 관세에 관한 법률 또는 조약에 따라 관세를 감면받으려는 자는 해당 물품의 수입신고 수리 전에 다음 각 호의 사항을 적은 신청서를 세관장에게 제출하여야 한다. 다만, 관세청장이 정하는 경우에는 감면신청을 간이한 방법으로 하게 할 수 있다.
 1. 감면을 받고자 하는 자의 주소・성명 및 상호
 2. 사업의 종류(업종에 따라 감면하는 경우에는 구체적으로 기재)
 3. 품명・규격・수량・가격・용도와 설치 및 사용장소
 4. 감면의 법적 근거
 5. 기타 참고사항

② 제1항 각 호 외의 부분 본문에도 불구하고 다음 각 호의 사유가 있는 경우에는 다음 각 호의 구분에 따른 기한까지 감면신청서를 제출할 수 있다.
 1. 법 제39조 제2항에 따라 관세를 징수하는 경우 : 해당 납부고지를 받은 날부터 5일 이내
 2. 그 밖에 수입신고 수리 전까지 감면신청서를 제출하지 못한 경우 : 해당 수입신고 수리일부터 15일 이내(해당 물품이 보세구역에서 반출되지 아니한 경우로 한정)

11 답 ②

② 종교용품, 자선용품, 장애인용품 등의 면세는 조건부 감면세로 기증되는 경우에만 그 관세를 면제하므로, 직접 구매하게 되면 「관세법」 제91조 규정에 따른 면세물품에 해당되지 않는다(「관세법」 제91조 제2호 참고).
① 「관세법」 제91조 제1호
③ 「관세법」 제91조 제3호
④ 「관세법」 제91조 제4호
⑤ 「관세법」 제91조 제5호

12 답 ①

관련 법령

「관세법」 제23조(시효의 중단 및 정지) 제1항

관세징수권의 소멸시효는 다음 각 호의 어느 하나에 해당하는 사유로 중단된다.

1. 납부고지
2. 경정처분
3. 납부독촉
4. 통고처분
5. 고 발
6. 「특정범죄 가중처벌 등에 관한 법률」 제16조에 따른 공소제기
7. 교부청구
8. 압 류

13 답 ④

④ 관세청장은 심사청구의 내용이나 절차가 이 절에 적합하지 아니하지만 보정할 수 있다고 인정되는 경우에는 20일 이내의 기간을 정하여 해당 사항을 보정할 것을 요구할 수 있다. 다만, 보정할 사항이 경미한 경우에는 직권으로 보정할 수 있다(「관세법」 제123조 제1항).

① 「관세법」 제118조 제1항 본문
② 「관세법」 제118조 제2항 본문
③ 「관세법」 제118조 제3항 본문
⑤ 「관세법」 제118조 제3항 단서

14 답 ②

수입신고대상 우편물을 수입하는 자는 원산지증명서를 제출해야 한다.

관련 법령

「관세법 시행령」 제236조 제2항(원산지증명서 제출 예외대상)

1. 세관장이 물품의 종류・성질・형상 또는 그 상표・생산국명・제조자 등에 의하여 원산지를 확인할 수 있는 물품
2. 우편물(수입신고대상 우편물은 제외)
3. 과세가격이 15만 원 이하인 물품(종량세의 경우에는 이를 법 제15조의 규정에 준하여 산출한 가격)
4. 개인에게 무상으로 송부된 탁송품・별송품 또는 여행자의 휴대품
5. 기타 관세청장이 관계행정기관의 장과 협의하여 정하는 물품

15 답 ④

이 법을 해석하고 적용할 때에는 과세의 형평과 해당 조항의 합목적성에 비추어 납세자의 재산권을 부당하게 침해하지 아니하도록 하여야 한다(「관세법」 제5조 제1항).

16 답 ①

① 세관장은 담보를 제공한 납세의무자가 그 납부기한까지 해당 관세를 납부하지 아니하면 기획재정부령으로 정하는 바에 따라 그 담보를 해당 관세에 충당할 수 있다. 이 경우 담보로 제공된 금전을 해당 관세에 충당할 때에는 납부기한이 지난 후에 충당하더라도 제42조(가산세)를 적용하지 아니한다(「관세법」 제25조 제1항).
② 「관세법」 제25조 제2항
③ 「관세법」 제25조 제3항
④ 「관세법」 제26조 제2항
⑤ 「관세법」 제26조의2

17 답 ⑤

모두 양수가 제한되는 물품에 해당한다(「관세법 시행규칙」 제34조 제4항 참고).

18 답 ⑤

⑤ 직권으로 보완하는 것이 아닌, 보완·정정하도록 한다.

관련 법령

「관세법」 제230조(원산지 허위표시물품 등의 통관 제한)
세관장은 법령에 따라 원산지를 표시해야 하는 물품이 다음 각 호의 어느 하나에 해당하는 경우에는 해당 물품의 통관을 허용해서는 아니 된다. 다만, 그 위반사항이 경미한 경우에는 이를 보완·정정하도록 한 후 통관을 허용할 수 있다.
1. 원산지 표시가 법령에서 정하는 기준과 방법에 부합되지 아니하게 표시된 경우
2. 원산지 표시가 부정한 방법으로 사실과 다르게 표시된 경우
3. 원산지 표시가 되어 있지 아니한 경우

① 「관세법」 제229조 제1항 제1호
② 「관세법」 제229조 제1항 제2호
③ 「관세법 시행규칙」 제74조 제1항 제5호
④ 「관세법 시행규칙」 제76조 본문

19 답 ⑤

상업적 목적이 아닌 개인용도에 사용하기 위한 여행자 휴대품으로서 소량으로 수출입되는 물품에 대하여는 법 제235조 제1항을 적용하지 아니한다(「관세법 시행령」 제243조).

관련 법령

「관세법」 제235조(지식재산권 보호) 제1항
다음 각 호의 어느 하나에 해당하는 지식재산권을 침해하는 물품은 수출하거나 수입할 수 없다.
1. 「상표법」에 따라 설정등록된 상표권
2. 「저작권법」에 따른 저작권과 저작인접권
3. 「식물신품종 보호법」에 따라 설정등록된 품종보호권
4. 「농수산물 품질관리법」에 따라 등록되거나 조약·협정 등에 따라 보호대상으로 지정된 지리적표시권 또는 지리적표시
5. 「특허법」에 따라 설정등록된 특허권
6. 「디자인보호법」에 따라 설정등록된 디자인권

20 답 ④

「관세법」 제230조 제2호에 따른 통관제한 사유에 해당한다.

관련 법령

「관세법」 제237조(통관의 보류) 제1항, 「관세법 시행령」 제244조(통관의 보류)
세관장은 다음 각 호의 어느 하나에 해당하는 경우에는 해당 물품의 통관을 보류할 수 있다.

1. 수출 · 수입 또는 반송에 관한 신고서의 기재사항에 보완이 필요한 경우
2. 수출 · 수입 또는 반송 신고 시의 제출서류 등이 갖추어지지 아니하여 보완이 필요한 경우
3. 이 법에 따른 의무사항(대한민국이 체결한 조약 및 일반적으로 승인된 국제법규에 따른 의무 포함)을 위반하거나 국민보건 등을 해칠 우려가 있는 경우
4. 물품에 대한 안전성 검사 규정에 따른 안전성 검사가 필요한 경우

4의2. 제246조의3 제1항에 따른 안전성 검사 결과 불법 · 불량 · 유해 물품으로 확인된 경우

5. 「국세징수법」 제30조 및 「지방세징수법」 제39조의2에 따라 세관장에게 강제징수 또는 체납처분이 위탁된 해당 체납자가 수입하는 경우
6. 그 밖에 이 법에 따라 필요한 사항을 확인할 필요가 있다고 인정하여 대통령령으로 정하는 경우
   • 관세 관계 법령을 위반한 혐의로 고발되거나 조사를 받는 경우
   • 수출입 관계 법령에 따른 일시적 통관 제한 · 금지 또는 이에 따른 중앙행정기관의 장의 일시적 통관 제한 · 금지 요청이 있어 세관장이 그 해당 여부를 확인할 필요가 있는 경우

21 답 ②

② 수출신고의 경우에는 화주에게 해당 수출물품을 제조하여 공급한 자의 명의로 할 수 있다(「관세법」 제242조 단서).
① 「관세법」 제242조 본문
③ 「관세법」 제243조 제2항
④ 「관세법」 제243조 제3항
⑤ 「관세법」 제243조 제4항

22 답 ②

ⓐ : 30일, ⓑ : 30일이다.

관련 법령

「관세법」 제241조(수출 · 수입 또는 반송의 신고) 제3항
수입하거나 반송하려는 물품을 지정장치장 또는 보세창고에 반입하거나 보세구역이 아닌 장소에 장치한 자는 그 반입일 또는 장치일부터 30일 이내(제243조 제1항에 해당하는 물품은 관세청장이 정하는 바에 따라 반송신고를 할 수 있는 날부터 30일 이내)에 제1항에 따른 신고를 하여야 한다.

23 답 ⑤

관련 법령

「수입통관 사무처리에 관한 고시」 제15조(수입신고 시 제출서류) 제2항

제1항에도 불구하고 다음 각 호의 어느 하나에 해당하는 경우에는 종이서류를 제출하여야 한다.

1. 킴벌리프로세스증명서 제출대상 물품(원본)
2. 일시수입통관증서(A.T.A Carnet)에 의한 일시수입물품(원본)
3. SOFA 협정 적용대상 물품(원본 또는 주한미군에서 전자서명하여 교부한 증명서)
4. 법 제38조 제2항 단서에 따른 사전세액 심사대상 물품. 다만, 다음 각 목의 어느 하나에 해당하는 물품은 제외한다.
   가. 「부가가치세법」 제27조 제1호 · 제2호와 제15호(같은 법 시행령 제56조 제19호 · 제22호 해당 물품에 한함) 해당 물품
   나. 법 제94조에 따른 소액면세대상 물품
   다. 법 제89조에 따른 감면대상 물품
   라. 법 제99조에 따른 재수입면세대상 물품
   마. 법 제97조에 따른 재수출면세대상 물품
   바. 개성공업지구로부터 반입되는 임가공물품
   사. 규칙 제8조 제5호에 따라 관세청장이 정하는 물품 중 농축수산물을 제외한 물품
   아. 법 제107조에 따라 관세를 분할납부하려는 물품
   자. 관세를 체납하고 있는 자가 신고하는 물품
   차. 「자유무역협정의 이행을 위한 관세법의 특례에 관한 법률」 제30조 제1항 제2호에 따른 재수입면세대상 물품
   카. 법 제92조에 따른 정부용품 면세대상 물품
   타. 항공협정에 따른 감면대상 물품
5. 부과고지대상 물품(다만, 관세법 시행규칙 제48조의2 제1항 본문에 규정된 자가 수입하는 자동차 이외의 이사화물 제외)
6. 신고수리 전 반출대상 물품[다만, 수출입 안전관리 우수업체(AEO)로 공인받은 수입업체가 수입하는 물품 제외]
7. 제1호에서 제6호 이외의 경우로 첨부서류가 20매를 초과하는 경우. 다만 신고인이 원하는 경우 전자문서로 제출할 수 있다.
8. 전산장애 등으로 첨부서류 전송시스템을 이용할 수 없는 경우
9. 관세청장이나 세관장이 종이서류 제출이 필요하다고 인정하는 경우

24 답 ③

신고의 취하 대상이다(「수입통관 사무처리에 관한 고시」 제18조 제2항 제2호).

관련 법령

「수입통관 사무처리에 관한 고시」 제19조(신고의 각하) 제1항

세관장은 다음 각 호의 어느 하나에 해당하는 경우 법 제250조 제3항에 따라 수입신고를 각하할 수 있다.

1. 거짓이나 그 밖의 기타 부정한 방법으로 신고한 경우
2. 폐기, 공매・경매낙찰, 몰수확정, 국고귀속이 결정된 경우
3. 제7조에 따른 출항 전 신고나 입항 전 신고의 요건을 갖추지 아니한 경우
4. 출항 전 신고나 입항 전 신고한 화물이 도착하지 아니한 경우
5. 기타 수입신고의 형식적 요건을 갖추지 못한 경우

25 답 ②

관련 법령

「관세법 제226조에 따른 세관장확인물품 및 확인방법 지정고시」 제7조(확인물품 및 확인사항) 제2항 제1호

「대외무역법 시행령」 제19조에 의한 사유에 해당하는 물품. 다만, 다음 각 목의 법령을 적용받는 물품은 세관장이 수출입요건 구비 여부를 확인한다.

가. 「마약류 관리에 관한 법률」
나. 「식물방역법」
다. 「야생생물 보호 및 관리에 관한 법률」
라. 「총포・도검・화약류 등의 안전관리에 관한 법률」
마. 「수산생물질병 관리법」
바. 「가축전염병 예방법」
사. 「폐기물의 국가 간 이동 및 그 처리에 관한 법률」
아. 「약사법」(식품의약품안전처장이 지정하는 오・남용우려 의약품에 한함. 다만, 자가치료 목적으로 처방전을 세관장에게 제출하는 경우에는 세관장 확인 생략)
자. 「수입식품안전관리 특별법」(「수입식품안전관리특별법 시행규칙」 [별표 8의2]에 해당하는 식품 등 제외)
차. 「통신비밀보호법」
카. 「화학물질관리법」(금지물질, 제한물질에 한함. 다만, 제한물질 중 시험・연구・검사용 시약 제외)
타. 「생물다양성 보전 및 이용에 관한 법률」
파. 「생활화학제품 및 살생물제의 안전관리에 관한 법률」

제2과목 보세구역관리

01	02	03	04	05	06	07	08	09	10
⑤	④	④	④	⑤	④	②	②	②	②
11	12	13	14	15	16	17	18	19	20
④	④	④	①	④	④	⑤	④	②	③
21	22	23	24	25					
④	②	③	③	④					

01 답 ⑤

⑤ 관세청장은 직권으로 또는 관계 중앙행정기관의 장이나 지방자치단체의 장, 그 밖에 종합보세구역을 운영하려는 자의 요청에 따라 무역진흥에의 기여 정도, 외국물품의 반입·반출 물량 등을 고려하여 일정한 지역을 종합보세구역으로 지정할 수 있다(「관세법」 제197조 제1항). 보세구역 중 종합보세구역만이 관세청장이 지정한다.

①·②·③ 특허보세구역을 설치·운영하려는 자는 세관장의 특허를 받아야 한다. 기존의 특허를 갱신하려는 경우에도 또한 같다(「관세법」 제174조 제1항). 보세창고, 보세건설장, 보세판매장은 모두 특허보세구역에 해당한다.

④ 세관장은 다음 각 호의 어느 하나에 해당하는 자가 소유하거나 관리하는 토지·건물 또는 그 밖의 시설을 지정보세구역으로 지정할 수 있다(「관세법」 제166조 제1항).

02 답 ④

④ 세관장은 수출입물량이 감소하거나 그 밖의 사유로 지정보세구역의 전부 또는 일부를 보세구역으로 존속시킬 필요가 없어졌다고 인정될 때에는 그 지정을 취소해야 한다(「관세법」 제167조).

① 「관세법」 제166조 제1항 제1호·제2호
② 「관세법」 제166조 제1항 제3호
③ 「관세법」 제166조 제2항 전문 참고
⑤ 「관세법」 제168조 제1항 제1호

03 답 ④

제3조 제1호(지정장치장 반입물품)에 해당하는 물품의 장치기간은 6개월로 한다. 다만, 부산항·인천항·인천공항·김해공항 항역 내의 지정장치장으로 반입된 물품의 장치기간은 2개월로 하며, 세관장이 필요하다고 인정할 때에는 2개월의 범위에서 그 기간을 연장할 수 있다(「보세화물장치기간 및 체화관리에 관한 고시」 제4조 제1항).

04 답 ④

보세구역은 지정보세구역·특허보세구역 및 종합보세구역으로 구분하고, 지정보세구역은 지정장치장 및 세관검사장으로 구분하며, 특허보세구역은 보세창고·보세공장·보세전시장·보세건설장 및 보세판매장으로 구분한다(「관세법」 제154조).

05 답 ⑤

⑤ "복합물류 보세창고"에 대한 내용이다(「보세창고 특허 및 운영에 관한 고시」 제2조 제6호). "야적전용 보세창고"란 철재, 동판, 시멘트 제품이나 그 밖의 광물과 석재, 목재 등의 물품과 노천에서 보관하여도 상품가치가 크게 저하되지 않는 물품을 보관하는 특허보세구역을 말한다(「보세창고 특허 및 운영에 관한 고시」 제2조 제5호).

① 「보세창고 특허 및 운영에 관한 고시」 제2조 제1호

② 「보세창고 특허 및 운영에 관한 고시」 제2조 제2호

③ 「보세창고 특허 및 운영에 관한 고시」 제2조 제7호

④ 「보세창고 특허 및 운영에 관한 고시」 제2조 제4호

06 답 ④

특허보세구역의 특허기간은 10년 이내로 한다(「관세법」 제176조 제1항).

07 답 ②

세관장은 물품반입 등의 정지처분이 그 이용자에게 심한 불편을 주거나 공익을 해칠 우려가 있는 경우에는 특허보세구역의 운영인에게 물품반입 등의 정지처분을 갈음하여 해당 특허보세구역 운영에 따른 매출액의 100분의 3 이하의 과징금을 부과할 수 있다(「관세법」 제178조 제3항 전단).

08 답 ②

제1항의 규정(특허보세구역승계신고서)에 의하여 신고를 받은 세관장은 이를 심사하여 신고일부터 5일 이내에 그 결과를 신고인에게 통보하여야 한다(「관세법 시행령」 제194조 제2항).

09 답 ②

ⓐ : 300m, ⓑ : 500m^2, ⓒ : 3,000m^{2}이다.

관련 법령

「보세창고 특허 및 운영에 관한 고시」 제12조(집단화지역의 기준완화 등) 제1항

세관장은 특정보세창고의 위치 또는 규모가 제10조 제1항(영업용 보세창고의 요건) 제1호 및 제11조 제3항(컨테이너전용 보세창고의 요건) 제1호의 요건을 갖추지는 못하였으나 그 위치가 세관 또는 다른 보세창고에 근접(직선거리 300m 이내)한 경우에는 다음 각 호의 면적기준을 적용한다.

1. 제10조 제1항 제1호의 경우에는 창고면적이 500m^2 이상
2. 제11조 제3항 제1호의 경우에는 부지면적이 3,000m^2 이상

10 답 ②

자가용 보세창고는 보관요율이 필요하지 않으므로, 보관요율은 자가용 보세창고의 게시사항에서 제외된다.

관련 법령

「보세창고 특허 및 운영에 관한 고시」 제16조(특허장의 게시 등) 제1항
운영인은 보세창고 내 일정한 장소에 다음 각 호의 사항을 게시해야 한다.
1. 별지 제2호 서식의 특허장
2. 보관요율(자가용 보세창고는 제외) 및 보관규칙
3. 화재보험요율
4. 자율관리 보세구역지정서(자율관리 보세구역만 해당)
5. 위험물장치허가증 등 관계 행정기관의 장의 허가, 승인 또는 등록증(위험물품, 식품류를 보관하는 보세창고에 한정)

11 답 ④

④ 통지를 받은 해당 보세창고의 운영인 또는 그 대리인은 지정된 날에 출석하여 의견을 진술하거나 지정된 날까지 서면으로 의견을 제출할 수 있다(「보세창고 특허 및 운영에 관한 고시」 제19조 제3항).
① 「보세창고 특허 및 운영에 관한 고시」 제19조 제1항 참고
② 「보세창고 특허 및 운영에 관한 고시」 제19조 제2항 전단
③ 「보세창고 특허 및 운영에 관한 고시」 제19조 제2항 후단
⑤ 「보세창고 특허 및 운영에 관한 고시」 제19조 제4항

12 답 ④

ⓐ : 10년, ⓑ : 임차계약기간이다.

관련 법령

「보세공장 운영에 관한 고시」 제9조(특허기간) 제1항
보세공장 설치·운영의 특허기간은 10년의 범위 내에서 해당 보세공장의 설치·운영 특허 신청기간으로 하되 갱신할 수 있다. 다만, 타인의 시설을 임차하여 설치·운영 특허를 신청하는 경우의 특허기간은 임차계약기간으로 한다.

13 답 ④

④ 세관장은 신규 보세공장 설치·운영 특허 신청업체가 물품관리체계를 갖추지 못한 것으로 인정되는 경우 6개월 이내의 기간을 정하여 물품관리체계를 갖추는 조건으로 설치·운영 특허할 수 있다(「보세공장 운영에 관한 고시」 제6조 제4항).
① 「보세공장 운영에 관한 고시」 제6조 제1항 제1호 가목 참고
② 「보세공장 운영에 관한 고시」 제6조 제2항
③ 「보세공장 운영에 관한 고시」 제6조 제3항
⑤ 「보세공장 운영에 관한 고시」 제6조 제5항

14 답 ①

「보세공장 운영에 관한 고시」 제44조 제1항 제4호에 따른 세관장의 주의처분 사유이다.

관련 법령

「보세공장 운영에 관한 고시」 제16조(물품반입의 정지 및 과징금의 부과) 제1항
세관장은 다음 각 호의 어느 하나에 해당하는 사유가 발생할 때에는 기간을 정하여 보세공장에 물품반입을 정지시킬 수 있다.

1. 반입물품에 대한 관세를 납부할 능력이 없다고 인정되는 경우
2. 해당 시설의 미비 등으로 보세공장 설치·운영의 목적을 달성하기 곤란하다고 인정되는 경우
3. 재고조사 결과 자율 소요량 관리가 부적정하다고 인정되는 경우
4. 1년 이상 장기간 계속하여 물품 반출입 실적이 없거나, 6개월 이상 보세작업을 아니하거나, 업체가 부도 또는 극심한 경영난으로 인하여 정상적인 영업활동이 불가능하여 보세공장 설치·운영 목적을 달성하기 곤란하다고 인정되는 경우
5. 운영인이 최근 1년 내에 3회 이상 경고처분을 받은 경우
6. 본인 또는 그 사용인이 법 또는 법에 따른 명령을 위반한 경우. 다만, 제44조(주의 및 경고) 규정에 의하여 주의 또는 경고처분을 받은 경우는 제외한다.

15 답 ④

③·④ 운영인은 장외일시장치 물품을 보세공장에 반입하는 때에는 세관장에게 별지 제4호 서식의 보세공장물품 반출(입)신고(승인)서를 제출해야 하며, 세관장은 허가기간이 경과한 물품이 장외일시장치장소에 장치되어 있는 경우에는 해당 물품의 허가받은 운영인으로부터 그 관세를 즉시 징수한다(「보세공장 운영에 관한 고시」 제17조의2 제6항).
① 「보세공장 운영에 관한 고시」 제17조의2 제3항
② 「보세공장 운영에 관한 고시」 제17조의2 제5항
⑤ 「보세공장 운영에 관한 고시」 제17조의2 제8항

16 답 ④

④ 운영인은 제2항에 따른 내국작업을 종료한 경우에는 세관장에게 내국작업종료신고를 하고 내국작업의 허가를 받아 제조·가공된 물품과 잉여물품을 지체 없이 보세공장 외로 반출하여야 하며, 반출신고는 내국작업종료신고로 갈음한다(「보세공장 운영에 관한 고시」 제26조 제5항).
① 「보세공장 운영에 관한 고시」 제26조 제1항
② 「보세공장 운영에 관한 고시」 제26조 제2항
③ 「보세공장 운영에 관한 고시」 제26조 제4항
⑤ 「보세공장 운영에 관한 고시」 제26조 제6항 전단

17 답 ⑤

⑤ 다만, 부득이하게 재고조사기간을 연장하려는 경우에는 7일 이내의 범위에서 연장할 수 있으며, 이미 재고조사가 완료된 "재고조사 대상기간"에 대해서는 부정유출혐의 등의 경우를 제외하고는 반복조사할 수 없다(「보세공장 운영에 관한 고시」 제40조 제4항 단서).

① 「보세공장 운영에 관한 고시」 제40조 제1항

② 「보세공장 운영에 관한 고시」 제40조 제2항 전단

③ 「보세공장 운영에 관한 고시」 제40조 제3항

④ 「보세공장 운영에 관한 고시」 제40조 제4항 본문

18 답 ④

④ 보세전시장의 특허기간은 해당 박람회 등의 회기와 그 회기의 전후에 박람회 등의 운영을 위한 외국물품의 반입과 반출 등에 필요하다고 인정되는 기간을 고려해서 세관장이 정한다. 다만, 부득이한 사유로 특허기간의 연장이 필요하다고 세관장이 인정하는 경우에는 그 기간을 연장할 수 있다(「보세전시장 운영에 관한 고시」 제5조).

① 「보세전시장 운영에 관한 고시」 제3조 제1항 본문

② 「보세전시장 운영에 관한 고시」 제3조 제1항 단서

③ 「보세전시장 운영에 관한 고시」 제4조

⑤ 「보세전시장 운영에 관한 고시」 제6조 제1항, 제2항 참고

19 답 ②

② 「보세건설장 관리에 관한 고시」 제5조 제1항

① 운영인은 보세건설장에서 건설된 시설의 전부 또는 일부를 수입신고가 수리되기 전에 가동할 수 없다(「보세건설장 관리에 관한 고시」 제14조 전단).

③ 운영인은 보세건설장에 외국물품을 반입하였을 때에는 사용 전에 해당 물품에 대하여 수입신고를 하고 세관공무원의 검사를 받아야 한다(「관세법」 제192조).

④ 보세건설장의 운영인은 법 제192조의 규정에 의한 수입신고를 한 물품을 사용한 건설공사가 완료된 때에는 지체 없이 이를 세관장에게 보고하여야 한다(「관세법 시행령」 제211조).

⑤ 운영인은 보세건설장에 반입하는 외국물품에 대하여는 해당 사항을 확인할 수 있는 반출입신고서, 수입신고필증 등을 비치(전자적 방법에 의한 비치 포함)하고 반입물품을 관리해야 한다(「보세건설장 관리에 관한 고시」 제9조).

20 답 ③

③ 세관장은 보세판매장에서 판매할 수 있는 물품의 수량, 장치장소 등을 제한할 수 있다. 다만, 보세판매장에서 판매할 수 있는 물품의 종류, 판매한도는 기획재정부령으로 정한다(「관세법」 제196조 제4항).

① 「관세법」 제196조 제1항

② 「관세법」 제196조 제2항

④ 「관세법 시행령」 제213조 제1항

⑤ 「관세법 시행령」 제213조 제4항

21 답 ④

④ 서울지역과 부산지역의 요건은 동일하다(「보세판매장 특허에 관한 고시」 제4조 제1항 제4호 가목). 문항의 수치는 그 밖의 지역의 요건에 해당한다(「보세판매장 특허에 관한 고시」 제4조 제1항 제4호 나목).

① 「보세판매장 특허에 관한 고시」 제4조 제1항 제2호 가목
② 「보세판매장 특허에 관한 고시」 제4조 제1항 제2호 나목
③ 「보세판매장 특허에 관한 고시」 제4조 제1항 제4호 가목
⑤ 「보세판매장 특허에 관한 고시」 제4조 제1항 제4호 다목

22 답 ②

자율관리 보세구역으로 지정되지 아니한 경우에는 반입물품의 보관창고 장치 및 보관과 보세판매장 물품 반출입 및 미인도 관련 대장의 작성은 운영인이 해야 한다(「보세판매장 운영에 관한 고시」 제25조 제1항 단서 참고).

23 답 ③

③ 종합보세구역에 반입된 외국물품이 사용신고 또는 수입신고되어 수리된 경우에는 반출신고를 생략하며, 동일 종합보세구역 내의 종합보세사업장 간의 물품의 이동에는 보세운송신고를 하지 아니한다(「종합보세구역의 지정 및 운영에 관한 고시」 제13조 제3항·제4항).

① 「종합보세구역의 지정 및 운영에 관한 고시」 제13조 제1항 전단
② 「종합보세구역의 지정 및 운영에 관한 고시」 제13조 제2항
④ 「종합보세구역의 지정 및 운영에 관한 고시」 제13조 제4항
⑤ 「종합보세구역의 지정 및 운영에 관한 고시」 제14조 제1항

24 답 ③

③ 활어장치장에는 세관장이 CCTV 영상을 통해 수조의 현황을 용이하게 식별할 수 있을 정도의 조명시설을 갖춰야 한다. 다만, 암실에 보관해야 하는 어종을 장치하는 경우에는 적외선 카메라를 보유해야 한다(「수입활어 관리에 관한 특례고시」 제4조 제1항 제3호).

① 「수입활어 관리에 관한 특례고시」 제4조 제1항 제1호
② 「수입활어 관리에 관한 특례고시」 제4조 제1항 제2호
④ 「수입활어 관리에 관한 특례고시」 제4조 제1항 제4호
⑤ 「수입활어 관리에 관한 특례고시」 제4조 제1항 제5호

25 답 ④

④ 운영인 등은 폐사어를 별도의 냉동·냉장시설에 B/L별로 구분하여 보관해야 한다(「수입활어 관리에 관한 특례고시」 제12조 제2항).

① 「수입활어 관리에 관한 특례고시」 제11조 제1항
② 「수입활어 관리에 관한 특례고시」 제11조 제2항
③ 「수입활어 관리에 관한 특례고시」 제12조 제1항 본문
⑤ 「수입활어 관리에 관한 특례고시」 제13조 제1항

제3과목 화물관리

01	02	03	04	05	06	07	08	09	10
③	②	⑤	②	①	①	①	⑤	②	④
11	12	13	14	15	16	17	18	19	20
⑤	⑤	②	②	②	①	④	⑤	④	⑤
21	22	23	24	25					
④	②	②	④	②					

01 답 ③

환적물품은 외국물품으로서 원칙적으로 보세구역에 장치해야 하는 물품이다.

관련 법령

「관세법」 제155조(물품의 장치) 제1항
외국물품과 제221조 제1항에 따른 내국운송의 신고를 하려는 내국물품은 보세구역이 아닌 장소에 장치할 수 없다. 다만, 다음 각 호의 어느 하나에 해당하는 물품은 그러하지 아니하다.
1. 제241조 제1항에 따른 수출신고가 수리된 물품
2. 크기 또는 무게의 과다나 그 밖의 사유로 보세구역에 장치하기 곤란하거나 부적당한 물품
3. 재해나 그 밖의 부득이한 사유로 임시로 장치한 물품
4. 검역물품
5. 압수물품
6. 우편물품

02 답 ②

ⓐ : 선사, ⓑ : 화물운송주선업자이다.

관련 법령

「보세화물관리에 관한 고시」 제4조(화물분류기준) 제1항 제2호
화주 또는 그 위임을 받은 자가 장치장소에 대한 별도의 의사표시가 없는 경우에는 다음 각 목에 따른다.
가. Master B/L 화물은 선사가 선량한 관리자로서 장치장소를 결정한다.
나. House B/L 화물은 화물운송주선업자가 선량한 관리자로서 선사 및 보세구역 운영인과 협의하여 장치장소를 결정한다.

03 답 ⑤

⑤ 세관장은 보세구역 운영인이 제1항과 제2항에 따른 반출명령을 이행하지 않은 경우에는 법 제277조에 따라 과태료를 부과한다(「보세화물관리에 관한 고시」 제6조 제5항).
① 「보세화물관리에 관한 고시」 제6조 제1항
② 「보세화물관리에 관한 고시」 제6조 제2항
③ 「보세화물관리에 관한 고시」 제6조 제3항
④ 「보세화물관리에 관한 고시」 제6조 제4항

04 답 ②

보세구역 외 장치의 허가기간은 6개월의 범위 내에서 세관장이 필요하다고 인정하는 기간으로 정하며, 허가기간이 종료한 때에는 보세구역에 반입해야 한다. 다만, 다음 각 호의 어느 하나에 해당하는 사유가 있는 때에는 세관장은 허가기간을 연장할 수 있으나, 그 기간은 최초의 허가일로부터 법 제177조 제1항 제1호 가목에서 정하는 기간(1년)을 초과할 수 없다(「보세화물관리에 관한 고시」 제8조 제1항).

05 답 ①

농·축·수산물은 제외된다.

관련 법령

「보세화물관리에 관한 고시」 [별표 3] 보세구역 외 장치 담보생략 기준

구 분	내 용
물품별	• 제조업체가 수입하는 수출용 원자재(농·축·수산물 제외) • 무세물품(부가가치세 등 부과대상은 제외) • 방위산업용 물품 • 정부용품 • 재수입물품 중 관세가 면제될 것이 확실하다고 세관장이 인정하는 물품
업체별	• 정부, 정부기관, 지방자치단체, 「공공기관의 운영에 관한 법률」 제5조에 따른 공기업·준정부기관·그 밖의 공공기관 • 「관세 등에 대한 담보제도 운영에 관한 고시」에 의하여 지정된 신용담보업체, 담보제공 특례자 및 담보제공 생략자 • 그 밖에 관할구역 내의 외국인투자업체, 제조업체로서 세관장이 관세채권 확보에 지장이 없다고 판단하는 업체

06 답 ①

보세구역 외 장치 허가수수료는 허가건수 단위로 징수한다(「보세화물관리에 관한 고시 제8조 제4항 전단).

07 답 ①

운영인은 수입신고 수리 또는 반송신고 수리된 물품의 반출요청을 받은 때에는 세관화물정보시스템의 반출승인정보를 확인한 후 이상이 없는 경우 반출 전에 별지 제7호 서식의 반출신고서를 전자문서로 제출해야 한다. 다만, 자가용 보세창고에 반입되어 수입신고 수리된 화물은 반출신고를 생략한다(「보세화물관리에 관한 고시」 제10조 제1항).

08 답 ⑤

⑤ FCL 컨테이너화물로 통관우체국까지 운송하는 국제우편물의 경우에는 반출승인신청을 생략할 수 있다(「보세화물관리에 관한 고시」 제13조의2 제1항 단서).

① 「보세화물관리에 관한 고시」 제13조 제1항

② 「보세화물관리에 관한 고시」 제13조 제2항

③ 「보세화물관리에 관한 고시」 제13조 제3항

④ 「보세화물관리에 관한 고시」 제13조의2 제1항 본문

09 답 ②

제4조에 따른 장치장소 중 [별표 1]의 보세구역에 반입된 물품이 수입신고가 수리된 때에는 그 수리일로부터 15일 이내에 해당 보세구역에서 반출해야 하며 이를 위반한 경우에는 법 제277조에 따라 해당 수입화주를 조사한 후 과태료를 부과한다(「보세화물관리에 관한 고시」 제19조 본문).

10 답 ④

반입일로부터 30일 이내에 수입 또는 반송신고하여야 한다.

관련 법령

「보세화물관리에 관한 고시」 제34조(가산세) 제1항

다음 각 호의 물품은 반입일로부터 30일 이내에 수입 또는 반송신고하여야 한다. 신고기한을 경과하여 수입 또는 반송신고를 한 때에는 법 제241조 및 영 제247조에 따라 가산세를 징수한다.

1. 다음 각 목의 보세구역 [별표 1](부산, 인천세관 해당보세구역의 폐업 등 대상 재조정 필요)에 반입된 물품
   가. 인천공항과 김해공항의 하기장소 중 지정장치장 및 보세창고
   나. 부산항의 하선장소 중 부두 내와 부두 밖의 컨테이너전용 보세창고(CY)·컨테이너전용지정장치장(CY)·컨테이너화물조작장(CFS)
   다. 부산항의 부두 내 지정장치장 및 보세창고
   라. 인천항의 하선장소 중 부두 내와 부두 밖 컨테이너전용 보세창고(CY)·컨테이너화물조작장(CFS)

11 답 ⑤

환경오염방지물품 등에 대한 감면세 적용 대상물품은 가산세 징수의 면제대상에 해당하지 않는다.

관련 법령

「보세화물관리에 관한 고시」 제34조(가산세) 제2항

제1항에도 불구하고 다음 각 호의 어느 하나에 해당하는 물품에 대하여는 가산세를 징수하지 아니한다.

1. 정부 또는 지방자치단체가 직접 수입하는 물품
2. 정부 또는 지방자치단체에 기증되는 물품
3. 수출용 원재료(신용장 등 관련서류에 의하여 수출용 원재료로 확인되는 경우에만 해당)
4. 외교관 면세물품 및 SOFA 적용 대상물품
5. 환적화물
7. 여행자 휴대품

12 답 ⑤

⑤ 「보세화물장치기간 및 체화관리에 관한 고시」 제9조 제3항

① 세관장은 외자목록 제출일부터 1개월간 매각 및 그 밖의 처분을 보류한다.

② 세관장은 보세구역에 반입한 외국물품이 장치기간을 경과한 때에는 이를 매각할 수 있다(「보세화물장치기간 및 체화관리에 관한 고시」 제9조 제1항 본문).

③ 세관장은 화주의 매각처분 보류요청이 있는 경우 매각처분을 보류할 수 있다(보세화물장치기간 및 체화관리에 관한 고시」 제9조 제1항 제5호).

④ 제1항 제1호부터 제3호까지의 규정에 따라 매각처분을 보류한 경우에는 보류사유의 해소 여부를 수시로 확인하여 그 사유가 해제된 때에는 즉시 매각처분을 해야 한다(「보세화물장치기간 및 체화관리에 관한 고시」 제9조 제2항). 매각처분을 보류할 수 있는 제9조 제1항 각 호의 내용은 아래와 같다.

관련 법령

「보세화물장치기간 및 체화관리에 관한 고시」 제9조(매각처분의 대상) 제1항 각 호

1. 법 위반으로 조사 중인 경우
2. 이의신청, 심판청구, 소송 등 쟁송이 계류 중인 경우
3. 화주의 의무는 다하였으나 통관지연의 귀책사유가 국가에 있는 경우
4. 외자에 의한 도입물자로서 「공공차관의 도입 및 관리에 관한 법률 시행령」 제14조 및 「외국인투자 촉진법 시행령」 제37조에 따라 기획재정부장관 및 산업통상자원부장관의 매각처분 보류요청이 있는 경우
5. 화주의 매각처분 보류요청이 있는 경우
6. 그 밖에 세관장이 필요하다고 인정하는 경우

13 답 ②

수출입허가(승인)한 규격과 세번을 합치시키기 위한 작업은 보수작업의 허용범위에 해당되지 않는다.

관련 법령

「보세화물관리에 관한 고시」 제22조(보수작업의 한계)

① 보수작업의 허용범위는 다음 각 호만 해당되며 법 제50조 제1항에 따른 별표 관세율표(HSK 10단위)의 변화를 가져오는 것은 보수작업으로 인정할 수 없다. 다만, 수출이나 반송 과정에서 부패·변질의 우려가 있는 경우 등 세관장이 타당하다고 인정하는 경우에는 그러하지 아니하다.

1. 물품의 보존을 위해 필요한 작업(부패, 손상 등을 방지하기 위한 보존작업 등)
2. 물품의 상품성 향상을 위한 개수작업(포장개선, 라벨표시, 단순절단 등)
3. 선적을 위한 준비작업(선별, 분류, 용기변경 등)
4. 단순한 조립작업(간단한 세팅, 완제품의 특성을 가진 구성요소의 조립 등)
5. 제1호부터 제4호까지와 유사한 작업

② 수출입허가(승인)한 규격과 세번을 합치시키기 위한 작업을 하려는 경우에는 관세청장이 별도로 규정하는 것을 제외하고 이를 보수작업의 범위로 인정할 수 없다.

14 답 ②

② 항공기・선박 등이 상시 입・출항하는 등 세관의 업무특성상 필요한 경우에 세관장은 관세청장의 승인을 얻어 부서별로 근무시간을 달리 정할 수 있다(「관세법 시행령」 제274조 제1호 단서).

①「관세법 시행령」 제274조 제1호 본문
③「관세법 시행령」 제274조 제2호
④「관세법 시행령」 제275조 제1항 본문
⑤「관세법 시행령」 제275조 제2항 제6호 참고

15 답 ②

제3조 제1호(지정장치장 반입물품)에 해당하는 물품의 장치기간은 6개월로 한다. 다만, 부산항・인천항・인천공항・김해공항 항역 내의 지정장치장으로 반입된 물품과 「특송물품 수입통관 사무처리에 관한 고시」 제2조 제2호(특송물품)에 해당하는 물품의 장치기간은 2개월로 하며, 세관장이 필요하다고 인정할 때에는 2개월의 범위에서 그 기간을 연장할 수 있다(「보세화물장치기간 및 체화관리에 관한 고시」 제4조 제1항).

16 답 ①

① 장치기간 만료 30일 전까지
②・③・④・⑤ 특허기간 만료 시

관련 법령

「보세화물장치기간 및 체화관리에 관한 고시」 제7조(반출통고의 시기 및 방법)

① 지정장치장, 보세창고에 반입한 물품에 대한 반출통고는 장치기간 만료 30일 전까지 하여야 한다.
② 보세공장, 보세판매장, 보세건설장, 보세전시장, 보세구역 외 장치장에 반입한 물품에 대한 반출통고는 보세구역 설영특허기간 만료시점에 반출통고하여야 한다.
③ 장치기간이 2개월 미만인 물품(유치・예치물품 등)의 반출통고는 장치기간 만료시점에 하여야 한다. 다만, 법 제207조 제3항에 따라 유치 또는 예치할 때 매각한다는 것을 통고한 경우에는 생략할 수 있다.
④ 반출통고의 방법은 제6조 제3항에 따른 별지 제3호 또는 제3-1호 서식을 등기우편으로 송부하는 방법으로 하며, 다만, 화주 등이 분명하지 않거나 그 소재가 분명하지 않아 반출통고를 할 수 없을 때에는 게시공고로 갈음할 수 있다.

17 답 ④

긴급공매를 하려면 기간 경과로 실용가치가 없어지거나 현저히 감소할 우려가 있는 것이어야 한다(「보세화물장치기간 및 체화관리에 관한 고시」 제14조 제1항 제3호).

18 답 ⑤

수의계약은 경쟁입찰 방법으로 매각함이 공익에 반하는 때 가능하다(「보세화물장치기간 및 체화관리에 관한 고시」 제22조 제1항 제5호).

19 답 ④

바닥, 벽면 및 천장과 일정한 거리를 두어 보관해야 한다.

관련 법령

「보세화물관리에 관한 고시」 [별표 4] 보세구역 수입식품류 보관기준

구 분		보세구역 수입식품류 보관기준
공 통	시설기준	• 식품류는 공산품과 분리, 구획하여 보관해야 한다. 다만, 분리, 구획 보관이 어려울 경우 랩으로 감싸거나 별도 포장하여 다른 공산품 및 분진 등과 교차오염 우려가 없도록 관리해야 하며, 인체에 유해한 물질과는 반드시 분리하여 보관해야 한다. ※ 분리(별도의 방), 구획(칸막이, 커튼, Rack 등) • 창고 내부의 바닥은 콘크리트 등으로 내수처리를 해야 하고, 물이 고이거나 습기가 차지 않도록 해야 한다. • 창고 내부에는 쥐 · 바퀴 등 해충의 침입 방지를 위한 방충망, 쥐트랩 등 방충 · 방서 시설을 갖추어야 한다. 다만, 전문 방충 · 방서업소와 계약을 체결하여 주기적으로 관리할 경우에는 이를 인정할 수 있다. • 창고 내부에서 발생하는 악취 · 유해가스, 먼지, 매연 등을 배출시키는 환기시설을 갖추어야 한다. • 보관온도를 측정할 수 있는 온도계를 비치해야 한다.
	관리기준	• 창고 및 보관시설은 항상 청결하게 관리해야 한다. • 바닥, 벽면 및 천장과 일정한 거리를 두어 보관해야 한다. ※ 바닥으로부터 4인치(10.16cm) 이상, 벽으로부터는 18인치(45.72cm) 이상, 천장으로부터 1m 이상 거리를 두고 보관하는 것이 바람직함. • 온도 상승으로 부패 등 변질 우려가 있는 식품은 서늘한 곳에 보관해야 한다. • 유통기한이 경과되었거나 부적합 판정을 받은 식품류는 별도의 장소에 보관하거나 명확하게 식별되는 표시를 하여 일반물품과 구별되게 관리해야 한다. • 보세창고에 반입된 농산물은 검사가 완료될 때까지 병해충이 퍼지지 않도록 다음 어느 하나의 조치를 해야 한다(냉장, 냉동, 포장된 식물 제외). – 컨테이너 또는 밀폐형 용기에 넣을 것 – 천막 또는 1.6mm 이하의 망 등으로 완전히 덮을 것 – 그 밖에 병해충이 퍼지는 것을 방지할 수 있는 조치
냉장냉동	시설기준	• 온도유지 및 습도조절을 위한 시설을 갖추어야 한다. – 냉동보관 : 영하 18℃ 이하 – 냉장보관 : 영상 10℃ 이하

20 답 ⑤

⑤ 화물관리 세관공무원이 적재화물목록을 제출받은 때에는 다음 각 호에 해당하는 사항을 심사해야 한다. 이 경우 적재화물목록 심사는 적재화물목록 기재사항에 관한 형식적 요건에 한하며, 실질적인 요건에 해당하는 기재사항의 오류 여부는 적재화물목록 접수단계에서 이를 심사하지 아니한다(「보세화물 입출항 하선 하기 및 적재에 관한 고시」 제10조 제1항).

① 「보세화물 입출항 하선 하기 및 적재에 관한 고시」 제8조 제1항 본문

② 「보세화물 입출항 하선 하기 및 적재에 관한 고시」 제8조 제1항 단서

③ 「보세화물 입출항 하선 하기 및 적재에 관한 고시」 제8조 제2항

④ 「보세화물 입출항 하선 하기 및 적재에 관한 고시」 제8조 제3항

21 답 ④

④ 입항 전 수입신고 수리 또는 하선 전 보세운송신고 수리가 된 물품을 하선과 동시에 차상반출하는 경우에는 반출입신고를 생략할 수 있다(「보세화물 입출항 하선 하기 및 적재에 관한 고시」 제19조 제4항).
① 「보세화물 입출항 하선 하기 및 적재에 관한 고시」 제19조 제2항 본문 전단
② 「보세화물 입출항 하선 하기 및 적재에 관한 고시」 제19조 제2항 제1호
③ 「보세화물 입출항 하선 하기 및 적재에 관한 고시」 제19조 제2항 제2호
⑤ 「보세화물 입출항 하선 하기 및 적재에 관한 고시」 제19조 제5항

22 답 ②

적재화물목록의 정정생략이 가능한 것은 중량으로 거래되는 물품 중 건습에 따라 중량의 변동이 심한 물품으로서 그 중량의 과부족이 5% 이내인 경우이다.

관련 법령

「보세화물 입출항 하선 하기 및 적재에 관한 고시」 제26조(적재화물목록 정정생략) 제1항
적재화물목록상의 물품과 실제 물품이 다음 각 호의 어느 하나에 해당하는 때에는 적재화물목록 정정신청을 생략할 수 있다.
1. 포장파손이 용이한 물품으로서 과부족이 5% 이내인 경우
2. 중량으로 거래되는 물품 중 건습에 따라 중량의 변동이 심한 물품으로서 그 중량의 과부족이 5% 이내인 경우
3. 포장 단위 물품으로서 중량의 과부족이 10% 이내이고 포장상태에 이상이 없는 경우
4. 적재화물목록 이상사유가 오탈자 등 단순기재오류 등으로 확인되는 경우
5. 제32조(하기결과 이상물품에 대한 적용특례) 제3항에 따라 별도관리물품 해제 승인을 받은 후 반입신고하는 물품

23 답 ②

보세운송을 포함한다(「보세화물 입출항 하선 하기 및 적재에 관한 고시」 제36조 제1항 제2호 참고).

24 답 ④

④ 보세운송 물품이 컨테이너화물(LCL화물 포함)인 경우에는 최초 도착지 보세구역 운영인(보세사 포함)의 확인을 받아 컨테이너를 개장해야 한다(「환적화물 처리절차에 관한 특례고시」 제7조 제3항).
① 「환적화물 처리절차에 관한 특례고시」 제7조 제1항 본문
② 「환적화물 처리절차에 관한 특례고시」 제7조 제1항 제1호
③ 「환적화물 처리절차에 관한 특례고시」 제7조 제2항
⑤ 「환적화물 처리절차에 관한 특례고시」 제7조 제4항

25 답 ②

② 세관장은 제1항에 따른 신청서를 접수받은 때에는 제3조(등록요건)의 요건을 충족하는지와 화물운송주선업자 부호가 중복되는지 등을 확인하여, 접수일부터 10일 이내에 처리해야 한다(「화물운송주선업자의 등록 및 관리에 관한 고시」 제4조 제3항).
① 「화물운송주선업자의 등록 및 관리에 관한 고시」 제4조 제1항
③ 「화물운송주선업자의 등록 및 관리에 관한 고시」 제4조 제5항
④ 「화물운송주선업자의 등록 및 관리에 관한 고시」 제5조 제1항
⑤ 「화물운송주선업자의 등록 및 관리에 관한 고시」 제5조 제3항

제4과목 수출입안전관리

01	02	03	04	05	06	07	08	09	10
③	⑤	④	①	③	②	①	⑤	⑤	①
11	12	13	14	15	16	17	18	19	20
④	①	③	①	④	③	③	⑤	④	③
21	22	23	24	25					
③	①	⑤	①	⑤					

01 답 ③

③ 국제항의 시설기준 등에 관하여 필요한 사항은 대통령령으로 정한다(「관세법」 제133조 제2항).

① 「관세법」 제134조 제1항

② 「관세법 시행령」 제155조의2 제1항 제3호

④ 「관세법」 제133조 제3항

⑤ 「관세법」 제134조 제2항

02 답 ⑤

관련 법령

「수출입 안전관리 우수업체 공인 및 운영에 관한 고시」 제3조(공인부문) 제1항

수출입 안전관리 우수업체(AEO ; Authorized Economic Operator)로 공인을 신청할 수 있는 자는 다음 각 호와 같다.

1. 수출자(수출부문)
2. 수입자(수입부문)
3. 통관업을 하는 자(관세사부문)
4. 운영인 또는 지정장치장의 화물을 관리하는 자(보세구역운영인부문)
5. 보세운송업자에 해당하는 자(보세운송업부문)
6. 화물운송주선업자 및 상업서류나 그 밖의 견본품 등을 송달하는 것을 업으로 하는 자에 해당하는 자(화물운송주선업부문)
7. 국제무역선・국제무역기 또는 국경출입차량에 물품을 하역하는 것을 업으로 하는 자에 해당하는 자(하역업부문)
8. 국제무역선을 소유하거나 운항하여 보세화물을 취급하는자(선박회사부문)
9. 국제무역기를 소유하거나 운항하여 보세화물을 취급하는 자(항공사부문)

03 답 ④

④ 국제무역선(기)이 국제항에 입항하여 물품(선박용품 또는 항공기용품과 승무원의 휴대품 제외)을 하역하지 아니하고 입항한 때부터 24시간 이내에 출항하는 경우 세관장은 적재화물목록, 선박용품 또는 항공기용품의 목록, 여객명부, 승무원명부, 승무원 휴대품목록 또는 적재물품의 목록의 제출을 생략하게 할 수 있다(「관세법」 제137조 제1항).

① 「관세법」 제136조 제1항
② 「관세법」 제136조 제2항 본문
③ 「관세법」 제136조 제2항 단서
⑤ 「관세법」 제137조 제2항

04 답 ①

① 국제무역선이나 국제무역기는 제135조에 따른 입항절차를 마친 후가 아니면 물품을 하역하거나 환적할 수 없다. 다만, 세관장의 허가를 받은 경우에는 그러하지 아니하다(「관세법」 제140조 제1항).

② 「관세법」 제140조 제4항 전단
③ 「관세법」 제140조 제5항
④·⑤ 「관세법」 제140조 제6항

05 답 ③

③ 세관장이 감시단속에 지장이 없다고 인정하는 경우 항공기용품목록 및 승무원 휴대품목록의 서류에 대해 제출을 생략하게 할 수 있다(「국제무역기의 입출항절차 등에 관한 고시」 제5조 제1항 단서).

① 「국제무역기의 입출항절차 등에 관한 고시」 제5조 제2항
② 「국제무역기의 입출항절차 등에 관한 고시」 제5조 제1항 본문
④ 「국제무역기의 입출항절차 등에 관한 고시」 제5조 제3항
⑤ 「국제무역기의 입출항절차 등에 관한 고시」 제5조 제4항

06 답 ②

차량 운전자의 성명·국적·생년월일은 국경출입차량의 도착보고서에 기재해야 할 사항에 해당되지 않는다(「관세법 시행령」 제169조 제1항 각 호 참고).

07 답 ①

① 검색기검사화물의 하선장소는 선박회사 또는 항공사가 지정한 장소로 하며, 해당 화물은 검색기검사를 마친 경우에만 하선장소에 반입할 수 있다(「관리대상화물 관리에 관한 고시」 제6조 제1항·제2항).

② 「관리대상화물 관리에 관한 고시」 제6조 제2항 후단
③ 「관리대상화물 관리에 관한 고시」 제6조 제3항
④ 「관리대상화물 관리에 관한 고시」 제6조 제4항 참고
⑤ 「관리대상화물 관리에 관한 고시」 제6조 제4항 제3호

08 답 ⑤

관세통로는 세관장, 통관역은 관세청장, 통관장은 세관장이 지정한다.

> **관련 법령**
>
> 「관세법」 제148조(관세통로)
>
> ① 국경을 출입하는 차량은 관세통로를 경유해야 하며, 통관역이나 통관장에 정차하여야 한다.
>
> ② 제1항에 따른 관세통로는 육상국경(陸上國境)으로부터 통관역에 이르는 철도와 육상국경으로부터 통관장에 이르는 육로 또는 수로 중에서 세관장이 지정한다.
>
> ③ 통관역은 국외와 연결되고 국경에 근접한 철도역 중에서 관세청장이 지정한다.
>
> ④ 통관장은 관세통로에 접속한 장소 중에서 세관장이 지정한다.

09 답 ⑤

FTA 등 자유무역의 확대로 무역량 급증과 동시에 테러 · 밀수 · 마약 · 지적재산권 위반 등 불법무역 또한 증가하고 있는 무역환경 속에서 관세당국은 무역원활화와 테러 · 밀수 등 불법무역의 차단이라는 상충되는 2가지 역할을 동시에 수행해야 하는 상황에 직면해 있다. 이 같은 무역환경 변화에 대한 효율적 대응에 있어 AEO제도는 매우 중요한 의미를 갖는데, 관세당국은 AEO제도를 통해 무역업체들 스스로 법규준수와 무역안전을 강화하게 함으로써 무역원활화(신속통관) 및 불법무역 차단을 동시에 실현할 수 있다.

10 답 ①

②·③·④·⑤ 운영인부문의 공인기준에 해당한다.

> **관련 법령**
>
> 「수출입 안전관리 우수업체 공인 및 운영에 관한 고시」 [별표 1] 마. 보세운송업자
>
> 4.5.1 보세운송업자는 수출입물품의 운송, 취급, 보관과 관련된 절차를 준수하기 위해 비인가된 물품과 사람의 접근을 통제하는 안전관리조치를 하여야 한다.
>
> 4.5.2 보세운송업자는 보세운송 신고 시 물품의 중량, 수량 등을 정확하게 작성하여야 하며, 불법사항이나 혐의사항을 식별하였을 때에는 즉시 세관장에게 보고하여야 한다.
>
> 4.5.3 보세운송업자는 물품의 안전성을 보장하기 위하여 거래업체로부터 정확하고 시기적절하게 정보를 통보받는 절차를 마련하여야 한다.

11 답 ④

2001년		2002년		2005년		2008년		2009년		2017년		현 재
9.11 테러 발생	→	WCO 차원에서 수용 (통합 공급망 관리지침)	→	SAFE Framework 채택	→	국내 AEO 도입 및 시범운영	→	AEO 정착화	→	AEO 도입 의무화 (WTO무역 원활화협정)	→	AEO 확산 및 운영

12 답 ①

국가 간 상호인정약정이 체결될 경우 우리나라 AEO 업체의 신뢰성과 안전성이 상호 호혜를 바탕으로 국제적으로 인정되어 '수출입 비용 절감, 중복검사 방지, 교역을 위한 시장접근 용이성 제고, 불필요한 규제비용 절감' 등의 효과를 얻을 수 있다. 양허관세 혜택은 FTA 협정을 통해 가능하다.

13 답 ③

「수출입 안전관리 우수업체 공인 및 운영에 관한 고시」 [별표 2]에서 해당 내용을 확인할 수 있다.
① 「관세법 등에 따른 과태료 부과징수에 관한 훈령」에 따른 과태료 경감
② 중소벤처기업부의 중소기업 병역지정업체 추천 시 5점 가산
④ 「외국환거래의 검사업무 운영에 관한 훈령」에 따른 외국환 검사 제외
⑤ 「수출입신고 오류방지에 관한 고시」 제14조에 따라 오류에 대한 제재 경감

14 답 ①

AAA등급이다(「수출입 안전관리 우수업체 공인 및 운영에 관한 고시」 제5조 제1항 제3호 참고).

관련 법령

「수출입 안전관리 우수업체 공인 및 운영에 관한 고시」 제5조(공인등급) 제1항
관세청장은 제4조 제3항을 충족한 업체를 대상으로 다음 각 호의 공인등급별 기준에 따라 제27조에 따른 수출입 안전관리 우수업체 심의위원회의 심의를 거쳐 공인등급을 결정한다.
1. A등급 : 법규준수도가 80점 이상인 업체
2. AA등급 : 법규준수도가 90점 이상인 업체
3. AAA등급 : 갱신심사를 받은 업체 중에서 법규준수도가 95점 이상이고, 다음 각 목의 어느 하나에 해당하는 업체
   가. 수출입 안전관리와 관련하여 다른 업체에 확대하여 적용할 수 있는 우수사례가 있는 업체. 이 경우 해당 우수사례는 공인등급을 상향할 때에 한번만 유효하다.
   나. 중소기업이 수출입 안전관리 우수업체로 공인을 받는데 지원한 실적이 우수한 업체
   다. 〈삭 제〉
   라. 그 밖의 관세청장이 인정하는 경우로서 심의위원회의 결정을 받은 업체

15 답 ④

④ 수탁기관은 관세청장으로부터 예비심사 관련 서류를 이관받은 날부터 20일 이내에 검토를 마치고, 그 결과를 관세청장에게 제출하여야 한다(「수출입 안전관리 우수업체 공인 및 운영에 관한 고시」 제7조의2 제4항).
① 「수출입 안전관리 우수업체 공인 및 운영에 관한 고시」 제7조 제1항
② 「수출입 안전관리 우수업체 공인 및 운영에 관한 고시」 제7조 제2항
③ 「수출입 안전관리 우수업체 공인 및 운영에 관한 고시」 제7조의2 제1항
⑤ 「수출입 안전관리 우수업체 공인 및 운영에 관한 고시」 제7조의2 제3항

16 답 ③

③ 관세청장은 신청업체의 사업장을 직접 방문하는 기간을 연장하고자 할 때에는 연장하는 사유와 연장된 기간을 신청업체에게 미리 통보해야 한다. 이 경우 업체를 방문할 수 있는 기간은 모두 합하여 30일을 넘을 수 없다(「수출입 안전관리 우수업체 공인 및 운영에 관한 고시」 제9조 제6항).

① 「수출입 안전관리 우수업체 공인 및 운영에 관한 고시」 제9조 제2항
② 「수출입 안전관리 우수업체 공인 및 운영에 관한 고시」 제9조 제4항
④ 「수출입 안전관리 우수업체 공인 및 운영에 관한 고시」 제9조 제7항
⑤ 「수출입 안전관리 우수업체 공인 및 운영에 관한 고시」 제9조 제8항

17 답 ③

수출입 안전관리 우수업체 공인의 유효기간은 증서상의 발급한 날로부터 5년으로 한다. 다만, 수출입 안전관리 우수업체가 증서를 반납하였거나 심의위원회에서 수출입 안전관리 우수업체 공인의 취소를 결정하였을 때는 증서를 반납한 날 또는 해당 결정을 한 날에 공인의 유효기간이 끝나는 것으로 본다(「수출입 안전관리 우수업체 공인 및 운영에 관한 고시」 제13조 제1항).

18 답 ⑤

⑤ 수출입 안전관리 우수업체에 대한 공인의 등급, 안전관리 공인심사에 관한 세부절차, 그 밖에 필요한 사항은 관세청장이 정하며, 안전관리에 관한 다른 법령과 관련된 사항에 대하여는 관계기관의 장과 미리 협의해야 한다(「관세법 시행령」 제259조의3 제5항).
① 「관세법 시행령」 제259조의3 제1항
② 「관세법 시행령」 제259조의3 제2항
③ 「관세법 시행령」 제259조의3 제3항
④ 「관세법 시행령」 제259조의3 제4항

19 답 ④

부도는 공인유지에 중대한 영향을 미치는 경우로 지체 없이 보고해야 한다.

관련 법령

「수출입 안전관리 우수업체 공인 및 운영에 관한 고시」 제17조(변동사항 보고) 제1항
수출입 안전관리 우수업체는 다음 각 호의 어느 하나에 해당하는 사실이 발생한 경우에는 그 사실이 발생한 날로부터 30일 이내에 별지 제10호 서식의 수출입 관리현황 변동사항 보고서를 작성하여 관세청장에게 보고해야 한다. 다만, 변동사항이 범칙행위, 부도 등 공인유지에 중대한 영향을 미치는 경우에는 지체 없이 보고해야 한다.
1. 양도, 양수, 분할・합병 및 특허 변동 등으로 인한 법적 지위 등의 변경
2. 대표자, 수출입 관련 업무 담당 임원 및 관리책임자의 변경
3. 소재지 이전, 사업장의 신설・증설・확장・축소・폐쇄 등
4. 사업내용의 변경 또는 추가
5. 화재, 침수, 도난, 불법유출 등 수출입화물 안전관리와 관련한 특이사항

20 답 ③

③ 수출입 안전관리 우수업체가 여러 공인부문에서 걸쳐 공인을 받은 경우에는 공인일자가 가장 빠른 공인부문을 기준으로 갱신심사를 함께 신청할 수 있다(「수출입 안전관리 우수업체 공인 및 운영에 관한 고시」 제19조 제2항 전단).
① 「수출입 안전관리 우수업체 공인 및 운영에 관한 고시」 제19조 제1항 전단

② 「수출입 안전관리 우수업체 공인 및 운영에 관한 고시」 제19조 제1항 단서
④ 「수출입 안전관리 우수업체 공인 및 운영에 관한 고시」 제19조 제3항
⑤ 「수출입 안전관리 우수업체 공인 및 운영에 관한 고시」 제19조 제6항 전단

21 답 ③

③ 기업상담전문관은 수출입 안전관리 우수업체가 공인기준을 충족하지 못하거나 분기 단위 법규준수도가 최근 2분기 연속으로 해당 업체의 공인등급별 기준 아래로 떨어진 경우에 공인기준 준수 개선을 요구하여야 한다(「수출입 안전관리 우수업체 공인 및 운영에 관한 고시」 제21조 제3항 전단).
① 「수출입 안전관리 우수업체 공인 및 운영에 관한 고시」 제21조 제1항
② 「수출입 안전관리 우수업체 공인 및 운영에 관한 고시」 제21조 제2항 제5호
④ 「수출입 안전관리 우수업체 공인 및 운영에 관한 고시」 제21조 제2항 단서
⑤ 「수출입 안전관리 우수업체 공인 및 운영에 관한 고시」 제21조 제2항 제7호

22 답 ①

① 심의위원회의 위원장은 관세청 차장이 된다(「수출입 안전관리 우수업체 공인 및 운영에 관한 고시」 제27조 제2항 참고).
② 「수출입 안전관리 우수업체 공인 및 운영에 관한 고시」 제27조의2 제2항
③ 「수출입 안전관리 우수업체 공인 및 운영에 관한 고시」 제27조의2 제3항
④ 「수출입 안전관리 우수업체 공인 및 운영에 관한 고시」 제27조의2 제4항
⑤ 「수출입 안전관리 우수업체 공인 및 운영에 관한 고시」 제27조의2 제8항

23 답 ⑤

⑤ 공인 후 교육의 경우 매 2년마다 총괄책임자는 4시간 이상, 수출입관리책임자는 8시간 이상(처음 교육은 공인일자를 기준으로 1년 이내 받아야 함). 다만, 관리책임자가 변경된 경우에는 변경된 날부터 180일 이내에 해당 교육을 받아야 한다(「수출입 안전관리 우수업체 공인 및 운영에 관한 고시」 제16조의2 제1항 제2호).
① 「수출입 안전관리 우수업체 공인 및 운영에 관한 고시」 제16조의2 제1항 본문
② 「수출입 안전관리 우수업체 공인 및 운영에 관한 고시」 제16조의2 제1항 제1호
③ 「수출입 안전관리 우수업체 공인 및 운영에 관한 고시」 [별표 4의2]
④ 「수출입 안전관리 우수업체 공인 및 운영에 관한 고시」 제16조의2 제4항

24 답 ①

운영인은 법규준수와 안전관리 업무에 대한 정보가 관련 부서에 공유되도록 해야 한다.

25 답 ⑤

⑤ 운영인은 미리 세관장에게 신고를 하고 물품의 장치에 방해되지 아니하는 범위에서 보세창고에 내국물품을 장치할 수 있다(「관세법」 제183조 제2항). 즉, 보세창고에 내국물품을 장치하는 것은 운영인의 업무이다.
① 「수출입 안전관리 우수업체 공인 및 운영에 관한 고시」 제16조 제3항 제1호
② 「수출입 안전관리 우수업체 공인 및 운영에 관한 고시」 제16조 제3항 제2호
③ 「수출입 안전관리 우수업체 공인 및 운영에 관한 고시」 제16조 제3항 제3호
④ 「수출입 안전관리 우수업체 공인 및 운영에 관한 고시」 제16조 제3항 제4호

제5과목 자율관리 및 관세벌칙

01	02	03	04	05	06	07	08	09	10
④	⑤	②	③	⑤	④	②	④	④	④
11	12	13	14	15	16	17	18	19	20
①	④	⑤	⑤	⑤	③	⑤	③	③	③
21	22	23	24	25					
②	②	②	③	④					

01 답 ④

④ 자율관리 보세구역 운영인 등은 해당 보세구역에서 반출입된 화물에 대한 장부를 2년간 보관해야 한다(「자율관리 보세구역 운영에 관한 고시」 제12조).
① 「자율관리 보세구역 운영에 관한 고시」 제3조
② 「관세법」 제164조 제2항
③ 「관세법」 제164조 제4항
⑤ 「관세법」 제164조 제6항

02 답 ⑤

신청을 받은 세관장은 지정요건을 검토하여 보세화물관리 및 세관 감시감독에 지장이 없다고 판단되는 경우 해당 보세구역의 특허기간을 지정기간으로 하여 자율관리 보세구역을 지정한다(「자율관리 보세구역 운영에 관한 고시」 제4조 제2항 참고).

03 답 ②

「보세공장 운영에 관한 고시」 제37조에 따른 자율관리 보세공장의 특례 적용은 우수 자율관리 보세구역의 절차생략 대상이다(「자율관리 보세구역 운영에 관한 고시」 제7조 제1항 제2호 나목).

04 답 ③

보세사가 해고 또는 취업정지 등의 사유로 업무를 수행할 수 없는 경우에는 2개월 이내에 다른 보세사를 채용하여 근무하게 해야 한다(「자율관리 보세구역 운영에 관한 고시」 제9조 제1항 제3호).

05 답 ⑤

⑤ 종합보세구역에서 종합보세기능을 수행하려는 자는 그 기능을 정하여 세관장에게 종합보세사업장의 설치・운영에 관한 신고를 하여야 하지만(「관세법」 제198조 제1항), 그 신고의 주체가 보세사일 것을 요하지는 않는다. 즉, 종합보세사업장의 설치・운영에 관한 신고를 하는 것은 보세사의 직무에 해당하지 않는다.
①・②・③ 「보세사제도 운영에 관한 고시」 제10조 제1항 참고
④ 「관세법 시행령」 제185조 제1항 제5호

관련 법령

「관세법 시행령」 제185조(보세사의 직무 등) 제1항
보세사의 직무는 다음 각 호와 같다.
1. 보세화물 및 내국물품의 반입 또는 반출에 대한 참관 및 확인
2. 보세구역 안에 장치된 물품의 관리 및 취급에 대한 참관 및 확인
3. 보세구역출입문의 개폐 및 열쇠관리의 감독
4. 보세구역의 출입자관리에 대한 감독
5. 견본품의 반출 및 회수
6. 기타 보세화물의 관리를 위하여 필요한 업무로서 관세청장이 정하는 업무

「보세사제도 운영에 관한 고시」 제10조(보세사의 직무) 제1항
영 제185조 제1항 제6호에서 "관세청장이 정하는 업무"란 다음 각 호와 같다.
1. 보수작업과 화주의 수입신고 전 장치물품확인 시 입회·감독
2. 세관봉인대의 시봉 및 관리
3. 환적화물 컨테이너 적출입 시 입회·감독
4. 다음 각 목의 비치대장 작성과 확인. 다만, 전산신고 등으로 관리되는 경우 생략할 수 있다.
   가. 내국물품 반출입 관리대장(별지 제8호 서식)
   나. 보수작업 관리대장(별지 제9호 서식)
   다. 환적화물 컨테이너적출입 관리대장(별지 제10호 서식)
   라. 장치물품 수입신고 전 확인대장(별지 제11호 서식)
   마. 세관봉인대 관리대장(별지 제12호 서식)
   바. 그 밖에 보세화물 관련규정에서 보세사의 직무로 정한 각종 대장

06 답 ④

④ 보세사 징계의 종류는 견책, 6개월의 범위 내 업무정지, 등록취소가 있다(「보세사제도 운영에 관한 고시」 제12조 제2항 각 호).
①·②·③ 「보세사제도 운영에 관한 고시」 제12조 제1항 및 각 호 참고
⑤ 「보세사제도 운영에 관한 고시」 제12조 제2항 단서

07 답 ②

ⓐ : 7일, ⓑ : 3일이다.

관련 법령

「수출입물류업체에 대한 법규수행능력측정 및 평가관리에 관한 훈령」 제7조(점검계획의 사전통지와 자율점검)
① 세관장은 법규수행능력 점검대상 수출입물류업체에 대하여 서면(현지)점검 개시 7일 전까지 법규수행능력 점검통지서와 관세청장이 별도 정하는 법규수행능력 평가항목 자율점검표를 송부해야 한다. 다만, 점검일정상 불가피한 경우에는 유선으로 통보하고 서면(현지)점검시에 동 통지서를 교부할 수 있다.
② 세관장이 제1항의 규정에 따라 수출입물류업체에 사전통지를 한 때에는 사전통지를 받은 날부터 3일 이내에 업체 자율적으로 점검하고 법규수행능력 평가항목 자율점검표를 작성하여 점검반에게 이를 제출할 수 있도록 해야 한다.

08 답 ④

④ 평가이행업체 또는 평가미이행업체가 추가 평가를 요청하는 때에는 세관장이 타당하다고 인정하는 경우에 한하여 연 1회의 추가 평가를 실시할 수 있다(「수출입물류업체에 대한 법규수행능력측정 및 평가관리에 관한 훈령」 제15조 제3항).
① 「수출입물류업체에 대한 법규수행능력측정 및 평가관리에 관한 훈령」 제15조 제1항
②·③ 「수출입물류업체에 대한 법규수행능력측정 및 평가관리에 관한 훈령」 제15조 제2항
⑤ 「수출입물류업체에 대한 법규수행능력측정 및 평가관리에 관한 훈령」 제15조 제5항

09 답 ④

④ 자유무역지역 예정지역으로 지정된 지역의 전부 또는 일부를 자유무역지역으로 지정하려는 경우에는 관계 중앙행정기관의 장과 협의를 거치지 아니할 수 있다(「자유무역지역의 지정 및 운영에 관한 법률」 제4조 제3항 단서).
① 「자유무역지역의 지정 및 운영에 관한 법률」 제4조 제1항 전단
② 「자유무역지역의 지정 및 운영에 관한 법률」 제4조 제2항
③ 「자유무역지역의 지정 및 운영에 관한 법률」 제4조 제3항 본문
⑤ 「자유무역지역의 지정 및 운영에 관한 법률」 제4조 제4항

10 답 ④

④ 산업통상자원부장관은 예정지역의 지정기간이 만료되기 전에 자유무역지역으로 지정할 것인지 여부를 결정해야 한다(「자유무역지역의 지정 및 운영에 관한 법률」 제7조 제4항). 즉, 관계 중앙행정기관의 장의 요청을 요하지 않는다.
① 「자유무역지역의 지정 및 운영에 관한 법률」 제7조 제1항
② 「자유무역지역의 지정 및 운영에 관한 법률」 제7조 제2항
③ 「자유무역지역의 지정 및 운영에 관한 법률」 제7조 제3항
⑤ 「자유무역지역의 지정 및 운영에 관한 법률」 제7조 제5항

11 답 ①

① 수출을 주목적으로 하는 제조업종의 사업을 하려는 자로서 수출 비중 등이 대통령령으로 정하는 기준을 충족하는 자(「자유무역지역의 지정 및 운영에 관한 법률」 제10조 제1항 제1호 전단).
② 「자유무역지역의 지정 및 운영에 관한 법률」 제10조 제1항 제5호
③ 「자유무역지역의 지정 및 운영에 관한 법률」 제10조 제1항 제6호, 동법 시행령 제7조 제8항
④ 「자유무역지역의 지정 및 운영에 관한 법률」 제10조 제1항 제7호
⑤ 「자유무역지역의 지정 및 운영에 관한 법률」 제10조 제1항 제8호

12 답 ④

④ 입주기업체 외의 자가 외국물품을 자유무역지역 안으로 반입하려는 경우 그 반입을 하려는 자는 「관세법」 제241조에 따른 수입신고를 하고 관세 등을 내야 한다(「자유무역지역의 지정 및 운영에 관한 법률」 제29조 제4항 제1호).
① 「자유무역지역의 지정 및 운영에 관한 법률」 제29조 제1항 제1호
② 「자유무역지역의 지정 및 운영에 관한 법률」 제29조 제2항
③ 「자유무역지역의 지정 및 운영에 관한 법률」 제29조 제3항
⑤ 「자유무역지역의 지정 및 운영에 관한 법률」 제29조 제5항 제2호

13 답 ⑤

⑤ 제4항에 따라 준용되는 「관세법」 제187조 제7항에 따라 관세 등을 징수하는 물품에 대한 과세물건 확정의 시기는 제2항에 따른 역외작업 신고 수리가 있은 때로 한다(「자유무역지역의 지정 및 운영에 관한 법률」 제34조 제5항).

① 「자유무역지역의 지정 및 운영에 관한 법률」 제34조 제1항 본문
② 「자유무역지역의 지정 및 운영에 관한 법률」 제34조 제2항
③ 「자유무역지역의 지정 및 운영에 관한 법률 시행령」 제24조 제2항 본문
④ 「자유무역지역의 지정 및 운영에 관한 법률 시행령」 제24조 제1항 참고

14 답 ⑤

⑤ 관리권자는 자유무역지역의 효율적인 관리・운영을 위하여 필요한 경우에는 관세청장에게 입주기업체의 물품 반입・반출실적에 대한 자료의 제공을 요청할 수 있다(「자유무역지역의 지정 및 운영에 관한 법률」 제39조 제5항).

① 「자유무역지역의 지정 및 운영에 관한 법률」 제39조 제1항
② 「자유무역지역의 지정 및 운영에 관한 법률」 제39조 제2항
③ 「자유무역지역의 지정 및 운영에 관한 법률」 제39조 제3항
④ 「자유무역지역의 지정 및 운영에 관한 법률」 제39조 제4항 본문

15 답 ⑤

④・⑤ 화주 등이 물품을 국외로 반출하거나 폐기한 경우 또는 세관장이 폐기한 경우 그 비용은 화주 등이 부담한다(「자유무역지역의 지정 및 운영에 관한 법률」 제40조 제3항).

① 「자유무역지역의 지정 및 운영에 관한 법률」 제40조 제1항 본문 및 제1호 참고
② 「자유무역지역의 지정 및 운영에 관한 법률」 제40조 제1항 단서 및 제2호 참고
③ 「자유무역지역의 지정 및 운영에 관한 법률」 제40조 제2항

16 답 ③

제327조의4(전자문서 등 관련 정보에 관한 보안) 제3항을 위반하여 업무상 알게 된 전자문서 등 관련 정보에 관한 비밀을 누설하거나 도용한 한국관세정보원 또는 전자문서중계사업자의 임직원 또는 임직원이었던 사람은 5년 이하의 징역 또는 5천만 원 이하의 벌금에 처한다(「관세법」 제268조의2 제2항 제3호 참고).

17 답 ⑤

⑤ 제241조(수출・수입 또는 반송의 신고) 제1항 및 제2항에 따른 신고를 하지 아니하고 물품을 수출하거나 반송한 자는 3년 이하의 징역 또는 물품원가 이하에 상당하는 벌금에 처한다(「관세법」 제269조 제3항 제1호 참고).

①・② 5년 이하의 징역 또는 관세액의 10배와 물품원가 중 높은 금액 이하에 상당하는 벌금에 처한다. 다만 수입신고 전 즉시반출신고를 한 자는 제외한다(「관세법」 제269조 제2항 제1호 참고).

③ 5년 이하의 징역 또는 관세액의 10배와 물품원가 중 높은 금액 이하에 상당하는 벌금에 처한다(「관세법」 제269조 제2항 제2호 참고).

④ 7년 이하의 징역 또는 7천만 원 이하의 벌금에 처한다(「관세법」 제269조 제1항 참고).

18 답 ③

③ 1년 이상 10년 이하의 징역 또는 1억 원 이하의 벌금에 처한다(「관세법」 제268조의2 제1항).
① 5년 이하의 징역 또는 5천만 원 이하의 벌금에 처한다(「관세법」 제268조의2 제2항 제1호).
② 7년 이하의 징역 또는 7천만 원 이하의 벌금에 처한다(「관세법」 제269조 제1항).
④ 3년 이하의 징역 또는 포탈한 관세액의 5배와 물품원가 중 높은 금액 이하에 상당하는 벌금에 처한다(「관세법」 제270조 제1항 제1호).
⑤ 3년 이하의 징역에 처하거나, 감면받거나 면탈한 관세액의 5배 이하에 상당하는 벌금에 처한다(「관세법」 제270조 제4항).

19 답 ③

수입신고를 한 자 중 법령에 따라 수입이 제한된 사항을 회피할 목적으로 부분품으로 수입하거나 주요 특성을 갖춘 미완성・불완전한 물품이나 완제품을 부분품으로 분할하여 수입한 자는 3년 이상의 징역 또는 포탈한 관세액의 5배와 물품원가 중 높은 금액 이하에 상당하는 벌금에 처한다(「관세법」 제270조 제1항 전단 및 제3호 참고).

20 답 ③

밀수품을 취득・양도・운반・보관 또는 알선하거나 감정한 자는 3년 이하의 징역 또는 물품원가 이하에 상당하는 벌금에 처한다(「관세법」 제274조 제1항 제1호).

21 답 ②

제198조 제1항에 따른 종합보세사업장의 설치・운영에 관한 신고를 하지 아니하고 종합보세기능을 수행한 자는 물품원가 또는 2천만 원 중 높은 금액 이하의 벌금에 처한다(「관세법」 제276조 제2항 제1호).

22 답 ②

② 「관세법」 제276조 제3항 제5호
① 물품원가 또는 2천만 원 중 높은 금액 이하의 벌금(「관세법」 제276조 제2항 제3호)
③ 5천만 원 이하의 과태료(「관세법」 제277조 제3항 제1호)
④ 1천만 원 이하의 벌금(「관세법」 제276조 제4항 제5호)
⑤ 1천만 원 이하의 벌금(「관세법」 제276조 제4항 제7호)

23 답 ②

유통이력 신고의 의무가 있는 자는 유통이력을 장부에 기록(전자적 기록방식 포함)하고, 그 자료를 거래일부터 1년간 보관해야 한다(「관세법」 제240조의2 제2항). 이를 위반하여 장부기록 자료를 보관하지 아니한 자에게는 500만 원 이하의 과태료를 부과한다(동법 제277조 제5항 제2호 참고).

24 답 ③

「자유무역지역의 지정 및 운영에 관한 법률」 제58조에 따라 3년 이하의 징역 또는 3천만 원 이하의 벌금에 처한다.

25 답 ④

④ 다른 기관이 관세범에 관한 사건을 발견하거나 피의자를 체포하였을 때에는 즉시 관세청이나 세관에 인계하여야 한다(「관세법」 제284조 제2항).
① 「관세법」 제283조 제1항
② 「관세법」 제283조 제2항
③ 「관세법」 제284조 제1항
⑤ 「관세법」 제285조

제3회 최종모의고사 정답 및 해설

제1과목 수출입통관절차

01	02	03	04	05	06	07	08	09	10
②	④	③	③	①	④	①	③	④	③
11	12	13	14	15	16	17	18	19	20
⑤	⑤	①	④	③	②	②	③	①	②
21	22	23	24	25					
④	⑤	②	②	④					

01 답 ②

관세의 전제가 되는 관세선은 관세에 관한 법률규제가 이루어지는 경계로서, 정치적 개념인 국경선과 일치하는 것이 일반적이지만 반드시 일치하지는 않는다.

02 답 ④

이 법은 관세의 부과・징수 및 수출입물품의 통관을 적정하게 하고 관세수입을 확보함으로써 국민경제의 발전에 이바지함을 목적으로 한다(「관세법」 제1조).

03 답 ③

③ 이 법의 해석에 관한 사항은 「국세기본법」 제18조의2에 따른 국세예규심사위원회에서 심의할 수 있다(「관세법」 제5조 제3항).
① 「관세법」 제5조 제1항
② 「관세법」 제5조 제2항
④ 「관세법」 제6조
⑤ 「관세법」 제7조

04 답 ③

③ 반송신고필증은 반송신고 수리일부터 3년 동안 보관해야 한다(「관세법 시행령」 제3조 제1항 제2호).
① 「관세법」 제11조 제1항
② 「관세법」 제11조 제2항
④ 「관세법 시행령」 제3조 제1항 제2호
⑤ 「관세법 시행령」 제3조 제1항 제3호

05 답 ①

구매수수료는 가산요소에서 제외된다(「관세법」 제30조 제1항 제1호).

> **관련 법령**
>
> 「관세법」 제30조(과세가격 결정의 원칙) 제1항
>
> 수입물품의 과세가격은 우리나라에 수출하기 위하여 판매되는 물품에 대하여 구매자가 실제로 지급하였거나 지급해야 할 가격에 다음 각 호의 금액을 더하여 조정한 거래가격으로 한다. 다만, 다음 각 호의 금액을 더할 때에는 객관적이고 수량화할 수 있는 자료에 근거해야 하며, 이러한 자료가 없는 경우에는 이 조에 규정된 방법으로 과세가격을 결정하지 아니하고 제31조부터 제35조까지에 규정된 방법으로 과세가격을 결정한다.
>
> 1. 구매자가 부담하는 수수료와 중개료. 다만, 구매수수료는 제외한다.
> 2. 해당 수입물품과 동일체로 취급되는 용기의 비용과 해당 수입물품의 포장에 드는 노무비와 자재비로서 구매자가 부담하는 비용
> 3. 구매자가 해당 수입물품의 생산 및 수출거래를 위하여 대통령령으로 정하는 물품 및 용역을 무료 또는 인하된 가격으로 직접 또는 간접으로 공급한 경우에는 그 물품 및 용역의 가격 또는 인하차액을 해당 수입물품의 총생산량 등 대통령령으로 정하는 요소를 고려하여 적절히 배분한 금액
> 4. 특허권, 실용신안권, 디자인권, 상표권 및 이와 유사한 권리를 사용하는 대가로 지급하는 것으로서 대통령령으로 정하는 바에 따라 산출된 금액
> 5. 해당 수입물품을 수입한 후 전매・처분 또는 사용하여 생긴 수익금액 중 판매자에게 직접 또는 간접으로 귀속되는 금액
> 6. 수입항(輸入港)까지의 운임・보험료와 그 밖에 운송과 관련되는 비용으로서 대통령령으로 정하는 바에 따라 결정된 금액. 다만, 기획재정부령으로 정하는 수입물품의 경우에는 이의 전부 또는 일부를 제외할 수 있다.

06 답 ④

관세의 징수에 관하여는 「국세기본법」 제38조부터 제41조까지의 규정을 준용한다(「관세법」 제19조 제8항). 이에 따라 제2차 납세의무자는 청산인 또는 잔여재산을 분배받거나 인도받은 자, 출자자, 법인, 사업양수인이 된다.

07 답 ①

수입신고 수리 전 즉시반출신고를 하고 신고일부터 10일 이내에 수입신고를 하지 아니하여 관세를 징수하는 경우에는 부과고지의 대상이 된다.

> **관련 법령**
>
> 「관세법」 제39조(부과고지) 제1항, 「관세법 시행규칙」 제19조(부과고지 대상물품)
>
> 다음 각 호의 어느 하나에 해당하는 경우 세관장이 관세를 부과・징수한다.
>
> 1. 제16조 제1호부터 제6호까지 및 제8호부터 제11호까지에 해당되어 관세를 징수하는 경우
> 2. 보세건설장에서 건설된 시설로서 제248조에 따라 수입신고가 수리되기 전에 가동된 경우

3. 보세구역(제156조 제1항에 따라 보세구역 외 장치를 허가받은 장소 포함)에 반입된 물품이 제248조 제3항을 위반하여 수입신고가 수리되기 전에 반출된 경우
4. 납세의무자가 관세청장이 정하는 사유로 과세가격이나 관세율 등을 결정하기 곤란하여 부과고지를 요청하는 경우
5. 제253조(수입신고 전의 물품반출)에 따라 즉시반출한 물품을 같은 조 제3항의 기간(즉시반출신고를 한 날부터 10일) 내에 수입신고를 하지 아니하여 관세를 징수하는 경우
6. 그 밖에 제38조에 따른 납세신고가 부적당한 것으로서 기획재정부령으로 정하는 경우
   - 여행자 또는 승무원의 휴대품 및 별송품
   - 우편물(수입신고대상 우편물은 제외)
   - 법령의 규정에 의하여 세관장이 관세를 부과·징수하는 물품
   - 상기 외에 납세신고가 부적당하다고 인정하여 관세청장이 지정하는 물품

08 답 ③

③ 신고납부한 세액의 부족 등에 대하여 납세의무자에게 대통령령으로 정하는 정당한 사유가 있는 경우 가산세를 전액 감면한다(「관세법」 제42조의2 제1항 제8호).
① 「관세법」 제42조의2 제1항 제1호
② 「관세법」 제42조의2 제1항 제2호
④ 「관세법」 제42조의2 제1항 제4호
⑤ 「관세법」 제42조의2 제1항 제7호

09 답 ④

④ 결정통지일로부터 2개월
①·②·③·⑤ 결정·판결이 확정되거나 회신을 받은 날로부터 1년

「관세법」 제21조(관세부과의 제척기간) 제2항 정리

특례기간	사 유
그 결정·판결이 확정된 날부터 1년	• 이의신청, 심사청구 또는 심판청구에 대한 결정이 있는 경우 • 「감사원법」에 따른 심사청구에 대한 결정이 있는 경우 • 「행정소송법」에 따른 소송에 대한 판결이 있는 경우 • 압수물품의 반환결정이 있는 경우
다음 중 먼저 도래하는 날로부터 1년 • 해당 요청에 따라 회신을 받은 날 • 「관세법」과 「자유무역협정의 이행을 위한 관세법의 특례에 관한 법률」 및 조약·협정 등에서 정한 회신기간이 종료된 날	「관세법」과 「자유무역협정의 이행을 위한 관세법의 특례에 관한 법률」 및 조약·협정 등이 정하는 바에 따라 양허세율의 적용 여부 및 세액 등을 확정하기 위하여 원산지증명서를 발급한 국가의 세관이나 그 밖에 발급권한이 있는 기관에게 원산지증명서 및 원산지증명서 확인자료의 진위 여부, 정확성 등의 확인을 요청하여 회신을 받은 경우
결정청구일 또는 결정통지일로부터 2개월	• 경정청구가 있는 경우 • 국세의 정상가격과 관세의 과세가격 간의 조정 신청에 대한 결정통지가 있는 경우

10 답 ③

탁송품 또는 별송품은 간이세율을 적용할 수 있다.

> **관련 법령**
>
> 「관세법」 제81조(간이세율의 적용) 제1항
>
> 다음 각 호의 어느 하나에 해당하는 물품 중 대통령령으로 정하는 물품에 대하여는 다른 법령에도 불구하고 간이세율을 적용할 수 있다.
>
> 1. 여행자 또는 외국을 오가는 운송수단의 승무원이 휴대하여 수입하는 물품
> 2. 우편물(수입신고대상 우편물은 제외)
> 3. 〈삭 제〉
> 4. 탁송품 또는 별송품
>
> 「관세법 시행령」 제96조(간이세율의 적용) 제2항
>
> 다음 각 호의 물품에 대하여는 간이세율을 적용하지 아니한다.
>
> 1. 관세율이 무세인 물품과 관세가 감면되는 물품
> 2. 수출용 원재료
> 3. 법 제11장의 범칙행위에 관련된 물품
> 4. 종량세가 적용되는 물품
> 5. 다음 각 목의 어느 하나에 해당하는 물품으로서 관세청장이 정하는 물품
>   가. 상업용으로 인정되는 수량의 물품
>   나. 고가품
>   다. 당해 물품의 수입이 국내산업을 저해할 우려가 있는 물품
>   라. 법 제81조제4항의 규정에 의한 단일한 간이세율의 적용이 과세형평을 현저히 저해할 우려가 있는 물품
> 6. 화주가 수입신고를 할 때에 과세대상물품의 전부에 대하여 간이세율의 적용을 받지 아니할 것을 요청한 경우의 당해 물품

11 답 ⑤

재수출기간이 3년 초과 4년 이내인 경우의 감면율은 관세액의 100분의 30이다(「관세법」 제98조 제1항 제5호).

12 답 ⑤

⑤ 세관공무원은 법에 규정된 경우에 한하여 그 사용 목적에 맞는 범위에서 납세자의 과세정보를 제공할 수 있다(「관세법」 제116조 제1항 참고).

① 「관세법」 제111조 제1항

② 「관세법」 제112조

③ 「관세법」 제113조 제1항

④ 「관세법」 제115조 본문

관련 법령

「관세법」 제116조(비밀유지) 제1항

세관공무원은 납세자가 이 법에서 정한 납세의무를 이행하기 위하여 제출한 자료나 관세의 부과·징수 또는 통관을 목적으로 업무상 취득한 자료 등(과세정보)을 타인에게 제공하거나 누설하여서는 아니 되며, 사용 목적 외의 용도로 사용하여서도 아니 된다. 다만, 다음 각 호의 어느 하나에 해당하는 경우에는 그 사용 목적에 맞는 범위에서 납세자의 과세정보를 제공할 수 있다.

1. 국가기관이 관세에 관한 쟁송이나 관세범에 대한 소추(訴追)를 목적으로 과세정보를 요구하는 경우
2. 법원의 제출명령이나 법관이 발부한 영장에 따라 과세정보를 요구하는 경우
3. 세관공무원 상호 간에 관세를 부과·징수, 통관 또는 질문·검사하는 데에 필요하여 과세정보를 요구하는 경우
4. 통계청장이 국가통계작성 목적으로 과세정보를 요구하는 경우
5. 다음 각 목에 해당하는 자가 급부·지원 등의 대상자 선정 및 그 자격을 조사·심사하는 데 필요한 과세정보를 당사자의 동의를 받아 요구하는 경우
   가. 국가행정기관 및 지방자치단체
   나. 「공공기관의 운영에 관한 법률」에 따른 공공기관 중 대통령령으로 정하는 공공기관
   다. 「은행법」에 따른 은행
   라. 그 밖에 급부·지원 등의 업무와 관련된 자로서 대통령령으로 정하는 자
6. 제5호 나목 또는 다목에 해당하는 자가 「대외무역법」 제2조 제3호에 따른 무역거래자의 거래, 지급, 수령 등을 확인하는 데 필요한 과세정보를 당사자의 동의를 받아 요구하는 경우
7. 다른 법률에 따라 과세정보를 요구하는 경우

13 답 ①

① 과세가격이 15만 원 이하인 물품은 원산지를 증명하는 서류를 제출하지 않는다(「관세법 시행령」 제236조 제2항 제3호).
② 「관세법」 제229조 제3항
③ 「관세법」 제230조 단서
④ 「관세법」 제231조 제1항
⑤ 「관세법」 제230조의2

14 답 ④

④ 수출입 시 허가·승인 등의 증명이 필요한 물품을 수출입하려는 자는 요건신청을 통관포털을 이용하여 요건확인기관의 장에게 할 수 있다. 통관포털을 이용하지 않고 서면 등의 방식으로 요건신청을 하려는 자는 요건확인기관의 장에게 직접 신청해야 한다(「관세법 제226조에 따른 세관장확인물품 및 확인방법 지정고시」 제3조 제1항·제2항).
① 「관세법 제226조에 따른 세관장확인물품 및 확인방법 지정고시」 제2조 제1호
② 「관세법 제226조에 따른 세관장확인물품 및 확인방법 지정고시」 제2조 제3호
③ 「관세법 제226조에 따른 세관장확인물품 및 확인방법 지정고시」 제2조 제5호
⑤ 「관세법 제226조에 따른 세관장확인물품 및 확인방법 지정고시」 제5조

15 답 ③

③ 이 경우 승인의 유효기간은 승인일부터 그 후 2년이 되는 날이 속하는 달의 마지막 날까지로 한다(「관세법 시행령」 제1조의5 제2항 후단).
① 「관세법」 제9조 제3항 전단
② 「관세법」 제9조 제3항 후단
④ 「관세법 시행령」 제1조의5 제4항 제1호
⑤ 「관세법 시행령」 제1조의5 제5항

16 답 ②

①·② 「관세법」은 신고납부를 원칙(「관세법」 제38조 제1항 참고)으로 하고, 예외적으로 부과고지(「관세법」 제39조 제1항 참고)에 대한 사항을 규정하고 있다.
③ 「관세법」 제39조 제2항
④ 「관세법 시행령」 제36조 본문
⑤ 「관세법 시행령」 제36조 단서

17 답 ②

② 관세의 분할납부를 승인받은 물품을 동일한 용도로 사용하려는 자에게 양도한 경우에는 그 양수인이 관세를 납부하여야 하며, 해당 용도 외의 다른 용도로 사용하려는 자에게 양도한 경우에는 그 양도인이 관세를 납부하여야 한다. 이 경우 양도인으로부터 해당 관세를 징수할 수 없을 때에는 그 양수인으로부터 징수한다(「관세법」 제107조 제5항).
① 「관세법」 제107조 제3항
③ 「관세법」 제107조 제6항
④ 「관세법」 제107조 제7항
⑤ 「관세법」 제107조 제8항

18 답 ③

③ 세관장은 외국물품을 유치할 때에는 그 사실을 물품의 화주나 그 위임을 받은 자에게 통지하여야 한다(「관세법」 제231조 제3항).
① 「관세법」 제231조 제1항
② 「관세법」 제231조 제2항 본문
④ 「관세법」 제231조 제4항
⑤ 「관세법」 제231조 제5항

19 답 ①

① 세관장은 법 제235조 제3항 및 제4항에 따라 통관보류 등이 요청된 같은 조 제3항 각 호의 어느 하나에 해당하는 물품이 지식재산권을 침해한 물품이라고 인정되면 해당 물품의 통관보류 등을 해야 한다. 다만, 지식재산권의 권리자가 해당 물품의 통관 또는 유치 해제에 동의하는 때에는 관세청장이 정하는 바에 따라 통관을 허용하거나 유치를 해제할 수 있다(「관세법 시행령」 제239조 제1항).
② 「관세법 시행령」 제239조 제3항 전단
③ 「관세법 시행령」 제239조 제3항 후단
④ 「관세법 시행령」 제239조 제4항 제1호
⑤ 「관세법 시행령」 제239조 제4항 제2호

20 답 ②

② 유통이력 신고의 의무가 있는 자는 유통이력을 장부에 기록(전자적 기록방식 포함)하고, 그 자료를 거래일부터 1년간 보관해야 한다(「관세법」 제240조의2 제2항).
① 「관세법」 제240조의2 제1항
③ 「관세법」 제240조의2 제4항
④ 「관세법」 제240조의3 제1항
⑤ 「관세법」 제240조의3 제3항

21 답 ④

④ "물품검사"에 대한 정의이다(「수입통관 사무처리에 관한 고시」 제3조 제6호). "심사"라 함은 신고된 세번 · 세율과 과세가격 등 신고사항의 적정 여부와 법령에 따른 수입요건의 충족 여부 등을 확인하기 위하여 관련서류나 분석결과를 검토하는 것을 말한다(「수입통관 사무처리에 관한 고시」 제3조 제5호).
① 「수입통관 사무처리에 관한 고시」 제3조 제1호
② 「수입통관 사무처리에 관한 고시」 제3조 제2호
③ 「수입통관 사무처리에 관한 고시」 제3조 제3호
⑤ 「수입통관 사무처리에 관한 고시」 제3조 제9호

22 답 ⑤

⑤ 수입 · 반송신고의 지연가산세액은 500만 원을 초과할 수 없다(「관세법 시행령」 제247조 제2항).
①·②·③·④ 「관세법 시행령」 제247조 제1항 각 호

23 답 ②

원격지화상검사는 수입물품의 검사방법이 아니다.
검사대상물품은 일반검사(전량검사, 발췌검사), 정밀검사(분석검사, 비파괴검사, 파괴검사), 안전성검사[협업검사, 방사능검사(표면방사선량률 측정), 안전성분석검사] 방법으로 검사를 실시한다(「수입통관 사무처리에 관한 고시」 제32조).

24 답 ②

② 출항 전 신고나 입항 전 신고 물품은 「보세화물 입출항 하선 하기 및 적재에 관한 고시」에 따른 적재화물목록 심사가 완료된 때(수입신고 전에 적재화물목록 심사가 완료된 때에는 수입신고 심사가 완료된 때)에 신고수리한다(「수입통관 사무처리에 관한 고시」 제35조 제1항 제1호).
① 「수입통관 사무처리에 관한 고시」 제35조 제1항 본문
③ 「수입통관 사무처리에 관한 고시」 제35조 제1항 제2호
④ 「수입통관 사무처리에 관한 고시」 제35조 제4항 본문
⑤ 「수입통관 사무처리에 관한 고시」 제35조 제4항 단서

25 답 ④

④ 전자상거래 물품의 수출신고는 「수출통관 사무처리에 관한 고시」 제35조의2에서 규정하고 있다.
① 「수출통관 사무처리에 관한 고시」 제32조
② 「수출통관 사무처리에 관한 고시」 제34조
③ 「수출통관 사무처리에 관한 고시」 제33조
⑤ 「수출통관 사무처리에 관한 고시」 제35조

제2과목 보세구역관리

01	02	03	04	05	06	07	08	09	10
②	③	①	④	②	①	③	①	④	⑤
11	12	13	14	15	16	17	18	19	20
③	⑤	③	④	③	②	⑤	④	①	③
21	22	23	24	25					
④	①	⑤	①	③					

01 답 ②

①・②・③ 운영인이 외교관 구매자에게 물품을 판매하는 때에는 외교관 구매자가 법 제88조(외교관용 물품 등의 면세) 제1항 제1호부터 제4호까지에 해당하는 자임을 확인한 면세통관신청서(별지 제6호 서식)를 제출받아야 한다. 다만, 주류와 담배를 판매하려는 때에는 외교부장관이 발행한 면세통관의뢰서(별지 제8호 서식)를 제출받아야 하며 그 승인 한도 내에서 분할 판매할 수 있다(「보세판매장 운영에 관한 고시」 제10조 제1항).

④ 「보세판매장 운영에 관한 고시」 제10조 제4항

⑤ 「보세판매장 운영에 관한 고시」 제10조 제5항

02 답 ③

③ 부산항・인천항・인천공항・김해공항 항역 내의 지정장치장으로 반입된 물품의 장치기간은 2개월로 하며, 세관장이 필요하다고 인정할 때에는 2개월의 범위에서 그 기간을 연장할 수 있다(「보세화물장치기간 및 체화관리에 관한 고시」 제4조 제1항 단서).

① 「관세법」 제169조

② 「관세법」 제170조 참고

④ 「관세법」 제172조 제1항

⑤ 「관세법」 제172조 제2항 본문

03 답 ①

① 세관장은 지정장치장의 질서유지와 화물의 안전관리를 위하여 필요하다고 인정할 때에는 화주를 갈음하여 보관의 책임을 지는 화물관리인을 지정할 수 있다(「관세법」 제172조 제2항 본문).

② 「관세법 시행령」 제187조 제4항

③ 「관세법 시행령」 제187조 제5항 전단

④ 「관세법 시행령」 제187조 제6항

⑤ 「관세법」 제172조 제5항 전단

04 답 ④

④ 2년 이상 물품의 반입실적이 없는 경우는 특허보세구역의 지정취소 사유에 해당한다(「관세법」 제178조 제2항 제4호 참고).

①・②・③・⑤ 「관세법 시행령」 제187조의2 제1항

05 답 ②

② 「관세법」 제268조의2(전자문서 위조・변조죄 등)에 따라 벌금형 또는 통고처분을 받은 자로서 그 벌금형을 선고받거나 통고처분을 이행한 후 2년이 지나지 아니한 자(「관세법」 제175조 제7호)

① 「관세법」 제175조 제3호

③ 「관세법」 제175조 제5호

④ 「관세법」 제175조 제7호

⑤ 「관세법」 제175조 제6호 가목

관련 법령

「관세법」 제175조(운영인의 결격사유)

다음 각 호의 어느 하나에 해당하는 자는 특허보세구역을 설치・운영할 수 없다. 다만, 제6호에 해당하는 자의 경우에는 같은 호 각 목의 사유가 발생한 해당 특허보세구역을 제외한 기존의 다른 특허를 받은 특허보세구역에 한정하여 설치・운영할 수 있다.

1. 미성년자
2. 피성년후견인과 피한정후견인
3. 파산선고를 받고 복권되지 아니한 자
4. 이 법을 위반하여 징역형의 실형을 선고받고 그 집행이 끝나거나(집행이 끝난 것으로 보는 경우 포함) 면제된 후 2년이 지나지 아니한 자
5. 이 법을 위반하여 징역형의 집행유예를 선고받고 그 유예기간 중에 있는 자
6. 다음 각 목의 어느 하나에 해당하는 경우에는 해당 목에서 정한 날부터 2년이 지나지 아니한 자. 이 경우 동일한 사유로 다음 각 목 모두에 해당하는 경우에는 그중 빠른 날을 기준으로 한다.
   가. 제178조(반입정지 등과 특허의 취소) 제2항에 따라 특허보세구역의 설치・운영에 관한 특허가 취소(이 조 제1호부터 제3호까지의 규정 중 어느 하나에 해당하여 특허가 취소된 경우는 제외)된 경우 : 해당 특허가 취소된 날
   나. 제276조(허위신고죄 등) 제3항 제3호의2 또는 같은 항 제6호[제178조(반입정지 등과 특허의 취소) 제2항 제1호・제5호에 해당하는 자만 해당]에 해당하여 벌금형 또는 통고처분을 받은 경우 : 벌금형을 선고받은 날 또는 통고처분을 이행한 날
7. 제268조의2(전자문서 위조・변죄죄 등), 제269조(밀수출입죄), 제270조(관세포탈죄 등), 제270조의2(가격조작죄), 제271조(미수범 등), 제274조(밀수품의 취득죄 등), 제275조의2 (강제징수면탈죄 등), 제275조의3(명의대여행위죄 등) 또는 제275조의 4(보세사의 명의대여죄 등)에 따라 벌금형 또는 통고처분을 받은 자로서 그 벌금형을 선고받거나 통고처분을 이행한 후 2년이 지나지 아니한 자. 다만, 제279조(양벌 규정)에 따라 처벌된 개인 또는 법인은 제외한다.
8. 제2호부터 제7호까지에 해당하는 자를 임원(해당 보세구역의 운영업무를 직접 담당하거나 이를 감독하는 자로 한정)으로 하는 법인

06 답 ①

자동차는 「관세법」에 따른 담보에 해당하지 않는다.

관련 법령

「관세법」 제24조(담보의 종류 등) 제1항
담보의 종류는 다음 각 호와 같다.
1. 금 전
2. 국채 또는 지방채
3. 세관장이 인정하는 유가증권
4. 납세보증보험증권
5. 토 지
6. 보험에 가입된 등기 또는 등록된 건물 · 공장재단 · 광업재단 · 선박 · 항공기 또는 건설기계
7. 세관장이 인정하는 보증인의 납세보증서

07 답 ③

ⓐ : 30일, ⓑ : 6천분의 1이다.

관련 법령

「관세법 시행령」 제193조의3(특허보세구역의 운영인에 대한 과징금의 부과기준 등) 제1항
법 제178조 제3항에 따라 부과하는 과징금의 금액은 제1호의 기간에 제2호의 금액을 곱하여 산정한다.
1. 기간 : 법 제178조 제1항에 따라 산정한 물품반입 등의 정지 일수(1개월은 30일을 기준으로 한다)
2. 1일당 과징금 금액 : 해당 특허보세구역 운영에 따른 연간 매출액의 6천분의 1

08 답 ①

① 「보세공장 운영에 관한 고시」 제33조 제1항 후단
② "잉여물품"이란 보세작업으로 인하여 발생하는 부산물과 불량품, 제품 생산 중단 등의 사유로 사용하지 않은 원재료와 제품 등을 말하며, 제12조 제3항 제8호의 물품(보세공장 반입물품 또는 보세공장에서 제조 · 가공한 물품에 전용되는 포장 · 운반물품)을 포함한다(「보세공장 운영에 관한 고시」 제3조 제5호).
③ 세관장은 폐기 후 잔존물이 실질적인 가치가 있을 때에는 폐기 후의 물품의 성질과 수량에 따라 관세 등을 징수하여야 한다(「보세공장 운영에 관한 고시」 제33조 제3항 후단).
④ 세관장은 운영인이 제3항에 따라 잉여물품을 폐기하는 때에는 수출입 안전관리 우수업체, 법규수행능력평가 우수업체 등 성실하다고 인정하는 업체 중 폐기 후의 잔존물이 실질적 가치가 없는 물품에 대하여는 업체의 신청을 받아 사전에 자체폐기대상물품으로 지정할 수 있다(「보세공장 운영에 관한 고시」 제33조 제5항 전단).
⑤ 폐기를 완료한 운영인은 관련 자료를 첨부하여 세관장에게 폐기완료일로부터 30일 이내에 폐기완료보고를 하여야 한다(「보세공장 운영에 관한 고시」 제33조 제3항 본문).

09 답 ④

④ 상속인 또는 승계법인이 제3항에 따른 신고를 하였을 때에는 피상속인 또는 피승계법인이 사망하거나 해산한 날부터 신고를 한 날까지의 기간 동안 피상속인 또는 피승계법인의 특허보세구역의 설치・운영에 관한 특허는 상속인 또는 승계법인에 대한 특허로 본다(「관세법」 제179조 제4항).

① 「관세법」 제179조 제1항 제4호
② 「관세법」 제179조 제2항
③ 「관세법」 제179조 제3항
⑤ 「관세법」 제179조 제5항

10 답 ⑤

⑤ 외부 침입 방지를 위해 담벽이나 철조망 및 조명을 설치하여야 하며, 보안 전문업체와 경비위탁계약을 체결한 경우는 감시 장비를 갖춘 것으로 본다(「보세창고 특허 및 운영에 관한 고시」 제10조 제1항 제7호 참고).

① 「보세창고 특허 및 운영에 관한 고시」 제10조 제1항 제1호 전단
② 「보세창고 특허 및 운영에 관한 고시」 제10조 제1항 제3호
③ 「보세창고 특허 및 운영에 관한 고시」 제10조 제1항 제5호
④ 「보세창고 특허 및 운영에 관한 고시」 제10조 제1항 제8호

관련 법령

「보세창고 특허 및 운영에 관한 고시」 제10조(영업용 보세창고의 요건) 제1항

영업용 보세창고의 건물과 부지는 다음 각 호의 요건을 갖추어야 한다.

1. 지붕이 있고 주위에 벽을 가진 건축물로서 창고면적(창고 내 화물을 장치하는 바닥의 면적)이 1,000m^2 이상이어야 한다. 다만, 다음 각 목에 해당하는 경우 창고면적 산출은 각 목에서 정하는 바에 따른다.
   가. 지하층을 포함한 건축물로서 건축물의 용도를 「건축법」상 창고용도로 설계하여 건축허가 및 준공검사를 받고, 화물전용통로 또는 전용승강기 등 화물운반을 위한 적합한 시설을 갖춘 건물일 경우에는 지하층의 화물장치 바닥면적을 합산하여 창고면적을 산출한다.
   나. 자동화 설비를 갖춘 건축물로서 국제거래상 통상 운송되는 단위 포장 및 중량 화물을 충분히 장치할 수 있는 공간을 구비하고 하중에 견딜 수 있는 견고한 선반(RACK)을 설치한 경우에는 선반의 면적과 통로의 면적을 합산하여 창고면적을 산출한다.
2. 컨테이너 트레일러가 주차하고 회차하기에 충분한 부지가 있어야 한다.
3. 건물은 철근 콘크리트, 시멘트, 벽돌 등 내화성 및 방화성이 있고 외부로부터 침입이 어려운 강도를 가진 재료로 구축되어야 한다.
4. 건물의 용도가 「건축법」상 보관하려는 보세화물의 보관에 적합하여야 한다.
5. 건물의 바닥은 시멘트・콘크리트・아스팔트 등으로 하여야 한다.
6. 해당 건물과 건물의 주변 및 건물 이외의 하치장에 침수방지를 위한 배수구 또는 배수펌프 등 적정시설이 설치되어 있어야 한다.
7. 외부 침입 방지를 위해 담벽이나 철조망 및 조명을 설치하여야 하며, 상시 녹화 및 기록보관이 가능한 감시 장비를 갖추어야 한다(다만, 보안 전문업체와 경비위탁계약을 체결한 경우는 감시 장비를 갖춘 것으로 본다).
8. 해당 창고시설을 임차하고 있는 경우, 신청일 현재 남은 임차기간이 중장기적 사업계획을 추진할 수 있을 만큼 충분하여야 한다.
9. 그 밖에 장치한 물품의 종류에 따라 관계 법령에 규정된 시설요건 또는 세관장이 필요하다고 인정되는 시설을 하여야 한다.

11 답 ③

③ 보관화물에 대한 멸실이 발생한 때. 다만, 재해, 천재지변 등 운영인의 귀책사유가 없는 경우 제외한다(「보세창고 특허 및 운영에 관한 고시」 제18조 제2항 제2호).

①·②·④ 「보세창고 특허 및 운영에 관한 고시」 제18조 제2항 제1호

⑤ 「보세창고 특허 및 운영에 관한 고시」 제18조 제2항 제3호, 「보세화물관리에 관한 고시」 제27조 제1항 참고

12 답 ⑤

⑤ 제1항에 따라 지정된 기간이 지난 경우 해당 공장 외 작업장에 허가된 외국물품이나 그 제품이 있을 때에는 해당 물품의 허가를 받은 보세공장의 운영인으로부터 그 관세를 즉시 징수한다(「관세법」 제187조 제7항).

① 「관세법」 제187조 제1항

② 「관세법」 제187조 제4항

③ 「관세법」 제187조 제5항

④ 「관세법」 제187조 제6항

13 답 ③

③ 「보세공장 운영에 관한 고시」 제8조 제1항 제3호

①·②·④·⑤ 「보세공장 운영에 관한 고시」 제8조 제2항 참고

관련 법령

「보세공장 운영에 관한 고시」 제8조(특허의 제한)

① 다음 각 호의 어느 하나에 해당하는 경우에는 보세공장의 설치·운영 특허를 할 수 없다.

1. 「관세법」 제175조(운영인의 결격사유) 각 호의 어느 하나에 해당되는 자
2. 관세 및 내국세를 체납하고 있는 자
3. 위험물품을 취급하는 경우에는 위험물품의 종류에 따라 관계행정기관의 장의 허가나 승인을 받지 아니한 자

② 다음 각 호의 어느 하나에 해당하는 경우에는 보세작업의 종류 및 특수성을 고려하여 설치·운영 특허를 제한할 수 있다.

1. 제25조 제1항 각 호의 어느 하나에 해당하는 보수작업만을 목적으로 하는 경우
2. 폐기물을 원재료로 하여 제조·가공하려는 경우
3. 손모율이 불안정한 농·수·축산물을 원재료로 하여 제조·가공하려는 경우
4. 보세작업의 전부를 장외작업에 의존할 경우

14 답 ④

ⓐ : 1년, ⓑ : 3회이다.

관련 법령

「보세공장 운영에 관한 고시」 제44조(주의 및 경고) 제1항

세관장은 주의처분 사유에 해당하는 경우에는 주의처분 할 수 있다. 이 경우 주의횟수는 세관장이 현장조사, 감사 등의 결과 위반사항이 다른 경우 사안별로 산정하고 최근 1년 내에 3회 주의처분을 받은 때에는 경고 1회로 한다.

15 답 ③

③ 세관장은 내·외국물품 혼용작업승인을 받은 물품과 품명 및 규격이 각각 동일하고 손모율에 변동이 없는 동종의 물품을 혼용하는 경우에는 새로운 승인신청을 생략하게 할 수 있다(「보세공장 운영에 관한 고시」 제21조 제3항).
①·② 「보세공장 운영에 관한 고시」 제21조 제1항
④ 「보세공장 운영에 관한 고시」 제21조 제4항
⑤ 「보세공장 운영에 관한 고시」 제21조 제5항

16 답 ②

② 운영인이 승인받은 물품을 폐기할 경우 세관공무원은 폐기물품의 품명, 규격, 수량 등이 현품과 일치하는지 여부를 확인해야 하며, 폐기를 완료한 운영인은 관련 자료를 첨부하여 세관장에게 폐기완료보고를 해야 한다. 이 경우 세관장은 폐기 후 잔존물이 실질적인 가치가 있을 때에는 폐기 후의 물품의 성질과 수량에 의하여 관세 등을 징수해야 한다(「보세공장 운영에 관한 고시」 제33조 제3항).
① 「보세공장 운영에 관한 고시」 제33조 제1항
③ 「보세공장 운영에 관한 고시」 제33조 제4항
④ 「보세공장 운영에 관한 고시」 제33조 제6항
⑤ 「보세공장 운영에 관한 고시」 제33조 제7항

17 답 ⑤

보세공장에서 제조·가공되어 수출신고 수리된 물품은 보세운송절차[수출신고서상의 운송(신고)인 및 운송기간의 기재로써 보세운송신고에 갈음]에 의하여 수출신고 수리일로부터 30일 이내에 도착지에 도착해야 하며, 보세운송기간의 연장은 제39조에 따른 선(기)적 기간의 연장으로 갈음한다(「보세공장 운영에 관한 고시」 제38조 제2항). 보세공장에서 제조·가공되어 수출신고 수리된 물품이 신고수리일로부터 30일 이내에 선(기)적되지 아니한 경우 통관지 세관장은 원보세공장에 재반입하도록 해 신고수리를 취소하는 등 필요한 조치를 해야 한다(「보세공장 운영에 관한 고시」 제39조 제5항 본문).

18 답 ④

④ 보세전시장에 있는 외국물품을 다른 보세구역으로 반출하였을 때에는 그 물품의 장치기간을 계산할 때 보세전시장 내에 있었던 기간을 산입하지 아니한다(「보세전시장 운영에 관한 고시」 제13조 단서).
① 「보세전시장 운영에 관한 고시」 제10조 제1항 전단
② 「보세전시장 운영에 관한 고시」 제11조 제1항
③ 「보세전시장 운영에 관한 고시」 제13조 본문
⑤ 「관세법 시행령」 제209조 제2항

19 답 ①

① 운영인은 보세건설장에서 건설된 시설의 전부 또는 일부를 수입신고가 수리되기 전에 가동할 수 없다. 다만, 세관장의 승인을 받고 시험목적으로 일시 가동한 경우에는 그러하지 아니하다(「보세건설장 관리에 관한 고시」 제14조).
② 「관세법 시행령」 제211조
③ 「관세법」 제195조 제1항
④ 「관세법 시행령」 제212조 제2항
⑤ 「보세건설장 관리에 관한 고시」 제13조

20 답 ③

ⓐ : 30, ⓑ : 60이다.

> **관련 법령**
>
> 「관세법 시행령」 제192조의2(보세판매장의 특허 비율)
>
> ① 법 제176조의2 제1항에 따라 세관장은 「중소기업기본법」 제2조에 따른 중소기업과 「중견기업 성장촉진 및 경쟁력 강화에 관한 특별법」 제2조 제1호에 따른 중견기업으로서 다음 각 호의 기준을 모두 충족하는 기업(중견기업) 중 법 제174조 제3항에 따른 특허를 받을 수 있는 요건을 갖춘 기업에 보세판매장 총 특허 수의 100분의 30 이상(2017년 12월 31일까지는 보세판매장 총 특허 수의 100분의 20 이상)의 특허를 부여해야 한다.
>
> ② 법 제176조의2 제1항에 따라 세관장은 「독점규제 및 공정거래에 관한 법률」 제31조 제1항에 따른 상호출자제한기업집단에 속한 기업에 대하여 보세판매장 총 특허 수의 100분의 60 이상의 특허를 부여할 수 없다.

21 답 ④

④ 특허보세구역(보세전시장과 보세건설장 제외)의 특허기간은 10년의 범위 내에서 신청인이 신청한 기간으로 한다(「관세법 시행령」 제192조 전단).

① 「관세법 시행령」 제192조의5 제1항

② 「보세판매장 특허에 관한 고시」 제6조 제1항

③ 「보세판매장 특허에 관한 고시」 제8조 제1항

⑤ 「관세법 시행령」 제192조의6 제1항

22 답 ①

① 관세청장은 직권으로 또는 관계 중앙행정기관의 장이나 지방자치단체의 장, 그 밖에 종합보세구역을 운영하려는 자의 요청에 따라 무역진흥에의 기여 정도, 외국물품의 반입·반출 물량 등을 고려하여 일정한 지역을 종합보세구역으로 지정할 수 있다(「관세법」 제197조 제1항).

② 「관세법」 제197조 제2항

③ 「관세법」 제199조 제2항

④ 「관세법」 제199조의2 제1항

⑤ 「관세법」 제200조 제1항

23 답 ⑤

⑤ 견본품 반출 허가를 받아 반출하거나 재반입되는 물품의 반출입 신고 및 보세운송 절차는 견본품 반출 허가서 및 견본품 재반입 신고서로 갈음한다(「종합보세구역의 지정 및 운영에 관한 고시」 제17조 제6항).

① 「종합보세구역의 지정 및 운영에 관한 고시」 제17조 제1항

② 「종합보세구역의 지정 및 운영에 관한 고시」 제17조 제2항 전단

③ 「종합보세구역의 지정 및 운영에 관한 고시」 제17조 제3항 본문

④ 「종합보세구역의 지정 및 운영에 관한 고시」 제17조 제5항

24 답 ①

① 운영인 등은 사각지대가 없도록 CCTV를 배치해야 하며, CCTV의 고장 등으로 촬영이 불가능한 수조에는 활어를 장치할 수 없다(「수입활어 관리에 관한 특례고시」 제5조 제1항).
② 「수입활어 관리에 관한 특례고시」 제5조 제2항
③ 「수입활어 관리에 관한 특례고시」 제5조 제3항
④ 「수입활어 관리에 관한 특례고시」 제5조 제4항
⑤ 「수입활어 관리에 관한 특례고시」 제4조 제2항

25 답 ③

③ 보세구역 외 장치 허가는 해당 수조의 물을 제거한 후에 신청하여야 한다. 다만, 세관장이 해당 수조에 물이 채워진 상태에서도 수조의 내부를 확인할 수 있다고 인정하는 경우에는 그러하지 아니하다(「수입활어 관리에 관한 특례고시」 제6조 제1항).
① 「수입활어 관리에 관한 특례고시」 제2조 제1호
② 「수입활어 관리에 관한 특례고시」 제5조 제1항·제4항 참고
④ 「수입활어 관리에 관한 특례고시」 제8조 제1호
⑤ 「수입활어 관리에 관한 특례고시」 제10조 제2항

제3과목 화물관리

01	02	03	04	05	06	07	08	09	10
②	①	⑤	④	⑤	②	②	④	④	①
11	12	13	14	15	16	17	18	19	20
④	③	③	④	①	⑤	⑤	③	④	④
21	22	23	24	25					
⑤	③	④	④	⑤					

01 답 ②

제155조 제1항 제2호(크기 또는 무게의 과다나 그 밖의 사유로 보세구역에 장치하기 곤란하거나 부적당한 물품)에 해당하는 물품을 보세구역이 아닌 장소에 장치하려는 자는 세관장의 허가를 받아야 한다(「관세법」 제156조 제1항).

02 답 ①

① 선사는 화주 또는 그 위임을 받은 자가 운영인과 협의하여 정하는 장소에 보세화물을 장치하는 것을 원칙으로 한다(「보세화물관리에 관한 고시」 제4조 제1항 제1호).
② 「보세화물관리에 관한 고시」 제4조 제1항 제2호 가목
③ 「보세화물관리에 관한 고시」 제4조 제1항 제2호 나목
④ 「보세화물관리에 관한 고시」 제4조 제2항 제1호
⑤ 「보세화물관리에 관한 고시」 제4조 제2항 제3호

03 답 ⑤

「대외무역관리규정」 제2조 제11호에 따른 중계무역물품 중 보세구역 내에서 보수작업이 곤란하고 감시단속상 문제가 없다고 세관장이 인정하는 물품이 보세구역 외 장치의 허가 대상이다.

관련 법령

「보세화물관리에 관한 고시」 제7조(보세구역 외 장치의 허가) 제1항
법 제156조 제1항에 따른 보세구역 외 장치 허가는 다음 각 호에 따른다.
1. 물품이 크기 또는 무게의 과다로 보세구역의 고내(庫內)에 장치하기 곤란한 물품
2. 다량의 산물로서 보세구역에 장치 후 다시 운송하는 것이 불합리하다고 인정하는 물품
3. 부패, 변질의 우려가 있거나, 부패, 변질하여 다른 물품을 오손할 우려가 있는 물품과 방진, 방습 등 특수보관이 필요한 물품
4. 귀중품, 의약품, 살아있는 동·식물 등으로서 보세구역에 장치하는 것이 곤란한 물품
5. 보세구역이 아닌 검역시행장에 반입할 검역물품
6. 보세구역과의 교통이 불편한 지역에 양륙된 물품으로서 보세구역으로 운반하는 것이 불합리한 물품
7. 「대외무역관리규정」 제2조 제11호에 따른 중계무역물품으로서 보수작업이 필요한 경우 시설미비, 장소협소 등의 사유로 인하여 보세구역 내에서 보수작업이 곤란하고 감시단속상 문제가 없다고 세관장이 인정하는 물품
8. 자가공장 및 시설(용광로 또는 전기로, 압연시설)을 갖춘 실수요자가 수입하는 고철 등 물품
9. 그 밖에 세관장이 보세구역 외 장치를 허가할 필요가 있다고 인정하는 물품

04 답 ④

세관장은 보세구역 외 장치 허가신청(제8조 제2항에 따른 보세구역 외 장치 허가기간 연장의 경우 포함)을 받은 경우 보세구역 외 장치 허가기간에 1개월을 연장한 기간을 담보기간으로 하여 담보제공을 명할 수 있다(「보세화물관리에 관한 고시」 제7조 제4항).

05 답 ⑤

화주가 아닌 세관장이 인정하는 물품이어야 한다.

관련 법령

「보세화물관리에 관한 고시」 [별표 3] 보세구역 외 장치 담보생략 기준

구 분	내 용
물품별	• 제조업체가 수입하는 수출용 원자재(농·축·수산물 제외) • 무세물품(부가가치세 등 부과대상은 제외) • 방위산업용 물품 • 정부용품 • 재수입물품 중 관세가 면제될 것이 확실하다고 세관장이 인정하는 물품
업체별	• 정부, 정부기관, 지방자치단체, 「공공기관의 운영에 관한 법률」 제5조에 따른 공기업·준정부기관·그 밖의 공공기관 • 「관세 등에 대한 담보제도 운영에 관한 고시」에 의하여 지정된 신용담보업체, 담보제공 특례자 및 담보제공 생략자 • 그 밖에 관할구역 내의 외국인투자업체, 제조업체로서 세관장이 관세채권 확보에 지장이 없다고 판단하는 업체

06 답 ②

② 보세구역물품의 반입신고는 House B/L 단위로 하는 것이 원칙이나, 하선장소 보세구역에 컨테이너 상태로 반입하는 경우에는 Master B/L 단위로 반입신고할 수 있다(「보세화물관리에 관한 고시」 제9조 제6항 단서).
① 「보세화물관리에 관한 고시」 제9조 제6항 본문
③ 「보세화물관리에 관한 고시」 제9조 제7항
④ 「보세화물관리에 관한 고시」 제9조 제8항
⑤ 「보세화물관리에 관한 고시」 제10조 제2항 본문

07 답 ②

차량운전기사가 세관화물정보시스템의 내역과 일치하는지 여부는 확인사항이 아니다(「보세화물관리에 관한 고시」 제9조 제3항 각 호 참고).

08 답 ④

③·④ 보세구역 외 장치장에 반입한 화물 중 수입신고 수리된 화물은 반출신고를 생략하며 반송 및 보세운송절차에 따라 반출된 화물은 반출신고를 해야 한다(「보세화물관리에 관한 고시」 제15조 제3항).

① 「보세화물관리에 관한 고시」 제15조 제1항 제1호 참고

② 「보세화물관리에 관한 고시」 제15조 제2항 참고

⑤ 「보세화물관리에 관한 고시」 제15조 제4항

09 답 ④

일시수입통관증서에 의한 일시수입물품은 반출기간 연장승인을 받는 예외물품에 해당되지 않는다.

관련 법령

「보세화물관리에 관한 고시」 제19조(수입신고 수리물품의 반출의무)

1. 정부 또는 지방자치단체가 직접 수입하는 물품
2. 정부 또는 지방자치단체에 기증되는 물품
3. 외교관 면세물품 및 SOFA 적용 대상물품
4. 「수입통관사무처리에 관한 고시」 제3장 제2절에 따른 간이한 신고대상물품
5. 원목, 양곡, 사료 등 벌크화물, 그 밖에 세관장이 반출기간 연장승인이 필요하다고 인정하는 물품

10 답 ①

① 세관장은 대통령령으로 정하는 물품을 수입하거나 반송하는 자가 신고기한 내에 수입 또는 반송의 신고를 하지 아니한 경우에는 해당 물품 과세가격의 100분의 2에 상당하는 금액의 범위에서 대통령령으로 정하는 금액을 가산세로 징수한다(「관세법」 제241조 제4항).

②·③·④ 「관세법 시행령」 제247조 제1항 각 호 참고

⑤ 「관세법 시행령」 제247조 제2항

11 답 ④

④ 보수작업으로 외국물품에 부가된 내국물품은 외국물품으로 본다(「관세법」 제158조 제5항).

①·② 「관세법」 제158조 제1항

③ 「관세법」 제158조 제2항

⑤ 「관세법」 제158조 제6항

12 답 ③

③ 승인을 받은 외국물품 중 폐기 후에 남아 있는 부분에 대하여는 폐기 후의 성질과 수량에 따라 관세를 부과한다(「관세법」 제160조 제3항).

① 「관세법」 제160조 제1항

② 「관세법」 제160조 제2항 본문

④ 「관세법」 제160조 제5항

⑤ 「관세법」 제160조 제6항

13 답 ③

법 제8조 제3항 제1호부터 제3호까지에 해당하는 날 또는 법 제321조 제2항에 따라 개청시간 외에 통관절차·보세운송절차 또는 입출항절차를 밟고자 하는 자는 사무의 종류 및 시간과 사유를 기재한 통보서를 세관장에게 제출해야 한다(「관세법 시행령」 제275조 제1항 본문).

14 답 ④

④ 「보세화물장치기간 및 체화관리에 관한 고시」 제4조 제4항 본문 후단

① 제3조 제1호(지정장치장 반입물품)에 해당하는 물품의 장치기간은 6개월로 한다(「보세화물장치기간 및 체화관리에 관한 고시」 제4조 제1항 본문).

② 다만, 부산항·인천항·인천공항·김해공항 항역 내의 지정장치장으로 반입된 물품과 「특송물품 수입통관 사무처리에 관한 고시」 제2조 제2호에 해당하는 물품의 장치기간은 2개월로 하며, 세관장이 필요하다고 인정할 때에는 2개월의 범위에서 그 기간을 연장할 수 있다(「보세화물장치기간 및 체화관리에 관한 고시」 제4조 제1항 단서). 즉, 광주공항 항역 내의 지정장치장으로 반입된 물품의 장치기간은 2개월이 아닌 6개월이다.

③ 제3조 제4호(여행자 또는 승무원의 휴대품으로서 유치 또는 예치된 물품 및 습득물)에 해당하는 물품 중 유치물품 및 습득물의 장치기간은 1개월로 한다(「보세화물장치기간 및 체화관리에 관한 고시」 제4조 제4항 본문 전단).

⑤ 제3조 제5호(보세창고 반입물품)에 해당하는 물품의 장치기간은 6개월로 하되 세관장이 필요하다고 인정할 때에는 6개월의 범위에서 그 기간을 연장할 수 있다. 다만, 다음 각 호에 해당하는 물품의 장치기간은 비축에 필요한 기간으로 한다(「보세화물장치기간 및 체화관리에 관한 고시」 제4조 제5항).

- 정부비축물품
- 정부와의 계약이행을 위하여 비축하는 방위산업용품
- 장기간 비축이 필요한 수출용 원재료 및 수출품 보수용 물품
- 국제물류촉진을 위하여 장기간 장치가 필요한 물품(LME, BWT 등)으로서 세관장이 인정하는 물품

15 답 ①

ⓐ : 관할세관장, ⓑ : 보세구역 운영인, ⓒ : 화물관리인이다.

관련 법령

「보세화물장치기간 및 체화관리에 관한 고시」 제6조(반출통고의 주체, 대상 및 내용)

① 보세전시장, 보세건설장, 보세판매장, 보세공장, 보세구역외장치장, 자가용 보세창고에 반입한 물품에 대해서는 관할세관장이 화주나 반입자 또는 그 위임을 받은 자(화주 등)에게 반출통고한다.

② 영업용 보세창고에 반입한 물품의 반출통고는 보세구역 운영인이 화주 등에게 하며, 지정장치장에 반입한 물품의 반출통고는 화물관리인이 화주 등에게 하여야 한다.

16 답 ⑤

⑤ 운영인이 동일품목을 대상으로 동일한 보수작업을 반복적으로 하려는 경우에 세관장은 외국물품의 장치 및 세관 감시단속에 지장이 없을 때에는 1년 이내의 기간을 정하여 이를 포괄적으로 승인할 수 있다(「보세화물관리에 관한 고시」 제21조 제2항 전단).

① 「보세화물관리에 관한 고시」 제20조 제1호

② 「보세화물관리에 관한 고시」 제20조 제2호

③ 「보세화물관리에 관한 고시」 제20조 제3호
④ 「보세화물관리에 관한 고시」 제21조 제1항

17 답 ⑤

검사・검역기관에서 검사・검역기준 등에 부적합 물품으로 판명된 경우 매각절차를 중지할 수 있다(「보세화물장치기간 및 체화관리에 관한 고시」 제27조 제5호).

18 답 ③

③ "벌크화물"이란 일정한 포장용기로 포장되지 않은 상태에서 운송되는 물품으로서 수량관리가 불가능한 물품을 말한다(「보세화물 입출항 하선 하기 및 적재에 관한 고시」 제2조 제9호).
① 「보세화물 입출항 하선 하기 및 적재에 관한 고시」 제2조 제7호
② 「보세화물 입출항 하선 하기 및 적재에 관한 고시」 제2조 제8호
④ 「보세화물 입출항 하선 하기 및 적재에 관한 고시」 제2조 제10호
⑤ 「보세화물 입출항 하선 하기 및 적재에 관한 고시」 제2조 제12호

19 답 ④

해상입항화물이 아닌 항공입항화물의 적재화물목록 정정생략 사유이다(「보세화물 입출항 하선 하기 및 적재에 관한 고시」 제26조 제1항 제2호).

관련 법령

「보세화물 입출항 하선 하기 및 적재에 관한 고시」 제13조(적재화물목록 정정생략) 제1항
적재화물목록상의 물품과 실제 물품이 다음 각 호의 어느 하나에 해당하는 때에는 적재화물목록 정정신청을 생략할 수 있다.
1. 벌크화물(예 광물, 원유, 곡물, 염, 원피 등)로서 그 중량의 과부족이 5% 이내인 경우
2. 용적물품(예 원목 등)으로서 그 용적의 과부족이 5% 이내인 경우
3. 포장파손이 용이한 물품(예 비료, 설탕, 시멘트 등) 및 건습에 따라 중량의 변동이 심한 물품(예 펄프, 고지류 등)으로서 그 중량의 과부족이 5% 이내인 경우
4. 포장 단위 물품으로서 중량의 과부족이 10% 이내이고 포장상태에 이상이 없는 경우
5. 적재화물목록 이상사유가 오탈자 등 단순기재오류로 확인되는 경우
6. 제19조의2 제3항에 따라 별도관리물품 해제승인을 받은 후 반입신고하는 물품

20 답 ④

품명미상의 물품으로서 1년이 경과된 물품이 폐기명령 대상이다.

관련 법령

「보세화물장치기간 및 체화관리에 관한 고시」 제40조(폐기명령 대상 등)
세관장은 법 제160조 제4항에 따라 다음 각 호의 어느 하나에 해당하는 물품은 그 장치기간에 불구하고 화주, 반입자 또는 그 위임을 받은 자에게 1개월의 기간을 정하여 폐기 또는 반송을 명할 수 있다. 다만, 급박하게 통고할 여유가 없을 때에는 폐기한 후 즉시 통고하여야 한다.

1. 사람의 생명이나 재산에 해를 끼칠 우려가 있는 물품
2. 부패하거나 변질된 물품
3. 유효기간이 지났거나 상품가치가 없어진 물품
4. 의약품 등으로서 유효기간이 경과하였거나 성분이 불분명한 경우
5. 위조상품, 모조품, 그 밖의 지식재산권 침해물품
6. 품명미상의 물품으로서 1년이 경과된 물품
7. 검사・검역기준 등에 부적합하여 검사・검역기관에서 폐기대상 물품으로 결정된 물품

21 답 ⑤

타 세관 관할 보세구역으로 보세운송할 물품으로 화물분류가 결정된 물품이다(「보세화물 입출항 하선 하기 및 적재에 관한 고시」 제28조 제3항 제2호 나목).

22 답 ③

③ 적재하려는 물품이 벌크화물에 해당하는 경우에는 출항하기 전까지 적재화물목록을 제출할 수 있다(「보세화물 입출항 하선 하기 및 적재에 관한 고시」 제43조 제3항 제1호 단서 참고).
①・②・④ 「보세화물 입출항 하선 하기 및 적재에 관한 고시」 제43조 제3항 제1호
⑤ 「보세화물 입출항 하선 하기 및 적재에 관한 고시」 제43조 제3항 제2호

관련 법령

「보세화물 입출항 하선 하기 및 적재에 관한 고시」 제43조(적재화물목록 제출) 제3항
제1항에 따른 적재화물목록은 물품이 적재지 공항만 내(ODCY 포함)에 장치된 후 제출해야 하며, 제출시기는 다음 각 호의 어느 하나와 같다.

1. 해상화물은 해당 물품을 선박에 적재하기 24시간 전까지 제출해야 하며, 근거리 지역(제8조 제1항 단서의 지역과 필리핀, 베트남, 캄보디아, 태국, 인도네시아, 말레이시아, 싱가포르)의 경우에는 해당 물품을 선박에 적재하기 전까지 제출하되 선박이 출항하기 30분 전까지 최종 마감하여 제출해야 한다. 다만, 적재하려는 물품이 다음 각 목의 어느 하나에 해당하는 경우에는 출항하기 전까지, 「수출통관 사무처리에 관한 고시」 제32조에 해당하는 물품의 경우에는 출항 다음 날 자정까지 제출할 수 있다.
   가. 벌크화물
   나. 환적화물, 공컨테이너
   다. 그 밖에 적재 24시간 전까지 제출하기 곤란하다고 세관장이 인정하는 물품
2. 항공화물은 해당 물품을 항공기에 적재하기 전까지 제출해야 하며, 항공기가 출항하기 30분 전까지 최종 마감하여 제출해야 한다.
3. 제1호 및 제2호에도 불구하고 선박 또는 항공기의 안전운행, 적재계획 변경 등으로 물품을 예정대로 적재하지 못하거나 항만의 컨테이너터미널(부두 포함) 또는 공항의 화물터미널에서 B/L상의 중・수량을 확정하는 경우에는 선박 또는 항공기가 출항한 다음 날 18시까지 한 차례만 물품목록의 일부를 삭제하거나 물품목록의 해당 항목을 정정할 수 있다.

23 답 ④

④ 복합환적화물의 운송기한은 하선신고일부터 7일로 한다(「환적화물 처리절차에 관한 특례고시」 제8조 제5항).
① 「환적화물 처리절차에 관한 특례고시」 제8조 제1항
② 「환적화물 처리절차에 관한 특례고시」 제8조 제2항
③ 「환적화물 처리절차에 관한 특례고시」 제8조 제3항 전단
⑤ 「환적화물 처리절차에 관한 특례고시」 제8조 제6항

24 답 ④

④ 화물운송주선업자에 대하여 업무점검을 실시한 세관장은 점검결과와 조치결과를 점검만료 1개월 이내에 관세청장에게 보고해야 한다(「화물운송주선업자의 등록 및 관리에 관한 고시」 제9조 제4항).
① 「관세법」 제222조 제4항
② 「화물운송주선업자의 등록 및 관리에 관한 고시」 제9조 제1항
③ 「화물운송주선업자의 등록 및 관리에 관한 고시」 제9조 제2항
⑤ 「화물운송주선업자의 등록 및 관리에 관한 고시」 제9조 제5항

25 답 ⑤

⑤ 단일화주의 FCL화물, LCL화물 중 컨테이너에서 적출하지 아니한 상태로 보세운송하는 경우에는 Master B/L 단위로 신고할 수 있다(「보세운송에 관한 고시」 제26조 제6항 제2호 참고).
① 「보세운송에 관한 고시」 제25조
② 「보세운송에 관한 고시」 제26조 제6항 본문
③ 「보세운송에 관한 고시」 제26조 제6항 제1호 본문
④ 「보세운송에 관한 고시」 제26조 제6항 제1호 단서

제4과목 수출입안전관리

01	02	03	04	05	06	07	08	09	10
①	⑤	⑤	⑤	③	④	②	④	④	③
11	12	13	14	15	16	17	18	19	20
①	⑤	④	②	④	⑤	②	⑤	⑤	①
21	22	23	24	25					
⑤	①	⑤	③	③					

01 답 ①

① 통고처분 또는 검찰에 고발·송치 시 등의 금액은 "사건금액"에 해당한다. "국고수입액"이란 해당 사건과 직접 관련된 벌금, 몰수판매대금 또는 몰수에 갈음하는 추징금, 부족세액 추징금, 과징금, 과태료 등 실제 국고납부액의 합계를 말한다(「밀수 등 신고자 포상에 관한 훈령」 제2조 제5호·제6호).
② 「밀수 등 신고자 포상에 관한 훈령」 제2조 제3호
③ 「밀수 등 신고자 포상에 관한 훈령」 제2조 제4호
④ 「밀수 등 신고자 포상에 관한 훈령」 제2조 제8호
⑤ 「밀수 등 신고자 포상에 관한 훈령」 제2조 제1호

02 답 ⑤

항구가 국제항으로 지정되려면 국제무역선인 5천톤급 이상의 선박이 연간 50회 이상 입항하거나 입항할 것으로 예상되는 화물량 기준을 충족해야 한다.

관련 법령

「관세법 시행령」 제155조의2(국제항의 지정요건 등)
① 법 제133조 제2항에 따른 국제항의 지정요건은 다음 각 호와 같다.
1. 「선박의 입항 및 출항 등에 관한 법률」 또는 「공항시설법」에 의하여 국제무역선(기)이 항상 입출항할 수 있을 것
2. 국내선과 구분되는 국제선 전용통로 및 그 밖에 출입국업무를 처리하는 행정기관의 업무수행에 필요한 인력·시설·장비를 확보할 수 있을 것
3. 공항 및 항구의 여객수 또는 화물량 등에 관한 다음 각 목의 구분에 따른 기준을 갖출 것
가. 공항의 경우 : 다음의 어느 하나의 요건을 갖출 것
• 정기여객기가 주 6회 이상 입항하거나 입항할 것으로 예상될 것
• 여객기로 입국하는 여객수가 연간 4만 명 이상일 것
나. 항구의 경우 : 국제무역선인 5천톤급 이상의 선박이 연간 50회 이상 입항하거나 입항할 것으로 예상될 것
② 관세청장 또는 관계 행정기관의 장은 국제항이 제1항에 따른 지정요건을 갖추지 못하여 업무 수행 등에 상당한 지장을 준다고 판단하는 경우에는 기획재정부장관에게 그 사실을 보고해야 한다. 이 경우 기획재정부장관은 관세청장 또는 국제항시설의 관리기관의 장과 국제항에 대한 현장점검을 할 수 있다.

> ③ 기획재정부장관은 제2항에 따른 보고 또는 현장점검 결과를 검토한 결과 시설 등의 개선이 필요한 경우에는 해당 국제항의 운영자에게 개선대책 수립, 시설개선 등을 명할 수 있으며 그 이행결과를 보고하게 할 수 있다.

03 답 ⑤

휴대품의 종류·수량은 선박의 입항보고서에 포함되지 않는다(「관세법 시행령」 제157조 제1항 참고).

04 답 ⑤

세관장은 수출신고가 수리된 경우에 국제무역선 또는 국제무역기에 내국물품을 적재하거나 국내운항선 또는 국내운항기에 외국물품을 적재하게 할 수 있다(「관세법 시행령」 제161조 제5항 제4호).

05 답 ③

보세구역 운영인에 대한 AEO 공인기준 중 안전관리 기준에는 거래업체 관리, 운송수단 등 관리, 출입통제 관리, 인사관리, 취급절차 관리, 시설과 장비 관리, 정보기술 관리, 교육과 훈련이 있다(「수출입 안전관리 우수업체 공인 및 운영에 관한 고시」 [별표 1] 참고).

06 답 ④

④ "즉시검사화물"이란 세관장이 선별기준에 따라 선별한 검사대상화물 중 검색기검사를 하지 않고 바로 개장검사를 실시하는 화물을 말한다(「관리대상화물 관리에 관한 고시」 제2조 제4호).
① 「관리대상화물 관리에 관한 고시」 제2조 제1호
② 「관리대상화물 관리에 관한 고시」 제2조 제2호
③ 「관리대상화물 관리에 관한 고시」 제2조 제3호
⑤ 「관리대상화물 관리에 관한 고시」 제2조 제5호

07 답 ②

② 세관장은 검사대상화물 또는 감시대상화물에 대하여 적재화물목록 심사가 완료된 때에 적재화물목록 제출자에게 검사대상 또는 중량측정 대상으로 선별된 사실, 하선(기)장소, 검색기 검사장소 등을 전자문서로 통보해야 한다(「관리대상화물 관리에 관한 고시」 제8조 제2항).
① 「관리대상화물 관리에 관한 고시」 제8조 제1항
③ 「관리대상화물 관리에 관한 고시」 제9조 제1항
④ 「관리대상화물 관리에 관한 고시」 제9조 제3항
⑤ 「관리대상화물 관리에 관한 고시」 제9조 제5항

08 답 ④

국제항 안에 있는 보세구역에서 물품이나 용역을 제공하는 것을 업으로 하는 보세운송업자는 관세청장이나 세관장에게 등록해야 한다(「관세법」 제222조 제1항 제5호).

09 답 ④

우리나라는 2008년 AEO 도입 및 시범운영을 거쳐 2009년 정착화되었고, 현재는 AEO 확산 및 운영 중에 있다. 자세한 내용은 한국AEO진흥협회 홈페이지(www.aeo.or.kr)에서 확인할 수 있다.

10 답 ③

③ 반입등록이 되지 않고 화물관리번호 단위로 관리되고 있는 용품은 일반 수입업자 등에게도 양도·양수할 수 있다(「항공기용품 등 관리에 관한 고시」 제16조 제1항 단서).
① 「항공기용품 등 관리에 관한 고시」 제15조 제2호
② 「항공기용품 등 관리에 관한 고시」 제16조 제1항 본문
④ 「항공기용품 등 관리에 관한 고시」 제16조 제2항
⑤ 「항공기용품 등 관리에 관한 고시」 제16조 제3항

11 답 ①

AEO의 공인기준은 크게 법규준수도, 내부통제시스템, 재무건전성, 안전관리의 4가지로 분류된다.

12 답 ⑤

AEO제도는 신속 및 안전 통관을 목적으로 하는 것이므로 관세장벽 해소와는 관련이 없다. 관세장벽을 낮추어 경제발전을 도모하는 제도는 FTA협정 등이다.

13 답 ④

④ "갱신심사"에 대한 정의이다. "공인심사"란 관세청장이 수출입 안전관리 우수업체로 공인을 받고자 신청한 업체가 공인기준을 충족하는지 등(수입부문은 통관적법성 적정 여부 포함)을 심사하는 것을 말한다(「수출입 안전관리 우수업체 공인 및 운영에 관한 고시」 제2조 제4호).
① 「수출입 안전관리 우수업체 공인 및 운영에 관한 고시」 제2조 제2호
② 「수출입 안전관리 우수업체 공인 및 운영에 관한 고시」 제2조 제10호
③ 「수출입 안전관리 우수업체 공인 및 운영에 관한 고시」 제2조 제9호
⑤ 「수출입 안전관리 우수업체 공인 및 운영에 관한 고시」 제2조 제7호

14 답 ②

법규준수도가 90점 이상이어야 AA등급을 받을 수 있다(「수출입 안전관리 우수업체 공인 및 운영에 관한 고시」 제5조 제1항 제2호).

15 답 ④

신청업체는 공인 또는 갱신심사를 신청하기 전에 예비심사를 희망하는 경우에는 예비심사 신청서를 관세청장에게 제출하여야 한다. 관세청장은 예비심사 지원업무를 지정된 기관에 위탁할 수 있으며, 수탁기관은 관세청장으로부터 예비심사 관련 서류를 이관받은 날부터 20일 이내에 검토를 마치고, 그 결과를 관세청장에게 제출하여야 한다(「수출입 안전관리 우수업체 공인 및 운영에 관한 고시」 제7조의2 제1항·제2항·제4항 참고). 관세청장은 공인심사 신청서를 접수한 날로부터 60일 이내에 서류심사를 마쳐야 한다(「수출입 안전관리 우수업체 공인 및 운영에 관한 고시」 제8조 제1항 참고).

16 답 ⑤

⑤ 심의위원회에서 공인의 유보가 필요하다고 인정하는 경우 관세청장은 심의위원회의 심의를 거쳐 공인을 유보할 수 있다(「수출입 안전관리 우수업체 공인 및 운영에 관한 고시」 제11조 제2항 제5호).
① 「수출입 안전관리 우수업체 공인 및 운영에 관한 고시」 제11조 제2항 제1호
② 「수출입 안전관리 우수업체 공인 및 운영에 관한 고시」 제11조 제2항 제2호
③ 「수출입 안전관리 우수업체 공인 및 운영에 관한 고시」 제11조 제2항 제3호
④ 「수출입 안전관리 우수업체 공인 및 운영에 관한 고시」 제11조 제2항 제4호

17 답 ②

② 갱신심사가 진행 중이거나 갱신심사에 따른 공인의 갱신 전에 발급한 날로부터 5년의 기간이 끝나는 경우에도 해당 공인은 유효한 것으로 본다(「수출입 안전관리 우수업체 공인 및 운영에 관한 고시」 제13조 제2항 본문).
① 「수출입 안전관리 우수업체 공인 및 운영에 관한 고시」 제13조 제1항 본문
③ 「수출입 안전관리 우수업체 공인 및 운영에 관한 고시」 제13조 제3항
④ 「수출입 안전관리 우수업체 공인 및 운영에 관한 고시」 제13조 제4항
⑤ 「수출입 안전관리 우수업체 공인 및 운영에 관한 고시」 제13조 제2항 제1호

18 답 ⑤

⑤ 「선박용품 등 관리에 관한 고시」 제11조 제2항 참고
① 선박용품 등의 적재·환적 허가를 받은 자는 허가일부터 7일 이내에 적재 등을 완료해야 한다(「선박용품 등 관리에 관한 고시」 제12조 제1항).
② 선박용품 등의 하선허가를 받은 자는 허가일부터 7일 이내에 하선허가받은 물품을 보세구역에 반입해야 한다(「선박용품 등 관리에 관한 고시」 제12조 제2항).
③ 공급자 등은 적재 등을 완료한 때에는 다음 날 12시까지 관할 세관장에게 보고해야 한다. 다만, 보고 기한 내에 해당 선박이 출항하는 때에는 출항허가 전까지 보고해야 한다(「선박용품 등 관리에 관한 고시」 제14조 제1항).
④ 공급자 등은 하선하는 경우에 해당하는 선박용품 등의 적재 등을 이행하는 때에는 관할 세관장에게 보고해야 한다(「선박용품 등 관리에 관한 고시」 제13조 제1호).

19 답 ⑤

⑤ 「수출입 안전관리 우수업체 공인 및 운영에 관한 고시」 제17조 제6항
① 다만, 변동사항이 범칙행위, 부도 등 공인유지에 중대한 영향을 미치는 경우에는 지체 없이 보고해야 한다(「수출입 안전관리 우수업체 공인 및 운영에 관한 고시」 제17조 제1항 단서).
② 양도, 양수, 분할·합병 및 특허 변동 등으로 인한 법적 지위 등의 변경 등의 사실이 발생한 경우에는 그 사실이 발생한 날로부터 30일 이내에 수출입 관리현황 변동사항 보고서를 작성하여 관세청장에게 보고해야 한다(「수출입 안전관리 우수업체 공인 및 운영에 관한 고시」 제17조 제1항 제1호).
③ 변동보고를 받은 관세청장은 법적지위 등이 변경된 이후에도 기업의 동일성 유지와 공인기준 충족 여부 등을 점검해야 하며, 필요한 경우에는 현장을 방문해야 한다(「수출입 안전관리 우수업체 공인 및 운영에 관한 고시」 제17조 제2항).
④ 관세청장은 점검 결과 수출입 안전관리 우수업체가 공인기준을 충족하지 못하거나 법규준수도의 하락으로 공인등급의 하향 조정이 예상되는 경우에는 공인기준 준수 개선을 요구해야 한다(「수출입 안전관리 우수업체 공인 및 운영에 관한 고시」 제17조 제3항).

20 답 ①

① 공인의 유효기간은 5년으로 하며(「관세법」 제255조의2 제5항), 공인을 갱신하려는 자는 공인의 유효기간이 끝나는 날의 6개월 전까지 신청서에 관련서류를 첨부하여 관세청장에게 제출해야 한다(「관세법 시행령」 제259조의3 제2항 참고).
② 「관세법」 제255조의2 제1항
③ 「관세법」 제255조의2 제2항
④ 「관세법」 제255조의3 제1항
⑤ 「관세법」 제255조의6

21 답 ⑤

관세청장은 다른 나라 관세당국과 상호인정약정을 체결한 경우에 상대국 통관절차상에서 우리나라의 수출입 안전관리 우수업체가 혜택을 받게 하거나, 우리나라의 통관절차상에서 상대국의 수출입 안전관리 우수업체에게 혜택을 제공할 수 있다. 이 경우 혜택의 제공기간은 양국 관세당국에서 부여한 수출입 안전관리 우수업체 공인의 유효기간으로 한다(「수출입 안전관리 우수업체 공인 및 운영에 관한 고시」 제23조 제1항).

22 답 ①

수출입 안전관리 우수업체는 공인이 취소된 경우에 지체 없이 관세청장에게 증서를 반납해야 한다(「수출입 안전관리 우수업체 공인 및 운영에 관한 고시」 제28조).

23 답 ⑤

정보기술 관리에 대한 내용이다. 운영인 가이드라인의 주요내용은 법규준수, 내부통제시스템, 재무건전성, 안전관리로 나누어지며, 안전관리는 거래업체 관리, 운송수단 등 관리, 출입통제 관리, 인사관리, 취급절차 관리, 시설과 장비 관리, 정보기술 관리, 교육과 훈련으로 나누어진다.

24 답 ③

특송업부문, 전자상거래부문, 해외구매대행업부문은 수출입 안전관리 우수업체의 공인부문에 해당하지 않는다.

관련 법령

「수출입 안전관리 우수업체 공인 및 운영에 관한 고시」 제3조(공인부문) 제1항
수출입 안전관리 우수업체(AEO, Authorized Economic Operator)로 공인을 신청할 수 있는 자는 다음 각 호와 같다.
1. 「관세법」 제241조에 따른 수출자(수출부문)
2. 「관세법」 제241조에 따른 수입자(수입부문)
3. 통관업을 하는 자(관세사부문)
4. 운영인에 해당하는 자 또는 지정장치장의 화물을 관리하는 자(보세구역운영인부문)
5. 보세운송업자에 해당하는 자(보세운송업부문)
6. 화물운송주선업자 및 국제무역선 · 국제무역기 또는 국경출입차량을 이용하여 상업서류나 그 밖의 견본품 등을 송달하는 것을 업으로 하는 자에 해당하는 자(화물운송주선업부문)
7. 국제무역선 · 국제무역기 또는 국경출입차량에 물품을 하역하는 것을 업으로 하는 자에 해당하는 자(하역업부문)
8. 국제무역선을 소유하거나 운항하여 보세화물을 취급하는 자(선박회사부문)
9. 국제무역기를 소유하거나 운항하여 보세화물을 취급하는 자(항공사부문)

제3회 정답 및 해설

25 답 ③

③ 「국제무역기의 입출항절차 등에 관한 고시」 제14조 본문

① 국제무역선 또는 국제무역기를 국내운항선 또는 국내운항기로 전환하거나, 국내운항선 또는 국내운항기를 국제무역선 또는 국제무역기로 전환하려면 선장이나 기장은 세관장의 승인을 받아야 한다(「관세법」 제144조).

② 국내운항기가 수출신고 수리된 경우에는 전환신청을 생략할 수 있다(「국제무역기의 입출항절차 등에 관한 고시」 제12조 제1호).

④ 세관장은 국제무역기를 국내운항기로 전환승인하기 전에 외국에서 구입한 항공기용품이 남아 있는 경우와 그 밖의 과세대상 물품이 있는 경우에 대하여는 기장 등이 수입신고한 때 승인해야 한다. 다만, 수입신고 전 즉시반출업체가 신청한 건은 즉시반출신고 확인 후 승인할 수 있다(「국제무역기의 입출항절차 등에 관한 고시」 제15조 제1항).

⑤ 기장 등이 항공기의 전환을 신청하려는 때에는 승무원 휴대품과 항공기용품을 제외한 다른 화물이 적재되어 있지 않아야 한다. 다만, 다른 화물이 적재되어 있는 상태에서 전환하려는 때에는 전환승인 신청 시 품명, 규격, 수(중)량 및 그 사유를 기재해야 한다(「국제무역기의 입출항절차 등에 관한 고시」 제13조).

제5과목 자율관리 및 관세벌칙

01	02	03	04	05	06	07	08	09	10
⑤	④	⑤	④	③	⑤	⑤	③	③	②
11	12	13	14	15	16	17	18	19	20
④	①	⑤	⑤	⑤	⑤	③	②	①	②
21	22	23	24	25					
②	④	⑤	②	②					

01 답 ⑤

ⓑ・ⓒ 일반 자율관리 보세구역과 우수 자율관리 보세구역의 공통적인 지정요건에 해당한다.

관련 법령

「자율관리 보세구역 운영에 관한 고시」 제3조(지정요건)
자율관리 보세구역은 다음 각 호의 사항을 충족하고 운영인 등의 법규수행능력이 우수하여 보세구역 자율관리에 지장이 없어야 한다.
1. 일반 자율관리 보세구역
   가. 보세화물관리를 위한 보세사 채용
   나. 화물의 반출입, 재고관리 등 실시간 물품관리가 가능한 전산시스템(WMS, ERP 등) 구비
2. 우수 자율관리 보세구역
   가. 1호 가목 및 나목 충족
   나. 「수출입 안전관리 우수업체 공인 및 운영에 관한 고시」 제5조에 해당하는 수출입 안전관리 우수업체
   다. 보세공장의 경우 「보세공장 운영에 관한 고시」 제36조 제1항 제4호를 충족할 것
   - 반출입, 제조・가공, 재고관리 등 업무처리의 적정성을 확인・점검할 수 있는 기업자원관리(ERP)시스템 또는 업무처리시스템에 세관 전용화면을 제공하거나 해당 시스템의 열람 권한을 제공한 자

02 답 ④

④ 이는 자율관리 보세구역 운영과 관련한 운영인 등의 의무 중 하나이며, 지정취소 사유에 해당하지 않는다(「자율관리 보세구역 운영에 관한 고시」 제9조 제1항 제4호).
① 「자율관리 보세구역 운영에 관한 고시」 제5조 제1항 제1호, 「관세법」 제178조 제1항 제1호
② 「자율관리 보세구역 운영에 관한 고시」 제5조 제1항 제1호, 「관세법」 제178조 제1항 제3호
③ 「자율관리 보세구역 운영에 관한 고시」 제5조 제1항 제3호
⑤ 「자율관리 보세구역 운영에 관한 고시」 제5조 제1항 제2호

관련 법령

「자율관리 보세구역 운영에 관한 고시」 제5조(지정취소 사유 등) 제1항
법 제164조 제6항에서 "이 법에 따른 의무를 위반하거나 세관감시에 지장이 있다고 인정되는 사유"란 다음 각 호의 하나를 말한다.

1. 법 제178조 제1항에 해당된 때
   - 장치물품에 대한 관세를 납부할 자금능력이 없다고 인정되는 경우
   - 본인이나 그 사용인이 이 법 또는 이 법에 따른 명령을 위반한 경우
   - 해당 시설의 미비 등으로 특허보세구역의 설치 목적을 달성하기 곤란하다고 인정되는 경우
   - 그 밖에 상기 규정에 준하는 것으로서 대통령령으로 정하는 사유에 해당하는 경우
2. 제9조 제1항 제1호를 위반한 때
   - 운영인 등은 보세사가 아닌 자에게 보세화물관리 등 보세사의 업무를 수행하게 하여서는 아니 된다. 다만, 업무대행자를 지정하여 사전에 세관장에게 신고한 경우에는 보세사가 아닌 자도 보세사가 이탈 시 보세사 업무를 수행할 수 있다.
3. 제9조 제1항 제3호에서 규정한 기간까지 보세사를 채용하지 않을 때
   - 보세사가 해고 또는 취업정지 등의 사유로 업무를 수행할 수 없는 경우에는 2개월 이내에 다른 보세사를 채용하여 근무하게 해야 한다.
4. 제3조의 자율관리 보세구역 지정요건을 충족하지 못한 경우
   - 일반 자율관리 보세구역
     - 보세화물관리를 위한 보세사 채용
     - 화물의 반출입, 재고관리 등 실시간 물품관리가 가능한 전산시스템(WMS, ERP 등) 구비
   - 우수 자율관리 보세구역
     - 일반 자율관리 보세구역 지정요건 충족
     - 「수출입 안전관리 우수업체 공인 및 운영에 관한 고시」 제5조에 해당하는 수출입 안전관리 우수업체
     - 보세공장의 경우 「보세공장 운영에 관한 고시」 제36조 제1항 제3호 및 제4호를 충족할 것
5. 그 밖에 보세화물을 자율적으로 관리할 능력이 없거나 부적당하다고 세관장이 인정하는 경우

03 답 ⑤

장치물품의 수입신고 전 확인신청(승인)의 생략은 일반 자율관리 보세구역과 우수 자율관리 보세구역 모두 적용되는 절차생략 혜택이며, 나머지는 「자율관리 보세구역 운영에 관한 고시」 제7조 제1항 제2호 나목에 따른 우수 자율관리 보세구역만의 절차생략 등의 특혜이다.

관련 법령

「자율관리 보세구역 운영에 관한 고시」 제7조(절차생략 등) 제1항

법 제164조 제1항에서 "관세청장이 정하는 절차"라 함은 다음 각 호의 어느 하나를 말한다.

1. 일반 자율관리 보세구역
   가. 「식품위생법」 제10조, 「건강기능식품에 관한 법률」 제17조 및 「축산물 위생관리법」 제6조, 「의료기기법」 제20조 및 「약사법」 제56조, 「화장품법」 제10조 및 「전기용품 및 생활용품 안전관리법」 제9조 · 제18조 · 제25조 · 제29조에 따른 표시작업(원산지표시 제외)과 벌크화물의 사일로(Silo) 적입을 위한 포장제거작업의 경우 법 제158조에 따른 보수작업 신청(승인) 생략
   나. 「보세화물 관리에 관한 고시」 제16조에 따른 재고조사 및 보고의무를 분기별 1회에서 년 1회로 완화
   다. 「보세창고 특허 및 운영에 관한 고시」 제22조에 따른 보세창고 운영상황의 점검 생략
   라. 「보세화물 관리에 관한 고시」 제17조에 따른 장치물품의 수입신고 전 확인신청(승인) 생략

2. 우수 자율관리 보세구역
   가. 제1호 각 목의 사항
   나. 「보세공장 운영에 관한 고시」 제37조에 따른 특례 적용
      • 공휴일(「근로자의 날 제정에 관한 법률」에 따른 근로자의 날 및 토요일 포함), 야간 등 개청시간 외에 보세공장에 반입된 물품(제23조에 따라 장외작업장에 직접 반입된 물품 포함)을 사용하려는 경우에는 법 제186조 제1항 및 이 고시 제18조 제1항에 따른 사용 전 사용신고를 공휴일 또는 야간 종료일 다음 날까지 사용신고할 수 있다. 다만, 법 제186조 제2항에 해당되는 외국물품은 제외한다.
      • 제24조에 따른 다른 보세공장 일시 보세작업 장소가 자율관리 보세공장인 경우 제24조 제4항에 따른 보세운송절차를 생략할 수 있다.
      • 제13조에 따른 물품의 반출입을 할 때 동일법인에서 운영하는 자율관리 보세공장 간이나, 동일법인에서 운영하는 자율관리 보세공장과 자유무역지역 입주기업체 간에는 제13조 제6항에 따른 보세운송절차를 생략할 수 있다.
      • 제18조 제6항에 따른 사용신고 특례적용을 위한 품목번호(HSK) 등록절차를 생략할 수 있다.
      • 제40조 제1항에 따른 연 1회 재고조사를 생략할 수 있다.
      • 제12조 제3항 각 호의 물품 외에도 해당 보세공장의 특허 목적과 관련 있는 물품은 보세공장에 반입할 수 있다.
      • 해당 보세공장에서 생산된 수출물품이 무상으로 반출하는 상품의 견품 및 광고용품에 해당되고, 물품 가격이 미화 1만 달러(FOB기준) 이하인 경우 제38조 제2항에 따른 보세운송절차를 생략할 수 있다.
      • 제40조 제2항 제4호의 규정에 따른 보세공장 장기재고 현황 및 처리계획 보고서의 제출을 생략할 수 있다.
      • 제29조의2에 따라 해당 보세공장의 견본품을 기업부설연구소로 반출할 때 장외작업절차를 준용하게 할 수 있다.
   다. 「보세공장 운영에 관한 고시」 제7조 제2항에 따른 보관창고 증설을 단일보세공장 소재지 관할구역 내의 장소에도 허용

04 답 ④

운영인은 회계연도 종료 3개월이 지난 후 15일 이내에 자율관리 보세구역 운영 등의 적정 여부를 자체 점검하고, 다음 각 호의 사항을 포함하는 자율점검표를 작성하여 세관장에게 제출해야 한다. 다만, 운영인이 자율점검표를 재고조사 결과와 함께 제출하려는 경우, 자율점검표를 다음 해 2월 말까지 제출할 수 있다(「자율관리 보세구역 운영에 관한 고시」 제10조 제1항).

05 답 ③

③ 보세사는 다른 업무를 겸임할 수 없다. 다만, 영업용 보세창고가 아닌 경우 보세화물 관리에 지장이 없는 범위 내에서 다른 업무를 겸임할 수 있다(「보세사제도 운영에 관한 고시」 제11조 제1항 제1호).
① 「보세사제도 운영에 관한 고시」 제10조 제1항 제1호
② 「보세사제도 운영에 관한 고시」 제10조 제1항 제3호
④ 「보세사제도 운영에 관한 고시」 제11조 제1항 제3호
⑤ 「보세사제도 운영에 관한 고시」 제11조 제2항

06 답 ⑤

⑤ 보세사 자격을 갖춘 자가 보세사로 근무하려면 관할지 세관장에게 등록해야 한다(「관세법」 제165조 제3항).
① 「보세사제도 운영에 관한 고시」 제7조 제1항
② 「관세법」 제165조 제5항 제3호 참고
③ 「보세사제도 운영에 관한 고시」 제8조 제1항 제2호 참조
④ 「보세사제도 운영에 관한 고시」 제8조 제2항

07 답 ⑤

⑤ 관세청장은 제1항에서 정하는 평가기준 등에 대하여 수출입물류를 관할하는 단체 등의 건의가 있거나, 보세화물을 취급하는 수출입물류업체의 업무특성 등을 고려하여 현실에 맞도록 조정 운영할 수 있다(「수출입물류업체에 대한 법규수행능력측정 및 평가관리에 관한 훈령」 제10조 제2항).
① 「수출입물류업체에 대한 법규수행능력측정 및 평가관리에 관한 훈령」 제10조 제1항
② 「수출입물류업체에 대한 법규수행능력측정 및 평가관리에 관한 훈령」 제11조 제2항
③ 「수출입물류업체에 대한 법규수행능력측정 및 평가관리에 관한 훈령」 제10조 제3항
④ 「수출입물류업체에 대한 법규수행능력측정 및 평가관리에 관한 훈령」 제11조 제1항

08 답 ③

③ "보수"란 해당 물품의 HS품목분류의 변화를 가져오지 아니하는 보존작업, 선별, 분류, 용기변경, 포장, 상표부착, 단순조립, 검품, 수선 등의 활동(원산지를 허위로 표시하거나, 지식재산권을 침해하는 행위 제외)을 말한다(「자유무역지역 반출입물품의 관리에 관한 고시」 제2조 제4호).
① 「자유무역지역 반출입물품의 관리에 관한 고시」 제2조 제1호
② 「자유무역지역 반출입물품의 관리에 관한 고시」 제2조 제2호
④ 「자유무역지역 반출입물품의 관리에 관한 고시」 제2조 제3호
⑤ 「자유무역지역 반출입물품의 관리에 관한 고시」 제2조 제5호

09 답 ③

「물류시설의 개발 및 운영에 관한 법률」에 따른 물류터미널 및 물류단지가 자유무역지역의 지정 대상에 해당한다(「자유무역지역의 지정 및 운영에 관한 법률」 제5조 제1호 다목).

10 답 ②

「자유무역지역의 지정 및 운영에 관한 법률」 제5조 제1호 나목에 따른 공항 및 배후지의 관리권자는 국토교통부장관이다(「자유무역지역의 지정 및 운영에 관한 법률」 제8조 제1항 제2호 참고).

관련 법령

「자유무역지역의 지정 및 운영에 관한 법률」 제8조(관리권자)
① 자유무역지역의 구분별 관리권자(관리권자)는 다음 각 호와 같다.
1. 제5조 제1호 가목에 따른 산업단지 : 산업통상자원부장관
2. 제5조 제1호 나목에 따른 공항 및 배후지 : 국토교통부장관
3. 제5조 제1호 다목에 따른 물류터미널 및 물류단지 : 국토교통부장관
4. 제5조 제1호 라목에 따른 항만 및 배후지 : 해양수산부장관

② 관리권자는 자유무역지역의 관리에 관한 다음 각 호의 업무를 수행한다.
1. 입주기업체 및 지원업체의 사업활동 지원
2. 공공시설의 유지 및 관리
3. 각종 지원시설의 설치 및 운영
4. 그 밖에 자유무역지역의 관리 또는 운영에 관한 업무

11 답 ④

④ 관리권자는 자유무역지역에 입주하려는 자가 입주 자격을 갖춘 경우라도 양허관세품목을 원재료로 하는 물품을 제조・가공하는 업종의 사업을 하려는 자라면 입주를 제한해야 한다.

①・②・③・⑤ 「자유무역지역의 지정 및 운영에 관한 법률」에 따른 자유무역지역 입주 자격에 해당하는 업종이다.

관련 법령

「자유무역지역의 지정 및 운영에 관한 법률」 제10조의2(입주제한 업종)
관리권자는 자유무역지역에 입주하려는 자가 제10조에 따라 입주 자격을 갖춘 경우에도 「관세법」 제73조에 따라 국내외 가격차에 상당하는 율로 양허(讓許)한 농림축산물(양허관세품목)을 원재료로 하는 물품을 제조・가공하는 업종의 사업을 하려는 자의 입주를 제한해야 한다. 다만, 원재료 및 원재료를 제조・가공한 물품을 전량 국외로 반출하는 경우에는 입주를 제한하지 아니할 수 있다.

「자유무역지역의 지정 및 운영에 관한 법률 시행령」 제7조(입주 자격) 제7항
법 제10조(입주 자격) 제1항 제5호에서 "대통령령으로 정하는 사업"이란 다음 각 호의 사업을 말한다.
1. 국제운송주선・국제선박거래, 포장・보수・가공 또는 조립하는 사업 등 복합물류 관련 사업
2. 선박 또는 항공기(선박 또는 항공기의 운영에 필요한 장비 포함)의 수리・정비 및 조립업 등 국제물류 관련 사업
3. 연료, 식수, 선식(船食) 및 기내식(機內食) 등 선박 또는 항공기 용품의 공급업
4. 물류시설 관련 개발업 및 임대업

12 답 ①

수출신고가 수리된 외국물품은 반입신고대상 제외 물품이다.

관련 법령

「자유무역지역의 지정 및 운영에 관한 법률」 제29조(물품의 반입 또는 수입) 제1항
다음 각 호의 어느 하나에 해당하는 물품을 자유무역지역 안으로 반입하려는 자는 관세청장이 정하는 바에 따라 세관장에게 반입신고를 하여야 한다.
1. 외국물품. 다만, 「관세법」 제241조에 따른 수출신고가 수리된 물품으로서 관세청장이 정하는 자료를 제출하는 물품은 제외한다.

② 「자유무역지역의 지정 및 운영에 관한 법률」 제29조 제1항 제2호 나목
③ 「자유무역지역의 지정 및 운영에 관한 법률」 제29조 제3항 전단
④ 「자유무역지역의 지정 및 운영에 관한 법률」 제29조 제4항 제1호 참고
⑤ 「자유무역지역의 지정 및 운영에 관한 법률」 제29조 제5항 제2호

13 답 ⑤

⑤ 세관장은 매각대금을 그 매각비용, 관세, 각종 세금의 순으로 충당하고, 잔금이 있을 때에는 이를 화주에게 교부한다(「자유무역지역의 지정 및 운영에 관한 법률」 제37조 제4항, 「관세법」 제211조 제1항).
① 「자유무역지역의 지정 및 운영에 관한 법률」 제37조 제4항, 「관세법」 제208조 제1항 본문
② 「자유무역지역의 지정 및 운영에 관한 법률」 제37조 제4항, 「관세법」 제208조 제2항
③ 「자유무역지역의 지정 및 운영에 관한 법률」 제37조 제4항, 「관세법」 제209조 제1항
④ 「자유무역지역의 지정 및 운영에 관한 법률」 제37조 제4항, 「관세법」 제210조 제1항

14 답 ⑤

품명미상의 물품으로서 반입 후 1년이 지난 물품이 폐기 대상이다.

관련 법령

「자유무역지역의 지정 및 운영에 관한 법률」 제40조(물품의 폐기) 제1항, 「자유무역지역 반출입물품의 관리에 관한 고시」 제25조(폐기대상물품)

세관장은 자유무역지역에 있는 물품 중 다음 각 호의 어느 하나에 해당하는 물품에 대하여는 화주 및 반입자와 그 위임을 받은 자(화주 등)에게 국외 반출 또는 폐기를 명하거나 화주 등에게 미리 통보한 후 직접 이를 폐기할 수 있다. 다만, 화주 등에게 통보할 시간적 여유가 없는 특별한 사정이 있을 때에는 그 물품을 폐기한 후 지체 없이 화주 등에게 통보하여야 한다.

1. 사람의 생명이나 재산에 해를 끼칠 우려가 있는 물품
2. 부패 또는 변질된 물품
3. 유효기간이 지난 물품
   • 실용시효가 경과되었거나 상품가치를 상실한 물품
   • 의약품 등으로서 유효기간이 만료되었거나 성분이 불분명한 경우
4. 제1호부터 제3호까지의 규정에 준하는 물품으로서 관세청장이 정하여 고시하는 물품
   • 위조상품, 모조품, 그밖에 지식재산권 침해물품
   • 품명미상의 물품으로서 반입 후 1년이 지난 물품
   • 검사・검역기준 등에 부적합하여 검사・검역기관에서 폐기대상으로 결정된 물품

15 답 ⑤

외국물품 등의 일시 반출 규정을 위반한 경우 「자유무역지역의 지정 및 운영에 관한 법률」 제61조 제2호에 따라 1천만 원 이하의 벌금에 처한다. 나머지는 동법 제60조에 따라 2천만 원 이하의 벌금에 처한다.

16 답 ⑤

⑤ 수입신고를 한 자 중 세액결정에 영향을 미치기 위하여 과세가격 또는 관세율 등을 거짓으로 신고하거나 신고하지 아니하고 수입한 자(구매대행업자 포함)는 3년 이하의 징역 또는 포탈한 관세액의 5배와 물품원가 중 높은 금액 이하에 상당하는 벌금에 처한다(「관세법」 제270조 제1항 제1호).

① 「관세법」 제268조의2 제1항

② 「관세법」 제269조 제1항

③ 「관세법」 제269조 제2항 제2호

④ 「관세법」 제269조 제3항 제1호

17 답 ③

쌀가루를 밀가루로 신고한 것은 밀수출입죄 중 수입신고를 하였으나 해당 수입물품과 다른 물품으로 신고하여 수입한 경우에 해당하므로, 5년 이하의 징역 또는 관세액의 10배와 물품원가 중 높은 금액 이하에 상당하는 벌금에 처한다(「관세법」 제269조 제2항 제2호 참고).

18 답 ②

ⓐ : 3년, ⓑ : 3천만 원이다.

관련 법령

「관세법」 제270조(관세포탈죄 등) 제2항

제241조 제1항 · 제2항 또는 제244조 제1항에 따른 수입신고를 한 자 중 법령에 따라 수입에 필요한 허가 · 승인 · 추천 · 증명 또는 그 밖의 조건을 갖추지 아니하거나 부정한 방법으로 갖추어 수입한 자는 3년 이하의 징역 또는 3천만 원 이하의 벌금에 처한다.

19 답 ①

① 그 정황을 알면서 제269조(밀수출입죄) 및 제270조(관세포탈죄 등) 규정에 따른 행위를 교사하거나 방조한 자는 정범(正犯)에 준하여 처벌한다(「관세법」 제271조 제1항).

②·③ 「관세법」 제271조 제2항

④·⑤ 「관세법」 제271조 제3항

20 답 ②

제269조(밀수출입죄), 제270조(관세포탈죄 등), 제270조의2(가격조작죄), 제271조(미수범 등), 제274조(밀수품의 취득죄 등)이다. 강제징수면탈죄 등은 「관세법」 제275조의2에 규정되어 있다.

21 답 ②

② 7년 이하의 징역 또는 7천만 원 이하의 벌금(「관세법」 제269조 참고)

① 2년 이하의 징역 또는 물품원가와 5천만 원 중 높은 금액 이하의 벌금(「관세법」 제270조의2 참고)

③ 3년 이하의 징역 또는 3천만 원 이하의 벌금(「관세법」 제275조의2 참고)

④ 1년 이하의 징역 또는 1천만 원 이하의 벌금(「관세법」 제275조의3 참고)

⑤ 물품원가 또는 2천만 원 중 높은 금액 이하의 벌금(「관세법」 제276조 참고)

22 답 ④

④ 1천만 원 이하의 벌금(「관세법」 제276조 제4항 제7호)
① 물품원가 또는 2천만 원 중 높은 금액 이하의 벌금(「관세법」 제276조 제2항 제5호)
② 2천만 원 이하의 벌금(「관세법」 제276조 제3항 제1호)
③ 2천만 원 이하의 벌금, 과실일 경우에는 300만 원 이하의 벌금(「관세법」 제276조 제3항 제2호, 제225조 제1항 전단)
⑤ 2천만 원 이하의 벌금, 과실일 경우에는 300만 원 이하의 벌금(「관세법」 제276조 제3항 제4호)

23 답 ⑤

⑤ 「형법」 등 다른 법률에 따라 형사처벌을 받은 경우에는 과태료를 부과하지 아니하고, 과태료를 부과한 후 형사처벌을 받은 경우에는 과태료 부과를 취소한다(「관세법」 제277조의2 제5항 단서).
① 「관세법」 제277조의2 제1항
② 「관세법」 제277조의2 제2항
③ 「관세법」 제277조의2 제4항
④ 「관세법」 제277조의2 제5항 본문

24 답 ②

제30조에 따른 국외 반출신고를 한 자 중 법령에 따라 국외 반출에 필요한 허가·승인·추천·증명 또는 그 밖의 조건을 구비하지 아니하거나 부정한 방법으로 이를 구비하여 국외 반출한 자는 1년 이하의 징역 또는 2천만 원 이하의 벌금에 처한다(「자유무역지역의 지정 및 운영에 관한 법률」 제59조).

25 답 ②

② 세관공무원은 관세범 조사에 필요하다고 인정할 때에는 피의자·증인 또는 참고인을 조사할 수 있다(「관세법」 제291조). 세관장의 승인을 요하지는 않는다.
① 「관세법」 제290조
③ 「관세법」 제292조 제1항
④ 「관세법」 제292조 제3항
⑤ 「관세법」 제292조 제4항

제 4 회 최종모의고사 정답 및 해설

제1과목 수출입통관절차

01	02	03	04	05	06	07	08	09	10
③	③	④	①	⑤	⑤	②	⑤	③	③
11	12	13	14	15	16	17	18	19	20
④	③	④	③	③	④	③	⑤	⑤	④
21	22	23	24	25					
①	②	③	③	③					

01 답 ③

③ "반송"이란 국내에 도착한 외국물품이 수입통관절차를 거치지 아니하고 다시 외국으로 반출되는 것을 말한다(「관세법」 제2조 제3호).

① 「관세법」 제2조 제1호

② 「관세법」 제2조 제2호

④ 「관세법」 제2조 제10호

⑤ 「관세법」 제2조 제11호

02 답 ③

체신관서가 수취인에게 내준 우편물은 적법하게 수입된 것으로 보고 관세 등을 따로 징수하지 않지만, ⓒ 체신관서가 보관 중인 우편물은 수입의 의제에 해당하지 않는다(「관세법」 제240조 제1항 제1호 참고).

관련 법령

「관세법」 제240조(수출입의 의제)

① 다음 각 호의 어느 하나에 해당하는 외국물품은 이 법에 따라 적법하게 수입된 것으로 보고 관세 등을 따로 징수하지 아니한다.

1. 체신관서가 수취인에게 내준 우편물
2. 이 법에 따라 매각된 물품
3. 이 법에 따라 몰수된 물품
4. 제269조(밀수출입죄), 제272조(밀수 전용 운반기구의 몰수), 제273조(범죄에 사용된 물품의 몰수 등) 또는 제274조(밀수품의 취득죄 등) 제1항 제1호에 해당하여 이 법에 따른 통고처분으로 납부된 물품
5. 법령에 따라 국고에 귀속된 물품
6. 제282조(몰수 · 추징) 제3항에 따라 몰수를 갈음하여 추징된 물품

② 체신관서가 외국으로 발송한 우편물은 이 법에 따라 적법하게 수출되거나 반송된 것으로 본다.

03 답 ④

④ 수입신고 전 즉시반출신고를 한 경우 관세의 납부기한은 수입신고일부터 15일 이내이다(「관세법」 제9조 제1항 제3호).
① 「관세법」 제8조 제1항
② 「관세법」 제9조 제1항 제1호
③ 「관세법」 제9조 제1항 제2호
⑤ 「관세법」 제9조 제2항

04 답 ①

① 해당 신고에 대한 수리일부터 5년(「관세법 시행령」 제3조 제1항 제1호)
②・③ 해당 신고에 대한 수리일부터 3년(「관세법 시행령」 제3조 제1항 제2호)
④・⑤ 해당 신고에 대한 수리일부터 2년(「관세법 시행령」 제3조 제1항 제3호)

05 답 ⑤

「관세법」 제50조에 따라 덤핑방지관세가 가장 우선적용된다.

「관세법」 제50조(세율적용의 우선순위) 정리

우선순위	세 율	비 고
1	• 덤핑방지관세(제51조) • 상계관세(제57조) • 보복관세(제63조) • 긴급관세(제65조) • 특정국물품긴급관세(제67조의2) • 농림축산물에 대한 특별긴급관세(제68조) • 조정관세(제69조 제2호)	관세율의 높낮이에 관계없이 최우선 적용
2	• 국제협력관세(제73조) • 편익관세(제74조)	3・4・5・6순위 세율보다 낮은 경우에만 우선 적용 (단, 국제협력관세 중 농림축산물에 대한 양허관세는 세율이 높은 경우에도 5・6순위 세율보다 우선 적용)
3	• 조정관세(제69조 제1호・제3호・제4호) • 할당관세(제71조) • 계절관세(제72조)	할당관세는 4순위 세율보다 낮은 경우에만 우선 적용
4	일반특혜관세(제76조 제3항)	
5	잠정세율(제50조)	
6	기본세율(제50조)	

06 답 ⑤

⑤ 보세건설장에 반입된 외국물품에 대하여는 사용 전 수입신고가 수리된 날의 법령에 따라 관세를 부과한다(「관세법」 제17조 제2호).
① 「관세법」 제17조 본문
② 「관세법」 제17조 제1호, 제16조 제3호
③ 「관세법」 제17조 제1호, 제16조 제7호
④ 「관세법」 제17조 제1호, 제16조 제11호

07 답 ②

② 「관세법」 제38조의2 제5항 제2호

① 세관장은 신고납부한 세액이 부족하다는 것을 알게 되거나 세액산출의 기초가 되는 과세가격 또는 품목분류 등에 오류가 있다는 것을 알게 되었을 때에는 대통령령으로 정하는 바에 따라 납세의무자에게 해당 보정기간에 보정신청을 하도록 통지할 수 있다(「관세법」 제38조의2 제2항 전단).

③ 세관장은 납세의무자가 신고납부한 세액, 납세신고한 세액 또는 경정청구한 세액을 심사한 결과 과부족하다는 것을 알게 되었을 때에는 그 세액을 경정해야 한다(「관세법」 제38조의3 제6항).

④ 경정을 청구한 자가 2개월 이내에 통지를 받지 못한 경우에는 그 2개월이 되는 날의 다음 날부터 이의신청, 심사청구, 심판청구 또는 「감사원법」에 따른 심사청구를 할 수 있다(「관세법」 제38조의3 제5항).

⑤ 세관장은 경정을 한 후 그 세액에 과부족이 있는 것을 발견한 때에는 그 경정한 세액을 다시 경정한다(「관세법 시행령」 제34조 제5항).

08 답 ⑤

⑤ 체납자가 체납액을 분할하여 납부하려는 경우 그 분납액 및 분납횟수(「관세법 시행령」 제40조 제1항 제4호)

①·② 「관세법 시행령」 제40조 제1항 제1호

③ 「관세법 시행령」 제40조 제1항 제2호

④ 「관세법 시행령」 제40조 제1항 제3호

09 답 ③

③ 납세자의 과오납금 또는 그 밖의 관세의 환급청구권은 그 권리를 행사할 수 있는 날부터 5년간 행사하지 아니하면 소멸시효가 완성된다(「관세법」 제22조 제2항).

① 「관세법」 제22조 제1항 제1호

② 「관세법」 제22조 제1항 제2호

④ 「관세법」 제20조 제4호

⑤ 「관세법」 제23조 제3항 참고

10 답 ③

명예총영사 및 명예영사는 외교관용 물품 면세 규정의 적용 대상에서 제외된다(「관세법 시행령」 제108조 제2호 참고).

관련 법령

「관세법」 제88조(외교관용 물품 등의 면세) 제1항, 「관세법 시행령」 제108조(대사관 등의 관원 지정)

다음 각 호의 어느 하나에 해당하는 물품이 수입될 때에는 그 관세를 면제한다.

1. 우리나라에 있는 외국의 대사관·공사관 및 그 밖에 이에 준하는 기관의 업무용품
2. 우리나라에 주재하는 외국의 대사·공사 및 그 밖에 이에 준하는 사절과 그 가족이 사용하는 물품
3. 우리나라에 있는 외국의 영사관 및 그 밖에 이에 준하는 기관의 업무용품
4. 우리나라에 있는 외국의 대사관·공사관·영사관 및 그 밖에 이에 준하는 기관의 직원 중 대통령령으로 정하는 직원과 그 가족이 사용하는 물품
   - 대사관 또는 공사관의 참사관·1등서기관·2등서기관·3등서기관 및 외교관보
   - 총영사관 또는 영사관의 총영사·영사·부영사 및 영사관보(명예총영사 및 명예영사를 제외한다)
   - 대사관·공사관·총영사관 또는 영사관의 외무공무원으로서 제1호 및 제2호에 해당하지 아니하는 사람

5. 정부와 체결한 사업계약을 수행하기 위하여 외국계약자가 계약조건에 따라 수입하는 업무용품
6. 국제기구 또는 외국 정부로부터 우리나라 정부에 파견된 고문관・기술단원 및 그 밖에 기획재정부령으로 정하는 자가 사용하는 물품

11 답 ④

④ 세관장은 제1항에 따라 관세환급금을 환급하는 경우에 환급받을 자가 세관에 납부해야 하는 관세와 그 밖의 세금, 가산세 또는 강제징수비가 있을 때에는 환급해야 하는 금액에서 이를 충당할 수 있다(「관세법」 제46조 제2항). 즉, 관세환급금을 환급하는 경우 납세의무자의 동의를 요하지 않는다.
① 관세환급에 대한 설명으로 옳은 내용이다.
②・③ 「관세법」 제46조 제1항
⑤ 「관세법」 제46조 제3항

12 답 ③

③ 세관공무원은 재조사 결정에 따라 재조사를 하는 경우(결정서 주문에 기재된 범위의 재조사에 한정)를 제외하고는 해당 사안에 대하여 이미 조사받은 자를 다시 조사할 수 없다(「관세법」 제111조 제2항 제3호).
① 「관세법」 제111조 제2항 제1호
② 「관세법」 제111조 제2항 제2호
④ 「관세법」 제111조 제2항 제4호
⑤ 「관세법」 제111조 제2항 제5호, 「관세법 시행령」 제136조

13 답 ④

④ 이의신청을 받은 세관장은 이의신청을 받은 날부터 7일 이내에 이의신청의 대상이 된 처분에 대한 의견서를 이의신청인에게 송부해야 한다. 이 경우 의견서에는 처분의 근거・이유 및 처분의 이유가 된 사실 등이 구체적으로 기재되어야 한다(「관세법」 제132조 제5항).
① 「관세법」 제132조 제1항 전단
② 「관세법」 제132조 제2항
③ 「관세법」 제132조 제4항, 제121조 제1항
⑤ 「관세법」 제132조 제6항

14 답 ③

중소기업의 경우 수출입신고 건수 또는 요건확인 품목 건수 50건 이상이 기준이다(「관세법 제226조에 따른 세관장확인물품 및 확인방법 지정고시」 [별표 4]).

15 답 ③

판매를 목적으로 반입하는 우편물은 일반수입신고 대상이다(「관세법 시행령」 제261조 제3호).

관련 법령

「수입통관 사무처리에 관한 고시」 제71조(신고서에 의한 간이신고) 제1항

제70조 제1항 각 호의 물품 중 과세되는 물품과 다음 각 호의 어느 하나에 해당하는 물품은 첨부서류 없이 신고서에 수입신고사항을 기재하여 신고(간이신고)한다.

1. 국내거주자가 수취하는 자가사용물품으로서 물품가격이 미화 150달러 이하인 면세대상물품
2. 상업용견본품으로서 과세가격이 미화 250불 이하의 면세대상물품
3. 설계도 중 수입승인이 면제되는 것
4. 「외국환거래법」에 따라 금융기관이 외환업무를 영위하기 위하여 수입하는 지급수단

16 답 ④

과세가격을 결정하기가 곤란하지 아니하다고 인정하여 기획재정부령으로 정하는 다음의 물품에 대하여는 가격신고를 생략할 수 있다(「관세법」 제27조 제3항).

관련 법령

「관세법 시행규칙」 제2조(가격신고의 생략) 제1항

법 제27조 제3항의 규정에 따라 가격신고를 생략할 수 있는 물품은 다음 각 호와 같다.

1. 정부 또는 지방자치단체가 수입하는 물품
2. 정부조달물품
3. 「공공기관의 운영에 관한 법률」 제4조에 따른 공공기관이 수입하는 물품
4. 관세 및 내국세 등이 부과되지 않는 물품
5. 방위산업용 기계와 그 부분품 및 원재료로 수입하는 물품. 다만, 해당 물품과 관련된 중앙행정기관의 장의 수입확인 또는 수입추천을 받은 물품에 한정한다.
6. 수출용 원재료
7. 「특정연구기관 육성법」의 규정에 의한 특정연구기관이 수입하는 물품
8. 과세가격이 미화 1만 불 이하인 물품. 다만, 개별소비세, 주세, 교통·에너지·환경세가 부과되는 물품과 분할하여 수입되는 물품은 제외한다.
9. 종량세 적용물품. 다만, 종량세와 종가세 중 높은 세액 또는 높은 세율을 선택하여 적용해야 하는 물품의 경우에는 제외한다.
10. 과세가격 결정방법의 사전심사 결과가 통보된 물품. 다만, 잠정가격 신고대상 물품(「관세법 시행령」 제16조 제1항 각 호의 물품)은 제외한다.

17 답 ③

③ 세관공무원의 심증이 아닌, 납세자에 대한 구체적인 탈세정보가 있는 경우가 납세자의 성실성 추정 등의 배제 사유에 해당한다(「관세법 시행령」 제138조 제1항 제2호 참고).

①·②「관세법 시행령」 제138조 제1항 제1호

④「관세법 시행령」 제138조 제1항 제3호

⑤「관세법 시행령」 제138조 제1항 제4호

18 답 ⑤

⑤ 세관장은 제3항에 따라 원산지증명서확인자료를 제출한 자가 정당한 사유를 제시하여 그 자료를 공개하지 아니할 것을 요청한 경우에는 그 제출인의 명시적 동의 없이는 해당 자료를 공개하여서는 아니 된다(「관세법」 제232조 제4항).

①「관세법」 제232조 제1항 본문

②「관세법」 제232조 제2항

③「관세법」 제232조 제3항 전단

④「관세법」 제232조 제3항 후단

19 답 ⑤

⑤ 세관장은 요청이 있는 경우 해당 물품의 통관 또는 유치 해제 허용 여부를 요청일부터 15일 이내에 결정한다. 이 경우 세관장은 관계기관과 협의하거나 전문가의 의견을 들어 결정할 수 있다(「관세법 시행령」 제240조 제3항).

①「관세법 시행령」 제239조 제1항 본문

②「관세법 시행령」 제239조 제1항 단서 참고

③「관세법 시행령」 제239조 제2항 참고

④「관세법 시행령」 제240조 제1항

20 답 ④

수입신고 수리 전 반출이 가능한 것은 사후세액심사 대상물품이 아닌 사전세액심사 대상물품이다(「수입통관 사무처리에 관한 고시」 제38조 제1항 제3호). 나머지는 수입신고 수리 전 반출이 가능하다.

21 답 ①

① 물품의 수입을 위탁받아 수입업자가 대행수입한 물품인 경우에는 그 물품의 수입을 위탁한 자가 수입화주가 된다(「수입통관 사무처리에 관한 고시」 제3조 제7호 가목).

②「수입통관 사무처리에 관한 고시」 제3조 제7호 나목

③「수입통관 사무처리에 관한 고시」 제3조 제7호 다목

④「수입통관 사무처리에 관한 고시」 제3조 제7호 마목

⑤「수입통관 사무처리에 관한 고시」 제3조 제7호 바목

22 답 ②

② 검사대상으로 결정되지 아니한 물품(즉, P/L 또는 서류제출 통과 시)은 입항 전에 그 수입신고를 수리할 수 있다(「관세법」 제244조 제4항). 검사대상으로 결정된 물품은 수입신고를 한 세관의 관할 보세구역에 반입되어야 한다(「관세법」 제244조 제3항 본문).
① 「관세법」 제244조 제1항
③ 「관세법 시행령」 제249조 제1항
④ 「수입통관 사무처리에 관한 고시」 제8조 제2항
⑤ 「수입통관 사무처리에 관한 고시」 제8조 제3항

23 답 ③

③ 「수입통관 사무처리에 관한 고시」 제18조 제3항
① 신고의 각하에 대한 설명이다(「관세법」 제250조 제3항 참고).
② 신고의 취하에 대한 설명이다(「관세법」 제250조 제1항 참고).
④ 신고는 정당한 이유가 있는 경우에만 세관장의 승인을 받아 취하할 수 있다. 다만, 수입 및 반송의 신고는 운송수단, 관세통로, 하역통로 또는 이 법에 규정된 장치장소에서 물품을 반출한 후에는 취하할 수 없다(「관세법」 제250조 제1항).
⑤ 세관장은 신고를 각하한 때에는 즉시 그 사실을 신고인에게 통보하고 통관시스템에 등록하여야 한다(「수입통관 사무처리에 관한 고시」 제19조 제2항).

24 답 ③

③ 신고인이 폐업신고를 한 경우에는 보관 중인 서류목록을 작성하여 해당 서류와 함께 통관지 세관장 또는 관할지 세관장에게 해당 사유가 발생한 날로부터 15일 이내에 제출해야 한다. 다만, 관세사가 사무소 형태변경, 관할지 변경 등 일시적 사유로 폐업신고를 하는 경우에는 포함하지 아니한다(「수입통관 사무처리에 관한 고시」 제41조 제2항).
① 「관세법」 제12조
② 「수입통관 사무처리에 관한 고시」 제41조 제1항
④ 「관세법 시행령」 제3조 제1항 제1호 다목
⑤ 「수입통관 사무처리에 관한 고시」 제41조 제4항

25 답 ③

③ 세관장이 수출신고 취하승인하였을 때 수출신고 또는 수출신고 수리의 효력은 상실된다(「수출통관 사무처리에 관한 고시」 제27조 제3항).
① 「수출통관 사무처리에 관한 고시」 제27조 제1항
② 「수출통관 사무처리에 관한 고시」 제27조 제2항
④ 「수출통관 사무처리에 관한 고시」 제30조 제1호
⑤ 「수출통관 사무처리에 관한 고시」 제30조 제2호

제2과목 보세구역관리

01	02	03	04	05	06	07	08	09	10
⑤	③	③	④	⑤	④	③	③	④	⑤
11	12	13	14	15	16	17	18	19	20
②	④	④	③	①	③	③	②	⑤	②
21	22	23	24	25					
③	①	⑤	③	⑤					

01 답 ⑤

⑤ 부패·손상되거나 그 밖의 사유로 보세구역에 장치된 물품을 폐기하려는 자는 세관장의 승인을 받아야 한다(「관세법」 제160조 제1항).
① 「관세법」 제156조 제2항
② 「관세법」 제157조 제1항
③ 「관세법」 제158조 제1항 전단
④ 「관세법」 제159조 제1항·제2항

02 답 ③

③ 지정장치장에 반입한 물품은 화주 또는 반입자가 그 보관의 책임을 진다(「관세법」 제172조 제1항).
① 「관세법」 제169조 참고
② 「관세법」 제170조
④ 「관세법」 제172조 제2항 본문
⑤ 「관세법」 제172조 제3항 본문

03 답 ③

화물관리인으로 지정받을 수 있는 것은 보세화물의 관리와 관련 있는 비영리법인이다(「관세법 시행령」 제187조 제1항 제2호).

04 답 ④

세관검사장에 반입되는 물품의 채취·운반 등에 필요한 비용은 화주가 부담한다(「관세법」 제173조 제3항).

05 답 ⑤

「관세법」 제279조(양벌규정)에 의해 처벌받은 자는 운영인의 결격사유에서 제외된다.

관련 법령

「관세법」 제175조(운영인의 결격사유)
다음 각 호의 어느 하나에 해당하는 자는 특허보세구역을 설치·운영할 수 없다. 다만, 제6호에 해당하는 자의 경우에는 같은 호 각 목의 사유가 발생한 해당 특허보세구역을 제외한 기존의 다른 특허를 받은 특허보세구역에 한정하여 설치·운영할 수 있다.

1. 미성년자
2. 피성년후견인과 피한정후견인
3. 파산선고를 받고 복권되지 아니한 자
4. 이 법을 위반하여 징역형의 실형을 선고받고 그 집행이 끝나거나(집행이 끝난 것으로 보는 경우를 포함한다) 면제된 후 2년이 지나지 아니한 자
5. 이 법을 위반하여 징역형의 집행유예를 선고받고 그 유예기간 중에 있는 자
6. 다음 각 목의 어느 하나에 해당하는 경우에는 해당 목에서 정한 날부터 2년이 지나지 아니한 자. 이 경우 동일한 사유로 다음 각 목 모두에 해당하는 경우에는 그중 빠른 날을 기준으로 한다.
   가. 제178조 제2항에 따라 특허보세구역의 설치・운영에 관한 특허가 취소(이 조 제1호부터 제3호까지의 규정 중 어느 하나에 해당하여 특허가 취소된 경우는 제외한다)된 경우 : 해당 특허가 취소된 날
   나. 제276조 제3항 제3호의2 또는 같은 항 제6호(제178조 제2항 제1호・제5호에 해당하는 자만 해당한다)에 해당하여 벌금형 또는 통고처분을 받은 경우 : 벌금형을 선고받은 날 또는 통고처분을 이행한 날
7. 제268조의2, 제269조, 제270조, 제270조의2, 제271조, 제274조, 제275조의2, 제275조의3 또는 275조의4에 따라 벌금형 또는 통고처분을 받은 자로서 그 벌금형을 선고받거나 통고처분을 이행한 후 2년이 지나지 아니한 자. 다만, 제279조(양벌규정)에 따라 처벌된 개인 또는 법인은 제외한다.
8. 제2호부터 제7호까지에 해당하는 자를 임원(해당 보세구역의 운영업무를 직접 담당하거나 이를 감독하는 자로 한정한다)으로 하는 법인

06 답 ④

세관장은 운영인이 특허보세구역 운영인의 명의대여 금지 규정을 위반하여 명의를 대여한 경우에는 특허를 취소해야 한다(「관세법」 제178조 제2항 제5호). 나머지는 「관세법」 제178조 제1항 각 호에 따른 물품반입 등의 정지사유이다.

07 답 ③

세관장은 제1항에 따라 산정된 과징금 금액의 4분의 1의 범위에서 사업규모, 위반행위의 정도 및 위반횟수 등을 고려하여 그 금액을 가중하거나 감경할 수 있다. 다만, 과징금을 가중하는 경우에는 과징금 총액이 제2항에 따라 산정된 연간매출액의 100분의 3을 초과할 수 없다(「관세법 시행령」 제193조의3 제3항).

08 답 ③

특허보세구역의 설치・운영에 관한 특허의 효력이 상실되었을 때에는 해당 특허보세구역에 있는 외국물품의 종류와 수량 등을 고려하여 6개월의 범위에서 세관장이 지정하는 기간 동안 그 구역은 특허보세구역으로 보며, 운영인이나 그 상속인 또는 승계법인에 대하여는 해당 구역과 장치물품에 관하여 특허보세구역의 설치・운영에 관한 특허가 있는 것으로 본다(「관세법」 제182조 제2항).

09 답 ④

④ 액체화물전용 보세창고는 창고면적(m^2) 기준을 적용하지 않으며 세관장이 관할구역 내 액체화물 물동량과 액체화물전용 장치장의 수용능력을 감안하여 보세창고특허가 필요하고 관할구역 내 다른 액체화물전용 보세창고와 비교하여 보세창고로 특허하기에 충분하다고 인정되는 저장용적(m^2)을 적용한다(「보세창고 특허 및 운영에 관한 고시」 제11조 제4항 제1호).

① 「보세창고 특허 및 운영에 관한 고시」 제11조 제1항 제5호
② 「보세창고 특허 및 운영에 관한 고시」 제11조 제2항 본문
③ 「보세창고 특허 및 운영에 관한 고시」 제11조 제3항 제1호
⑤ 「보세창고 특허 및 운영에 관한 고시」 제11조 제5항

10 답 ⑤

⑤ 세관장은 운영인이 최근 1년 동안 3회 이상 경고처분을 받은 때 보세창고에의 물품반입을 정지시킬 수 있다(「보세창고 특허 및 운영에 관한 고시」 제18조 제3항 제7호).

①·②·③·④ 「보세창고 특허 및 운영에 관한 고시」 제18조 제3항 참고

관련 법령

「보세창고 특허 및 운영에 관한 고시」 제18조(행정제재) 제3항

세관장은 보세창고 운영인이 다음 각 호의 어느 하나에 해당하는 경우에는 기간을 정하여 보세창고에의 물품반입을 정지시킬 수 있다.

1. 장치물품에 대한 관세를 납부할 자금능력이 없다고 인정되는 경우
2. 본인 또는 그 사용인이 법 또는 법에 따른 명령을 위반한 경우
3. 해당 시설의 미비 등으로 보세창고 설치 목적을 달성하기 곤란하다고 인정되는 경우
4. 운영인 또는 그 종업원이 합법가장 밀수를 인지하고도 세관장에게 보고하지 않고 보관 또는 반출한 때
5. 세관장의 시설구비 명령을 미이행하거나 보관화물에 대한 중대한 관리소홀로 보세화물의 도난, 분실이 발생한 때
6. 운영인 또는 그 종업원의 관리소홀로 해당 보세창고에서 밀수행위가 발생한 때
7. 운영인이 최근 1년 동안 3회 이상 경고처분을 받은 때

11 답 ②

② 보세공장에서는 세관장의 허가를 받지 아니하고는 내국물품만을 원료로 하거나 재료로 하여 제조·가공하거나 그 밖에 이와 비슷한 작업을 할 수 없다(「관세법」 제185조 제2항). 즉, 세관장의 허가를 받은 경우에는 가능하다.

① 「관세법」 제185조 제1항
③ 「관세법」 제185조 제6항 전단
④ 「관세법」 제186조 제1항
⑤ 「관세법」 제187조 제1항

12 답 ④

④ 물품관리를 위한 시스템[기업자원관리(ERP) 시스템 등]의 구비는 보세공장의 특허요건 중 관리요건에 해당한다(「보세공장 운영에 관한 고시」 제5조 제2항 제2호).

①·②·③·⑤ 보세공장의 특허요건 중 시설요건에 해당한다(「보세공장 운영에 관한 고시」 제5조 제1항 참고).

관련 법령

「보세공장 운영에 관한 고시」 제5조(특허조건) 제1항(시설요건)

보세공장은 다음 각 호의 시설을 갖추어야 하고, 공장의 규모와 입지적 조건 등이 보세공장관리 운용에 지장이 없어야 한다.

1. 제조·가공 그 밖의 보세작업에 필요한 기계시설 및 기구의 비치
2. 물품검사를 위하여 필요한 측정용 기기와 이에 부수하는 장비의 비치
3. 원재료, 제품, 잉여물품, 수입통관 후 사용해야 하는 물품 및 그 밖의 반입물품을 구분하여 안전하게 장치 보관할 수 있는 창고 또는 야적장과 필요한 작업장의 확보
4. 소방법령 및 소방관서가 지정하는 방화 및 소방시설의 구비
5. 전기사업법령의 규정에 적합한 전기설비 및 전기안전시설의 구비
6. 보세화물의 분실과 도난방지를 위한 적절한 시설을 완비하거나 보안전문업체와 경비위탁계약서를 구비
7. 위험물품을 취급하는 보세공장의 경우는 위험물취급요령 및 그 밖의 법령(「화학물질관리법」, 소방관련 법령, 「고압가스 안전관리법」 등)에서 정한 시설의 완비 및 취급자격자의 상시 근무와 위험물품 보세공장 특허지역으로서의 적합한 지역

13 답 ④

보세공장 반입물품은 반입일부터 30일 이내에 수입 또는 반송신고를 해야 한다.

관련 법령

「보세공장 운영에 관한 고시」 제12조(반입대상 물품) 제2항

수입통관 후 해당 보세공장에서 사용할 기계, 기구, 부분품, 소모품, 견품, 내국작업 원재료 및 해당 보세공장 부설 연구소에서 사용될 시설기자재·원재료 등은 보세공장에 반입할 수 있다. 이 경우 반입된 물품은 반입일부터 30일 이내에 법 제241조 제1항에 따른 수입 또는 반송신고를 하여야 한다.

14 답 ③

대통령령으로 정하는 바에 따라 세관장의 승인을 받고 외국물품과 내국물품을 혼용하는 경우에는 그로써 생긴 제품 중 해당 외국물품의 수량 또는 가격에 상응하는 것은 외국으로부터 우리나라에 도착한 물품으로 본다(「관세법」 제188조 후단).

따라서 관세액은 제품가격(10,000,000원)에 외국 원재료 가격(3,000,000원)이 전체 원재료 가격(5,000,000원)에서 차지하는 비율(0.6)을 곱한 후 제품의 관세율(10%)을 곱한 금액이 된다.

$$10{,}000{,}000 \times \frac{3{,}000{,}000}{3{,}000{,}000+2{,}000{,}000} \times 10\% = 600{,}000(\text{원})$$

15 답 ①

ⓐ : 6개월, ⓑ : 1년, ⓒ : 2년이다.

관련 법령

「보세공장 운영에 관한 고시」 제22조(장외작업) 제2항

장외작업 허가신청을 받은 세관장은 6개월 이내의 기간과 장소를 정하여 이를 허가할 수 있다. 다만, 다음 각 호의 어느 하나에 해당하는 경우에는 해당 기간 이내에서 장외작업을 허가할 수 있다.

1. 임가공계약서 등으로 전체 장외작업의 내용(장외작업장소, 작업종류, 예상 작업기간)을 미리 알 수 있어 여러 건의 장외작업을 일괄 허가하는 경우 : 1년
2. 제품 1단위를 생산하는데 장기간 소요되는 물품인 경우 : 2년

16 답 ③

전년도 해당 공장에서 생산한 물품의 수출입신고금액 중 수출신고금액 비중이 50% 이상인 자 또는 전년도 수출신고금액이 미화 1천만 달러 이상인 자는 2022.11.25 「보세공장 운영에 관한 고시」 일부 개정에 의해 자율관리 보세공장의 지정요건 항목에서 삭제되며 요건이 완화되었다.

관련 법령

「보세공장 운영에 관한 고시」 제36조(자율관리 보세공장 지정요건 및 신청절차 등) 제1항

세관장은 다음 각 호에 해당하는 경우에 자율관리 보세공장으로 지정할 수 있으며 이 조에서 특별히 정하지 않은 사항은 이 고시의 일반적인 규정을 따른다.

1. 「수출입 안전관리 우수업체 공인 및 운영에 관한 고시」 제5조에서 정한 A등급 이상인 수출입 안전관리 우수업체인 자
2. 법 제164조(보세구역의 자율관리) 제3항에 따라 해당 보세공장에 장치된 물품을 관리하는 보세사를 채용한 자
3. 〈삭 제〉
4. 반출입, 제조・가공, 재고관리 등 업무처리의 적정성을 확인・점검할 수 있는 기업자원관리(ERP)시스템 또는 업무처리시스템에 세관 전용화면을 제공하거나 해당 시스템의 열람 권한을 제공한 자

17 답 ③

③ 보세공장에서 제조・가공되어 수출신고 수리된 물품은 보세운송절차에 의하여 수출신고 수리일로부터 30일 이내에 도착지에 도착해야 하며, 보세운송기간의 연장은 제39조에 따른 선(기)적 기간의 연장으로 갈음한다(「보세공장 운영에 관한 고시」 제38조 제2항).

① 「보세공장 운영에 관한 고시」 제38조 제1항 본문

② 「보세공장 운영에 관한 고시」 제38조 제1항 단서

④ 「보세공장 운영에 관한 고시」 제38조 제3항

⑤ 「보세공장 운영에 관한 고시」 제38조 제4항

18 답 ②

② 보세전시장에서 외국물품의 사용은 그 물품의 성질 또는 수량에 변경을 가하거나 전시장에서 소비하는 행위를 포함한다(「보세전시장 운영에 관한 고시」 제16조).
① 「보세전시장 운영에 관한 고시」 제15조
③ 「보세전시장 운영에 관한 고시」 제17조
④·⑤ 「보세전시장 운영에 관한 고시」 제18조

19 답 ⑤

이는 담당공무원 확인사항으로, 민원인의 제출은 생략된다. 민원인은 보세건설장 운영과 관계가 있는 임원의 인적사항(성명 등)에 관한 서류를 제출해야 한다(「보세건설장 관리에 관한 고시」 제2조 제1호 마목).

20 답 ②

② 보세판매장에서 판매하는 물품과 동일 또는 유사한 물품을 수입하여 내수판매를 하지 않아야 한다(「보세판매장 운영에 관한 고시」 제3조 제2항).
① 「보세판매장 운영에 관한 고시」 제3조 제1항
③ 「보세판매장 운영에 관한 고시」 제3조 제3항 본문
④ 「보세판매장 운영에 관한 고시」 제3조 제7항 본문
⑤ 「보세판매장 운영에 관한 고시」 제3조 제8항

21 답 ③

③ 제6조 제1항에 따라 지정보세구역에 물품을 보관한 경우, 화물관리인은 보세판매장 반입물품을 구분하여 재고관리해야 한다(「보세판매장 운영에 관한 고시」 제8조 제3항).
① 「보세판매장 운영에 관한 고시」 제8조 제1항
② 「보세판매장 운영에 관한 고시」 제8조 제2항 본문
④ 「보세판매장 운영에 관한 고시」 제8조 제4항
⑤ 「보세판매장 운영에 관한 고시」 제8조 제5항

22 답 ①

ⓐ : 1천만 불, ⓑ : 1천만 불, ⓒ : 1천 톤이다.

관련 법령

「종합보세구역의 지정 및 운영에 관한 고시」 제6조(종합보세구역의 지정요건) 제1항
관세청장은 종합보세구역으로 직권지정하고자 하는 지역 또는 행정기관의 장 등이 종합보세구역으로 지정요청한 지역에 종합보세기능을 수행하기 위하여 입주하였거나 입주할 업체들의 외국인투자금액·수출금액 또는 외국물품 반입물량이 다음 각 호의 어느 하나에 해당하는 경우 해당 지역을 종합보세구역으로 지정할 수 있다. 다만, 「국가첨단전략산업 경쟁력 강화 및 보호에 관한 특별조치법」 상 "국가첨단전략산업 특화단지"에 해당하는 경우에는 다음 각 호의 금액 또는 물량을 100분의 50으로 축소하여 적용한다.
1. 외국인투자금액이 미화 1천만 불 이상
2. 수출금액이 연간 미화 1천만 불 이상
3. 외국물품의 반입물량이 월 1천 톤 이상

제4회 정답 및 해설

23 답 ⑤

⑤ 수입될 물품의 보수작업의 재료는 내국물품만을 사용해야 하며, 외국물품은 수입통관 후 사용해야 한다(「종합보세구역의 지정 및 운영에 관한 고시」 제19조 제7항).

① 「종합보세구역의 지정 및 운영에 관한 고시」 제19조 제1항 전단

② 「종합보세구역의 지정 및 운영에 관한 고시」 제19조 제2항

③ 「종합보세구역의 지정 및 운영에 관한 고시」 제19조 제3항

④ 「종합보세구역의 지정 및 운영에 관한 고시」 제19조 제4항

24 답 ③

보세구역 외 장치장은 세관으로부터 40km 이내에 위치해야 한다. 다만, 관내 보세창고의 수용능력, 반입물량, 감시단속상의 문제점 등을 고려하여 세관장이 타당하다고 인정하는 경우에는 세관으로부터 80km를 초과하지 아니하는 범위 내에서 보세구역 외 장치를 허가할 수 있다(「수입활어 관리에 관한 특례고시」 제6조 제2항).

25 답 ⑤

⑤ 운영인 또는 그 종업원이 합법가장 밀수를 인지하고도 세관장에게 보고하지 않고 보관 또는 반출한 경우는 물품 반입을 정지시킬 수 있는 사유이다(「보세창고 특허 및 운영에 관한 고시」 제18조 제3항 제4호).

①·②·③·④ 「수입활어 관리에 관한 특례고시」 제15조 제1항 참고

관련 법령

「수입활어 관리에 관한 특례고시」 제15조(행정제재) 제1항

세관장은 다음 각 호의 어느 하나에 해당하는 경우에는 경고처분을 하여야 한다.

1. 제5조(CCTV의 배치와 관리) 의 규정을 위반한 경우
2. 제10조(검량) 제3항 및 제4항에 따른 세관장의 검량요구를 정당한 사유 없이 이행하지 아니한 경우
3. 제11조(미통관 표식) 제1항의 규정을 이행하지 아니한 경우
4. 제12조(폐사어의 관리) 제1항의 규정을 이행하지 아니한 경우 또는 사실과 다르게 기재하거나 세관장에게 통보한 경우
5. 그 밖에 이 고시 또는 이 고시에 의한 세관장의 명령에 위반한 경우

제3과목 화물관리

01	02	03	04	05	06	07	08	09	10
⑤	⑤	⑤	⑤	④	④	③	③	④	①
11	12	13	14	15	16	17	18	19	20
④	①	⑤	⑤	②	④	④	②	③	④
21	22	23	24	25					
①	⑤	③	②	②					

01 답 ⑤

⑤ 제155조 제1항 제2호에 해당하는 물품을 보세구역이 아닌 장소에 장치하려는 자는 세관장의 허가를 받아야 한다(「관세법」 제156조 제1항).
① 「관세법 시행령」 제174조 제1항
② 「관세법 시행령」 제174조 제2항
③ · ④ 「보세화물관리에 관한 고시」 제4조 제2항 제2호

02 답 ⑤

⑤ 수입고철(비금속설 포함)은 고철전용 장치장에 장치하는 것을 원칙으로 한다(「보세화물관리에 관한 고시」 제4조 제2항 제6호).
① 「보세화물관리에 관한 고시」 제4조 제2항 제1호
② 「보세화물관리에 관한 고시」 제4조 제2항 제5호
③ 「보세화물관리에 관한 고시」 제4조 제2항 제3호
④ 「보세화물관리에 관한 고시」 제4조 제2항 제4호

03 답 ⑤

⑤ 성실납세자가 수입하는 수출용 원재료는 보세구역 외 장치 허가 대상이 아니다.
① 「보세화물관리에 관한 고시」 제7조 제1항 제4호
② 「보세화물관리에 관한 고시」 제7조 제1항 제5호
③ 「보세화물관리에 관한 고시」 제7조 제1항 제7호
④ 「보세화물관리에 관한 고시」 제7조 제1항 제8호

04 답 ⑤

⑤ 관세 등 제세의 면제나 감면이 보세구역 외 장치 허가시점에 객관적인 자료로서 확인되지 않은 경우에는 면제나 감면되지 않은 경우의 관세 등 제세 상당액의 담보를 제공해야 한다(「보세화물관리에 관한 고시」 제7조 제6항 단서).
① 「보세화물관리에 관한 고시」 제7조 제4항
② 「보세화물관리에 관한 고시」 제7조 제5항 본문
③ 「보세화물관리에 관한 고시」 제7조 제5항 단서
④ 「보세화물관리에 관한 고시」 제7조 제6항 본문

제4회 정답 및 해설

05 답 ④

④ 보세구역 외 장치 허가기간을 연장하려는 자는 보세구역 외 장치기간 연장(신청)서를 제출하여 세관장으로부터 승인을 받아야 한다(「보세화물관리에 관한 고시」 제8조 제2항).
①·② 「보세화물관리에 관한 고시」 제8조 제1항 본문
③ 「보세화물관리에 관한 고시」 제8조 제1항 제2호
⑤ 「보세화물관리에 관한 고시」 제8조 제3항

06 답 ④

④ 컨테이너장치장(CY)에 반입한 물품을 다시 컨테이너 화물조작장(CFS)에 반입한 때에는 CY에서는 반출신고를 CFS에서는 반입신고를 각각 해야 한다(「보세화물관리에 관한 고시」 제9조 제7항).
① 「보세화물관리에 관한 고시」 제9조 제1항
② 「보세화물관리에 관한 고시」 제9조 제2항
③ 「보세화물관리에 관한 고시」 제9조 제5항
⑤ 「보세화물관리에 관한 고시」 제9조 제8항

07 답 ③

③ 제2항에 따라 반출입신고를 접수한 세관장은 반출입신고수리필증을 교부하지 아니한다(「보세화물관리에 관한 고시」 제12조 제3항 본문).
① 「보세화물관리에 관한 고시」 제12조 제1항
② 「보세화물관리에 관한 고시」 제12조 제2항
④ 「보세화물관리에 관한 고시」 제12조 제4항
⑤ 「보세화물관리에 관한 고시」 제12조 제6항

08 답 ③

③ 「보세화물관리에 관한 고시」 제12조 제4항
① 내국물품의 장치기간은 1년으로 한다(「보세화물관리에 관한 고시」 제12조 제6항).
② 법 제157조 제1항 및 영 제176조에 따라 보세창고에 내국물품을 반출입하려는 자는 반출입 전에 별지 제11호 서식 및 별지 제12호 서식의 내국물품 반출입신고서를 세관장에게 전자문서로 제출하여야 하며, 이 경우 반입신고에 대해서는 법 제183조 제2항 및 영 제197조 제1항에 따른 내국물품 장치신고(별지 제13호 서식)로 갈음한다(「보세화물관리에 관한 고시」 제12조 제2항).
④ 장치기간이 지난 내국물품은 그 기간이 지난 후 10일 내에 그 운영인의 책임으로 반출하여야 한다(「관세법」 제184조 제1항).
⑤ 운영인이 법 제183조 제2항 및 「관세법 시행령」 제197조에 따라 보세창고의 일정구역에 일정기간 동안 내국물품을 반복적으로 장치하려는 경우 세관장은 외국물품의 장치 및 세관 감시단속에 지장이 없다고 인정하는 때에는 보관장소, 내국물품의 종류, 기간 등에 대해 이를 포괄적으로 허용할 수 있다(「보세화물관리에 관한 고시」 제12조 제1항).

09 답 ④

④ 운영인으로부터 전산재고 내역과 현품 재고조사 결과를 보고받은 세관장은 이를 세관화물정보시스템의 재고현황과 대조확인해야 하며, 필요하다고 판단되는 때에는 7일 이내의 기간을 정하여 현장에서 이를 확인할 수 있다(「보세화물관리에 관한 고시」 제16조 제2항).

①・② 「보세화물관리에 관한 고시」 제16조 제1항 본문

③ 「보세화물관리에 관한 고시」 제16조 제2항 전단

⑤ 「보세화물관리에 관한 고시」 제16조 제3항

10 답 ①

인천공항과 김해공항의 하기장소 중 지정장치장 및 보세창고의 보세구역에 반입된 물품은 반입일로부터 30일 이내에 수입 또는 반송신고해야 한다.

관련 법령

「보세화물관리에 관한 고시」 제34조(가산세) 제1항

다음 각 호의 물품은 반입일로부터 30일 이내에 수입 또는 반송신고해야 한다. 신고기한을 경과하여 수입 또는 반송신고를 한 때에는 법 제241조 및 영 제247조에 따라 가산세를 징수한다.

1. 다음 각 목의 보세구역 [별표 1](부산, 인천세관 해당 보세구역의 폐업 등 대상 재조정 필요)에 반입된 물품
   가. 인천공항과 김해공항의 하기장소 중 지정장치장 및 보세창고
   나. 부산항의 하선장소 중 부두 내와 부두 밖의 컨테이너전용 보세창고(CY)・컨테이너전용 지정장치장(CY)・컨테이너화물조작장(CFS)
   다. 부산항의 부두 내 지정장치장 및 보세창고
   라. 인천항의 하선장소 중 부두 내와 부두 밖 컨테이너전용 보세창고(CY)・컨테이너화물조작장(CFS)
2. 법 제71조 제1항 제2호에 해당하는 할당관세 적용 물품 중에서 관세청장이 공고한 물품

11 답 ④

운영인이 동일품목을 대상으로 동일한 보수작업을 반복적으로 하려는 경우에 세관장은 외국물품의 장치 및 세관감시단속에 지장이 없을 때에는 1년 이내의 기간을 정하여 이를 포괄적으로 승인할 수 있다(「보세화물관리에 관한 고시」 제21조 제2항 전단).

12 답 ①

① 보세구역 등에 장치된 외국물품의 전부 또는 일부를 견품으로 반출하려는 자는 견품반출허가(신청)서를 제출하여 세관장의 허가를 받아야 한다(「보세화물관리에 관한 고시」 제30조 제1항). 담보제공은 규정되어 있지 않다.

②・③ 「보세화물관리에 관한 고시」 제30조 제2항

④ 「보세화물관리에 관한 고시」 제30조 제3항

⑤ 「보세화물관리에 관한 고시」 제30조 제4항

13 답 ⑤

⑤ "체화"란 보세구역별 물품의 장치기간이 경과한 물품을 말한다(「보세화물장치기간 및 체화관리에 관한 고시」 제2조 제4호).
① 「보세화물장치기간 및 체화관리에 관한 고시」 제2조 제1호 가목 본문
② 「보세화물장치기간 및 체화관리에 관한 고시」 제2조 제1호 나목
③ 「보세화물장치기간 및 체화관리에 관한 고시」 제2조 제2호
④ 「보세화물장치기간 및 체화관리에 관한 고시」 제2조 제3호

14 답 ⑤

⑤ 동일 B/L물품이 수차에 걸쳐 반입되는 경우의 장치기간은 그 B/L물품의 반입이 완료된 날부터 장치기간을 기산한다(「보세화물장치기간 및 체화관리에 관한 고시」 제5조 제2항).
① 「보세화물장치기간 및 체화관리에 관한 고시」 제4조 제5항 본문
② 「보세화물장치기간 및 체화관리에 관한 고시」 제4조 제5항 제1호 참고
③·④ 「보세화물장치기간 및 체화관리에 관한 고시」 제5조 제1항 참고

15 답 ②

② 영업용 보세창고에 반입한 물품의 반출통고는 보세구역 운영인이 화주 등에게 하며, 지정장치장에 반입한 물품의 반출통고는 화물관리인이 화주 등에게 해야 한다(「보세화물장치기간 및 체화관리에 관한 고시」 제6조 제2항).
① 「보세화물장치기간 및 체화관리에 관한 고시」 제6조 제1항
③ 「보세화물장치기간 및 체화관리에 관한 고시」 제7조 제1항
④ 「보세화물장치기간 및 체화관리에 관한 고시」 제7조 제2항
⑤ 「보세화물장치기간 및 체화관리에 관한 고시」 제7조 제3항 본문

16 답 ④

세관장은 제11조부터 제22조까지 또는 법 제210조 제4항에 따른 경매 및 위탁판매의 방법으로 매각되지 아니한 물품을 법 제212조에 따라 국고귀속 처리할 수 있다(「보세화물장치기간 및 체화관리에 관한 고시」 제37조 제1항). 즉, 경쟁입찰의 방법으로 매각할 수 있는 물품은 애초에 국고귀속 조치의 대상이 아니다.

관련 법령

「보세화물장치기간 및 체화관리에 관한 고시」 제38조(국고귀속의 보류)
제37조에도 불구하고 세관장은 다음 각 호의 어느 하나에 해당하는 물품에 대하여 국고귀속 조치를 보류할 수 있다.
1. 국가기관(지방자치단체 포함)에서 수입하는 물품
2. 「공공기관의 운영에 관한 법률」 제5조에 따른 공기업, 준정부기관, 그 밖의 공공기관에서 수입하는 물품으로서 국고귀속 보류요청이 있는 물품
3. 법 위반으로 조사 중인 물품
4. 이의신청, 심판청구, 소송 등 쟁송이 제기된 물품
5. 특수용도에만 한정되어 있는 물품으로서 국고귀속 조치 후에도 공매낙찰 가능성이 없는 물품

6. 국고귀속 조치를 할 경우 인력과 예산부담을 초래하여 국고에 손실이 야기된다고 인정되는 물품
7. 부패, 손상, 실용시효가 경과하는 등 국고귀속의 실익이 없다고 인정되는 물품
8. 그 밖에 세관장이 국고귀속을 하지 아니하는 것이 타당하다고 인정되는 물품

17 답 ④

④ 동·식물검역대상이나 식품검사대상물품에 대하여는 국고귀속 심사하기 전에 세관에서는 직접 동·식물검역 또는 식품검사를 검역·검사기관에 의뢰하여 불합격된 물품은 국고귀속을 하지 아니한다(「보세화물장치기간 및 체화관리에 관한 고시」 제37조 제2항 단서).
① 「보세화물장치기간 및 체화관리에 관한 고시」 제35조 제2항
② 「보세화물장치기간 및 체화관리에 관한 고시」 제35조 제3항
③ 「보세화물장치기간 및 체화관리에 관한 고시」 제37조 제1항
⑤ 「보세화물장치기간 및 체화관리에 관한 고시」 제37조 제4항

18 답 ②

관련 법령

「보세화물 입출항 하선 하기 및 적재에 관한 고시」 제2조(정의) 제3호
"적재화물목록 작성책임자"란 다음 각 목의 어느 하나에 해당하는 자를 말한다.
가. 마스터적재화물목록은 운항선사 또는 운항항공사. 다만, 공동배선의 경우에는 선박 또는 항공기의 적재공간을 용선한 선사(그 업무를 대행하는 자를 포함하며, 이하 "용선선사"라 한다) 또는 공동운항항공사(그 업무를 대행하는 자 포함)
나. 하우스적재화물목록은 화물운송주선업자(그 업무를 대행하는 자 포함)

19 답 ③

③ 해상입항화물의 적재화물목록 정정신청은 보고서 제출일로부터 15일 이내에 신청할 수 있다.

관련 법령

「보세화물 입출항 하선 하기 및 적재에 관한 고시」 제12조(적재화물목록의 정정신청) 제3항
제1항에 따른 적재화물목록 정정신청은 다음 각 호의 어느 하나에서 정하는 기간 내에 신청할 수 있다. 다만, B/L양수도 및 B/L 분할·합병의 경우에는 기간을 제한하지 아니한다.
1. 하선결과보고서 또는 반입물품 이상보고서가 제출된 물품 : 보고서 제출일로부터 15일 이내
2. 특수저장시설에 장치가 필요한 냉동화물 등을 하선과 동시에 컨테이너 적입작업을 하는 경우 : 작업완료 다음 날까지(검수 또는 세관 직원의 확인을 받은 협정서를 첨부해야 한다)
3. 그 밖의 사유로 적재화물목록을 정정하려는 경우 : 선박 입항일로부터 60일 이내

① 「보세화물 입출항 하선 하기 및 적재에 관한 고시」 제12조 제1항 본문
② 「보세화물 입출항 하선 하기 및 적재에 관한 고시」 제12조 제1항 단서
④ 「보세화물 입출항 하선 하기 및 적재에 관한 고시」 제12조 제3항 제2호 참고
⑤ 「보세화물 입출항 하선 하기 및 적재에 관한 고시」 제12조 제3항 제3호 참고

20 답 ④

법 제135조 제2항에 따라 적재화물목록 제출의무자는 항공기가 입항하기 4시간 전까지 제22조에 따른 적재화물목록을 항공기 입항예정지 세관장에게 전자문서로 제출해야 한다. 다만, 근거리 지역(중국, 일본, 대만, 홍콩, 러시아 극동지역 등과 필리핀, 베트남, 캄보디아, 태국, 인도네시아, 말레이시아, 싱가포르, 라오스, 미얀마, 몽골, 카자흐스탄, 괌, 마카오, 사이판)의 경우에는 적재항에서 항공기가 출항하기 전까지, 특송화물의 경우에는 항공기가 입항하기 30분 전까지 제출해야 한다(「보세화물 입출항 하선 하기 및 적재에 관한 고시」 제21조 제1항).

21 답 ①

① 하역장소 보세구역 운영인은 화물분류 완료 후 해당 물품을 지정된 하기장소 보세구역 운영인에게 지체 없이 인계해야 하며, 해당 물품을 인수받은 운영인은 입항 다음 날까지 지정된 하기장소에 반입해야 한다. 다만, 위험물품의 경우에는 지체 없이 하기장소에 반입해야 한다(「보세화물 입출항 하선 하기 및 적재에 관한 고시」 제30조 제1항).

②·③ 「보세화물 입출항 하선 하기 및 적재에 관한 고시」 제30조 제2항 본문

④ 「보세화물 입출항 하선 하기 및 적재에 관한 고시」 제30조 제2항 단서

⑤ 「보세화물 입출항 하선 하기 및 적재에 관한 고시」 제30조 제3항

22 답 ⑤

⑤ 적재화물목록의 작성 및 제출은 업체부호를 신고한 선사 또는 항공사나 「화물운송주선업자의 등록 및 관리에 관한 고시」에 따라 업체부호를 등록한 화물운송주선업자가 해야 한다(「보세화물 입출항 하선 하기 및 적재에 관한 고시」 제48조).

① 「보세화물 입출항 하선 하기 및 적재에 관한 고시」 제46조 제1항

② 「보세화물 입출항 하선 하기 및 적재에 관한 고시」 제46조 제2항

③ 「보세화물 입출항 하선 하기 및 적재에 관한 고시」 제46조 제3항

④ 「보세화물 입출항 하선 하기 및 적재에 관한 고시」 제47조

23 답 ③

"혼재화물적하목록 제출"이란 화물운송주선업자가 선하증권(House B/L) 또는 항공화물운송장(House AWB) 내역을 기초로 적재화물목록을 작성하여 항공사 또는 선사에 제출하는 것을 말한다(「화물운송주선업자의 등록 및 관리에 관한 고시」 제2조 제3호).

24 답 ②

② 완제품 공급자는 해당되지 않는다(「보세운송에 관한 고시 제2조 제1항 참고).

① 「관세법」 제213조 제2항 본문

③ 「보세운송에 관한 고시」 제2조 제2항

④ 「보세운송에 관한 고시」 제6조 본문 및 각 호

⑤ 「보세운송에 관한 고시」 제6조 단서

25 답 ②

② 세관장은 보세운송신고한 물품의 감시단속을 위하여 필요하다고 인정하면 발송지 세관 또는 도착지 세관에서 검색기검사, 세관봉인부착, 개장검사, 모바일 보세운송 검사의 방법으로 화물관리공무원이 검사하게 할 수 있으며, 검사대상물품은 관세청장이 별도로 지시한 기준에 따라 선별한다(「보세운송에 관한 고시」 제28조 제1항 참고).

① 「보세운송에 관한 고시」 제26조 제1항
③ 「보세운송에 관한 고시」 제28조 제3항
④ 「보세운송에 관한 고시」 제30조 제1항
⑤ 「보세운송에 관한 고시」 제30조 제3항

제4과목 수출입안전관리

01	02	03	04	05	06	07	08	09	10
③	⑤	⑤	②	③	③	③	④	④	④
11	12	13	14	15	16	17	18	19	20
⑤	④	①	①	②	⑤	③	①	④	①
21	22	23	24	25					
①	⑤	④	③	④					

01 답 ③

국제항구에 대변항은 포함되지 않는다.

관련 법령

「관세법 시행령」 제155조(국제항의 지정) 제1항

법 제133조에 따른 국제항은 다음 표와 같다.

구 분	국제항명
항 구	인천항, 부산항, 마산항, 여수항, 목포항, 군산항, 제주항, 동해·묵호항, 울산항, 통영항, 삼천포항, 장승포항, 포항항, 장항항, 옥포항, 광양항, 평택·당진항, 대산항, 삼척항, 진해항, 완도항, 속초항, 고현항, 경인항, 보령항
공 항	인천공항, 김포공항, 김해공항, 제주공항, 청주공항, 대구공항, 무안공항, 양양공항

02 답 ⑤

⑤ 세관장이 출항절차를 신속하게 진행하기 위하여 필요하다고 인정하여 출항허가 후 7일의 범위에서 따로 기간을 정하는 경우에는 그 기간 내에 그 목록을 제출할 수 있다(「관세법」 제136조 제2항 단서).

①·② 「관세법」 제135조 제1항

③ 「관세법」 제135조 제2항 본문

④ 「관세법」 제136조 제1항

03 답 ⑤

⑤ 수수료의 총액은 50만 원을 초과하지 못한다(「관세법 시행규칙」 제62조 제1항 후단).

① 「관세법」 제134조 제1항

② 「관세법 시행령」 제156조 제1항 본문

③·④ 「관세법 시행규칙」 제62조 제1항 참고

04 답 ②

국제무역선이나 국제무역기에는 내국물품을 적재할 수 없으며, 국내운항선이나 국내운항기에는 외국물품을 적재할 수 없다. 다만, 세관장의 허가를 받았을 때에는 그러하지 아니하다(「관세법」 제140조 제6항 참조).

05 답 ③

③ 통관역은 국외와 연결되고 국경에 근접한 철도역 중에서 관세청장이 지정한다(「관세법」 제148조 제3항).
① 「관세법」 제148조 제1항
② 「관세법」 제148조 제2항
④ 「관세법」 제148조 제4항
⑤ 「관세법」 제151조 제1항 본문

06 답 ③

세관장이 즉시검사화물로 선별하여 검사하는 화물에 해당한다(「관리대상화물 관리에 관한 고시」 제5조 제2항 제2호).

관련 법령

「관리대상화물 관리에 관한 고시」 제5조(검사대상화물 또는 감시대상화물의 선별)
① 세관장이 검색기검사화물로 선별하여 검사하는 화물은 다음 각 호의 어느 하나와 같다.
1. 총기류・도검류 등 위해물품을 은닉할 가능성이 있는 화물
2. 물품 특성상 내부에 밀수품을 은닉할 가능성이 있는 화물
3. 실제와 다른 품명으로 수입할 가능성이 있는 화물
4. 수(중)량 차이의 가능성이 있는 화물
5. 그 밖에 세관장이 검색기검사가 필요하다고 인정하는 화물
② 세관장이 즉시검사화물로 선별하여 검사하는 화물은 다음 각 호의 어느 하나와 같다.
1. 실제와 다른 품명으로 수입할 가능성이 있는 화물로서 「컨테이너관리에 관한 고시」에서 정한 LCL 컨테이너화물 등 검색기검사로 우범성 판단이 곤란한 화물
2. 수(중)량 차이의 가능성이 있는 화물
3. 반송 후 재수입되는 컨테이너화물로 밀수입 등이 의심되는 화물
4. 그 밖에 세관장이 즉시검사가 필요하다고 인정하는 화물

07 답 ③

③ 세관장은 검사대상화물 또는 감시대상화물 중 다음 각 호의 어느 하나에 해당하는 화물로서 우범성이 없거나 검사 또는 감시의 실익이 적다고 판단되는 경우 검사대상화물 또는 감시대상화물의 지정을 직권으로 해제할 수 있다(「관리대상화물 관리에 관한 고시」 제13조 제3항).
① 「관리대상화물 관리에 관한 고시」 제13조 제1항 참고
② 「관리대상화물 관리에 관한 고시」 제13조 제2항
④ 「관리대상화물 관리에 관한 고시」 제13조 제4항
⑤ 「관리대상화물 관리에 관한 고시」 제13조 제5항

08 답 ④

④ 세관장은 보세운송업자 등의 등록을 한 자에게 등록의 유효기간을 갱신하려면 등록의 유효기간이 끝나는 날의 1개월 전까지 등록 갱신을 신청해야 한다는 사실과 갱신절차를 등록의 유효기간이 끝나는 날의 2개월 전까지 휴대폰에 의한 문자전송, 전자메일, 팩스, 전화, 문서 등으로 미리 알려야 한다(「관세법 시행령」 제231조 제5항).
① 「관세법」 제222조 제3항

② 「관세법」 제222조 제5항 참고
③ 「관세법 시행령」 제231조 제4항
⑤ 「관세법」 제223조의2

09 답 ④

정부 차원에서는 AEO 기업에 대한 통제·관리를 생략함으로써 절감되는 행정력을 사회안전, 국민건강을 위협할 수 있는 물품의 반입을 차단하는 데 효과적으로 집중할 수 있다. ①·②·③은 민간(기업), ⑤는 정부 측면의 효과이다.

10 답 ④

상호인정약정(MRA) 체결을 통해 외국 관세청의 해외거래업체 방문심사로 인해 업체의 주요 기술·시설·영업 정보 등이 해외 세관당국에 직접 노출되는 것을 방지할 수 있다.

11 답 ⑤

안전관리 기준의 충족요건은 충족이 권고되는 기준의 평가점수가 70점 이상일 것이다(「수출입 안전관리 우수업체 공인 및 운영에 관한 고시」 제4조 제3항).

12 답 ④

④ 「관세법」 제135조 제2항 본문
① 국제무역기가 국제항에 입항하였을 때에는 기장은 항공기용품의 목록, 여객명부, 승무원명부, 승무원 휴대품목록과 적재화물목록을 첨부하여 지체 없이 세관장에게 입항보고를 하여야 한다(「관세법」 제135조 제1항 본문).
② 세관장이 정한 기간 내에 허가 여부 또는 민원 처리 관련 법령에 따른 처리기간의 연장을 신청인에게 통지하지 아니하면 그 기간(민원 처리 관련 법령에 따라 처리기간이 연장 또는 재연장된 경우에는 해당 처리기간)이 끝난 날의 다음 날에 허가를 한 것으로 본다(「관세법」 제136조 제5항).
③ 국제무역선이나 국제무역기가 국제항을 출항하려면 선장이나 기장은 출항하기 전에 세관장에게 출항허가를 받아야 한다(「관세법」 제136조 제1항).
⑤ 세관장은 출항허가의 신청을 받은 날부터 10일 이내에 허가 여부를 신청인에게 통지하여야 한다(「관세법」 제136조 제4항).

13 답 ①

ⓐ : 80, ⓑ : 80, ⓒ : 70이다.

관련 법령

「수출입 안전관리 우수업체 공인 및 운영에 관한 고시」 제4조(공인기준) 제3항

수출입 안전관리 우수업체로 공인을 받기 위해서는 공인기준 중에서 필수적인 기준을 충족하고, 다음 각 호의 요건을 모두 충족하여야 한다.

1. 법규준수도가 80점 이상일 것. 다만, 중소 수출기업은 심의위원회를 개최하는 날을 기준으로 직전 2개 분기 연속으로 해당 분기 단위의 법규준수도가 80점 이상인 경우도 충족한 것으로 본다.
2. 내부통제시스템 기준의 평가점수가 80점 이상일 것
3. 재무건전성 기준을 충족할 것
4. 안전관리 기준 중에서 충족이 권고되는 기준의 평가점수가 70점 이상일 것

14 답 ①

① 공인기준을 충족하는지를 자체적으로 평가한 수출입 관리현황 자체평가표(법규준수도 제외)를 첨부해야 한다(「수출입 안전관리 우수업체 공인 및 운영에 관한 고시」 제6조 제1항 제1호 참고).

②・③・④・⑤ 「수출입 안전관리 우수업체 공인 및 운영에 관한 고시」 제6조 제1항 참고

15 답 ②

② 신청업체는 관세청장의 서류 보완요구에도 불구하고 천재지변, 주요 사업장의 이전, 법인의 양도, 양수, 분할 및 합병 등 부득이한 사유로 보완에 장시간이 걸리는 경우에는 보완기간의 연장을 신청할 수 있다. 이 경우 관세청장은 보완기간을 모두 합하여 180일을 넘지 않는 범위 내에서 보완기간을 연장할 수 있다(「수출입 안전관리 우수업체 공인 및 운영에 관한 고시」 제8조 제5항).

① 「수출입 안전관리 우수업체 공인 및 운영에 관한 고시」 제8조 제2항 전단

③ 「수출입 안전관리 우수업체 공인 및 운영에 관한 고시」 제8조 제4항

④ 「수출입 안전관리 우수업체 공인 및 운영에 관한 고시」 제8조 제3항

⑤ 「수출입 안전관리 우수업체 공인 및 운영에 관한 고시」 제8조 제6항

16 답 ⑤

중소 수출기업의 경우는 법규준수도 점수가 60점 미만으로 하락한 경우이다(「수출입 안전관리 우수업체 공인 및 운영에 관한 고시」 제12조의2 제7호 참고).

관련 법령

「수출입 안전관리 우수업체 공인 및 운영에 관한 고시」 제12조의2(공인신청의 기각)

관세청장은 신청업체가 다음 각 호의 어느 하나에 해당하는 경우에는 공인신청을 기각할 수 있다.

1. 서류심사 또는 현장심사 결과, 공인기준을 충족하지 못하였으며 보완 요구의 실익이 없는 경우
2. 공인심사를 할 때에 제출한 자료가 거짓으로 작성된 경우
3. 제8조 제2항 또는 제9조 제10항에 따라 관세청장이 보완을 요구하였으나, 천재지변 등 특별한 사유 없이 보완 요구기한 내에 보완하지 않거나(통관적법성 심사와 관련한 자료제출 및 보완 요구도 포함한다) 보완하였음에도 불구하고 공인기준을 충족하지 못한 경우
4. 제11조 제2항 제3호의 사유가 현장심사를 마친 날로부터 1년을 넘어서도 확정되지 않고 계속 진행되는 경우. 다만, 이 경우 최소한 1심 판결이 유죄로 선고되어야 한다.
5. 제11조 제3항 및 제4항에 따른 공인기준 준수 개선 계획을 제출하지 않거나, 공인기준 준수 개선 완료 보고를 하지 않은 경우
6. 제12조에 따라 공인유보업체를 재심사한 결과, 공인기준을 충족하지 못한 것으로 확인된 경우
7. 공인신청 후 신청업체의 법규준수도 점수가 70점 미만(중소 수출기업은 60점 미만)으로 하락한 경우
8. 제6조 제1항 제7호에 따른 교육이수 확인서를 제출하지 않은 경우

17 답 ③

③ 공인을 받기 위하여 심사를 요청하려는 자는 제출서류의 적정성, 개별 안전관리 기준의 충족 여부 등 관세청장이 정하여 고시하는 사항에 대하여 미리 관세청장에게 예비심사를 요청할 수 있다(「관세법」 제255조의2 제3항).

① 「관세법」 제255조의2 제1항

② 「관세법」 제255조의2 제2항

④ 「관세법」 제255조의2 제4항
⑤ 「관세법」 제255조의2 제5항

18 답 ①

관세사는 수출입통관 업무를 3년 이상 담당할 것을 요한다.

관련 법령

「수출입 안전관리 우수업체 공인 및 운영에 관한 고시」 [별표 4] 관리책임자의 자격 요건

공인 부문	자격 요건
수출, 수입, 화물운송주선업, 보세운송, 보세구역 운영인, 하역업	수출입 관련 업무에 3년 이상 근무한 사람(다만, 중소 수출기업은 1년 이상) 또는 보세사 자격이 있는 사람(보세구역운영인부문에만 해당)
관세사	수출입 통관 업무를 3년 이상 담당한 관세사
선박회사	「국제항해선박 및 항만시설의 보안에 관한 법률」에 의해 보안책임자로 지정된 사람 또는 수출입 관련 업무에 3년 이상 근무한 사람
항공사	「항공보안법」에 보안책임자로 지정된 사람 또는 수출입 관련 업무에 3년 이상 근무한 사람

19 답 ④

④ 관세청장은 공인기준 충족 여부를 확인한 결과, 수출입 안전관리 우수업체가 공인기준을 충족하지 못하거나 법규준수도가 하락하여 공인등급 하락이 예상되는 경우 공인기준 준수 개선을 요구하여야 한다(「수출입 안전관리 우수업체 공인 및 운영에 관한 고시」 제18조 제6항).
① 「수출입 안전관리 우수업체 공인 및 운영에 관한 고시」 제18조 제1항 본문
② 「수출입 안전관리 우수업체 공인 및 운영에 관한 고시」 제18조 제1항 단서
③ 「수출입 안전관리 우수업체 공인 및 운영에 관한 고시」 제18조 제2항 본문
⑤ 「수출입 안전관리 우수업체 공인 및 운영에 관한 고시」 제18조 제5항

20 답 ①

현장심사의 계획통지 및 실시는 관세청장이 한다(「수출입 안전관리 우수업체 공인 및 운영에 관한 고시」 제9조 제1항·제3항 참고). 나머지는 「수출입 안전관리 우수업체 공인 및 운영에 관한 고시」 제21조 제2항 각 호에 규정된 기업상담전문관의 업무이다.

21 답 ①

관세청장은 수출입 안전관리 우수업체로 공인받기 위한 신청 여부와 관계없이 수출입물품의 제조·운송·보관 또는 통관 등 무역과 관련된 자 중 대통령령으로 정하는 자를 대상으로 제255조의2(수출입 안전관리 우수업체의 공인) 제1항에 따른 안전관리 기준을 준수하는 정도를 대통령령으로 정하는 절차에 따라 측정·평가할 수 있다(「관세법」 제255조의7 제1항).

22 답 ⑤

일부 권고 기준은 수출입 안전관리 우수업체 공인을 받기 위하여 일부 신청인이 기초점수(평가점수 1점) 이상을 취득해야 하는 기준으로서, 이 기준의 충족대상이 아닌 신청인이 이 기준을 충족한 경우 신청인의 공인 여부 판정에 유리한 경우 이 기준을 포함하여 평가한다(AEO 신청을 위한 가이드라인 참고).

23 답 ④

'계획수립 → 위험식별 → 위험분석 → 위험평가 → 관리대책 수립 및 실행 → 관리대책 평가'의 단계로 이루어진다.

24 답 ③

공인 후 교육은 매 2년마다 총괄책임자는 4시간 이상, 수출입관리책임자는 8시간 이상 받아야 한다(「수출입 안전관리 우수업체 공인 및 운영에 관한 고시」 제16조의2 제1항 제2호).

관련 법령

「수출입 안전관리 우수업체 공인 및 운영에 관한 고시」 제16조의2(관리책임자 교육 등) 제1항
관리책임자는 수출입 안전관리 우수업체의 공인 전·후에 다음 각 호와 같이 관세청장이 지정하는 교육을 받아야 한다.

1. 공인 전 교육 : 수출입관리책임자는 16시간 이상. 다만, 공인 전 교육의 유효기간은 해당 교육을 받은 날부터 5년임
2. 공인 후 교육 : 매 2년마다 총괄책임자는 4시간 이상, 수출입관리책임자는 8시간 이상(처음 교육은 공인일자를 기준으로 1년 이내 받아야 함). 다만, 관리책임자가 변경된 경우는 변경된 날부터 180일 이내에 해당 교육을 받아야 한다.

25 답 ④

매년 공인일자가 속하는 달에 자율적으로 평가하고 다음 달 15일까지 결과를 제출한다.

관련 법령

「수출입 안전관리 우수업체 공인 및 운영에 관한 고시」 제18조(정기 자율 평가) 제1항
수출입 안전관리 우수업체는 매년 공인일자가 속하는 달에 별지 제11호 서식의 정기 자율 평가서에 따라 공인기준을 충족하는지를 자율적으로 점검하고 다음 달 15일까지 관세청장에게 그 결과를 제출하여야 한다.

제5과목 자율관리 및 관세벌칙

01	02	03	04	05	06	07	08	09	10
①	②	③	④	⑤	①	⑤	⑤	⑤	②
11	12	13	14	15	16	17	18	19	20
②	④	③	④	⑤	④	③	④	④	①
21	22	23	24	25					
⑤	⑤	③	②	③					

01 답 ①

보세구역 운영인 등이 자율관리 보세구역 지정기간을 갱신하려는 때에는 지정기간이 만료되기 1개월 전까지 세관장에게 제1항의 지정신청 서식으로 자율관리 보세구역 갱신 신청을 해야 한다. 다만, 「보세창고 특허 및 운영에 관한 고시」 제7조에 따라 특허의 갱신과 자율관리 보세구역 갱신을 통합하여 신청한 경우에는 별지 제1호 서식의 특허보세구역 설치・운영 특허(갱신) 신청서 하단의 자율관리 보세구역 갱신 신청란에 갱신 신청 여부를 표시하는 방법으로 자율관리 보세구역 갱신 신청을 한 것으로 갈음한다. 이때, 자율관리 보세구역 갱신 심사기간은 특허보세구역 갱신 심사기간에 따른다(「자율관리 보세구역 운영에 관한 고시」 제4조 제3항).

02 답 ②

운영인 등은 보세사가 해고 또는 취업정지 등의 사유로 업무를 수행할 수 없는 경우에는 2개월 이내에 다른 보세사를 채용하여 근무하게 해야 한다(「자율관리 보세구역 운영에 관한 고시」 제9조 제1항 제3호). 세관장은 운영인 등이 제9조 제1항 제3호에서 규정한 기간까지 보세사를 채용하지 않을 때에는 자율관리 보세구역의 지정을 취소할 수 있다(동 고시 제5조 제1항 제3호).

03 답 ③

ⓐ・ⓑ・ⓒ・ⓓ는 일반 자율관리 보세구역과 우수 자율관리 보세구역에 공통으로 적용되는 혜택이며, ⓔ・ⓕ는 우수 자율관리 보세구역만에만 적용되는 혜택이다(「자율관리 보세구역 운영에 관한 고시」 제7조 제1항 참고).

04 답 ④

④ 세관장은 자율관리 보세구역의 운영실태 및 보세사의 관계법령 이행 여부 등을 확인하기 위하여 별도의 감사반을 편성(외부 민간위원 포함 가능)하고 7일 이내의 기간을 설정하여 연 1회 정기감사를 실시해야 한다(「자율관리 보세구역 운영에 관한 고시」 제10조 제3항).

① 「자율관리 보세구역 운영에 관한 고시」 제10조 제1항 본문

② 「자율관리 보세구역 운영에 관한 고시」 제10조 제1항 각 호

③ 「자율관리 보세구역 운영에 관한 고시」 제10조 제2항

⑤ 「자율관리 보세구역 운영에 관한 고시」 제10조 제4항

05 답 ⑤

⑤ 보세사는 세관장의 업무감독에 관련된 명령을 준수해야 하고 세관공무원의 지휘를 받아야 한다(「보세사제도 운영에 관한 고시」 제11조 제1항).
① 「보세사제도 운영에 관한 고시」 제11조 제1항 제1호 단서
② 「보세사제도 운영에 관한 고시」 제11조 제1항 제2호 본문
③ 「보세사제도 운영에 관한 고시」 제11조 제1항 제2호 단서
④ 「보세사제도 운영에 관한 고시」 제11조 제1항 제3호

06 답 ①

① "통합법규수행능력"의 정의에 해당한다(「수출입물류업체에 대한 법규수행능력측정 및 평가관리에 관한 훈령」 제2조 제3호). "법규수행능력"이란 수출입물류업체가 관세법규 등에서 정하는 사항을 준수한 정도를 측정한 점수를 말한다(동조 제2호).
② 「수출입물류업체에 대한 법규수행능력측정 및 평가관리에 관한 훈령」 제2조 제4호
③ 「수출입물류업체에 대한 법규수행능력측정 및 평가관리에 관한 훈령」 제2조 제6호
④ 「수출입물류업체에 대한 법규수행능력측정 및 평가관리에 관한 훈령」 제2조 제7호
⑤ 「수출입물류업체에 대한 법규수행능력측정 및 평가관리에 관한 훈령」 제2조 제8호

07 답 ⑤

⑤ 평가미이행업체는 E등급이다. 참고로 종전 규정에 의한 D~F등급은 현행 D등급으로 본다(「수출입물류업체에 대한 법규수행능력측정 및 평가관리에 관한 훈령」 제12조 제1항 제4호 · 제5호 참고).
① 「수출입물류업체에 대한 법규수행능력측정 및 평가관리에 관한 훈령」 제11조 제1항
② 「수출입물류업체에 대한 법규수행능력측정 및 평가관리에 관한 훈령」 제12조 제1항 제1호
③ 「수출입물류업체에 대한 법규수행능력측정 및 평가관리에 관한 훈령」 제12조 제1항 제2호
④ 「수출입물류업체에 대한 법규수행능력측정 및 평가관리에 관한 훈령」 제12조 제1항 제3호

08 답 ⑤

"관세 등"이란 관세, 부가가치세, 임시수입부가세, 주세, 개별소비세, 교통 · 에너지 · 환경세, 농어촌특별세 또는 교육세를 말한다(「자유무역지역의 지정 및 운영에 관한 법률」 제2조 제6호).

09 답 ⑤

물류단지 및 물류터미널은 반입물량의 100분의 50 이상이 외국으로부터 반입되고, 외국으로부터 반입된 물량의 100분의 20 이상이 국외로 반출되거나 반출될 것으로 예상되어야 한다(「자유무역지역의 지정 및 운영에 관한 법률 시행령」 제4조 제1항 제4호 나목).

관련 법령

「자유무역지역의 지정 및 운영에 관한 법률 시행령」 제4조(지정 요건) 제1항
법 제5조 제1호 각 목 외의 부분에서 "화물 처리능력 등 대통령령으로 정하는 기준"이란 다음 각 호의 구분에 따른 기준을 말한다.
1. 산업단지 : 공항 또는 항만에 인접하여 화물을 국외의 반출 · 반입하기 쉬운 지역일 것
2. 공항 : 다음 각 목의 요건을 모두 갖추고 있을 것

가. 연간 30만 톤 이상의 화물을 처리할 수 있고, 정기적인 국제 항로가 개설되어 있을 것
나. 물류터미널 등 항공화물의 보관, 전시, 분류 등에 사용할 수 있는 지역 및 그 배후지의 면적이 30만m^2 이상이고, 배후지는 해당 공항과 접하여 있거나 전용도로 등으로 연결되어 있어 공항과의 물품 이동이 자유로운 지역으로서 화물의 보관, 포장, 혼합, 수선, 가공 등 공항의 물류기능을 보완할 수 있을 것
3. 항만 : 다음 각 목의 요건을 모두 갖추고 있을 것
가. 연간 1천만 톤 이상의 화물을 처리할 수 있고, 정기적인 국제 컨테이너선박 항로가 개설되어 있을 것
나. 3만 톤급 이상의 컨테이너선박용 전용부두가 있을 것
다. 「항만법 시행령」 [별표 1]에 따른 육상구역의 면적 및 그 배후지의 면적이 50만m^2 이상이고, 배후지는 해당 항만과 접하여 있거나 전용도로 등으로 연결되어 있어 항만과의 물품 이동이 자유로운 지역으로서 화물의 보관, 포장, 혼합, 수선, 가공 등 항만의 물류기능을 보완할 수 있을 것
4. 물류단지 및 물류터미널 : 다음 각 목의 요건을 모두 갖추고 있을 것
가. 연간 1천만 톤 이상의 화물을 처리할 수 있는 시설이나 설비를 갖추고 있을 것
나. 반입물량의 100분의 50 이상이 외국으로부터 반입되고, 외국으로부터 반입된 물량의 100분의 20 이상이 국외로 반출되거나 반출될 것으로 예상될 것
다. 물류단지 또는 물류터미널의 면적이 50만m^2 이상일 것

10 답 ②

항만 및 배후지의 관리권자는 해양수산부장관이다(「자유무역지역의 지정 및 운영에 관한 법률」 제8조 제1항 제4호).

11 답 ②

양벌규정에 따라 처벌된 법인 또는 개인은 입주계약 결격사유에서 제외된다.

관련 법령

「자유무역지역의 지정 및 운영에 관한 법률」 제12조(결격사유)
다음 각 호의 어느 하나에 해당하는 자는 제11조 제1항에 따른 입주계약을 체결할 수 없다.
1. 피성년후견인
2. 〈삭 제〉
3. 이 법 또는 「관세법」을 위반하여 징역형의 실형을 선고받고 그 집행이 끝나거나(집행이 끝난 것으로 보는 경우를 포함) 집행이 면제된 날부터 2년이 지나지 아니한 사람
4. 이 법 또는 「관세법」을 위반하여 징역형의 집행유예를 선고받고 그 유예기간 중에 있는 사람
5. 제56조, 제57조, 제59조부터 제61조까지, 「관세법」 제269조부터 제271조까지 또는 같은 법 제274조에 따라 벌금형 또는 통고처분을 받은 자로서 그 벌금형 또는 통고처분을 이행한 후 2년이 지나지 아니한 자. 다만, 제68조(양벌 규정 및 「형법」 규정의 배제), 「관세법」 제279조(양벌규정)에 따라 처벌된 법인 또는 개인은 제외한다.
6. 관세 또는 내국세를 체납한 자
7. 제1호 및 제3호부터 제6호까지의 규정에 해당하는 사람을 임원(해당 법인의 자유무역지역의 운영업무를 직접 담당하거나 이를 감독하는 사람으로 한정)으로 하는 법인
8. 제15조 제1항 또는 제2항에 따라 입주계약이 해지(피성년후견인에 해당하여 입주계약이 해지된 경우는 제외)된 후 2년이 지나지 아니한 자

12 답 ④

역외작업의 범위는 해당 입주기업체가 전년도에 원자재를 가공하여 수출(「대외무역법 시행령」 제2조 제3호에 따른 수출을 말한다)한 금액의 100분의 60 이내로 한다(「자유무역지역의 지정 및 운영에 관한 법률 시행령」 제24조 제2항 본문).

13 답 ③

③ 5년 동안 보존해야 한다(「자유무역지역의 지정 및 운영에 관한 법률」 제38조 제5항, 동법 시행령 제26조 제4항).
① 「자유무역지역의 지정 및 운영에 관한 법률」 제38조 제1항
② 「자유무역지역의 지정 및 운영에 관한 법률」 제38조 제2항
④ 「자유무역지역의 지정 및 운영에 관한 법률」 제39조 제1항
⑤ 「자유무역지역의 지정 및 운영에 관한 법률」 제39조 제5항

14 답 ④

이는 「관세법」 제234조에 따라 자유무역지역에 반출입이 금지되는 물품이다.

관련 법령

「자유무역지역의 지정 및 운영에 관한 법률」 제41조(물품의 반입 · 반출의 금지 등)
① 누구든지 「관세법」 제234조(수출입의 금지) 각 호의 어느 하나에 해당하는 물품을 자유무역지역 안으로 반입하거나 자유무역지역 밖으로 반출할 수 없다.
② 세관장은 국민보건 또는 환경보전에 지장을 초래하는 물품이나 그 밖에 대통령령으로 정하는 물품에 대하여는 자유무역지역 안으로의 반입과 자유무역지역 밖으로의 반출을 제한할 수 있다.

「자유무역지역의 지정 및 운영에 관한 법률 시행령」 제29조(외국물품 등의 반입 · 반출 제한)
법 제41조 제2항에서 "대통령령으로 정하는 물품"이란 다음 각 호의 물품을 말한다.
1. 사업장폐기물 등 폐기물
2. 총기 등 불법무기류
3. 마약류
4. 「상표법」에 따른 상표권 또는 「저작권법」에 따른 저작권을 침해하는 물품
5. 제1호부터 제4호까지의 규정에 따른 물품과 유사한 물품으로서 관세청장이 정하여 고시하는 물품

15 답 ⑤

제327조의4(전자문서 등 관련 정보에 관한 보안) 제1항을 위반하여 국가관세종합정보시스템이나 전자문서중계사업자의 전산처리설비에 기록된 전자문서 등 관련 정보를 위조 또는 변조하거나 위조 또는 변조된 정보를 행사한 자는 1년 이상 10년 이하의 징역 또는 1억 원 이하의 벌금에 처한다(「관세법」 제268조의2 제1항).

16 답 ④

「마약류관리법」에 따른 마약은 수출입이 금지된 물품에 해당하지 않는다. 이는 「관세법」 제226조 제2항에 따라 세관장이 수출입요건 구비 여부를 확인하는 물품에 해당한다.

관련 법령

「관세법」 제269조(밀수출입죄) 제1항

제234조 각 호의 물품을 수출하거나 수입한 자는 7년 이하의 징역 또는 7천만 원 이하의 벌금에 처한다.

「관세법」 제234조(수출입의 금지)

다음 각 호의 어느 하나에 해당하는 물품은 수출하거나 수입할 수 없다.

1. 헌법질서를 문란하게 하거나 공공의 안녕질서 또는 풍속을 해치는 서적・간행물・도화, 영화・음반・비디오물・조각물 또는 그 밖에 이에 준하는 물품
2. 정부의 기밀을 누설하거나 첩보활동에 사용되는 물품
3. 화폐・채권이나 그 밖의 유가증권의 위조품・변조품 또는 모조품

17 답 ③

「관세법」 제269조 밀수출입죄(금지품수출입죄 포함), 「관세법」 제270조 관세포탈죄 등(부정수입죄, 부정수출죄, 부정감면죄, 부정환급죄 포함), 「관세법」 제270조의2 가격조작죄, 「관세법」 제271조 미수범 등, 「관세법」 제274조 밀수품의 취득죄 등을 저지른 자는 정상에 따라 징역과 벌금을 병과할 수 있다(「관세법」 제275조).

18 답 ④

④ 수출신고를 한 자 중 법령에 따라 수출에 필요한 허가・승인・추천・증명 또는 그 밖의 조건을 갖추지 아니하거나 부정한 방법으로 갖추어 수출한 자는 1년 이하의 징역 또는 2천만 원 이하의 벌금에 처한다(「관세법」 제270조 제3항).

① 「관세법」 제270조 제1항 제1호

② 「관세법」 제270조 제1항 제3호

③ 「관세법」 제270조 제2항

⑤ 「관세법」 제270조 제4항

19 답 ④

가격조작죄에 대한 벌칙은 2년 이하의 징역 또는 물품원가와 5천만 원 중 높은 금액 이하의 벌금이다.

관련 법령

「관세법」 제270조의2(가격조작죄)

다음 각 호의 신청 또는 신고를 할 때 부당하게 재물이나 재산상 이득을 취득하거나 제3자로 하여금 이를 취득하게 할 목적으로 물품의 가격을 조작하여 신청 또는 신고한 자는 2년 이하의 징역 또는 물품원가와 5천만 원 중 높은 금액 이하의 벌금에 처한다.

1. 제38조의2(보정) 제1항・제2항에 따른 보정신청
2. 제38조의3(수정 및 경정) 제1항에 따른 수정신고
3. 제241조(수출・수입 또는 반송의 신고) 제1항・제2항에 따른 신고
4. 제244조(입항 전 수입신고) 제1항에 따른 신고

20 답 ①

관세(세관장이 징수하는 내국세 등 포함)의 회피 또는 강제집행의 면탈을 목적으로 하거나 재산상 이득을 취할 목적으로 타인에게 자신의 명의를 사용하여 제38조에 따른 납세신고를 할 것을 허락한 자는 1년 이하의 징역 또는 1천만 원 이하의 벌금에 처한다(「관세법」 제275조의3 제1호 참고).

21 답 ⑤

제227조에 따른 세관장의 의무 이행 요구를 이행하지 아니한 자는 2천만 원 이하의 벌금에 처한다. 다만, 과실로 이에 해당하게 된 경우에는 300만 원 이하의 벌금에 처한다(「관세법」 제276조 제3항 제4호).

22 답 ⑤

보세사 등록의무를 위반한 자는 500만 원 이하의 벌금에 처한다(「관세법」 제276조 제5항).

23 답 ③

양벌규정의 적용을 받는 개인은 보세사가 아닌, 관세사이다(「관세법」 제279조 제2항 제3호 참고).

24 답 ②

'공장 등의 양도・임대 또는 사용에 대하여 신고를 하지 아니한 자'에게는 100만 원 이하의 과태료를 부과한다. 나머지는 200만 원 이하의 과태료를 부과한다.

관련 법령

「자유무역지역의 지정 및 운영에 관한 법률」 제70조(과태료)

① 제15조 제5항・제6항 또는 제26조를 위반하여 토지 또는 공장 등을 양도하지 아니한 자에게는 500만 원 이하의 과태료를 부과한다.

② 다음 각 호의 어느 하나에 해당하는 자에게는 200만 원 이하의 과태료를 부과한다.

1. 제14조 제4항을 위반하여 사업개시의 신고를 하지 아니하거나 거짓 신고를 하고 사업을 시작한 자
2. 제15조 제4항을 위반하여 잔여 외국물품 등을 자유무역지역 밖으로 반출하지 아니하거나 다른 입주기업체에 양도하지 아니한 자
3. 〈삭 제〉
4. 제29조 제1항을 위반하여 같은 항 제1호의 외국물품에 대하여 반입신고를 하지 아니하거나 거짓으로 반입신고를 하고 자유무역지역 안으로 반입한 자
5. 제29조 제1항을 위반하여 같은 항 제2호의 내국물품에 대하여 반입신고를 거짓으로 하여 자유무역지역 안으로 반입한 자
6. 제29조 제1항을 위반하여 같은 항 제3호의 내국물품에 대하여 반입신고를 하지 아니하거나 거짓으로 하여 자유무역지역 안으로 반입한 자

7. 〈삭 제〉
8. 제31조 제1항을 위반하여 내국물품 반입증명서류를 제출하지 아니하거나 거짓 내국물품 반입증명서류를 제출하여 내국물품을 관세영역으로 반출한 자
9. 제31조 제2항 단서를 위반하여 내국물품 반입증명서류를 제출하지 아니하거나 거짓 내국물품 반입증명서류를 제출한 자
10. 제31조 제3항을 위반하여 해당 기간 동안 내국물품 반입증명서류를 보관하지 아니한 자
11. 제36조 제2항에 따라 준용되는 「관세법」 제214조부터 제216조까지의 규정 중 어느 하나를 위반하여 보세운송을 한 자
12. 제37조 제1항을 위반하여 반출신고를 하지 아니하거나 거짓으로 반출신고를 한 자

③ 다음 각 호의 어느 하나에 해당하는 자에게는 100만 원 이하의 과태료를 부과한다.
1. 제25조 제4항에 따른 공장 등의 양도・임대 또는 사용에 대하여 신고를 하지 아니한 자
2. 제30조 제3항에 따라 준용되는 「관세법」 제245조 제3항 또는 제249조를 위반하여 관계 자료를 제출하지 아니하거나 신고사항을 보완하지 아니한 자

2의2. 제30조 제3항에 따라 준용되는 「관세법」 제251조 제1항을 위반하여 적재기간을 넘겨 물품을 적재한 자

3. 제37조 제2항에 따라 준용되는 「관세법」 제157조의2를 위반하여 물품을 자유무역지역 밖으로 반출하지 아니한 자
4. 정당한 사유 없이 제40조 제1항에 따른 세관장의 국외 반출명령 또는 폐기명령을 이행하지 아니한 자
5. 〈삭 제〉

25 답 ③

③ 소유자・점유자 또는 보관자가 임의로 제출한 물품이나 남겨 둔 물품은 영장 없이 압수할 수 있다(「관세법」 제296조 제2항).

① 「관세법」 제294조 제1항

② 「관세법」 제294조 제2항

④ 「관세법」 제297조

⑤ 「관세법」 제298조 참고

제5회 최종모의고사 정답 및 해설

제1과목 수출입통관절차

01	02	03	04	05	06	07	08	09	10
①	④	②	④	②	②	⑤	⑤	①	②
11	12	13	14	15	16	17	18	19	20
②	⑤	②	④	⑤	②	②	①	④	②
21	22	23	24	25					
①	③	⑤	②	②					

01 답 ①

법인세는 세관장이 부과·징수할 수 없는 조세이다.

관련 법령

「관세법」 제4조(내국세 등의 부과·징수) 제1항
수입물품에 대하여 세관장이 부과·징수하는 부가가치세, 지방소비세, 담배소비세, 지방교육세, 개별소비세, 주세, 교육세, 교통·에너지·환경세 및 농어촌특별세(이하 "내국세 등"이라 하되, 내국세 등의 가산세 및 강제징수비를 포함한다)의 부과·징수·환급 등에 관하여 「국세기본법」, 「국세징수법」, 「부가가치세법」, 「지방세법」, 「개별소비세법」, 「주세법」, 「교육세법」, 「교통·에너지·환경세법」 및 「농어촌특별세법」의 규정과 이 법의 규정이 상충되는 경우에는 이 법의 규정을 우선하여 적용한다.

02 답 ④

④ 「수출통관 사무처리에 관한 고시」 제6조
① 수출신고의 효력발생시점은 전송된 신고자료가 통관시스템에 접수된 시점이다(「수출통관 사무처리에 관한 고시」 제8조).
② 수출하려는 자는 해당 물품이 장치된 물품소재지를 관할하는 세관장에게 수출신고를 하여야 한다(「수출통관 사무처리에 관한 고시」 제4조).
③ 보세구역 등 반입대상 물품이 검사로 지정된 경우 수출검사 담당 직원은 다른 물품에 우선하여 신속하게 검사하여야 한다(「수출통관 사무처리에 관한 고시」 제7조의3 제5항).
⑤ 「관세법」 제243조 제4항에 따른 밀수출 등 불법행위가 발생할 우려가 높거나 감시단속을 위하여 필요하다고 인정하여 대통령령으로 정하는 물품(컨테이너에 적입하여 수출하는 중고자동차 등)은 자유무역지역(자유무역지역 입주기업체 중 세관장으로부터 장치장소부호를 부여받은 곳) 등 관세청장이 정하는 장소에 반입하여 수출신고를 하게 할 수 있다(「수출통관 사무처리에 관한 고시」 제7조의3 제1항).

03 답 ②

「관세법 시행령」 제3조(신고서류의 보관기간) 정리

기 간	서류(해당 신고에 대한 수리일부터 기산)
5년	• 수입신고필증 • 수입거래 관련 계약서 또는 이에 갈음하는 서류 • 지식재산권의 거래에 관련된 계약서 또는 이에 갈음하는 서류 • 수입물품 가격결정에 관한 자료
3년	• 수출신고필증 • 반송신고필증 • 수출물품 · 반송물품 가격결정에 관한 자료 • 수출거래 · 반송거래 관련 계약서 또는 이에 갈음하는 서류
2년	• 보세화물반출입에 관한 자료 • 적재화물목록에 관한 자료 • 보세운송에 관한 자료

04 답 ④

보세구역 밖에서 보수작업을 하는 물품이 지정된 기간 내에 반입되지 아니하는 경우 보세구역 밖에서 하는 보수작업을 승인받은 때 과세물건이 확정된다.

「관세법」 제16조(과세물건 확정의 시기) 정리

구 분	과세물건 확정시기
선박용품 및 항공기용품의 하역 등을 허가받은 대로 적재하지 아니한 경우	하역을 허가받은 때
보세구역 밖에서 보수작업을 하는 물품이 지정된 기간 내에 반입되지 아니하는 경우	보세구역 밖에서 하는 보수작업을 승인받은 때
보세구역에 장치된 외국물품이 멸실 또는 폐기된 경우	멸실되거나 폐기된 때
보세구역 외 작업, 보세건설장의 작업, 종합보세구역 외 작업물품이 지정기간 내에 반입되지 아니하는 경우	보세공장 외 작업, 보세건설장 외 작업 또는 종합보세구역 외 작업을 허가받거나 신고한 때
보세운송기간이 경과된 경우	보세운송을 신고하거나 승인받은 때
수입신고 수리 전 소비 · 사용물품인 경우 (수입으로 보지 아니하는 소비 · 사용은 제외)	소비하거나 사용한 때
수입신고 전 즉시반출신고를 하고 반출한 물품	수입신고 전 즉시반출신고를 한 때
우편으로 수입되는 물품(수입신고대상 우편물은 제외)	통관우체국에 도착한 때
도난물품이나 분실물품	도난되거나 분실된 때
매각되는 물품	매각된 때
수입신고를 하지 아니하고 수입된 물품	수입된 때

05 답 ②

제3항에도 불구하고 전기 · 유류 등 대통령령으로 정하는 물품을 그 물품의 특성으로 인하여 전선이나 배관 등 대통령령으로 정하는 시설 또는 장치 등을 이용하여 수출 · 수입 또는 반송하는 자는 1개월을 단위로 하여 해당 물품에 대한 제1항의 사항을 대통령령으로 정하는 바에 따라 다음 달 10일까지 신고하여야 한다. 이 경우 기간 내에 수출 · 수입 또는 반송의 신고를 하지 아니하는 경우의 가산세 징수에 관하여는 제4항을 준용한다(「관세법」 제241조 제6항).

06 답 ②

보세구역에 장치된 외국물품이 멸실 또는 폐기된 경우의 납세의무자는 운영인 또는 보관인이다.

「관세법」 제19조 제1항 제2호~제12호(특별납세의무자) 정리

사 유		특별납세의무자
선박용품 및 항공기용품의 하역 등을 허가받은 대로 적재하지 아니한 경우		하역허가를 받은 자
보세구역 밖에서 보수작업을 하는 물품이 지정된 기간 내에 반입되지 아니하는 경우		보세구역 밖에서 하는 보수작업 승인을 받은 자
보세구역에 장치된 외국물품이 멸실 또는 폐기된 경우		운영인 또는 보관인
보세공장 외 작업, 보세건설장 외 작업, 종합보세구역 외 작업물품이 지정기간 내에 반입되지 아니하는 경우		보세공장 외 작업, 보세건설장 외 작업 또는 종합보세구역 외 작업을 허가받거나 신고한 자
보세운송기간이 경과된 경우		보세운송을 신고하거나 승인받은 자
수입신고 수리 전 소비·사용물품인 경우 (수입으로 보지 아니하는 소비·사용은 제외)		소비하거나 사용한 자
수입신고 전 즉시반출신고를 하고 반출한 물품		해당 물품을 즉시반출한 자
우편으로 수입되는 물품		수취인
도난물품이나 분실물품	보세구역 장치물품	운영인 또는 화물관리인
	보세운송물품	보세운송을 신고하거나 승인받은 자
	그 밖의 물품	보관인 또는 취급인
「관세법」 또는 다른 법률에 따라 납세의무자로 규정된 경우		「관세법」 또는 다른 법률에 따라 납세의무자로 규정된 자
수입신고를 하지 아니하고 수입된 물품		소유자 또는 점유자

07 답 ⑤

⑤ 관세징수권의 소멸시효는 관세의 분할납부기간, 징수유예기간, 압류·매각의 유예기간 중에는 진행하지 아니하며, 사해행위 취소소송으로 인한 시효정지의 효력은 소송이 각하, 기각, 취하된 경우에는 효력이 없다(「관세법」 제23조 제3항·제4항).

① 「관세법」 제21조 제1항 본문

② 「관세법」 제21조 제1항 단서

③ 「관세법」 제22조 제1항 제1호

④ 「관세법」 제22조 제1항 제2호

08 답 ⑤

⑤ 세관장은 관세의 납세의무자가 아닌 자가 관세의 납부를 보증한 경우 그 담보로 관세에 충당하고 남은 금액이 있을 때에는 그 보증인에게 이를 직접 돌려주어야 한다(「관세법」 제25조 제3항).

① 「관세법」 제24조 제4항

② 「관세법」 제25조 제1항 본문

③ 「관세법」 제25조 제1항 단서

④ 「관세법」 제25조 제2항

09 답 ①

① 관세의 납세의무자는 수입신고를 할 때 대통령령으로 정하는 바에 따라 세관장에게 해당 물품의 가격에 대한 신고(가격신고)를 해야 한다. 다만, 통관의 능률을 높이기 위하여 필요하다고 인정되는 경우에는 대통령령으로 정하는 바에 따라 물품의 수입신고를 하기 전에 가격신고를 할 수 있다(「관세법」 제27조 제1항).
②「관세법」 제27조 제2항
③「관세법」 제27조 제3항
④「관세법」 제28조 제1항
⑤「관세법 시행령」 제16조 제3항

10 답 ②

② 법 제30조 제1항 각 호에 따라 조정해야 할 금액이 수입신고일부터 일정기간이 지난 후에 정해질 수 있음이 제2항에 따른 서류 등으로 확인되는 경우이다(「관세법 시행령」 제16조 제1항 제2호).
①「관세법 시행령」 제16조 제1항 제1호
③「관세법 시행령」 제16조 제1항 제2의2호
④「관세법 시행령」 제16조 제1항 제2의3호
⑤「관세법 시행령」 제16조 제1항 제3호, 시행규칙 제3조 제3항 제4호

11 답 ②

②「관세법」 제38조 제4항
① 물품을 수입하려는 자는 수입신고를 할 때에 세관장에게 관세의 납부에 관한 신고(납세신고)를 해야 한다(「관세법」 제38조 제1항).
③ 납세의무자는 신고납부한 세액이 부족하다는 것을 알게 되거나 세액산출의 기초가 되는 과세가격 또는 품목분류 등에 오류가 있는 것을 알게 되었을 때에는 신고납부한 날부터 6개월 이내(보정기간)에 해당 세액을 보정(補正)하여 줄 것을 세관장에게 신청할 수 있다(「관세법」 제38조의2 제1항).
④ 납세의무자는 신고납부한 세액이 부족한 경우에는 수정신고[보정기간이 지난 날부터 제21조 제1항(제척기간)에 따른 기간이 끝나기 전까지로 한정]를 할 수 있다(「관세법」 제38조의3 제1항 본문).
⑤ 납세의무자가 부족한 세액에 대한 세액의 보정을 신청한 경우에는 해당 보정신청을 한 날의 다음 날까지 해당 관세를 납부하여야 한다(「관세법」 제38조의2 제4항).

12 답 ⑤

우편물이 「대외무역법」 제11조에 따른 수출입의 승인을 받은 것인 경우는 「관세법」 제258조 제2항에 따른 수입신고 대상물품으로서 「관세법 시행규칙」 제9조에 따라 부과고지 대상물품에서 제외된다(「관세법 시행규칙」 제9조 제2호 참고).

관련 법령

「관세법」 제39조(부과고지) 제1항 각 호, 「관세법 시행규칙」 제9조(부과고지 대상물품) 각 호

1. 제16조 제1호부터 제6호까지 및 제8호부터 제11호까지에 해당되어 관세를 징수하는 경우
2. 보세건설장에서 건설된 시설로서 수입신고가 수리되기 전에 가동된 경우
3. 보세구역(제156조 제1항에 따라 보세구역 외 장치를 허가받은 장소를 포함한다)에 반입된 물품이 제248조 제3항을 위반하여 수입신고가 수리되기 전에 반출된 경우

4. 납세의무자가 관세청장이 정하는 사유로 과세가격이나 관세율 등을 결정하기 곤란하여 부과고지를 요청하는 경우
5. 제253조에 따라 즉시반출한 물품을 같은 조 제3항의 기간(즉시반출신고를 한 날부터 10일 이내) 내에 수입신고를 하지 아니하여 관세를 징수하는 경우
6. 그 밖에 제38조에 따른 납세신고가 부적당한 것으로서 기획재정부령(「관세법 시행규칙」 제9조)으로 정하는 경우
   - 여행자 또는 승무원의 휴대품 및 별송품
   - 우편물[법 제258조 제2항(수입신고대상 우편물)에 해당하는 것을 제외한다]
   - 법령의 규정에 의하여 세관장이 관세를 부과·징수하는 물품
   - 그 밖에 납세신고가 부적당하다고 인정하여 관세청장이 지정하는 물품

13 답 ②

「관세법」 제30조 제1항·제2항(과세가격의 가산요소와 공제요소) 정리

가산요소	공제요소
• 구매자가 부담하는 수수료와 중개료(구매수수료 제외) • 해당 수입물품과 동일체로 취급되는 용기의 비용과 해당 수입물품의 포장에 드는 노무비와 자재비로서 구매자가 부담하는 비용 • 구매자가 해당 수입물품의 생산 및 수출거래를 위하여 대통령령으로 정하는 물품 및 용역을 무료 또는 인하된 가격으로 직접 또는 간접으로 공급한 경우에는 그 물품 및 용역의 가격 또는 인하차액을 해당 수입물품의 총생산량 등 대통령령으로 정하는 요소를 고려하여 적절히 배분한 금액 • 특허권, 실용신안권, 디자인권, 상표권 및 이와 유사한 권리를 사용하는 대가로 지급하는 것으로서 대통령령으로 정하는 바에 따라 산출된 금액 • 해당 수입물품을 수입한 후 전매·처분 또는 사용하여 생긴 수익금액 중 판매자에게 직접 또는 간접으로 귀속되는 금액 • 수입항(輸入港)까지의 운임·보험료와 그 밖에 운송과 관련되는 비용으로서 대통령령으로 정하는 바에 따라 결정된 금액. 다만, 기획재정부령으로 정하는 수입물품의 경우에는 이의 전부 또는 일부를 제외할 수 있다.	• 수입 후에 하는 해당 수입물품의 건설, 설치, 조립, 정비, 유지 또는 해당 수입물품에 관한 기술지원에 필요한 비용 • 수입항에 도착한 후 해당 수입물품을 운송하는 데에 필요한 운임·보험료와 그 밖에 운송과 관련되는 비용 • 우리나라에서 해당 수입물품에 부과된 관세 등의 세금과 그 밖의 공과금 • 연불조건(延拂條件)의 수입인 경우에는 해당 수입물품에 대한 연불이자

14 답 ④

세율불균형물품의 면세는 조건부 감면세이다(「관세법」 제89조). 나머지는 무조건 감면세이다.

「관세법」상 감면의 종류

무조건 감면세	조건부 감면세
• 외교관용 물품 등의 면세(제88조) • 정부용품 등의 면세(제92조) • 소액물품 등의 면세(제94조) • 여행자휴대품 · 이사물품 등의 감면세(제96조) • 재수입면세(제99조) • 손상물품에 대한 감면(제100조) • 해외임가공물품 등의 감면(제101조)	• 세율불균형물품의 면세(제89조) • 학술연구용품의 감면(제90조) • 종교용품 · 자선용품 · 장애인용품 등의 면세(제91조) • 특정물품의 면세(제93조) • 환경오염방지물품 등에 대한 감면(제95조) • 재수출면세(제97조) • 재수출 감면(제98조)

15 답 ⑤

ⓐ : 5일, ⓑ : 15일이다.

관련 법령

「관세법 시행령」 제112조 제2항

제1항 각 호 외의 부분 본문에도 불구하고 다음 각 호의 사유가 있는 경우에는 다음 각 호의 구분에 따른 기한까지 감면신청서를 제출할 수 있다.

1. 법 제39조(부과고지) 제2항에 따라 관세를 징수하는 경우 : 해당 납부고지를 받은 날부터 5일 이내
2. 그 밖에 수입신고 수리 전까지 감면신청서를 제출하지 못한 경우 : 해당 수입신고 수리일부터 15일 이내(해당 물품이 보세구역에서 반출되지 아니한 경우로 한정한다)

16 답 ②

과세 전 통지를 생략할 수 있는 것은 납세의무자가 확정가격을 신고한 경우이다.

관련 법령

「관세법」 제118조(과세 전 적부심사) 제1항

세관장은 제38조의3 제6항 또는 제39조 제2항에 따라 납부세액이나 납부해야 하는 세액에 미치지 못한 금액을 징수하려는 경우에는 미리 납세의무자에게 그 내용을 서면으로 통지해야 한다. 다만, 다음 각 호의 어느 하나에 해당하는 경우에는 통지를 생략할 수 있다.

1. 통지하려는 날부터 3개월 이내에 제21조에 따른 관세부과의 제척기간이 만료되는 경우
2. 제28조 제2항에 따라 납세의무자가 확정가격을 신고한 경우
3. 제38조 제2항 단서에 따라 수입신고 수리 전에 세액을 심사하는 경우로서 그 결과에 따라 부족세액을 징수하는 경우
4. 제97조 제3항(제98조 제2항에 따라 준용되는 경우를 포함한다)에 따라 면제된 관세를 징수하거나 제102조 제2항에 따라 감면된 관세를 징수하는 경우
5. 제270조에 따른 관세포탈죄로 고발되어 포탈세액을 징수하는 경우
6. 그 밖에 관세의 징수가 곤란하게 되는 등 사전통지가 적당하지 아니한 경우로서 대통령령으로 정하는 경우

「관세법 시행령」 제142조(과세 전 통지의 생략)
법 제118조 제1항 제6호에서 "대통령령으로 정하는 경우"란 다음 각 호의 어느 하나에 해당하는 경우를 말한다.
1. 납부세액의 계산착오 등 명백한 오류에 의하여 부족하게 된 세액을 징수하는 경우
2. 「감사원법」 제33조에 따른 감사원의 시정요구에 따라 징수하는 경우
3. 납세의무자가 부도·휴업·폐업 또는 파산한 경우
4. 법 제85조에 따른 관세품목분류위원회의 의결에 따라 결정한 품목분류에 의하여 수출입물품에 적용할 세율이나 품목분류의 세번이 변경되어 부족한 세액을 징수하는 경우
5. 법 제118조 제4항 제2호 후단 및 제128조 제1항 제3호 후단(법 제132조 제4항에서 준용하는 경우를 포함한다)에 따른 재조사 결과에 따라 해당 처분의 취소·경정을 하거나 필요한 처분을 하는 경우

17 답 ②

② 유치하는 외국물품은 세관장이 관리하는 장소에 보관해야 하며, 세관장이 필요하다고 인정할 때에는 그러하지 아니하다(「관세법」 제231조 제2항).
① 「관세법」 제231조 제1항
③ 「관세법」 제231조 제3항
④ 「관세법」 제231조 제4항
⑤ 「관세법」 제231조 제5항·제6항

18 답 ①

① 관세청장은 지식재산권을 침해하는 물품을 효율적으로 단속하기 위하여 필요한 경우에는 해당 지식재산권을 관계 법령에 따라 등록 또는 설정등록한 자 등으로 하여금 해당 지식재산권에 관한 사항을 신고하게 할 수 있다(「관세법」 제235조 제2항).
② 「관세법」 제235조 제3항 제1호
③ 「관세법」 제235조 제4항
④ 「관세법」 제235조 제5항 본문
⑤ 「관세법」 제235조 제7항 전단

19 답 ④

④ 수입신고의 효력발생시점은 전송된 신고자료가 통관시스템에 접수된 시점으로 한다. 다만, 수작업에 의하여 신고하는 때에는 신고서가 통관지 세관에 접수된 시점으로 한다(「수입통관 사무처리에 관한 고시」 제11조).
① 「수입통관 사무처리에 관한 고시」 제6조
② 「수입통관 사무처리에 관한 고시」 제8조 제2항
③ 「수입통관 사무처리에 관한 고시」 제7조 제1항
⑤ 「수입통관 사무처리에 관한 고시」 제9조

20 답 ②

하자 수리 목적으로 수출하는 물품은 목록통관 대상에 해당하지 않는다.

> **관련 법령**
>
> **「수출통관 사무처리에 관한 고시」 제36조(목록통관) 제1항**
>
> 영 제246조 제4항 제3호 및 제5호에 따라 다음 각 호의 어느 하나에 해당하는 물품은 별지 제17호 서식의 송품장 목록통관수출 신고(수리)서 및 송품장, 별지 제6호 서식의 통관목록 또는 우편물목록을 세관장에게 제출하는 것으로 법 제241조 제1항의 수출신고를 생략할 수 있다. 다만, 법 제226조 제1항에 해당하는 물품은 제외한다.
>
> 1. 유해 및 유골
> 2. 외교행낭으로 반출되는 물품
> 3. 외교부에서 재외공관으로 발송되는 자료
> 4. 우리나라를 방문하는 외국의 원수와 그 가족 및 수행원이 반출하는 물품
> 5. 신문, 뉴스취재 필름, 녹음테이프 등 언론기관 보도용품
> 6. 카탈로그, 기록문서와 서류
> 7. 「외국인관광객 등에 대한 부가가치세 및 개별소비세 특례 규정」에 따라 외국인 관광객이 구입한 물품
> 8. 환급대상이 아닌 물품가격 FOB 200만 원 이하의 물품. 다만, 제7조 제2항 제1호부터 제3호까지 해당하는 물품은 제외한다.
> 9. 법 제106조의2 제1항 제3호에 따른 환급대상 물품

21 답 ①

세관장은 제1항에 따라 반출을 한 자가 제3항에 따른 기간 내에 수입신고를 하지 아니하는 경우에는 관세를 부과·징수한다. 이 경우 해당 물품에 대한 관세의 100분의 20에 상당하는 금액을 가산세로 징수하고, 제2항에 따른 지정을 취소할 수 있다(「관세법」 제253조 제4항).

22 답 ③

무역서류는 송품장, 선하증권(항공화물운송장 포함), 포장명세서, 원산지증명서를 말한다(「수입통관 사무처리에 관한 고시」 제14조 제1항 제1호).

23 답 ⑤

⑤ 수입신고취하 승인으로 수입신고나 수입신고 수리의 효력은 상실한다(「수입통관 사무처리에 관한 고시」 제18조 제3항).

① 「수입통관 사무처리에 관한 고시」 제7조 제1항

② 「수입통관 사무처리에 관한 고시」 제7조 제2항 제1호

③ 「수입통관 사무처리에 관한 고시」 제8조 제1항

④ 「수입통관 사무처리에 관한 고시」 제11조 본문

24 답 ②

② 수출물품의 검사는 신고수리 후 적재지에서 검사하는 것을 원칙으로 한다(「수출통관 사무처리에 관한 고시」 제17조 제2항). 세관장은 제2항에도 불구하고 적재지 검사가 부적절하다고 판단되는 물품이나 반송물품, 계약상이물품, 수입상태 그대로 수출되는 자가사용물품, 재수출물품 및 원상태수출물품, 국제우편 운송 수출물품, 보세공장으로부터의 수출물품 등은 신고지 세관에서 물품검사를 실시할 수 있다(「수출통관 사무처리에 관한 고시」 제17조 제3항).

① 「수출통관 사무처리에 관한 고시」 제17조 제1항

③ 「수출통관 사무처리에 관한 고시」 제17조 제4항

④ 「수출통관 사무처리에 관한 고시」 제17조 제5항

⑤ 「수출통관 사무처리에 관한 고시」 제17조 제8항

25 답 ②

② 수출자 및 국제무역선(기)의 선(기)장은 제32조부터 제34조까지의 특수형태의 수출(선상수출신고, 현지수출 어패류 신고, 보세판매장 수출신고, 원양수산물 신고)을 제외하고는 수출신고 수리 전에 수출하려는 물품을 국제무역선(기)에 적재해서는 안 된다(「수출통관 사무처리에 관한 고시」 제45조 제2항).

① 「수출통관 사무처리에 관한 고시」 제45조 제1항

③ 「수출통관 사무처리에 관한 고시」 제45조 제3항

④ 「수출통관 사무처리에 관한 고시」 제45조 제4항

⑤ 「수출통관 사무처리에 관한 고시」 제45조 제6항

제2과목 보세구역관리

01	02	03	04	05	06	07	08	09	10
⑤	⑤	⑤	④	④	①	②	④	①	④
11	12	13	14	15	16	17	18	19	20
⑤	④	⑤	③	②	④	⑤	③	④	④
21	22	23	24	25					
⑤	①	③	④	④					

01 답 ⑤

⑤ 외국인관광객 등이 판매확인서를 교부받은 때에는 제216조의6의 규정에 의한 환급창구 운영사업자에게 이를 제시하고 환급 또는 송금받을 수 있다(「관세법 시행령」 제216조의4 제3항).
① 「관세법」 제198조 제3항
② 「관세법」 제201조 제1항
③ 「관세법 시행령」 제216조의3 제1항
④ 「관세법」 제204조 제1항 참고

02 답 ⑤

ⓐ : 6개월, ⓑ : 3개월, ⓒ : 6개월, ⓓ : 2개월이다.

관련 법령

「관세법」 제170조(장치기간)
지정장치장에 물품을 장치하는 기간은 6개월의 범위에서 관세청장이 정한다. 다만, 관세청장이 정하는 기준에 따라 세관장은 3개월의 범위에서 그 기간을 연장할 수 있다.

「보세화물장치기간 및 체화관리에 관한 고시」 제4조(장치기간) 제1항
제3조 제1호(「관세법」 제169조에 따른 지정장치장 반입물품)에 해당하는 물품의 장치기간은 6개월로 한다. 다만, 부산항 · 인천항 · 인천공항 · 김해공항 항역 내의 지정장치장으로 반입된 물품과 특송물품의 장치기간은 2개월로 하며, 세관장이 필요하다고 인정할 때에는 2개월의 범위에서 그 기간을 연장할 수 있다.

03 답 ⑤

⑤ 세관장은 화물관리인의 지정을 받은 자에게 재지정을 받으려면 지정의 유효기간이 끝나는 날의 1개월 전까지 재지정을 신청해야 한다는 사실과 재지정 절차를 지정의 유효기간이 끝나는 날의 2개월 전까지 휴대폰에 의한 문자전송, 전자메일, 팩스, 전화, 문서 등으로 미리 알려야 한다(「관세법 시행령」 제187조 제6항).
① 「관세법」 제172조 제2항 본문
② 「관세법」 제172조 제3항
③ 「관세법」 제172조 제5항 전단
④ 「관세법 시행령」 제187조 제4항

04 답 ④

> **관련 법령**
>
> **「보세창고 특허 및 운영에 관한 고시」 제3조(운영인의 자격) 제1항**
>
> 보세창고를 설치·운영하려는 자(신청인)는 다음 각 호의 요건을 갖추어야 한다.
> 1. 「관세법」 제175조(운영인의 결격사유) 각 호의 어느 하나에 해당하지 않을 것
> 2. 체납된 관세 및 내국세가 없을 것
> 3. 자본금 2억원 이상의 법인이거나 특허를 받으려는 토지 및 건물(2억원 이상)을 소유하고 있는 개인(다만, 자가용 보세창고 제외)
> 4. 신청인이 보세사 자격증을 취득했거나 1명 이상의 보세사를 관리자로 채용할 것
> 5. 특허갱신의 경우에는 해당 보세창고의 갱신신청 직전 특허기간 동안 법규수행능력평가 점수가 평균 80점(평균등급이 B등급) 이상일 것
> 6. 위험물품을 보세창고에 장치·제조·전시 또는 판매하는 경우에는 관계 행정기관의 장의 허가 또는 승인 등을 받을 것

05 답 ④

④ 「관세법」 제188조 제1항 전단

① 최근 2년간 생산되어 판매된 물품 중 수출된 물품의 가격비율이 100분의 50 이상이고, 수출입 안전관리 우수업체인 보세공장은 1년의 범위 내에서 원료별, 제품별 또는 보세공장 전체에 대하여 원료과세 신청을 할 수 있다(「관세법」 제189조 제2항, 「관세법 시행령」 제205조 제3항).

② 세관장의 승인을 받고 외국물품과 내국물품을 혼용하는 경우에는 그로써 생긴 제품 중 해당 외국물품의 수량 또는 가격에 상응하는 것은 외국으로부터 우리나라에 도착한 물품으로 본다(「관세법」 제188조 단서).

③ 보세공장에서 제조된 물품을 수입하는 경우 제186조에 따른 사용신고 전에 미리 세관장에게 해당 물품의 원료인 외국물품에 대한 과세의 적용을 신청한 경우에는 제16조에도 불구하고 제186조에 따른 사용신고를 할 때의 그 원료의 성질 및 수량에 따라 관세를 부과한다(「관세법」 제189조 제1항).

⑤ 세관장은 제1항의 규정에 의한 승인을 얻은 사항 중 혼용하는 외국물품 및 내국물품의 품명 및 규격이 각각 동일하고, 손모율에 변동이 없는 동종의 물품을 혼용하는 경우에는 새로운 승인신청을 생략하게 할 수 있다(「관세법 시행령」 제204조 제3항).

06 답 ①

① 물품반입 정지사유에 해당한다(「보세창고 특허 및 운영에 관한 고시」 제18조 제3항 제1호).
② 「보세창고 특허 및 운영에 관한 고시」 제18조 제2항 제1호, 제17조 제6항
③ 「보세창고 특허 및 운영에 관한 고시」 제18조 제2항 제1호, 제17조 제7항
④ 「보세창고 특허 및 운영에 관한 고시」 제18조 제2항 제2호
⑤ 「보세창고 특허 및 운영에 관한 고시」 제18조 제2항 제1호, 제17조 제8항

07 답 ②

② 특허취소사유에 해당한다.

①·③·④·⑤ 물품반입 정지사유에 해당한다.

관련 법령

「보세창고 특허 및 운영에 관한 고시」 제18조(행정제재) 제3항

세관장은 보세창고 운영인이 다음 각 호의 어느 하나에 해당하는 경우에는 기간을 정하여 보세창고에의 물품 반입을 정지시킬 수 있다.

1. 장치물품에 대한 관세를 납부할 자금능력이 없다고 인정되는 경우
2. 본인 또는 그 사용인이 법 또는 법에 따른 명령을 위반한 경우
3. 해당 시설의 미비 등으로 보세창고 설치 목적을 달성하기 곤란하다고 인정되는 경우
4. 운영인 또는 그 종업원이 합법가장 밀수를 인지하고도 세관장에게 보고하지 않고 보관 또는 반출한 때
5. 세관장의 시설구비 명령을 미이행하거나 보관화물에 대한 중대한 관리소홀로 보세화물의 도난, 분실이 발생한 때
6. 운영인 또는 그 종업원의 관리소홀로 해당 보세창고에서 밀수행위가 발생한 때
7. 운영인이 최근 1년 동안 3회 이상 경고처분을 받은 때

08 답 ④

④ 물품반입 정지사유에 해당한다(「보세창고 특허 및 운영에 관한 고시」 제18조 제3항 제6호).

①·②·③·⑤ 특허취소사유에 해당한다.

관련 법령

「보세창고 특허 및 운영에 관한 고시」 제18조(행정제재) 제9항

세관장은 운영인이 다음 각 호의 어느 하나에 해당하는 경우에는 그 특허를 취소할 수 있다. 다만, 제1호·제2호·제5호에 해당하는 경우에는 특허를 취소하여야 하고 제3호 및 제4호의 경우 세관장이 특허를 취소하는 것이 보세화물관리상 매우 불합리하다고 인정되고 관세채권 확보 등에 어려움이 없는 경우에는 제4조(특허심사위원회) 제3항에 따른 자체 특허심사위원회의 사전심사를 거친 후 취소하지 않을 수 있다.

1. 거짓이나 그 밖의 부정한 방법으로 특허를 받은 경우
2. 법 제175조(운영인 결격사유) 각 호의 어느 하나에 해당하게 된 경우. 다만, 법 제175조 제8호에 해당하는 경우로서 같은 조 제2호 또는 제3호에 해당하는 사람을 임원으로 하는 법인이 3개월 이내에 해당 임원을 변경한 경우에는 그러하지 아니하다.
3. 1년 이내에 3회 이상 물품반입 등의 정지처분(과징금 부과처분 포함)을 받은 경우
4. 2년 이상 물품의 반입실적이 없어서 세관장이 보세창고의 설치 목적을 달성하기 곤란하다고 인정하는 경우
5. 법 제177조의2(특허보세구역 운영인의 명의대여 금지)를 위반하여 명의를 대여한 경우

09 답 ①

세관장은 제3항에 따른 물품반입의 정지처분이 그 이용자에게 심한 불편을 주거나 공익을 해칠 우려가 있는 경우에는 법 제178조 제3항 및 제4항에 따라 보세창고의 운영인에게 반입정지 처분을 갈음하여 해당 보세창고 운영에 따른 매출액의 100분의 3 이하의 범위에서 과징금을 부과할 수 있다(「보세창고 특허 및 운영에 관한 고시」 제18조 제6항 전단).

10 답 ④

특허보세구역의 운영을 계속하고자 하는 상속인 또는 승계법인은 당해 특허보세구역의 종류・명칭 및 소재지를 기재한 특허보세구역 승계신고서에 상속인 또는 승계법인을 확인할 수 있는 서류, 특허요건의 구비를 확인할 수 있는 서류로서 관세청장이 정하는 서류를 첨부하여 세관장에게 제출하여야 하며, 신고를 받은 세관장은 이를 심사하여 신고일부터 5일 이내에 그 결과를 신고인에게 통보하여야 한다(「관세법 시행령」 제194조).

11 답 ⑤

⑤ 동일한 보세창고에 장치되어 있는 동안 수입신고가 수리된 물품은 신고 없이 계속하여 장치할 수 있다(「관세법」 제183조 제2항).
① 「관세법」 제183조 제1항
② 「관세법」 제183조 제2항
③ 「관세법」 제183조 제3항
④ 「관세법」 제184조 제1항

12 답 ④

④ 「보세공장 운영에 관한 고시」 제13조 제4항 전단
① 보세공장에서는 세관장의 허가를 받지 아니하고는 내국물품만을 원료로 하거나 재료로 하여 제조・가공하거나 그 밖에 이와 비슷한 작업을 할 수 없다(「관세법」 제185조 제2항).
② 보세공장 물품반입의 사용신고를 하고자 하는 자는 당해 물품의 사용 전에 규정에 따른 사항을 기재한 신고서를 세관장에게 제출하여야 한다(「관세법 시행령」 제202조).
③ 세관장은 수입을 목적으로 하는 물품을 제조・가공하는 공장으로 제한되지 않는 업종에 해당하는 경우에는 보세공장 설치・운영 특허를 할 수 있다(「보세공장 운영에 관한 고시」 제4조 제2호).
⑤ 보세공장 외 일시 물품 장치허가(정정)신청서를 제출받은 세관장은 신청물품이 다른 보세작업의 수행에 지장을 초래하는지, 그 밖의 장치기간・장소 및 신청사유 등이 보세화물의 감시감독에 지장을 초래하는지 등을 심사하여 1년 6개월의 범위에서 이를 허가할 수 있다(「보세공장 운영에 관한 고시」 제17조2 제2항 본문).

13 답 ⑤

⑤ 인도자로 지정받고자 하는 자는 지정신청서와 지정신청 시 구비서류 등을 구비하여 세관장에게 인도자 지정신청을 하여야 하며, 세관장은 5년의 범위(타인의 시설을 임차하여 사용하는 경우로서 남은 임차기간이 5년 미만인 경우에는 해당 임차기간) 내에서 기간을 정하여 인도자를 지정하고 그 지정사항을 관세청장에게 보고하여야 한다(「보세판매장 운영에 관한 고시」 제13조 제2항 전단).
① 「보세판매장 운영에 관한 고시」 제13조 제2항 제3호 가목, 제1항 제2호 나목
② 「보세판매장 운영에 관한 고시」 제13조 제1항
③ 「보세판매장 운영에 관한 고시」 제13조 제2항 전단
④ 「보세판매장 운영에 관한 고시」 제13조 제3항 참고

14 답 ③

③ 보세공장에 물품을 반입, 반출하려는 자는 세관장에게 보세공장물품 반출(입)신고(승인)서로 신고해야 하며 세관장은 보세공장 반입대상 물품인지를 심사하여 반입대상이 아닌 경우에는 다른 보세구역으로 반출을 명해야 한다(「보세공장 운영에 관한 고시」 제13조 제1항).

① 「보세공장 운영에 관한 고시」 제12조 제1항
② 「보세공장 운영에 관한 고시」 제12조 제2항
④ 「보세공장 운영에 관한 고시」 제13조 제2항
⑤ 「보세공장 운영에 관한 고시」 제13조 제8항

15 답 ②

② 지정장치장은 통관을 하려는 물품을 일시 장치하기 위한 장소로서 세관장이 지정하는 구역으로 한다(「관세법」 제169조).

① 「관세법」 제172조 제1항
③ 「관세법」 제172조 제4항
④ 「관세법」 제170조 전단
⑤ 「관세법」 제172조 제2항 단서

16 답 ④

특허보세구역(보세전시장과 보세건설장은 제외)의 특허기간은 10년의 범위 내에서 신청인이 신청한 기간으로 한다(「관세법 시행령」 제192조).

① 「관세법」 제174조 제3항
② 「관세법 시행령」 제190조 제2항
③ 「관세법」 제174조 제1항 전단
⑤ 「관세법」 제180조 제3항

17 답 ⑤

⑤ 보기의 장소는 인도장으로 세관장이 지정한 보세구역 중 자유무역지역을 포함한다(「보세판매장 운영에 관한 고시」 제2조 제6호 마목).

①·②·③·④ 「보세판매장 운영에 관한 고시」 제2조 제6호 각 목 참고

관련 법령

「보세판매장 운영에 관한 고시」 제2조(용어의 정의) 제6호

"인도장"이란 시내면세점, 출국장면세점 및 전자상거래에 의하여 판매한 물품을 구매자에게 인도하기 위한 곳으로 다음 각 호의 어느 하나에 해당하는 장소를 말한다.

가. 출국장 보세구역 내 설치한 장소
나. 외국무역선 및 외국여객선박의 선내
다. 통관우체국 내 세관통관장소
라. 항공화물탁송 보세구역
마. 세관장이 지정한 보세구역(자유무역지역을 포함한다)
바. 입국장 보세구역 내 설치한 장소

18 답 ③

잉여물품관리대장 기록 여부는 세관장이 세관공무원에게 확인하게 할 수 있는 사항이다(「보세공장 운영에 관한 고시」 제42조의2 제2항 제5호).

관련 법령

「보세공장 운영에 관한 고시」 제42조의3(운영인 및 보세사의 의무) 제1항

운영인 또는 보세사는 다음 각 호의 사항을 확인하거나 기록(전산설비에 의한 기록 포함)해야 한다.

1. 보세운송의 도착 및 화물의 이상 유무 확인
2. 보세공장의 원재료보관 · 보세작업 · 제품보관 등 각 단계별 반입과 반출
3. 장외작업물품의 반입과 반출
4. 내국작업허가 물품의 반입과 반출
5. 잉여물품의 발생과 반출입
6. 환급고시 규정에 따른 환급대상 내국물품의 반입
7. 반입대상이 아닌 내국물품의 반출입
8. 보세공장 물품의 장치와 보관
9. 그 밖에 이 고시에서 정하는 확인 · 기록 사항

「보세공장 운영에 관한 고시」 제42조의2(세관공무원의 임무) 제2항

제1항에 따라 지정된 공무원은 다음 각 호의 사항을 확인해야 한다.

1. 보세공장(장외작업장 포함) 반출입물품의 기록 여부
2. 제27조 제2항에 따른 수입신고대상물품의 수입신고 여부
3. 반입물품의 사용신고 전 사용 여부
4. 장외작업 및 내국작업의 보세화물 감시단속의 문제점
5. 잉여물품관리대장 기록 여부
6. 운영인 및 보세사의 의무 성실이행 여부
7. 장기재고물품의 처리계획 이행 여부
8. 그 밖에 세관장의 명령 이행 여부

19 답 ④

보세전시장에 반입된 외국물품 중 수입신고 수리 후 사용이 가능한 물품은 오락용품, 판매용품, 증여용품이다.

관련 법령

「보세전시장 운영에 관한 고시」 제17조(수입신고대상)

보세전시장에 반입된 외국물품 중 수입신고 수리 후 사용이 가능한 물품은 다음 각 호의 어느 하나에서 정하는 바와 같다.

1. 판매용품 : 보세전시장에서 불특정다수의 관람자에게 판매할 것을 목적으로 하는 물품을 말한다.
2. 오락용품 : 보세전시장에서 불특정다수의 관람자에게 오락용으로 관람케 하거나 사용하게 할 물품 중 유상으로 제공될 물품을 말한다.
3. 증여용품 : 보세전시장에서 불특정다수의 관람자에게 증여할 목적으로 한 물품을 말한다.

20 답 ④

④ 운영인은 보세건설장에서 건설된 시설을 수입신고가 수리되기 전에 가동하여서는 아니 된다(「관세법」 제194조).

① 「관세법」 제191조

② 「관세법」 제192조

③ 「관세법」 제193조

⑤ 「관세법」 제195조 제1항

21 답 ⑤

⑤ 「보세판매장 운영에 관한 고시」 제3조 제9항

① 보세판매장에서 판매하는 물품과 동일 또는 유사한 물품을 수입하여 내수판매를 하지 않아야 한다(「보세판매장 운영에 관한 고시」 제3조 제2항).

② 판매물품을 진열・판매하는 때에는 상표단위별 진열장소의 면적은 매장면적의 10분의 1을 초과할 수 없다(「보세판매장 운영에 관한 고시」 제3조 제3항 전단).

③ 운영인은 해당 월의 보세판매장의 업무사항을 다음 달 7일까지 보세판매장 반출입물품 관리를 위한 전산시스템(재고관리시스템)을 통하여 세관장에게 보고하여야 한다(「보세판매장 운영에 관한 고시」 제3조 제8항).

④ 운영인은 보세판매장에 근무하는 소속직원과 판촉사원 등이 제2조 제14호의 협의단체에서 주관하는 교육을 연 1회 이상(사전에 협의단체장이 교육계획을 관세청장에게 보고한 경우에는 그 계획 범위 내) 이수하도록 하여야 한다(「보세판매장 운영에 관한 고시」 제3조 제10항).

22 답 ①

제2조 제14호에 따라 설립된 협의단체는 보세판매장의 설치・운영은 할 수 없다(「보세판매장 운영에 관한 고시」 제27조 제1항 단서 참고).

23 답 ③

ⓐ : 100명, ⓑ : 관세청장이다.

관련 법령

「관세법 시행령」 제192조의8(보세판매장 특허심사위원회의 구성 및 운영) 제1항・제2항

① 특허심사위원회는 위원장 1명을 포함하여 100명 이내의 위원으로 성별을 고려하여 구성한다.

② 특허심사위원회의 위원은 다음 각 호의 어느 하나에 해당되는 사람 중에서 관세청장이 제192조의3 제2항에 따른 평가기준을 고려하여 관세청장이 정하는 분야(평가분야)별로 위촉하고, 위원장은 위원 중에서 호선한다.

1. 변호사・공인회계사・세무사 또는 관세사 자격이 있는 사람
2. 「고등교육법」 제2조 제1호 또는 제3호에 따른 학교에서 법률・회계 등을 가르치는 부교수 이상으로 재직하고 있거나 재직하였던 사람
3. 법률・경영・경제 및 관광 등의 분야에 전문적 지식이나 경험이 풍부한 사람

24 답 ④

④ 소방관련 법령 등에 의한 위험물 장치허가를 받지 아니한 종합보세사업장 운영인은 화물 반입 시 위험물 여부를 확인해야 하며, 위험물을 발견하였을 때에는 즉시 세관장에게 보고해야 한다(「종합보세구역의 지정 및 운영에 관한 고시」 제14조 제3항). 제14조 제3항의 규정에 의하여 보고를 받은 세관장은 해당 물품의 운송인이나 종합보세사업장 운영인에게 해당 물품을 위험물을 장치할 수 있는 다른 보세구역 또는 다른 종합보세사업장으로 즉시반출할 것을 명령해야 한다(「종합보세구역의 지정 및 운영에 관한 고시」 제16조 제1항).

① 「종합보세구역의 지정 및 운영에 관한 고시」 제13조 제1항

② 「종합보세구역의 지정 및 운영에 관한 고시」 제13조 제3항

③ 「종합보세구역의 지정 및 운영에 관한 고시」 제13조 제4항

⑤ 「종합보세구역의 지정 및 운영에 관한 고시」 제14조 제4항 본문

25 답 ④

④ 「수입활어 관리에 관한 특례고시」 제13조 제1항

① 세관장은 X-ray 검색기 등을 통해 매 반기별로 SOC의 은닉공간 및 불법 개조 여부 등을 확인하여야 한다(「수입활어 관리에 관한 특례고시」 제14조 제2항).

② 운영인 등은 CCTV 녹화 영상을 촬영한 날로부터 30일 이상 보관하여야 한다(「수입활어 관리에 관한 특례고시」 제5조 제4항).

③ 운영인 등은 활어장치장 내에 설치된 CCTV의 전원을 차단하거나, 촬영 방향의 이동 또는 촬영에 방해가 되는 물체를 배치하려는 경우에는 사전에 세관장의 승인을 얻어야 한다(「수입활어 관리에 관한 특례고시」 제5조 제2항).

⑤ 운영인 등은 장치 중인 활어의 전부 또는 일부가 폐사한 경우에는 그 발생사유와 발생량 등을 지체 없이 세관장에게 통보하고, 별지 제1호 서식의 폐사어 관리대장에 기록·유지하여야 한다. 다만, 세관장이 인정하는 범위 내에서 폐사가 발생한 경우에는 그러하지 아니할 수 있다(「수입활어 관리에 관한 특례고시」 제12조 제1항).

제3과목 화물관리

01	02	03	04	05	06	07	08	09	10
①	⑤	⑤	⑤	③	①	⑤	②	③	①
11	12	13	14	15	16	17	18	19	20
⑤	①	④	②	③	②	⑤	⑤	③	⑤
21	22	23	24	25					
③	②	④	①	③					

01 답 ①

① 입항 전 또는 하선(기) 전에 수입신고나 보세운송신고를 하지 않은 보세화물의 장치장소 결정을 위한 화물분류 기준에서 선사는 화주 또는 그 위임을 받은 자가 운영인과 협의하여 정하는 장소에 보세화물을 장치하는 것을 원칙으로 한다(「보세화물관리에 관한 고시」 제4조 제1항 제1호).

② 「보세화물관리에 관한 고시」 제4조 제2항 제4호

③ 「보세화물관리에 관한 고시」 제4조 제1항 제2호 나목

④ 「보세화물관리에 관한 고시」 제4조 제1항 제3호

⑤ 「보세화물관리에 관한 고시」 제4조 제2항 제6호

02 답 ⑤

세관장은 보세구역 운영인이 반출명령을 이행하지 않은 경우에는 과태료를 부과한다(「보세화물관리에 관한 고시」 제6조 제5항).

①·② 「보세화물관리에 관한 고시」 제6조 제1항

③ 「보세화물관리에 관한 고시」 제6조 제2항

④ 「보세화물관리에 관한 고시」 제6조 제4항

03 답 ⑤

중계무역물품으로서 보수작업이 필요한 경우 시설미비, 장소협소 등의 사유로 인하여 보세구역 내에서 보수 작업이 곤란하고 감시단속상 문제가 없다고 세관장이 인정하는 물품이 보세구역 외 장치 허가대상이다(「보세화물관리에 관한 고시」 제7조 제1항 제7호).

① 「보세화물관리에 관한 고시」 제7조 제1항 제5호

② 「보세화물관리에 관한 고시」 제7조 제1항 제3호

③ 「보세화물관리에 관한 고시」 제7조 제1항 제4호

④ 「보세화물관리에 관한 고시」 제7조 제1항 제6호

관련 법령

「보세화물관리에 관한 고시」 제7조(보세구역 외 장치의 허가) 제1항 각 호

1. 물품이 크기 또는 무게의 과다로 보세구역의 고내(庫內)에 장치하기 곤란한 물품
2. 다량의 산물로서 보세구역에 장치 후 다시 운송하는 것이 불합리하다고 인정하는 물품
3. 부패, 변질의 우려가 있거나, 부패, 변질하여 다른 물품을 오손할 우려가 있는 물품과 방진, 방습 등 특수보관이 필요한 물품

4. 귀중품, 의약품, 살아있는 동·식물 등으로서 보세구역에 장치하는 것이 곤란한 물품
5. 보세구역이 아닌 검역시행장에 반입할 검역물품
6. 보세구역과의 교통이 불편한 지역에 양륙된 물품으로서 보세구역으로 운반하는 것이 불합리한 물품
7. 「대외무역관리규정」 제2조 제11호에 따른 중계무역물품으로서 보수작업이 필요한 경우 시설미비, 장소협소 등의 사유로 인하여 보세구역 내에서 보수작업이 곤란하고 감시단속상 문제가 없다고 세관장이 인정하는 물품
8. 자가공장 및 시설(용광로 또는 전기로, 압연시설을 말한다)을 갖춘 실수요자가 수입하는 고철 등 물품
9. 그 밖에 세관장이 보세구역 외 장치를 허가할 필요가 있다고 인정하는 물품

04 답 ⑤

보세구역 외 장치의 허가기간은 6개월의 범위 내에서 세관장이 필요하다고 인정하는 기간으로 정하며, 허가기간이 종료한 때에는 보세구역에 반입하여야 한다. 다만, 동일세관 관할구역 내에 해당 화물을 반입할 보세구역이 없는 경우에는 세관장은 허가기간을 연장할 수 있으나, 그 기간은 최초의 허가일로부터 법 제177조 제1항 제1호 가목(보세창고의 외국물품은 1년의 범위에서 관세청장이 정하는 기간. 다만, 세관장이 필요하다고 인정하는 경우에는 1년의 범위에서 그 기간을 연장 가능)에서 정하는 기간을 초과할 수 없다(「보세화물관리에 관한 고시」 제8조 제1항 제1호).

05 답 ③

관련 법령

「보세화물관리에 관한 고시」 제9조(반입확인 및 반입신고) 제3항
운영인은 보세운송물품이 도착한 때에는 다음 각 호의 사항을 확인하여 이상이 없는 경우에만 물품을 인수하고, 반입 즉시 반입신고서를 전자문서로 제출하여야 한다. 이 경우 보세운송신고(승인) 건별로 도착일시, 인수자, 차량번호를 기록하여 장부 또는 자료보관 매체(마이크로필름, 광디스크, 기타 전산매체)에 2년간 보관하여야 한다.
1. 세관화물정보시스템의 보세운송예정정보와 현품이 일치하는지
2. 운송차량번호, 컨테이너번호, 컨테이너봉인번호가 세관화물정보시스템의 내역과 일치하는지
3. 컨테이너 봉인이 파손되었는지
4. 현품이 과부족하거나 포장이 파손되었는지

06 답 ①

① 운영인은 수입신고 수리 또는 반송신고 수리된 물품의 반출요청을 받은 때에는 세관화물정보시스템의 반출승인정보를 확인한 후 이상이 없는 경우 반출 전에 반출신고서를 전자문서로 제출해야 한다. 다만, 자가용 보세창고에 반입되어 수입신고 수리된 화물은 반출신고를 생략한다(「보세화물관리에 관한 고시」 제10조 제1항).
② 「보세화물관리에 관한 고시」 제10조 제2항
③ 「보세화물관리에 관한 고시」 제10조 제3항
④ 「보세화물관리에 관한 고시」 제10조 제5항
⑤ 「보세화물관리에 관한 고시」 제10조 제6항

07 답 ⑤

④ · ⑤ 세관장은 보세구역 외 장치 허가받은 물품의 안전관리를 위하여 업체의 경영실태를 수시로 파악하여야 하며 반입일로부터 3개월 이내에 통관하지 아니할 때에는 매월 정기적으로 재고조사를 실시하여야 한다(「보세화물관리에 관한 고시」 제15조 제4항).

① 보세구역 외 장치장에 반입한 화물 중 수입신고 수리된 화물은 반출신고를 생략하며 반송 및 보세운송절차에 따라 반출된 화물은 반출신고를 하여야 한다(「보세화물관리에 관한 고시」 제15조 제3항).

② 보세구역 외 장치허가를 받은 자가 그 허가받은 장소에 물품을 반입한 때에는 물품 도착 즉시 세관장에게 반입신고를 하여야 한다(「보세화물관리에 관한 고시」 제15조 제1항).

③ 반입신고를 받은 화물관리 세관공무원은 포장파손, 품명 · 수량의 상이 등 이상이 있는지를 확인한 후 이상이 있는 경우에는 제5조 제3항(자체조사 후 통고처분, 적재화물목록의 정정신청, 조사전담부서로 고발의뢰 등)에 따라 처리하여야 한다(「보세화물관리에 관한 고시」 제15조 제2항).

08 답 ②

제4조에 따른 장치장소 중 [별표 1]의 보세구역에 반입된 물품이 수입신고가 수리된 때에는 그 수리일로부터 15일 이내에 해당 보세구역에서 반출해야 하며 이를 위반한 경우에는 법 제277조에 따라 해당 수입화주를 조사한 후 과태료를 부과한다(「보세화물관리에 관한 고시」 제19조 본문).

09 답 ③

관련 법령

「보세화물관리에 관한 고시」 제19조(수입신고 수리물품의 반출의무)

제4조에 따른 장치장소 중 [별표 1]의 보세구역에 반입된 물품이 수입신고가 수리된 때에는 그 수리일로부터 15일 이내에 해당 보세구역에서 반출하여야 하며 이를 위반한 경우에는 해당 수입화주를 조사한 후 과태료를 부과한다. 다만, 다음의 어느 하나에 해당하는 경우로서 반출기간 연장승인을 받은 경우에는 그러하지 아니하다.

1. 정부 또는 지방자치단체가 직접 수입하는 물품
2. 정부 또는 지방자치단체에 기증되는 물품
3. 외교관 면세물품 및 SOFA 적용 대상물품
4. 「수입통관사무처리에 관한 고시」에 따른 간이한 신고대상물품
5. 원목, 양곡, 사료 등 벌크화물, 그 밖에 세관장이 반출기간 연장승인이 필요하다고 인정하는 물품

10 답 ①

① 제3조 제1호(지정장치장 반입물품)에 해당하는 물품의 장치기간은 6개월로 한다. 다만, 부산항 · 인천항 · 인천공항 · 김해공항 항역 내의 지정장치장으로 반입된 물품과 특송물품의 장치기간은 2개월로 하며, 세관장이 필요하다고 인정할 때에는 2개월의 범위에서 그 기간을 연장할 수 있다(「보세화물장치기간 및 체화관리에 관한 고시」 제4조 제1항).

② 「보세화물장치기간 및 체화관리에 관한 고시」 제4조 제5항 제2호

③ · ④ 「보세화물장치기간 및 체화관리에 관한 고시」 제4조 제4항

⑤ 「보세화물장치기간 및 체화관리에 관한 고시」 제4조 제5항 본문

11 답 ⑤

⑤ 영업용 보세창고에 반입한 물품의 반출통고는 보세구역 운영인이 화주 등에게 하며, 지정장치장에 반입한 물품의 반출통고는 화물관리인이 화주 등에게 해야 한다(「보세화물장치기간 및 체화관리에 관한 고시」 제6조 제2항).

①·②·③·④ 보세전시장, 보세건설장, 보세판매장, 보세공장, 보세구역 외 장치장, 자가용 보세창고에 반입한 물품에 대해서는 관할세관장이 화주나 반입자 또는 그 위임을 받은 자(화주 등)에게 반출통고한다(「보세화물장치기간 및 체화관리에 관한 고시」 제6조 제1항).

12 답 ①

① 지정장치장, 보세창고에 반입한 물품에 대한 반출통고는 장치기간 만료 30일 전까지 해야 한다(「보세화물장치기간 및 체화관리에 관한 고시」 제7조 제1항).

②·③·④·⑤ 보세공장, 보세판매장, 보세건설장, 보세전시장, 보세구역 외 장치장에 반입한 물품에 대한 반출통고는 보세구역 설영특허기간 만료시점에 반출통고해야 한다(「보세화물장치기간 및 체화관리에 관한 고시」 제7조 제2항).

13 답 ④

④ 외자에 의한 도입물자로서 기획재정부장관 및 산업통상자원부장관의 매각처분 보류요청이 있는 경우에는 매각처분을 보류할 수 있다(「보세화물장치기간 및 체화관리에 관한 고시」 제9조 제1항 제4호).

① 「보세화물장치기간 및 체화관리에 관한 고시」 제9조 제2항

② 「보세화물장치기간 및 체화관리에 관한 고시」 제9조 제1항

③ 「보세화물장치기간 및 체화관리에 관한 고시」 제9조 제3항

⑤ 「보세화물장치기간 및 체화관리에 관한 고시」 제9조 제4항

14 답 ②

ⓐ : 경쟁입찰, ⓑ : 5일, ⓒ : 100분의 10, ⓓ : 100분의 50이다.

관련 법령

「보세화물장치기간 및 체화관리에 관한 고시」 제16조(매각처분의 방법)

① 세관장은 이 고시에 따라 매각하려는 때에는 경쟁입찰에 의하는 것을 원칙으로 한다.

② 경쟁입찰로 매각하려는 경우 매각되지 아니한 때에는 5일 이상의 간격을 두어 다시 입찰에 부칠 수 있으며 그 예정가격은 최초 예정가격의 100분의 10 이내의 금액을 입찰 시마다 체감할 수 있다.

③ 제2항에 따른 예정가격의 체감은 제2회 입찰 때부터 하되 그 체감한도액은 최초예정가격의 100분의 50으로 한다. 다만, 최초예정가격을 기초로 산출한 세액 이하의 금액으로 체감할 수 없다.

15 답 ③

②·③ 중국·일본·대만·홍콩·러시아 극동지역 등(근거리 지역)의 경우에는 적재항에서 선박이 출항하기 전까지, 벌크화물의 경우에는 선박이 입항하기 4시간 전까지 제출해야 한다(「보세화물 입출항 하선 하기 및 적재에 관한 고시」 제8조 제1항 단서).

① 「보세화물 입출항 하선 하기 및 적재에 관한 고시」 제8조 제1항 본문
④ 「보세화물 입출항 하선 하기 및 적재에 관한 고시」 제21조 제1항 본문
⑤ 「보세화물 입출항 하선 하기 및 적재에 관한 고시」 제21조 제1항 단서

16 답 ②

② 하선결과보고서 또는 반입물품 이상보고서가 제출된 물품의 적재화물목록 정정신청은 보고서 제출일로부터 15일 이내에 신청할 수 있다(「보세화물 입출항 하선 하기 및 적재에 관한 고시」 제12조 제3항 제1호).
① 「보세화물 입출항 하선 하기 및 적재에 관한 고시」 제12조 제1항
③ 「보세화물 입출항 하선 하기 및 적재에 관한 고시」 제12조 제2항
④ 「보세화물 입출항 하선 하기 및 적재에 관한 고시」 제12조 제5항
⑤ 「보세화물 입출항 하선 하기 및 적재에 관한 고시」 제13조 제1항 제3호

17 답 ⑤

컨테이너화물은 5일이고, 원목, 곡물, 원유 등의 벌크화물은 10일이다.

관련 법령

「보세화물 입출항 하선 하기 및 적재에 관한 고시」 제19조(하선장소 물품반입) 제1항
제15조에 따라 하선신고를 한 자는 입항일(외항에서 입항수속을 한 경우 접안일)로부터 다음 각 호의 어느 하나에 해당하는 기간 내에 해당 물품을 하선장소에 반입해야 한다. 다만, 부득이한 사유로 지정기한 이내에 반입이 곤란할 때에는 반입지연사유, 반입예정일자 등을 기재한 하선장소 반입기간 연장승인(신청)서를 세관장에게 제출하여 승인을 받아야 한다.
1. 컨테이너화물 : 5일
2. 원목, 곡물, 원유 등 벌크화물 : 10일

18 답 ⑤

⑤ 「보세화물 입출항 하선 하기 및 적재에 관한 고시」 제36조 제1항 제3호
① 적재지 보세구역에 반입된 수출물품은 세관장이 적재지 보세구역에서 반출하는 사유가 타당하다고 인정하는 경우에 적재지 보세구역으로부터 반출할 수 있다(「보세화물 입출항 하선 하기 및 적재에 관한 고시」 제36조 제1항 제5호).
② 수출물품이 보세구역에서 반출되는 경우 보세구역 운영인은 반출사유가 타당한지 여부를 확인해야 하며 그 내역을 화물반출입대장(전산설비에 의하여 기록관리를 포함)에 기록관리해야 한다(「보세화물 입출항 하선 하기 및 적재에 관한 고시」 제36조 제2항).
③ 반송물품을 보세구역에서 반출하고자 하는 보세구역 운영인은 세관장에게 반출신고를 해야 하며, 적재를 위하여 반출하는 경우에는 반출자가 적재권한이 있는 자인지 확인 후 반출해야 한다(「보세화물 입출항 하선 하기 및 적재에 관한 고시」 제36조 제4항).
④ 보세구역에 반입 후 수출신고를 하게 할 수 있는 물품은 세관장에게 반출신고를 해야 한다(「보세화물 입출항 하선 하기 및 적재에 관한 고시」 제36조 제3항 후단).

19 답 ③

ⓐ : House B/L, ⓑ : 컨테이너, ⓒ : Master B/L이다.

관련 법령

「환적화물 처리절차에 관한 특례고시」 제5조(반출입신고) 제2항
보세구역 운영인이 제1항에 따른 반출입신고를 하려는 때에는 House B/L 단위의 전자문서로 해야 한다. 다만, 다음 각 호의 어느 하나에 해당하는 경우에는 그 구분에 따른다.
1. 컨테이너보세창고에서 컨테이너 단위로 반출입되는 환적화물 : 컨테이너 단위
2. 공항 내 화물터미널에서 Master B/L 단위로 반출입되는 환적화물 : Master B/L 단위
3. 제7조 제1항 제2호 다목에 따라 보세운송하여 Master B/L 단위로 반출입되는 환적화물 : Master B/L 단위

20 답 ⑤

국내 국제항 간 국제무역선으로 화물을 운송할 수 있는 것은 내국물품인 공컨테이너의 경우이다(「환적화물 처리절차에 관한 특례고시」 제9조 제1항 제4호).

21 답 ③

③ 법인이 아닌 경우 화물운송주선업자의 등록요건은 자산평가액이 6억 원 이상일 것이다(「화물운송주선업자의 등록 및 관리에 관한 고시」 제3조 제5호).
① 「화물운송주선업자의 등록 및 관리에 관한 고시」 제3조 제3호
② 「화물운송주선업자의 등록 및 관리에 관한 고시」 제3조 제2호
④ 「화물운송주선업자의 등록 및 관리에 관한 고시」 제3조 제6호
⑤ 「화물운송주선업자의 등록 및 관리에 관한 고시」 제3조 제7호

22 답 ②

② 보세운송하는 물품의 목적지는 법 제213조 제1항에 따른 지역 또는 자유무역지역으로서 해당 물품을 장치할 수 있는 곳이어야 한다(「보세운송에 관한 고시」 제3조).

관련 법령

「관세법」 제213조(보세운송의 신고) 제1항
외국물품은 다음 각 호의 장소 간에 한정하여 외국물품 그대로 운송할 수 있다. 다만, 제248조(신고의 수리)에 따라 수출신고가 수리된 물품은 해당 물품이 장치된 장소에서 다음 각 호의 장소로 운송할 수 있다.
1. 국제항
2. 보세구역
3. 제156조(보세구역 외 장치의 허가)에 따라 허가된 장소
4. 세관관서
5. 통관역
6. 통관장
7. 통관우체국

② 「보세운송에 관한 고시」 제2조 제1항
③ 「보세운송에 관한 고시」 제4조 제1항 제3호
④ 「보세운송에 관한 고시」 제5조 제1항
⑤ 「보세운송에 관한 고시」 제5조 제3항

23 답 ④

ⓐ : 10일, ⓑ : 5일이다(「보세운송에 관한 고시」 제6조 참고).

24 답 ①

① 이는 일반 간이보세운송업자의 지정요건이다(「보세운송에 관한 고시」 제13조 제1호). 특정물품 간이보세운송업자의 지정요건은 자본금 3억 원 이상인 법인이다(「보세운송에 관한 고시」 제18조 제1항 제1호).
② 「보세운송에 관한 고시」 제18조 제1항 제2호
③ 「보세운송에 관한 고시」 제18조 제1항 제3호
④ 「보세운송에 관한 고시」 제18조 제1항 제4호
⑤ 「보세운송에 관한 고시」 제18조 제2항 참고

25 답 ③

③ 국가기관에 의하여 운송되는 압수물품은 보세운송특례의 적용을 받는 물품이 아니라, 보세운송 절차를 요하지 않는 물품이다(「보세운송에 관한 고시」 제4조 제1항 제3호 참고).
① 「보세운송에 관한 고시」 제44조 제1호
② 「보세운송에 관한 고시」 제44조 제2호
④ 「보세운송에 관한 고시」 제45조 제1항
⑤ 「보세운송에 관한 고시」 제45조 제2항

제4과목 수출입안전관리

01	02	03	04	05	06	07	08	09	10
③	③	④	④	③	⑤	③	②	⑤	③
11	12	13	14	15	16	17	18	19	20
④	⑤	④	②	④	④	②	⑤	⑤	③
21	22	23	24	25					
③	①	①	⑤	③					

01 답 ③

③ 「선박용품 등 관리에 관한 고시」 제2조 제11호

① "그 밖에 이와 유사한 물품"에 대한 정의이다. "수리용 예비부분품 및 부속품"이란 해당 선박과 시설의 일부가 소모 또는 마모되어 수리 또는 교체가 예상되는 부분품 및 부속품으로서 일반적으로 항해 도중 선원에 의하여 자체적으로 수리 또는 교체할 수 있는 것을 말한다(「선박용품 등 관리에 관한 고시」 제2조 제3호・제4호).

② "선박용품 등"에 대한 정의이다. "선박 내 판매품"이란 여객선에서 여행자 및 승무원에게 판매되는 물품을 말한다(「선박용품 등 관리에 관한 고시」 제2조 제5호・제7호).

④ "판매자"에 대한 정의이다. "공급자"란 국제무역선 또는 원양어선에 선박용품 등을 공급하는 자로서, 법 제222조에 따라 등록한 자를 말한다(「선박용품 등 관리에 관한 고시」 제2조 제8호・제9호).

⑤ "외국선박용품"에 대한 정의이다. "원양어선무상공급물품"이란 「원양산업발전법」에 따라 해양수산부장관의 허가・승인 또는 지정을 받은 자가 조업하는 원양어선에 무상으로 송부하기 위하여 반출하는 물품으로서 해양수산부장관이 확인한 물품을 말한다(「선박용품 등 관리에 관한 고시」 제2조 제1호・제6호).

02 답 ③

수리업자 등은 조건부 하역한 외국선박용품을 하역일부터 30일 이내에 해당 선박에 적재(별지 제3호 서식)하고 세관장에게 완료보고해야 한다. 다만, 세관장이 선박용품의 수리 지연 등 부득이한 사유가 있다고 인정하는 때에는 5월의 범위 내에서 적재 기간을 연장하거나, 같은 선사 소속의 다른 국제무역선에 적재하도록 할 수 있다(「선박용품 등 관리에 관한 고시」 제15조 제2항).

03 답 ④

공항의 경우 여객기로 입국하는 여객수가 연간 4만 명 이상이어야 한다.

관련 법령

「관세법 시행령」 제155조의2(국제항의 지정요건) 제1항

법 제133조 제2항에 따른 국제항의 지정요건은 다음 각 호와 같다.

1. 「선박의 입항 및 출항 등에 관한 법률」 또는 「공항시설법」에 따라 국제무역선(기)이 항상 입출항할 수 있을 것
2. 국내선과 구분되는 국제선 전용통로 및 그 밖에 출입국업무를 처리하는 행정기관의 업무수행에 필요한 인력・시설・장비를 확보할 수 있을 것

3. 공항 및 항구의 여객수 또는 화물량 등에 관한 다음 각 목의 구분에 따른 기준을 갖출 것
가. 공항의 경우 : 다음의 어느 하나의 요건을 갖출 것
1) 정기여객기가 주 6회 이상 입항하거나 입항할 것으로 예상될 것
2) 여객기로 입국하는 여객수가 연간 4만 명 이상일 것
나. 항구의 경우 : 국제무역선인 5천톤급 이상의 선박이 연간 50회 이상 입항하거나 입항할 것으로 예상될 것

04 답 ④

관련 법령

「수출입 안전관리 우수업체 공인 및 운영에 관한 고시」 [별표 1]
1.1.4 신청업체와 신청인(관리책임자 포함)이 「관세법」 제276조에 따라 벌금형 선고를 받은 사실이 있는 경우에는 벌금형 선고 후 2년이 경과하여야 한다.
4.3.5 운영인은 권한이 없거나 신원이 확인되지 않은 사람에 대하여 검문과 대응하는 절차를 마련하여야 한다. 운영인은 선박에서 밀항자 등을 발견하였을 경우에는 세관장에게 즉시 보고하여야 한다.
4.8.2 운영인은 법규준수와 안전관리를 위하여 수출입물류업무에 대한 교육을 실시하여야 한다.

05 답 ③

③ 국제무역선의 국제항 입항 시에는 선장이 세관장에게 입항보고를 해야 한다(「관세법」 제135조 제1항).
① 「관세법」 제134조 제1항
② 「관세법 시행령」 제155조 제2항
④ 「관세법 시행규칙」 제62조 제1항 후단
⑤ 「관세법」 제134조 참고

06 답 ⑤

⑤ 「관세법」 제144조
① 국제무역선이나 국제무역기는 국제항에 한정하여 운항할 수 있다. 다만, 대통령령으로 정하는 바에 따라 국제항이 아닌 지역에 대한 출입의 허가를 받은 경우에는 그러하지 아니하다(「관세법」 제134조 제1항).
② 국제무역선이나 국제무역기는 제135조에 따른 입항절차를 마친 후가 아니면 물품을 하역하거나 환적할 수 없다. 다만, 세관장의 허가를 받은 경우에는 그러하지 아니하다(「관세법」 제140조 제1항).
③ 국제무역선이나 국제무역기에는 내국물품을 적재할 수 없으며, 국내운항선이나 국내운항기에는 외국물품을 적재할 수 없다. 다만, 세관장의 허가를 받았을 때에는 그러하지 아니하다(「관세법」 제140조 제6항).
④ 국제무역선이 국제항의 바깥에서 물품을 하역하거나 환적하려는 경우에는 선장은 세관장의 허가를 받아야 한다(「관세법」 제142조 제1항).

07 답 ③

외국물품이 하역 또는 환적허가의 내용대로 운송수단에 적재되지 아니한 경우는 해당 허가를 받은 자로부터 즉시 그 관세를 징수한다(「관세법」 제143조 제6항). 물품의 하역 시 세관장에게 신고를 하고, 현장에서 세관공무원의 확인을 받아야 하는 경우에 해당되지 않는다.

> **관련 법령**
>
> 「관세법」 제141조(외국물품의 일시양륙 등)
> 다음 각 호의 어느 하나에 해당하는 행위를 하려면 세관장에게 신고를 하고, 현장에서 세관공무원의 확인을 받아야 한다. 다만, 관세청장이 감시・단속에 지장이 없다고 인정하여 따로 정하는 경우에는 간소한 방법으로 신고 또는 확인하거나 이를 생략하게 할 수 있다.
> 1. 외국물품을 운송수단으로부터 일시적으로 육지에 내려 놓으려는 경우
> 2. 해당 운송수단의 여객・승무원 또는 운전자가 아닌 자가 타려는 경우
> 3. 외국물품을 적재한 운송수단에서 다른 운송수단으로 물품을 환적 또는 복합환적하거나 사람을 이동시키는 경우

08 답 ②

② "검색기검사화물"에 대한 설명이다(「관리대상화물 관리에 관한 고시」 제2조 제3호). "즉시검사화물"이란 세관장이 선별기준에 따라 선별한 검사대상화물 중 검색기검사를 하지 않고 바로 개장검사를 실시하는 화물을 말한다(「관리대상화물 관리에 관한 고시」 제2조 제4호).
① 「관리대상화물 관리에 관한 고시」 제2조 제2호
③ 「관리대상화물 관리에 관한 고시」 제2조 제7호
④ 「관리대상화물 관리에 관한 고시」 제2조 제9호
⑤ 「관리대상화물 관리에 관한 고시」 제2조 제10호

09 답 ⑤

⑤ 「관리대상화물 관리에 관한 고시」 제5조 제4항 제3호
①・② 세관장이 검색기검사화물로 선별하여 검사하는 화물(「관리대상화물 관리에 관한 고시」 제5조 제1항 제1호・제2호)
③ 세관장이 즉시검사화물로 선별하여 검사하는 화물(「관리대상화물 관리에 관한 고시」 제5조 제2항 제3호)
④ 세관장이 수입신고후검사화물로 선별하여 검사하는 화물(「관리대상화물 관리에 관한 고시」 제5조 제5항 제1호)

10 답 ③

수출입관리책임자의 역할에 관한 설명이다.

관련 법령

「수출입 안전관리 우수업체 공인 및 운영에 관한 고시」 제16조(관리책임자의 지정 및 역할) 제1항
수출입 안전관리 우수업체(신청업체를 포함한다)는 다음 각 호에 해당하는 관리책임자를 지정・운영하여야 한다.
1. 총괄책임자 : 수출입 안전관리를 총괄하며, 의사 결정 권한이 있는 대표자 또는 임원
2. 수출입관리책임자 : 수출입물품의 제조, 운송, 보관, 통관, 반출입 및 적출입 등과 관련된 주요 절차를 담당하는 부서장 또는 직원

11 답 ④

관련 법령

「관세법」 제137조의2(승객예약자료의 요청) 제2항
세관장이 제1항에 따라 열람이나 제출을 요청할 수 있는 승객예약자료는 다음 각 호의 자료로 한정한다.
1. 국적, 성명, 생년월일, 여권번호 및 예약번호
2. 주소 및 전화번호
3. 예약 및 탑승수속 시점
4. 항공권 또는 승선표의 번호・발권일・발권도시 및 대금결제방법
5. 여행경로 및 여행사
6. 동반탑승자 및 좌석번호
7. 수하물 자료
8. 항공사 또는 선박회사의 회원으로 가입한 경우 그 회원번호 및 등급과 승객주문정보

12 답 ⑤

세관장은 적재화물목록을 심사하여 우범성이 있거나 검사 또는 감시의 실익이 많다고 인정하는 화물은 「관리대상화물 관리에 관한 고시」에 따라 검사 또는 감시대상화물로 선별하여 검사 및 조치한다. 그러나 이는 항공사의 식음료제공구역 지정 요청과는 관련이 없다.

관련 법령

「선박용품 등 관리에 관한 고시」 제16조(출국대기자에 대한 선박용품의 제공) 제2항
선박회사 등은 관할 세관장에게 국제항의 출국장 내 지정보세구역 중에서 출국대기자에게 식음료를 제공할 수 있는 보세구역(식음료제공구역) 지정을 요청할 수 있다. 이 경우 세관장은 다음 각 호의 사항을 검토해야 한다.
1. 보세구역 명칭 및 부호, 보세구역면적, 승객대기시설(의자 등) 유무 등 보세구역에 관한 사항
2. 출항 선박 수, 승선 여행자 수, 환승 여행자 수, 1시간 이상 지연 출항 선박 수, 1시간 이상 대기 여행자 수 등 최근 1년의 대기여행자에 관한 사항
3. 공급처에서 식음료제공구역까지의 구체적인 식음료 반출입 통로에 관한 사항

4. 보세화물의 감시감독에 관한 사항
5. 식음료제공구역 위치도 및 식음료 반출입 통로 약도

13 답 ④

ⓐ : 30%, ⓑ : 15%, ⓒ : 10년이다.

관련 법령

「수출입 안전관리 우수업체 공인 및 운영에 관한 고시」 [별표 2] 통관절차 등의 혜택

공인 부문	혜택기준	수출입 안전관리 우수업체		
		A	AA	AAA
모든 부문	「관세법 등에 따른 과태료 부과징수에 관한 훈령」에 따른 과태료 경감 ※ 적용시점은 과태료부과시점	20%	30%	50%
	「통고처분 벌금상당액 가중·감경 기준에 관한 고시」에 따른 통고처분 금액의 경감	15%	30%	50%
보세구역 운영인	「보세창고 특허 및 운영에 관한 고시」 제7조에 따른 특허 갱신기간 연장 ※ 공인 수출입업체의 자가용 보세창고의 경우에도 동일혜택 적용	6년	8년	10년

14 답 ②

보세사는 수출입 안전관리 우수업체 공인 신청자격자에 해당되지 않는다.

관련 법령

「수출입 안전관리 우수업체 공인 및 운영에 관한 고시」 제3조(공인부문) 제1항

수출입 안전관리 우수업체(AEO ; Authorized Economic Operator)로 공인을 신청할 수 있는 자는 다음 각 호와 같다.

1. 「관세법」(이하 "법"이라 한다) 제241조에 따른 수출자(수출부문)
2. 법 제241조에 따른 수입자(수입부문)
3. 「관세사법」 제2조 또는 제3조에 따른 통관업을 하는 자(관세사부문)
4. 법 제2조 제16호에 해당하는 자 또는 법 제172조에 따른 지정장치장의 화물을 관리하는 자(보세구역운영인부문)
5. 법 제222조 제1항 제1호에 해당하는 자(보세운송업부문)
6. 법 제222조 제1항 제2호 및 제6호에 해당하는 자(화물운송주선업부문)
7. 법 제222조 제1항 제3호에 해당하는 자(하역업부문)
8. 법 제2조 제6호에 따른 국제무역선을 소유하거나 운항하여 법 제225조에 따른 보세화물을 취급하는 자(선박회사부문)
9. 법 제2조 제7호에 따른 국제무역기를 소유하거나 운항하여 법 제225조에 따른 보세화물을 취급하는 자(항공사부문)

15 답 ④

④ 관세청장은 수출입 안전관리 우수업체가 4개 분기 연속으로 공인등급별 기준을 충족하는 경우에는 공인등급의 조정 신청을 받아 상향할 수 있다(「수출입 안전관리 우수업체 공인 및 운영에 관한 고시」 제5조의2 제1항 본문).
① 「수출입 안전관리 우수업체 공인 및 운영에 관한 고시」 제5조 제1항
② 「수출입 안전관리 우수업체 공인 및 운영에 관한 고시」 제5조 제2항 제1호
③ 「수출입 안전관리 우수업체 공인 및 운영에 관한 고시」 제5조 제3항
⑤ 「수출입 안전관리 우수업체 공인 및 운영에 관한 고시」 제5조의2 제1항 단서

16 답 ④

④ 신청업체는 공인심사가 끝나기 전까지 신청한 내용이 잘못된 것을 확인하는 경우 관세청장에게 정정을 신청할 수 있으며, 관세청장은 신청업체가 정정신청한 내용이 타당한 경우에는 정정된 내용에 따라 공인심사를 진행한다(「수출입 안전관리 우수업체 공인 및 운영에 관한 고시」 제6조 제3항).
① 「수출입 안전관리 우수업체 공인 및 운영에 관한 고시」 제6조 제1항 본문
② 「수출입 안전관리 우수업체 공인 및 운영에 관한 고시」 제6조 제1항 단서
③ 「수출입 안전관리 우수업체 공인 및 운영에 관한 고시」 제6조 제2항
⑤ 「수출입 안전관리 우수업체 공인 및 운영에 관한 고시」 제6조 제4항 제2호

17 답 ②

ⓑ 수출입 관리현황 자체평가표는 법규준수도를 제외하고 평가하며, 관세조사가 진행 중인 경우에는 ⓔ 관세조사 결과통지서가 아닌 관세조사 계획통지서를 제출해야 한다.

관련 법령

「수출입 안전관리 우수업체 공인 및 운영에 관한 고시」 제6조(공인신청) 제1항
수출입 안전관리 우수업체로 공인을 받고자 심사를 신청하는 업체(신청업체)는 수출입 안전관리 우수업체 공인심사 신청서에 다음 각 호의 서류를 첨부하여 전자문서로 관세청장에게 제출하여야 한다. 다만, 첨부서류 중에서 「전자정부법」 제36조에 따라 행정기관 간 행정정보 공동이용이 가능한 서류는 신청인이 정보의 확인에 동의하는 경우에는 그 제출을 생략할 수 있다.
1. 공인기준을 충족하는지를 자체적으로 평가한 수출입 관리현황 자체평가표(법규준수도 제외)
2. 별지 제2호 서식의 수출입 관리현황 설명서와 그 증빙서류
3. 사업자등록증 사본
4. 법인등기부등본
5. 별지 제3호 서식의 대표자 및 관리책임자의 인적사항 명세서
6. 수출입 안전관리와 관련한 우수사례(우수사례가 있는 경우에만 해당)
7. 제16조의2 제7항에 따라 지정된 교육기관이 발행한 관리책임자 교육이수 확인서. 다만, 관리책임자의 교체, 사업장 추가 등 불가피한 경우에는 현장심사를 시작하는 날까지 제출할 수 있다.
8. 별지 제1호의2 서식의 상호인정의 혜택관련 영문 정보(제23조에 따라 국가 간 상호인정의 혜택을 받기를 희망하는 경우에만 해당)
9. 신청일을 기준으로 최근 2년 이내에 세관장으로부터 관세조사를 받은 경우에 법 제115조에 따른 관세조사 결과통지서(수입부문에만 해당). 다만, 해당 관세조사가 진행 중인 경우에는 법 제114조에 따른 관세조사 계획통지서

18 답 ⑤

⑤ 관세청장은 공인기준 충족 여부에 대한 재심사를 그 신청한 날부터 60일 이내에 마쳐야 한다(「수출입 안전관리 우수업체 공인 및 운영에 관한 고시」 제12조 제3항).
① 「수출입 안전관리 우수업체 공인 및 운영에 관한 고시」 제12조 제1항
②·③ 「수출입 안전관리 우수업체 공인 및 운영에 관한 고시」 제12조 제2항
④ 「수출입 안전관리 우수업체 공인 및 운영에 관한 고시」 제12조 제4항

19 답 ⑤

⑤ 환승전용국내운항기를 운항하고자 하는 자는 별지 제12호 서식의 환승전용국내운항기 운항계획서를 운항개시 5일 전까지 인천공항세관장에게 제출해야 한다(「국제무역기의 입출항절차 등에 관한 고시」 제19조 제1항).
① 「국제무역기의 입출항절차 등에 관한 고시」 제16조 제1항
② 「국제무역기의 입출항절차 등에 관한 고시」 제16조 제2항
③ 「국제무역기의 입출항절차 등에 관한 고시」 제17조 제1항
④ 「국제무역기의 입출항절차 등에 관한 고시」 제17조 제2항

20 답 ③

③ 선박회사(대리점 포함)는 자사 소속 국제무역선에 한정하여 선박용품 등을 직접 적재 등을 하거나 보세운송할 수 있다. 다만, 선박회사는 공급자 중에서 대행업체를 지정하여 그 절차를 이행하게 할 수 있다(「선박용품 등 관리에 관한 고시」 제7조 제3항).
① 「선박용품 등 관리에 관한 고시」 제10조
② 「선박용품 등 관리에 관한 고시」 제8조
④ 「선박용품 등 관리에 관한 고시」 제4조
⑤ 「선박용품 등 관리에 관한 고시」 제5조

21 답 ③

ⓐ : 3년 이상, ⓑ : 1년 이상, ⓒ : 보세사이다.

관련 법령

「수출입 안전관리 우수업체 공인 및 운영에 관한 고시」 [별표 4] 수출입관리책임자의 자격 요건

공인 부문	자격 요건
수출, 수입, 화물운송주선업, 보세운송, 보세구역 운영인, 하역업	수출입 관련 업무에 3년 이상 근무한 사람(다만, 중소 수출기업은 1년 이상) 또는 보세사 자격이 있는 사람(보세구역운영인부문에만 해당한다)
관세사	수출입 통관 업무를 3년 이상 담당한 관세사
선박회사	「국제항해선박 및 항만시설보안에 관한 법률」에 의해 보안책임자로 지정된 사람 또는 수출입 관련 업무에 3년 이상 근무한 사람
항공사	「항공보안법」에 보안책임자로 지정된 사람 또는 수출입 관련 업무에 3년 이상 근무한 사람

22 답 ①

변동사항이 범칙행위, 부도 등 공인유지에 중대한 영향을 미치는 경우에는 지체 없이 보고하여야 한다(「수출입 안전관리 우수업체 공인 및 운영에 관한 고시」 제17조 제1항 단서).

23 답 ①

① 거짓이나 그 밖의 부정한 방법으로 공인을 받거나 갱신한 경우는 공인의 취소 사유에 해당한다(「수출입 안전관리 우수업체 공인 및 운영에 관한 고시」 제25조의2 제1항 제1호).
②·⑤ 「수출입 안전관리 우수업체 공인 및 운영에 관한 고시」 제25조 제2호
③ 「수출입 안전관리 우수업체 공인 및 운영에 관한 고시」 제25조 제3호
④ 「수출입 안전관리 우수업체 공인 및 운영에 관한 고시」 제25조 제4호

24 답 ⑤

ⓐ : 50만 원, ⓑ : 100원, ⓒ : 1천2백 원이다.

관련 법령

「관세법 시행규칙」 제62조(국제항이 아닌 지역에 대한 출입허가수수료) 제1항
국제항이 아닌 지역에 출입하기 위하여 내야 하는 수수료는 다음 표에 따라 계산하되, 산정된 금액이 1만 원에 미달하는 경우에는 1만 원으로 한다. 이 경우 수수료의 총액은 50만 원을 초과하지 못한다.

구 분	출입 횟수 기준	적용 무게 기준	수수료
국제무역선	1회	해당 선박의 순톤수 1톤	100원
국제무역기	1회	해당 항공기의 자체무게 1톤	1천2백 원

25 답 ③

관련 법령

「수출입 안전관리 우수업체 공인 및 운영에 관한 고시」 제17조(변동사항 보고) 제1항
수출입 안전관리 우수업체는 다음 각 호의 어느 하나에 해당하는 사실이 발생한 경우 그 사실이 발생한 날로부터 30일 이내에 수출입 관리현황 변동사항 보고서를 작성하여 관세청장에게 보고하여야 한다. 다만, 변동사항이 범칙행위, 부도 등 공인유지에 중대한 영향을 미치는 경우 지체 없이 보고하여야 한다.
1. 양도, 양수, 분할·합병 및 특허 변동 등으로 인한 법적 지위 등의 변경
2. 대표자, 수출입 관련 업무 담당 임원 및 관리책임자의 변경
3. 소재지 이전, 사업장의 신설·증설·확장·축소·폐쇄 등
4. 사업내용의 변경 또는 추가
5. 화재, 침수, 도난, 불법유출 등 수출입화물 안전관리와 관련한 특이사항

제5과목 자율관리 및 관세벌칙

01	02	03	04	05	06	07	08	09	10
④	③	①	④	④	⑤	③	①	②	①
11	12	13	14	15	16	17	18	19	20
④	⑤	⑤	①	③	③	①	①	④	③
21	22	23	24	25					
③	①	⑤	④	⑤					

01 답 ④

운영인은 세관장으로부터 특허를 받아 보세구역을 설치・운영하는 자이고, 보세구역에 장치된 물품을 관리하는 것은 보세사이다. 즉, 운영인이 아니라 보세사를 채용해야 한다. 이는 자율관리 보세공장의 지정요건에 해당할 뿐 아니라, 보세공장의 특허요건 중 관리요건에 해당하므로 보세공장을 운영하기 위해서 최소한으로 갖추어야 할 조건이라고 볼 수 있다(「보세공장 운영에 관한 고시」 제5조 제2항 제1호 참고).

관련 법령

「자율관리 보세구역 운영에 관한 고시」 제3조(지정요건)
자율관리보세구역은 다음 각 호의 사항을 충족하고 운영인 등의 법규수행능력이 우수하여 보세구역 자율관리에 지장이 없어야 한다.
1. 일반 자율관리보세구역
   가. 보세화물관리를 위한 보세사 채용
   나. 화물의 반출입, 재고관리 등 실시간 물품관리가 가능한 전산시스템(WMS, ERP 등) 구비
2. 우수 자율관리보세구역
   가. 1호 가목 및 나목 충족
   나. 「종합인증 우수업체 공인 및 관리업무에 관한 고시」 제5조에 해당하는 종합인증 우수업체
   다. 보세공장의 경우 「보세공장 운영에 관한 고시」 제36조 제1항 제3호 및 제4호를 충족할 것
      • 반출입, 제조・가공, 재고관리 등 업무처리의 적정성을 확인・점검할 수 있는 기업자원관리(ERP)시스템 또는 업무처리시스템에 세관 전용화면을 제공하거나 해당 시스템의 열람 권한을 제공한 자

02 답 ③

③ 「자율관리 보세구역 운영에 관한 고시」 제5조 제1항 제1호, 「관세법」 제178조 제1항 제3호
① 자율관리 보세구역 지정요건을 충족하지 못한 경우이다(「자율관리 보세구역 운영에 관한 고시」 제5조 제1항 제4호).
② 운영인 등은 보세사가 아닌 자에게 보세화물관리 등 보세사의 업무를 수행하게 하여서는 아니 된다(「자율관리 보세구역 운영에 관한 고시」 제5조 제1항 제2호, 제9조 제1항 제1호).
④ 보세사가 해고 및 취업정지 등의 사유로 업무를 수행할 수 없는 경우, 2개월의 기간 이내에 다른 보세사를 채용하지 않을 때이다(「자율관리 보세구역 운영에 관한 고시」 제5조 제1항 제3호, 제9조 제1항 제3호).
⑤ 보세화물을 자율적으로 관리할 능력이 없거나 부적당하다고 세관장이 인정하는 경우이다(「자율관리 보세구역 운영에 관한 고시」 제5조 제1항 제5호).

03 답 ①

우수 자율관리 보세구역은 보세운송절차를 생략할 수 있다.

> **관련 법령**
>
> 「자율관리 보세구역 운영에 관한 고시」 제7조(절차생략 등) 제1항 제2호 각 목
> 가. 제1호 각 목의 사항
> 나. 「보세공장 운영에 관한 고시」 제37조에 따른 특례 적용
> 다. 「보세공장 운영에 관한 고시」 제7조 제2항에 따른 보관창고 증설을 단일보세공장 소재지 관할구역 내의 장소에도 허용
>
> 「보세공장 운영에 관한 고시」 제37조(자율관리 보세공장의 특례)
> - 공휴일(근로자의 날 및 토요일 포함), 야간 등 개청시간 외에 보세공장에 반입된 물품(장외작업장에 직접 반입된 물품 포함)을 사용하려는 경우에는 사용 전 사용신고를 공휴일 또는 야간 종료일 다음 날까지 사용신고할 수 있다. 다만, 법 제186조 제2항에 해당되는 외국물품은 제외한다.
> - 다른 보세공장 일시 보세작업 장소가 자율관리 보세공장인 경우 따른 보세운송절차를 생략할 수 있다.
> - 물품의 반출입을 할 때 동일법인에서 운영하는 자율관리 보세공장 간이나, 동일법인에서 운영하는 자율관리 보세공장과 자유무역지역 입주기업체 간에는 보세운송절차를 생략할 수 있다.
> - 사용신고 특례적용을 위한 품목번호(HSK) 등록절차를 생략할 수 있다.
> - 연 1회 재고조사를 생략할 수 있다.
> - 제12조 제3항 및 제14조의 물품 외에도 해당 보세공장의 특허 목적과 관련 있는 물품은 보세공장에 반입하거나 보세공장으로부터 반출할 수 있다.
> - 해당 보세공장에서 생산된 수출물품이 무상으로 반출하는 상품의 견품 및 광고용품에 해당되고, 물품 가격이 미화 1만불(FOB기준) 이하인 경우 보세운송절차를 생략할 수 있으며, 보세공장에서 생산된 물품이 제17조의2에 따른 장외일시장치장과 제22조에 따른 장외작업장에서 수출신고되는 경우에도 이와 같다.
> - 보세공장 장기재고 현황 및 처리계획 보고서의 제출을 생략할 수 있다.
> - 보세공장의 견본품을 기업부설연구소로 반출할 때 장외작업절차를 준용하게 할 수 있다.
> - 장외작업 허가 신청 및 장외작업 완료보고서 제출을 생략하게 할 수 있다. 이 경우 보세공장 운영인은 장외작업장을 등록하여야 하며, 이때 세관장으로부터 장외작업 허가를 받은 것으로 본다.

04 답 ④

④ 일반 자율관리 보세구역은 장치물품의 수입신고 전 확인신청(승인)을 생략할 수 있다.

> **관련 법령**
>
> 「자율관리 보세구역 운영에 관한 고시」 제7조(절차생략 등) 제1항 제1호 각 목
> 가. 「식품위생법」, 「건강기능식품에 관한 법률」, 「축산물 위생관리법」, 「의료기기법」, 「약사법」, 「화장품법」, 「전기용품 및 생활용품 안전관리법」에 따른 표시작업(원산지표시 제외)과 벌크화물의 사일로(Silo) 적입을 위한 포장제거작업의 경우 보수작업 신청(승인) 생략
> 나. 「보세화물 관리에 관한 고시」에 따른 재고조사 및 보고의무를 분기별 1회에서 연 1회로 완화
> 다. 「보세창고 특허 및 운영에 관한 고시」에 따른 보세구역 운영상황의 점검 생략
> 라. 「보세화물 관리에 관한 고시」에 따른 장치물품의 수입신고 전 확인신청(승인) 생략

① 일반 자율관리 보세구역은 「보세화물 관리에 관한 고시」 제16조에 따른 재고조사 및 보고의무가 분기별 1회에서 연 1회로 완화된다(「자율관리 보세구역 운영에 관한 고시」 제7조 제1항 제1호 나목 참고).

②·③·⑤ 우수 자율관리 보세구역의 혜택에 해당한다(「자율관리 보세구역 운영에 관한 고시」 제7조 제1항 제2호 나목 참고).

05 답 ④

④ 「자율관리 보세구역 운영에 관한 고시」 제9조 제1항 제1호 단서

① 운영인 등은 보세사를 채용, 해고 또는 교체하였을 때에는 세관장에게 즉시 통보하여야 한다(「자율관리 보세구역 운영에 관한 고시」 제9조 제1항 제2호).

② 보세사가 해고 또는 취업정지 등의 사유로 업무를 수행할 수 없는 경우에는 2개월 이내에 다른 보세사를 채용하여 근무하게 하여야 한다(「자율관리 보세구역 운영에 관한 고시」 제9조 제1항 제3호).

③ 업무대행자가 수행한 업무에 대해서는 운영인이 책임진다(「자율관리보세구역 운영에 관한 고시」 제9조 제2항).

⑤ 운영인 등은 해당 보세구역 반출입물품과 관련한 생산, 판매, 수입 및 수출 등에 관한 세관공무원의 자료요구 또는 현장 확인 시에 협조하여야 한다(「자율관리 보세구역 운영에 관한 고시」 제9조 제1항 제5호).

06 답 ⑤

⑤ 「관세법」 제164조 제5항

① 자율관리 보세구역의 지정을 신청하려는 자는 해당 보세구역에 장치된 물품을 관리하는 사람(보세사)을 채용하여야 한다(「관세법」 제164조 제3항).

② 보세구역 중 물품의 관리 및 세관감시에 지장이 없다고 인정하여 관세청장이 정하는 바에 따라 세관장이 지정하는 보세구역(자율관리 보세구역)에 장치한 물품의 반입·반출은 세관공무원의 참여와 「관세법」에 따른 절차 중 관세청장이 정하는 절차를 생략한다(「관세법」 제164조 제1항).

③ 세관장은 자율관리 보세구역 지정신청을 받은 경우 해당 보세구역의 위치와 시설상태 등을 확인하여 자율관리 보세구역으로 적합하다고 인정될 때에는 해당 보세구역을 자율관리 보세구역으로 지정할 수 있다(「관세법」 제164조 제4항).

④ 보세구역의 화물관리인이나 운영인은 자율관리 보세구역의 지정을 받으려면 세관장에게 지정을 신청하여야 한다(「관세법」 제164조 제2항).

07 답 ③

위원회의 위원장은 시험수행기관장으로 하고 위원회는 위원장을 포함한 10명 이내의 위원으로 구성하되, 위원회의 위원은 보세화물관리에 관한 이론과 경험이 풍부한 사람으로서 시험수행기관장이 위촉하는 사람으로 한다(「보세사제도 운영에 관한 고시」 제4조 제2항).

08 답 ①

① 세관장은 직무교육 이수 이력에 따라 보세사가 소속한 보세구역에 대한 「관세법」상의 평가, 심사 및 혜택 등을 차등화할 수 있다(「보세사제도 운영에 관한 고시」 제9조 제3항).

②·③ 「보세사제도 운영에 관한 고시」 제9조 제1항

④ 「관세법 시행령」 제185조 제4항

⑤ 「보세사제도 운영에 관한 고시」 제9조 제2항

09 답 ②

② 세관장은 보세사가 직무 또는 의무를 이행하지 않은 경우나 경고처분을 받은 보세사가 1년 내에 다시 경고처분을 받는 경우 보세사징계위원회의 의결에 따라 징계처분을 한다(「보세사제도 운영에 관한 고시」 제12조 제1항 각 호).

① 「보세사제도 운영에 관한 고시」 제12조 제1항
③ 「보세사제도 운영에 관한 고시」 제12조 제2항
④ 「보세사제도 운영에 관한 고시」 제12조 제2항 각 호
⑤ 「보세사제도 운영에 관한 고시」 제12조 제3항

10 답 ①

"수출입물류업체"란 「관세법」 제172조의 규정에 따른 화물관리인, 법 제174조의 규정에 따른 특허보세구역 운영인, 법 제198조의 규정에 따른 종합보세사업장 운영인, 법 제222조의 규정에 따른 보세운송업자・화물운송주선업자, 법 제225조의 규정에 따른 항공사・선박회사와 「자유무역지역의 지정 및 운영에 관한 법률」 제2조 제2호의 규정에 따른 업체를 말한다. 다만, 「수출입 안전관리 우수업체 공인 및 운영에 관한 고시」의 규정에 따라 수출입 안전관리 우수업체로 공인된 업체는 제외한다(「수출입물류업체에 대한 법규수행능력측정 및 평가관리에 관한 훈령」 제2조 제1호).

11 답 ④

④ 「자유무역지역의 지정 및 운영에 관한 법률」 제4조 제1항 전단
① 산업통상자원부장관은 자유무역지역을 지정하였을 때에는 그 지역의 위치・경계・면적과 그 밖에 대통령령으로 정하는 사항을 고시하고, 그 내용을 지체 없이 관계 중앙행정기관의 장 및 시・도지사에게 통지하여야 한다(「자유무역지역의 지정 및 운영에 관한 법률」 제4조 제4항).
② 자유무역지역의 지정 고시 통지를 받은 시・도지사는 그 내용을 14일 이상 일반인이 열람할 수 있게 하여야 한다(「자유무역지역의 지정 및 운영에 관한 법률」 제4조 제5항).
③ 중앙행정기관의 장 또는 시・도지사는 자유무역지역의 지정을 요청하려면 대통령령으로 정하는 사항이 포함된 자유무역지역 기본계획을 작성하여 산업통상자원부장관에게 제출하여야 한다(「자유무역지역의 지정 및 운영에 관한 법률」 제4조 제2항).
⑤ 산업통상자원부장관은 자유무역지역 지정이 요청된 지역의 실정과 지정의 필요성 및 지정 요건을 검토한 후 관계 중앙행정기관의 장과 협의하여 자유무역지역을 지정한다. 다만, 자유무역지역 예정지역으로 지정된 지역의 전부 또는 일부를 자유무역지역으로 지정하려는 경우에는 관계 중앙행정기관의 장과 협의를 거치지 아니할 수 있다(「자유무역지역의 지정 및 운영에 관한 법률」 제4조 제3항 후단).

12 답 ⑤

⑤ 입주기업체 및 지원업체의 사업활동 지원(「자유무역지역의 지정 및 운영에 관한 법률」 제8조 제2항 제1호)
①・②・③・④ 「자유무역지역의 지정 및 운영에 관한 법률」 제8조 제2항 참고

13 답 ⑤

⑤ 「자유무역지역의 지정 및 운영에 관한 법률」 제12조 제4호
① 관세 또는 내국세를 체납한 자(동조항 제6호)
② 자유무역지역 입주계약이 해지된 후 2년이 지나지 아니한 자(동조항 제8호)
③ 밀수품 취득죄 등으로 벌금형 처분을 이행한 후 2년이 지나지 아니한 자(동조항 제5호)
④ 「자유무역지역의 지정 및 운영에 관한 법률」 위반으로 징역형의 실형을 선고받고 그 집행이 끝난 날부터 2년이 지나지 아니한 사람(동조항 제3호)

14 답 ①

① 세관장은 반입신고를 하지 아니하고 자유무역지역 안으로 반입된 내국물품에 대하여 그 물품을 반입한 자가 신청한 경우에는 내국물품 확인서를 발급할 수 있다(「자유무역지역의 지정 및 운영에 관한 법률」 제29조 제3항 전단).
② 「자유무역지역의 지정 및 운영에 관한 법률」 제29조 제4항 제1호
③ 「자유무역지역의 지정 및 운영에 관한 법률」 제29조 제4항 제2호 본문
④ 「자유무역지역의 지정 및 운영에 관한 법률」 제29조 제5항 제1호
⑤ 「자유무역지역의 지정 및 운영에 관한 법률」 제29조 제5항 제2호

15 답 ③

역외작업의 범위는 해당 입주기업체가 전년도에 원자재를 가공하여 수출(「대외무역법 시행령」 제2조 제3호에 따른 수출)한 금액의 100분의 60 이내로 한다(「자유무역지역의 지정 및 운영에 관한 법률 시행령」 제24조 제2항 본문).

16 답 ③

보기 중 「관세법」상 양벌 규정의 적용을 받는 것은 ⓑ 전자문서중계사업자, ⓒ 종합보세사업장의 운영인, ⓓ 수출·수입 또는 운송을 업으로 하는 사람이다.

관련 법령

「관세법」 제279조(양벌 규정) 제2항
제1항에서의 개인은 다음의 어느 하나에 해당하는 사람으로 한정한다.
1. 특허보세구역 또는 종합보세사업장의 운영인
2. 수출(「수출용 원재료에 대한 관세 등 환급에 관한 특례법」에 따른 수출 등을 포함)·수입 또는 운송을 업으로 하는 사람
3. 관세사
4. 국제항 안에서 물품 및 용역의 공급을 업으로 하는 사람
5. 전자문서중계사업자

17 답 ①

① 1년 이상 10년 이하의 징역 또는 1억 원 이하의 벌금(「관세법」 제268조의2 제1항)
②·③·④·⑤ 5년 이하의 징역 또는 5천만 원 이하의 벌금(「관세법」 제268조의2 제2항)

18 답 ①

① 제234조(수출입의 금지) 각 호의 물품을 수출하거나 수입한 자는 7년 이하의 징역 또는 7천만 원 이하의 벌금에 처한다(「관세법」 제269조 제1항).
② 「관세법」 제269조 제2항 제1호
③ 「관세법」 제269조 제2항 제2호
④ 「관세법」 제269조 제3항 제1호
⑤ 「관세법」 제269조 제3항 제2호

19 답 ④

④ 「관세법」 제270조 제4항
① 부정한 방법으로 관세를 환급받은 자는 3년 이하의 징역 또는 환급s받은 세액의 5배 이하에 상당하는 벌금에 처한다(「관세법」 제270조 제5항).
② 수입신고를 한 자 중 법령에 따라 수입이 제한된 사항을 회피할 목적으로 부분품으로 수입하거나 주요 특성을 갖춘 미완성·불완전한 물품이나 완제품을 부분품으로 분할하여 수입한 자는 3년 이하의 징역 또는 포탈한 관세액의 5배와 물품원가 중 높은 금액 이하에 상당하는 벌금에 처한다(「관세법」 제270조 제1항 제3호).
③ 수출신고를 한 자 중 법령에 따라 수출에 필요한 허가·승인·추천·증명 또는 그 밖의 조건을 갖추지 아니하거나 부정한 방법으로 갖추어 수출한 자는 1년 이하의 징역 또는 2천만 원 이하의 벌금에 처한다(「관세법」 제270조 제3항).
⑤ 수입신고를 한 자 중 법령에 따라 수입에 필요한 허가·승인·추천·증명 또는 그 밖의 조건을 갖추지 아니하거나 부정한 방법으로 갖추어 수입한 자는 3년 이하의 징역 또는 3천만 원 이하의 벌금에 처한다(「관세법」 제270조 제2항).

20 답 ③

보세운송신고 규정을 위반한 자는 허위신고죄에 해당한다(「관세법」 제276조 제4항 제3호).

관련 법령

「관세법」 제270조의2(가격조작죄)
다음 각 호의 신청 또는 신고를 할 때 부당하게 재물이나 재산상 이득을 취득하거나 제3자로 하여금 이를 취득하게 할 목적으로 물품의 가격을 조작하여 신청 또는 신고한 자는 2년 이하의 징역 또는 물품원가와 5천만 원 중 높은 금액 이하의 벌금에 처한다.
1. 제38조의2(보정) 제1항·제2항에 따른 보정신청
2. 제38조의3(수정 및 경정) 제1항에 따른 수정신고
3. 제241조(수출·수입 또는 반송의 신고) 제1항·제2항에 따른 신고
4. 제244조(입항 전 수입신고) 제1항에 따른 신고

21 답 ③

납세의무자 또는 납세의무자의 재산을 점유하는 자가 강제징수의 집행을 면탈할 목적 또는 면탈하게 할 목적으로 그 재산을 은닉·탈루하거나 거짓 계약을 하였을 때에는 3년 이하의 징역 또는 3천만 원 이하의 벌금에 처한다(「관세법」 제275조의2 제1항).

22 답 ①

관련 법령

「관세법」 제275조의3(명의대여행위죄 등)
관세(세관장이 징수하는 내국세 등 포함)의 회피 또는 강제집행의 면탈을 목적으로 하거나 재산상 이득을 취할 목적으로 다음 각 호의 행위를 한 자는 1년 이하의 징역 또는 1천만 원 이하의 벌금에 처한다.
1. 타인에게 자신의 명의를 사용하여 납세신고를 하도록 허락한 자
2. 타인의 명의를 사용하여 납세신고를 한 자

23 답 ⑤

⑤ 2천만 원 이하의 벌금(「관세법」 제276조 제3항 제3의2호)
①·②·③·④ 물품원가 또는 2천만 원 중 높은 금액 이하의 벌금(「관세법」 제276조 제2항 참고)

관련 법령

「관세법」 제276조(허위신고죄 등) 제3항
다음 각 호의 어느 하나에 해당되는 자는 2천만 원 이하의 벌금에 처한다. 다만, 과실로 제2호, 제3호 또는 제4호에 해당하게 된 경우에는 300만 원 이하의 벌금에 처한다.
1. 부정한 방법으로 적재화물목록을 작성하였거나 제출한 자
2. 제12조 제1항(제277조 제7항 제2호에 해당하는 경우는 제외한다), 제98조 제2항, 제109조 제1항(제277조 제6항 제3호에 해당하는 경우는 제외한다), 제134조 제1항(제146조 제1항에서 준용하는 경우를 포함한다), 제136조 제2항, 제148조 제1항, 제149조, 제222조 제1항(제146조 제1항에서 준용하는 경우를 포함한다) 또는 제225조 제1항 전단을 위반한 자
3. 제83조 제2항, 제88조 제2항, 제97조 제2항 및 제102조 제1항을 위반한 자. 다만, 제277조 제6항 제3호에 해당하는 자는 제외한다.

3의2. 제174조 제1항에 따른 특허보세구역의 설치·운영에 관한 특허를 받지 아니하고 특허보세구역을 운영한 자

4. 제227조에 따른 세관장의 의무 이행 요구를 이행하지 아니한 자
5. 제38조 제3항 후단에 따른 자율심사 결과를 거짓으로 작성하여 제출한 자
6. 제178조 제2항 제1호·제5호 및 제224조 제1항 제1호에 해당하는 자

24 답 ④

> **관련 법령**
>
> 「관세법」 제277조(과태료) 제1항
> 제37조의4 제1항 및 제2항에 따라 과세가격결정자료 등의 제출을 요구받은 특수관계에 있는 자로서 제10조(천재지변 등으로 인한 기한의 연장)에서 정하는 정당한 사유 없이 제37조의4 제4항 각 호의 어느 하나에 해당하는 행위를 한 자에게는 1억 원 이하의 과태료를 부과한다. 이 경우 제276조는 적용되지 아니한다.
>
> 「관세법」 제37조의4(특수관계자의 수입물품 과세가격결정자료 등 제출) 제4항 제1호 · 제2호
> 1. 과세가격결정자료 등을 제3항에 따른 기한까지 제출하지 아니하는 경우
> 2. 과세가격결정자료 등을 거짓으로 제출하는 경우

25 답 ⑤

⑤ 「관세법」 제277조의2 제5항 단서
① 관세청장 또는 세관장은 세관공무원에게 금품을 공여한 자에 대해서는 대통령령으로 정하는 바에 따라 그 금품 상당액의 2배 이상 5배 내의 과태료를 부과 · 징수한다(「관세법」 제277조의2 제5항 본문).
② 세관공무원이 그 직무와 관련하여 금품을 수수하였을 때에는 「국가공무원법」 제82조에 따른 징계절차에서 그 금품 수수액의 5배 내의 징계부가금 부과 의결을 징계위원회에 요구하여야 한다(「관세법」 제277조의2 제1항).
③ 징계부가금 부과처분을 받은 자가 납부기간 내에 그 부가금을 납부하지 아니한 때에는 징계권자는 국세강제징수의 예에 따라 징수할 수 있다(「관세법」 제277조의2 제4항).
④ 징계대상 세관공무원이 징계부가금 부과 의결 전후에 금품 수수를 이유로 다른 법률에 따라 형사처벌을 받거나 변상책임 등을 이행한 경우(몰수나 추징을 당한 경우 포함)에는 징계위원회에 감경된 징계부가금 부과 의결 또는 징계부가금 감면을 요구하여야 한다(「관세법」 제277조의2 제2항).

참고법령

■ 법령규정

- 관세법 [시행 2024. 7. 1.] [법률 제19924호, 2023. 12. 31., 일부개정]
- 관세법 시행령 [시행 2024. 7. 1.] [대통령령 제34278호, 2024. 2. 29., 일부개정]
- 관세법 시행규칙 [시행 2024. 7. 31.] [기획재정부령 제1078호, 2024. 7. 31., 일부개정]
- 자유무역지역의 지정 및 운영에 관한 법률 [시행 2024. 3. 7.] [법률 제20204호, 2024. 2. 6., 일부개정]
- 자유무역지역의 지정 및 운영에 관한 법률 시행령 [시행 2023. 12. 12.] [대통령령 제33913호, 2023. 12. 12., 타법개정]
- 자유무역지역의 지정 및 운영에 관한 법률 시행규칙 [시행 2022. 1. 21.] [산업통상자원부령 제448호, 2022. 1. 21., 타법개정]

■ 고시규정

- 수입통관 사무처리에 관한 고시 [시행 2024. 9. 10.] [관세청고시 제2024-43호, 2024. 9. 10., 일부개정]
- 수출통관 사무처리에 관한 고시 [시행 2024. 7. 1.] [관세청고시 제2024-28호, 2024. 6. 27., 일부개정]
- 관세법 제226조에 따른 세관장확인물품 및 확인방법 지정고시 [시행 2024. 7. 30.] [관세청고시 제2024-33호, 2024. 7. 30., 일부개정]
- 관리대상화물 관리에 관한 고시 [시행 2023. 12. 13.] [관세청고시 제2023-65호, 2023. 12. 13., 일부개정]
- 수출입 안전관리 우수업체 공인 및 운영에 관한 고시 [시행 2024. 3. 14.] [관세청고시 제2024-11호, 2024. 3. 11., 일부개정]
- 항공기용품 등 관리에 관한 고시 [시행 2023. 1. 9.] [관세청고시 제2023-5호, 2023. 1. 9., 일부개정]
- 선박용품 등 관리에 관한 고시 [시행 2024. 9. 10.] [관세청고시 제2024-40호, 2024. 9. 10., 일부개정]
- 국제무역기의 입출항절차 등에 관한 고시 [시행 2023. 4. 18.] [관세청고시 제2023-22호, 2023. 4. 12., 일부개정]
- 보세건설장 관리에 관한 고시 [시행 2024. 1. 3.] [관세청고시 제2024-2호, 2024. 1. 3., 일부개정]
- 보세공장 운영에 관한 고시 [시행 2023. 11. 3.] [관세청고시 제2023-60호, 2023. 11. 3., 일부개정]
- 보세전시장 운영에 관한 고시 [시행 2017. 7. 28.] [관세청고시 제2017-54호, 2017. 7. 28., 일부개정]
- 보세판매장 운영에 관한 고시 [시행 2024. 2. 21.] [관세청고시 제2024-9호, 2024. 2. 21., 일부개정]
- 보세판매장 특허에 관한 고시 [시행 2023. 9. 27.] [관세청고시 제2023-57호, 2023. 9. 27., 일부개정]
- 보세화물장치기간 및 체화관리에 관한 고시 [시행 2023. 4. 18.] [관세청고시 제2023-24호, 2023. 4. 12., 일부개정]
- 수입활어 관리에 관한 특례고시 [시행 2022. 9. 21.] [관세청고시 제2022-46호, 2022. 9. 21., 일부개정]
- 종합보세구역의 지정 및 운영에 관한 고시 [시행 2024. 1. 22.] [관세청고시 제2024-3호, 2024. 1. 22., 일부개정]

• 보세창고 특허 및 운영에 관한 고시 [시행 2024. 9. 30.] [관세청고시 제2024-44호, 2024. 9. 30., 일부개정]
• 보세화물관리에 관한 고시 [시행 2021. 1. 14.] [관세청고시 제2021-11호, 2021. 1. 14., 일부개정]
• 보세화물 입출항 하선 하기 및 적재에 관한 고시 [시행 2024. 6. 12.] [관세청고시 제2024-25호, 2024. 6. 12., 일부개정]
• 보세운송에 관한 고시 [시행 2021. 2. 3.] [관세청고시 제2021-25호, 2021. 2. 3., 일부개정]
• 특송물품 수입통관 사무처리에 관한 고시 [시행 2023.10.11.] [관세청고시 제2023-58호, 2023.10.11., 일부개정]
• 환적화물 처리절차에 관한 특례고시 [시행 2023.1.2.] [관세청고시 제2023-2호, 2023.1.2., 일부개정]
• 화물운송주선업자의 등록 및 관리에 관한 고시 [시행 2022. 12. 19.] [관세청고시 제2022-59호, 2022. 12. 19., 일부개정]
• 자율관리 보세구역 운영에 관한 고시 [시행 2019.12.20.] [관세청고시 제2019-73호, 2019.12.20., 일부개정]
• 보세사제도 운영에 관한 고시 [시행 2024. 6. 10.] [관세청고시 제2024-24호, 2024. 6. 10., 일부개정]
• 수출입물류업체에 대한 법규수행능력측정 및 평가관리에 관한 훈령 [시행 2020. 10. 6.] [관세청훈령 제2025호, 2020. 10. 6., 일부개정]
• 자유무역지역 반출입물품의 관리에 관한 고시 [시행 2024. 9. 30.] [관세청고시 제2024-46호, 2024. 9. 27., 일부개정]
• 밀수 등 신고자 포상에 관한 훈령 [시행 2023. 7. 21.] [관세청훈령 제2279호, 2023. 7. 21., 일부개정]
• 관세법 등에 따른 과태료 부과징수에 관한 훈령 [시행 2024. 1. 29.] [관세청훈령 제2307호, 2024. 1. 29., 일부개정]
• 관세법 제246조의3에 따른 안전성 검사 업무처리에 관한 고시 [시행 2023. 4. 18.] [관세청고시 제2023-20호, 2023. 4. 12., 일부개정]
• 국제무역선의 입출항 전환 및 승선절차에 관한 고시 [시행 2024. 9. 13.] [관세청고시 제2024-41호, 2024. 9. 13., 일부개정]
• 반송절차에 관한 고시 [시행 2020. 11. 27.] [관세청고시 제2020-51호, 2020. 11. 27., 일부개정]
• 선박(항공기)용품 및 용역공급업 등의 등록에 관한 고시 [시행 2023. 12. 18.] [관세청고시 제2023-66호, 2023. 12. 18., 일부개정]
• 세관지정장치장 화물관리인 지정절차에 관한 고시 [시행 2023. 4. 18.] [관세청고시 제2023-25호, 2023. 4. 12., 일부개정]
• 지식재산권 보호를 위한 수출입통관 사무처리에 관한 고시 [시행 2021. 2. 26.] [관세청고시 제2021-28호, 2021. 2. 26., 일부개정]
• 통합 법규준수도 평가와 운영에 관한 고시 [시행 2024. 3. 1.] [관세청고시 제2024-10호, 2024. 2. 26., 일부개정]

※ 이후 개정되는 법령은 법제처 국가법령정보센터(www.law.go.kr)를 참고하여 주시길 바랍니다.

2025 시대에듀 합격자 보세사 최종모의고사 한권으로 끝내기

개정11판1쇄 발행	2025년 01월 10일 (인쇄 2024년 10월 23일)
초 판 발 행	2014년 06월 05일 (인쇄 2014년 06월 05일)
발 행 인	박영일
책 임 편 집	이해욱
저 자	무역자격시험연구소
편 집 진 행	박종옥 · 김희현
표지디자인	김도연
편집디자인	양혜련 · 채현주
발 행 처	(주)시대고시기획
출 판 등 록	제10-1521호
주 소	서울시 마포구 큰우물로 75 [도화동 538 성지 B/D] 9F
전 화	1600-3600
팩 스	02-701-8823
홈 페 이 지	www.sdedu.co.kr
I S B N	979-11-383-7274-9 (13320)
정 가	28,000원

TIP!!
시대
에듀